Werner von Koppenfels
Der Andere Blick

Menippus. Radierung von Goya nach dem Gemälde von Velazquez.
Graphische Sammlung Albertina, Wien.

Werner von Koppenfels

Der Andere Blick
oder Das Vermächtnis des Menippos

Paradoxe Perspektiven
in der europäischen Literatur

C. H. Beck

Mit 11 Abbildungen

© Verlag C. H. Beck oHG, München 2007
Satz: Stahringer: Satz.GmbH, Grünberg
Bembo und Meta Plus Book
Druck und Bindung: Ebner & Spiegel, Ulm
Gedruckt auf säurefreiem, alterungsbeständigem Papier
(hergestellt aus chlorfrei gebleichtem Zellstoff)
Printed in Germany
ISBN 978 3 406 55677 7
www.beck.de

Inhalt

Vorwort 9

1. **Paradoxie und Schockperspektive: Zum Begriff eines schwer faßbaren Genres** 13

   Umrisse einer mythischen Figur 13 — Das Unbehagen an der Gattung 16 — Menippeische Satire oder *Anatomy*? 18 — Dostojewski als Menippeer 20 — Generische Merkmale 22

2. ***Katáskopos* oder der Blick von der Höhe** 31

   Der irdische Ameisenhaufen 31 — An der Gattungsgrenze: Die philosophische Kataskopie 39 — Höhenflüge aufklärerischer Phantasie 43 — Menippeischer Höhenrausch 49 — Die Demontage des martialischen Heldentums 52 — Herabschau als gott-lose Apokalypse 60

3. **Tod und Gericht, Hölle und Himmel: Vom Witz der Letzten Dinge** 67

   Die satirische Unterweltsfahrt 67 — Worüber man im Reich der Toten redet 74 — Die Mächtigen vor der Himmelstür 81 — Olympische Perspektiven 87 — Blakes Umwertung der Werte 94 — Die Stimme der Untoten 98

4. **Tierische Standpunkte** 101

   Die glücklichen Tiere 102 — Animalische Staatswesen 109 — Der äffische Alptraum 112 — Kafkaeske Verwandlungen 120

5. **Utopische Gegenwelten** 127

   Lukian als Geburtshelfer der fiktionalen Utopie 128 — Thomas More als Menippeer 131 — Rabelais relukianisiert Utopia 135 — Utopische Ironie und ihre fiktionalen Strategien 138 — Unter- und Innenwelten 141 — Der Schatten des Großinquisitors 147

6. Die Metropole als Ruinen- und Totenstadt 153

Retrospektive und prospektive Ruinenschau 154 — Fortschritt als Verfall: Mercier und die Folgen 157 — Ruinenvision und Weltuntergangs-Fiktion 162 — Fin de Siècle: Konjunktur der Totenstädte 165 — Untergangsvisionen im Zeitalter ihrer technischen Realisierbarkeit 171 — Alemannische Apokalypse 176

7. Blendung und Blindheit in Dystopia 179

Die stechende Sonne der Vernunft 180 — In der Gewalt der Sonnenvögel 182 — Blendendes Lilliput 185 — Im Tal der Augenlosen 187 — Epidemische Blindheit 192

8. Spielformen menippeischer Rede (I): Entlarvende Rhetorik 199

Gericht über das Altertum 200 — Senatsverhandlungen der Gelehrtenrepublik 204 — Die Theologen im Visier der Satire 209 — Der Pedant als Rhetor 211 — Pedanten, Prahler und Politiker 214

9. Spielformen menippeischer Rede (II): Der vagabundierende Dialog 219

Parodistische Ansätze 220 — Trimalchio oder die Wonnen der Vulgarität 222 — Leibgeistiges Epikureertum der Humanisten 226 — Ein Fest der Un-Ordnung 230 — Gastmahl und Neue Wissenschaft 233 — Konturen des absurden Symposions: Von Tristram zu Alice 236 — Menippeische Dekonstruktion der Romanform 240

10. Die Unterwelt der ironischen Fußnote 247

Die imaginäre Bibliothek 248 — Literatensatire unter dem Strich 253 — Fortgehende Noten 259 — Eine irische Höllenfahrt mit Fußnoten 263 — Der Kommentar als alternative Fiktion 267 — Mehrsprachiger Abgesang 273

Anhang 277

Anmerkungen 277
Auswahlbibliographie 309
Autorenregister 315

vix vulgus confluit non furiarum, sed puerorum atque ancillarum, qui omnes me bilem atram agitare clamantis, opinionem mihi insaniae meae confirmant.

Marcus Terentius Varro, «Eumenides», Fr. 146

sofort strömt eine Menge zusammen, nicht von Furien, sondern von Buben und Mädchen, die alle laut rufen, ich litte an schwarzer Galle, und mir meinen Verdacht, verrückt zu sein, bestärken.

«Die Eumeniden», übs. W. A. Krenkel

Much Madness is divinest Sense –
To a discerning Eye –
Much Sense – the starkest Madness –
'Tis the Majority
In this, as All, prevail –
Assent – and you are sane –
Demur – you're straightway dangerous –
And handled with a Chain –

Emily Dickinson

Mancher Wahnsinn ist göttlichster Sinn –
Für den geschärften Blick –
Mancher Sinn – der nackte Wahnsinn –
Es ist Majorität
Die hier, wie Überall, bestimmt –
Stimm zu – und du bist kerngesund –
Ficht an – gleich fühlt man sich bedroht –
Und hängt dir Ketten um -

übs. W. v. Koppenfels

Vorwort

Die folgenden Seiten versuchen, mit dem ‹Anderen Blick› auf die Welt eine glanzvolle Tradition ironischer Phantastik, deren Anfänge mit der legendären Figur des Kynikers Menippos verbunden sind, als langwirkendes und ungemein wandlungsfähiges Verfahren der europäischen Literatur zu beschreiben. Der Andere Blick appelliert gerade durch die Fremdheit seiner fiktionalen Welten immer an die rationale Erkenntnisfähigkeit der Leser, denen seine Paradoxie zur Entschlüsselung, seine aufklärende Provokation zur Prüfung vorgelegt wird. Die von ihm inspirierte Literatur verweigert den Trost der Identifikation: sie präsentiert ihre Abgründe witzig. Sie ist unverkennbar selbst-bewußt, artistisch, anspielungsreich und mit ihresgleichen durch ein subtiles Netzwerk wechselseitiger Verweise verbunden. Sie führt über Verzweigungen, die uns nicht länger vertraut sind, zu Meisterwerken der verschiedensten Epochen und reicht von der kynischen Gegenphilosophie der Antike bis zu sensationellen und verstörenden Texten der Moderne. Ihre Werke lassen sich – mit gebotener Umsicht – einem gemeinsamen Gattungskonzept zuordnen und setzen für ihre Lektüre beim Leser einen spezifischen Erwartungshorizont voraus.

Die europäische Spannweite dieser bis heute lebendigen Überlieferung läßt sich weder im Rahmen einer Nationalliteratur noch mit den Mitteln einer philologischen Einzeldisziplin angemessen darstellen. Es bedarf dazu einer komparatistischen Sichtweise, durch die sorgfältig ausgewählte Einzelwerke einer – motivisch gleichsam nach Subgenres geordneten – Textreihe sich gegenseitig beleuchten und erhellen; und es bedarf, jenseits von Vollständigkeitswahn und geisteswissenschaftlichen Moden, des Mutes zur Synthese. Eine strenge, aus dem Gegenstand selbst gewonnene, nicht ihm abstrakt aufgezwungene Ordnung des Diskurses muß die überbordende Fülle der literarischen Erscheinungen auf diesem weiten Feld gliedern. Die Gattung der Menippeischen Satire oder (Satura) Menippea, der diese Vorrede gilt, ist in der hier versuchten umfassenden Weise bisher nicht dargestellt worden, obgleich Kritiker von ungewöhnlicher Weite des Horizonts seit langem auf ihre Bedeutung hingewiesen haben; mittlerweile liegt freilich eine stattliche Zahl von anregenden Einzeluntersuchungen vor, die sich zum Teil auch über größere literargeschichtliche Zeiträume erstrecken.

Da meine auf Textnähe bedachte Darstellung sich nicht nur an Fachwissenschaftler, sondern darüber hinaus an Leser mit Neugier auf eine große, in ihren Zusammenhängen vielfach verschüttete Literaturtradition Europas wendet, habe ich den Branchenjargon gemieden und weitgehend auf die Originale der fremdsprachlichen Zitate verzichtet. Ausgenommen sind vor allem solche in der modernen *lingua franca*, die somit den philologischen Grundsatz des Rückgriffs auf die Originalsprachen vertreten und zugleich die anglistische Basis meiner Literaturvergleiche bezeugen; darüber hinaus kommt die europäische Sprachenvielfalt in Textproben zu Wort.

Soweit die deutschen Versionen von mir stammen, ist dies durch einfache Anführungszeichen angezeigt; auf die Originale – mit Ausnahme solcher aus den mir unzugänglichen slawischen Sprachen – wird in den Anmerkungen im Anhang verwiesen. Seitenangaben im laufenden Text beziehen sich auf die jeweils benützte Ausgabe, die bei ihrer ersten Erwähnung im Anmerkungsteil belegt ist; um das System nicht zu verwirren, zitiere ich auch (mit wenigen unproblematischen Ausnahmen) die antiken Texte nach diesem Muster. Bei der Weite der hier leichtfüßig, aber nicht leichtfertig durchstreiften literarischen Räume mußte die Beschäftigung mit der Sekundärliteratur, ebenso wie die Auswahl der Texte, sehr selektiv erfolgen; für die unvermeidlichen Lücken spreche ich mein vorsorgliches *peccavi*. Das Literaturverzeichnis führt nur die besprochenen Texte und spezifischere Beiträge zu Fragen der Gattung und ihres weiteren Umfelds an.

Mein Versuch über die Menippea erhebt nicht den Anspruch, eine auf Vollständigkeit zielende Geschichte der Gattung zu sein. Er will, ausgehend vom Grundmodell einer im mehrfachen Sinn ver-rückten Welt-Perspektive, Umfang und strukturelle Merkmale des Genres im Hinblick auf die bisherige Diskussion klären helfen und an historisch weitverzweigten Beispielen exemplifizieren. Seine These behauptet den dynamischen, das heißt auf literarische Fortentwicklung angelegten Gattungszusammenhang der hier als Menippeen gedeuteten Texte über Sprachwechsel und Epochenwandel hinweg. Wenige Gattungskomplexe bieten so faszinierende Einsichten in die metamorphotische

Entstehung von Literatur aus Literatur unter wechselnden geschichtlichen Bedingungen; wenige eine so bedeutende Chance, zu einer Zeit, in der das Vertrauen der Nationalphilologien in die eigene Sache rapide am Schwinden ist, mit der (in wohlfeilen Lippenbekenntnissen so häufig geforderten) europäischen Literaturwissenschaft ernst zu machen.

Für den Autor bedeutet dieses Buch zugleich die Synthese langgehegter Interessen, zahlreicher Vorstudien – daher die unbescheiden häufigen Selbstverweise –, und der Lektüre vieler Lieblingstexte. Den Münchner Studenten und Kollegen, die seine Vorgeschichte dialogisch begleitet haben, gilt mein warmer Dank. Darüber hinaus danke ich für spezielle Anregung Renate Gotthardt, Peter Franz und Peter-Christian Hall; ganz besonders herzlich Niklas Holzberg und Peter Schünemann für willkommene Kritik und wertvolle Hinweise bei Lektüre des Manuskripts; und natürlich der Bayerischen Staatsbibliothek – ihre Schätze sind *conditio sine qua non* des Folgenden.

München, im Herbst 2006   *Werner von Koppenfels*

1. Paradoxie und Schockperspektive:
Zum Begriff eines schwer faßbaren Genres

> In der Menippee zeigt sich ein besonderer Typ
> experimenteller Phantastik ...: die Beobachtung
> aus ungewohnter Perspektive.
>
> Michail Bachtin

In dem vielgerühmten *Historischen Wörterbuch der Philosophie* (12 Bände à ca. 1300 Seiten, 1971–2004) sucht man seinen Namen lange vergeblich: schließlich findet man ihn in einer winzigen Fußnote unter dem mageren Eintrag zum Stichwort ‹Kynismus›. Dafür rechnet ihn die englische *Routledge Encyclopedia of Philosophy* (10 Bände, 1998, II, 756) unter die ‹einflußreichsten hellenistischen Autoren›, ein Prädikat, dem auch bei oberflächlicher Kenntnis der Sachlage schwer zu widersprechen sein dürfte. Die Rede ist von dem kynischen Philosophen Menippos von Gadara, einem Nachfolger des Diogenes, der in der ersten Hälfte des 3. Jahrhunderts v. Ch. lebte, lehrte und schrieb. (Gadara liegt nördlich des Toten Meeres, im orientalischen Einflußbereich der hellenistischen Kultur, und ist nach *Markus* 5 und *Lukas* 8 notorisch als der Ort, wo bei einem späteren Anlaß der Teufel in eine Schweineherde fuhr – wenn man so will, ein durchaus menippeischer Exorzismus.)

Umrisse einer mythischen Figur

Ungeachtet seiner großen Wirkung ist Menippos, das muß eingangs gesagt werden, für uns eine schattenhafte, fast mythische Figur. Von seinen Schriften, in denen er die kynische Diatribe, die derb volkstümliche philosophische Unterweisung seiner Schule, literarisiert hat, sind nur wenige winzige Bruchstücke und ein paar Titel erhalten, die freilich ein gewisses Gattungsprofil andeuten. Genannt wird eine *Nekyia* oder (satirische) Hadesfahrt, dazu ein *Symposion*, (satirische) Testamente, Götterbriefe, Schriften gegen Naturphilosophen und Grammatiker und ein ‹Verkauf des Diogenes›. Hier lassen sich, auch mit Blick auf die Nachfolger, mythenparodistische Züge erahnen, außerdem der Einspruch gegen die fruchtlose Jagd nach Wissen, die Parodie ‹ernsthafter› Diskurse, z. B. der Juristerei oder der platonischen Gastmahls-Philosophie, die Inszenierung einer paradoxen Situation (bekanntlich bietet sich der Sklave Diogenes seinem Käufer als dessen Herr an) und schließlich der Fremdblick auf die Welt als olympische oder unterweltliche Perspektive.[1] Mit der parodistischen und paradoxen Einstellung der neuen Gattung hängt auch ihr in den alten Zeugnissen vermerkter ‹Mischcharakter› zusammen, als Verbindung von Scherz und Ernst (*spoudogéloion*) und als – möglicherweise orientalisch geprägter – Wechsel von Vers und Prosa (*poikilómetron*; lat. *prosimetrum*).

Über das Leben des Menippos ist so gut wie nichts bekannt. Seine kurze Lebensbeschreibung im 6. Buch des Diogenes Laertios ist nur ein maliziöser und unglaubwürdiger Abklatsch einiger, ebenfalls fragwürdiger, Details der Vita des Diogenes. Danach war Menipp zuerst Sklave, dann Scharlatan und Geldverleiher, bis er sich schließlich aus Geldnot erhängte. Das echte oder angedichtete Sklaventum der beiden berühmtesten Kyniker übersetzt den *kynikós trópos*, die ‹hündische›, das heißt provokant niederkreatürliche Perspektive und Metaphorik ihrer antiphilosophischen Schule, in den Status des gesellschaftlichen *underdog*. Der Andere Blick, den diese Schule propagiert, ist primär der Fremdblick von unten, der die Normalität der Dinge in Frage stellt, verbunden mit der Angriffslust des ‹Kläffers›, der sich weigert, Ruhe zu geben. In einem Text seines römischen Nachfolgers Marcus Terentius Varro, ‹Das Grab des Menipp› betitelt, erscheint der Gadarener im paradoxen Nachruf als *ille nobilis quondam canis*, jener einstmals so berühmte Kyniker, oder auch ‹noble Kläffer›.[2] Sein griechischer Nachfolger Lukian bekennt sich in einer Selbstrechtfertigung mit dem Titel *Der doppelt Angeklagte* auf bezeichnend ironische Art zu dem hündischen Ahnherrn, indem er seinen eigenen Ankläger, den beleidigten ‹Dialog›, so sprechen läßt: «Zuletzt trieb er [der ‹Syrer›, d. h. Lukian] es gar so weit, daß er einen von den alten Kynikern, einen gewissen Menippus, einen von den bissigsten Belferern des ganzen Ordens, aus dem Grabe hervorrief und zu mir ins Haus brachte, einen bitterbösen Hund, von dem man gebissen ist, ehe man sich's versehen kann, weil er sogar lachend beißt».[3]

Dem Mangel an biographischen Daten zu Menippos entspricht auf seine Weise das Bild, das sich die Späteren von ihm machen und das bei aller Konkretheit im Grunde nur den Typus des kynischen Bettelphilosophen vorstellt. Die älteste ‹Beschreibung› des Meisters stammt von Lukian, also aus der großen zeitlichen Entfernung des 2. Jahrhunderts n. Ch.; sie kommt passenderweise aus der Unterwelt, und aus dem Mund des Diogenes. Dieser beauftragt im *Ersten Totengespräch* des Lukian den Pollux, ihm doch bitte den Menippos in den Hades herunterzuholen, zu endlosem gemeinsamem Gelächter über die Torheit der Menschen, die der Tod an den Tag bringt. Als Erkennungszeichen gibt er dem Boten folgende Hinweise mit: «Alt, kahlköpfig, trägt einen abgeschabten Mantel, der gegen alle Winde Öffnungen in Menge hat und mit Lappen von allen möglichen Farben geflickt ist; er lacht unaufhörlich, und meistens sind die Windbeutel, die Philosophen, der Gegenstand seines Spottes» (*WL*, I, 362; *L*, VII, 4). Das Wortspiel, das den winddurchlässigen Mantel des Ironikers gegen die philosophischen Windbeutel (*alazónes*) ausspielt, ist eine Zutat des Übersetzers Wieland aus dem Geist Lukians.

Die *Suda*, das große byzantinische Lexikon aus dem 10. Jahrhundert, weiß darüber hinaus zu berichten, Menipp sei als Furie verkleidet, mit einem langen grauen Überwurf, einem roten Gürtel, einem arkadischen Hut mit den Tierkreiszeichen, langem Bart und Eschenstock auf tragischem Kothurn umhergelaufen und habe sich als Hadesbote ausgegeben, der beauftragt sei, die Sünden der Menschheit auszuspionieren und nach unten zu melden. Obgleich die Quelle der Passage, Diogenes Laertios, diesen Aufzug ursprünglich einem anderen Kyniker zuschreibt, scheint die jenseitige Grenzgängerei des Menipp und seine Neigung zu mythologischer Travestie damit treffend charakterisiert.[4]

Doch auch die Neuzeit hat sich bei ihrer Wiederentdeckung der menippischen Satire ein Bild von Menippos gemacht. In der neulateinischen Satire *Sardi venales* des Petrus Cunaeus aus Leiden (1612) wird Menipp, der den Erzähler im Traum auf die jenseitige ‹Insel der Gelehrten› geleitet, als Greis ‹mit Hakennase, Kahlkopf, Bocksbart und einer stets zu Scherz und Gelächter aufgelegten Miene› beschrieben; ‹sein Mantel war überall durchlöchert und zerrissen, sein Aufzug der eines heruntergekommenen griechischen Philosophen (*Graeculi philosophi gestamen*); die Rechte auf einen Stock gestützt, an der Linken hing ein riesiger Ranzen ...›[5] Die Faszination der Figur war stark genug, um einen Velázquez zu ihrer Darstellung zu animieren. Auf dem – wohl um 1640 entstandenen – Gemälde im Prado blickt uns der satirische Philosoph, mit Schlapphut, Zottelbart und ausgefranstem Mantel vermummt, aus hellwachen Augen ironisch und skeptisch von der Seite her an; zu seinen Füßen ein Wasserkrug, Emblem der Bedürfnislosigkeit, dazu Schriftrolle und Bücher, Sinnbilder der ‹Weisheit von unten›. Velázquez malte als Pendant zu diesem Menipp noch einen Äsop und stellte so, vielleicht vor dem literarischen Hintergrund des spanischen Schelmenromans, zwei ‹ehemalige Sklaven› als Schöpfer neuer Gattungen und witzige Kritiker des Laufes der Welt nebeneinander.[6] Goyas in Nuancen der Wiedergabe ‹realistischere› Radierung schließlich, die dieser 1788 nach dem Bild anfertigte, das sich Velázquez als Erbe der traditionellen Ikonographie von dem alten Kyniker gemacht hatte, illustriert und symbolisiert auf einer späten Stufe die sich wandelnde Rezeption des Menippos und der von ihm geschaffenen Literaturform.

Das Unbehagen an der Gattung Von den beiden Gattungen, deren Begründer Velázquez einander gegenüberstellt, hat die Äsop'sche Fabel zweifellos die klareren generischen Konturen und die gradlinigere literarische Entwicklung aufzuweisen. Denn der Bedeutungshorizont des Begriffs *satura Menippea* ist schon für ihre antike Entfaltung und erst recht für ihr Fortleben seit der Renaissance umstritten und notorisch schwer einzugrenzen. Die Tatsache, daß die Schriften des Menippos verloren und die seines wichtigsten römischen Nachfolgers Varro nur höchst fragmentarisch erhalten sind, erschwert den unvoreingenommenen Blick auf die Gründungsväter erheblich. Quintilian, von dem die stolze Feststellung stammt, die Satire sei ganz und gar römisch (*tota nostra*), erklärt im gleichen Atem mit Blick auf Varro und die prosimetrische Alternative zur Verssatire, es gebe da ja noch dieses ‹andere und sogar ältere Genre› (*alterum illud etiam prius saturae genus*; X.1.95) – dessen lateinischer Vertreter sich freilich auf ein griechisches Modell beruft! Angesichts solcher Ungereimtheiten und der prekären Überlieferungslage ist es ein Glücksfall, daß die Schriften Lukians von Samosata, der sich ausdrücklich zur Nachfolge Menipps bekennt, in großem Umfang erhalten sind; sie dürfen als das vollständigste antike Textkorpus der Menippea gelten – doch in welchem Umfang und Grad sie menippeisch geprägt sind, bleibt umstritten.

Was die römische Tradition angeht, so wird allgemein Senecas *Apokolokýntosis* oder ‹Verkürbissung› des Kaisers Claudius, eine satirische Jenseitsreise, der Menippea zugerechnet, doch schon bei Petrons *Satyrica* scheiden sich die kritischen Geister. Im griechischen Bereich gelten außer den einschlägigen Texten Lukians nur noch einige Schriften des Kaisers Julian als gattungszugehörig. Das verbreitete Unbehagen der Altphilologen an der Menippea beruht nicht zuletzt auf dem problematischen Verhältnis ihrer griechischen und römischen Branchen zueinander. Eine neuere Studie zum Thema stellt bündig fest: «There is a general unwillingness among the classicists to treat Menippean Satire as a genre in and of itself which spans both Greek and Latin literature.»[7] Die lange Unterschätzung der ‹unklassischen› Klassik und ihrer quicklebendigen nachantiken Existenz durch die Altertumswissenschaft mag sich auf diese Sicht der Dinge ausgewirkt haben. Im Falle Lukians ist das Bild freilich in einem gründlichen Wandel begriffen; altphilologische wie frühneuzeitliche Studien begrenzen ihr Blickfeld dabei gerne auf das Lukianeske seiner Schriften und verlieren die generischen Zusammenhänge, eben das Menippeische an Lukian, aus den Augen.[8]

Darüber hinaus hat das Verständnis für die neuzeitliche Kontinuität und fiktionale Fruchtbarkeit der menippeischen Satire, die von den Humanisten und Aufklärern wiederentdeckt und weiterentwickelt wurde, seit der romantischen Epochenwende stark abgenommen. Und doch ist die Menippea, wie zu zeigen sein wird, durch alle Epochen der neueren europäischen Literatur bis in die Gegenwart allgegenwärtig. Dies ist nicht zuletzt an ihrer Rolle als Vorläuferin, subversive Konkurrentin und Nachfolgerin des bürgerlichen Romans ablesbar, dessen Prinzip der Tatsächlichkeitsillusion sie ironisch unterläuft, mit dem sie von Anfang an – siehe Schelmenroman oder *Tristram Shandy* – trickreiche Verbindungen eingeht und aus dessen Krise im Zeitalter der Moderne ihr neue fiktionale Vitalität zuwächst – siehe Kafkas *Verwandlung*, Orwells *Nineteen Eighty-Four* oder Nabokovs *Pale Fire*, um nur drei, auf den ersten Blick recht disparate, Beispiele von hohem Rang zu nennen. Das Ziel der folgenden Ausführungen ist es, solche dem ungeschulten Auge unsichtbaren generischen Zusammenhänge offenzulegen und die außerordentliche Wirkung, geschichtliche Wandlungsfähigkeit und imaginative Potenz einer Literaturform zu erweisen, über deren Beschaffenheit, ja Existenz nichts weniger als kritische Einmütigkeit besteht.

Dies gilt in besonderem Maß für die nachantike Menippea. Die Renaissanceforschung zur ‹Achse Lukian-Erasmus›, wie gesagt, meidet weitgehend den Terminus und spart sich so die Mühe, ihren Standort zwischen den menippeischen Minimalisten und Entgrenzern zu bestimmen. Das primäre Gattungsmerkmal der Minimalisten ist das *prosimetrum*, die Vermischung von Vers und Prosa, die ihrer Meinung nach die formelle Bestimmung der Menippea leistet. Daß diese generische Definition zu kurz greift, hat bereits Erwin Rohde in einer länglichen Fußnote seines Buches zum griechischen Roman vor geraumer Zeit festgestellt:

> Hört man die Worte des Probus [über die Beziehung zwischen Varro und Menippos], so sollte man meinen, Varro habe von Menippos nichts als die Vermischung von Vers und Prosa herübergenommen ... doch die *societas ingenii* kann nicht einfach durch eine ziemlich nebensächliche Gemeinsamkeit in der äußeren Form begründet werden ... Denn Varro verbindet mit Menippos die Gemeinschaft der Sinnesweise ...[9]

Die komparatistisch vermittelte Einsicht, daß die Gemeinschaft der Sinnesweise eine gemeinsame Schreibweise begründet und daß diese etwa bei Erasmus, Rabelais und Swift weiterlebt, führt zur These einer epochenübergreifenden Gattung der menippeischen Satire, wie sie von Northrop Frye im Rahmen seiner großangelegten, elegant schematischen Gattungstheorie *Anatomy of Criticism* 1957 skizziert und von Michail Bachtin in der stark erweiterten Fassung seines Dostojewski-Buches 1963 auf charakteristische Weise entwickelt wurde – beides mit erheblicher kritischer Resonanz.[10] Ihr Versuch der definitorischen Eingrenzung einer proteisch anmutenden Materie führte freilich auch zu mancherlei problematischer Entgrenzung.

Menippeische Satire oder Anatomy? Die fünf beispielreichen Seiten zur Menippea in Fryes *Anatomy* markieren einen epochalen Neuanfang der einschlägigen Forschung, auch wenn der Autor sich Jahrzehnte später enttäuscht über den geringen Widerhall seiner höchst suggestiven Gattungsskizze äußert (die Stoff für viele Doktorarbeiten und Monographien enthält): «When I started writing on such subjects there was not one in a thousand university teachers of *Gulliver's Travels* who knew what Menippean Satire was: now there must be two or three.»¹¹ Frye plädiert aus seiner souveränen Vogelschau der Weltliteratur dafür, die mißverstandene Gattung¹² nach ihrer eigenen generischen Form zu verstehen und zu werten, und nicht als defizienten Ableger des Romans, obgleich sie mit diesem reizvolle Allianzen zu schließen vermag. Weder psychologisch vertiefte Figurenzeichnung noch narrative Linearität ist ihr Anliegen, denn sie befaßt sich mit der Kritik geistigen Fehlverhaltens. Für Frye kulminiert diese satirische Grundeinstellung der Menippea in ihrem Angriff auf die Überheblichkeit des *philosophus gloriosus*, des ‹aufschneiderischen› Intellektuellen, der die Systematik der Welt fest im Griff zu haben behauptet und dabei die geistigen Horizonte schließt, statt sie zu öffnen. Solcher *closure* – wie es heute heißen würde – setzt der Menippeer in den Kleinformen der Gattung den vermeintliche Gewißheiten zersetzenden Dialog entgegen, in den fiktionalen Großformen ein vielfach ironisch gebrochenes Erzähl- und Handlungsmuster: «The intellectual structure built up from the story makes for violent dislocations in the customary logic of narrative, though the appearance of carelessness that results reflects only the carelessness of the reader or his tendency to judge by a novel-centered conception of fiction.»¹³

Der Kritik geistiger Mißbräuche dient letztlich auch jene enzyklopädische Exuberanz von Pseudogelehrsamkeit, die für Frye ein zentrales Charakteristikum der Menippea ist und für die er von Robert Burton den Begriff *Anatomy* ausborgt: «The Menippean satirist, dealing with intellectual themes and attitudes, shows his exuberance in intellectual ways, by piling up an enormous mass of erudition about his theme or in overwhelming his pedantic targets with an avalanche of their own jargon» (311). Es erscheint freilich problematisch, für dieses seinem Wesen nach parodistische und entlarvende Sprach-Feuerwerk den Burtonschen Begriff der *Anatomy* im Sinn geistiger ‹Sezierung› und Zergliederung zu bemühen und seine *Anatomy of Melancholy* trotz ihrer unbestreitbar menippeischen Einzelpartien insgesamt der Gattung zuzuschlagen; ihr durchaus ernsthaft, wenn auch unter mancherlei ironischer Spiegelfechterei erhobener Anspruch, ein medizinisches Lehr- und Heilbuch für die von Schwermut Geplagten zu sein, würde sich damit selbst aufheben. Den Begriff der Menippea um die satirische Intention zu verkürzen und, wie Frye anregt, durch den der *Anatomy* zu ersetzen, heißt eben jene generischen Demarkationslinien zu verwischen, die der Kritiker mit soviel Bravour und

Nachdruck selbst gezogen hat. Daß Frye sein großes, symmetrisch ungemein geschlossenes und keineswegs als Wissenschaftssatire gedachtes Gattungsmodell im Titel selbst mit diesem Begriff schmückt, ist ein bemerkenswerter Zug auktorialer Ironie, zeigt aber auch nachdrücklich, wie unvereinbar die zwei ‹anatomischen› Konzepte letztlich sind.[14]

Dostojewski als Menippeer

Fryes Pionierbeitrag zur Menippea ist durch die höchst einflußreichen Seiten, die Michail Bachtin der Gattung in seinen *Problemen der Poetik Dostoevskijs* widmet, stark in den Hintergrund gedrängt worden; und dies keineswegs nur aufgrund von Bachtins Prestige als Kultfigur einer poststrukturalistischen Literaturwissenschaft, sondern vor allem dank seiner dichten, systematischen und denkbar anregenden Analyse menippeischer Strukturen und Motive. Bachtins Bemerkung freilich, die Gattung habe eine «bis heute von der Wissenschaft so gut wie gar nicht gewürdigte Bedeutung für die Entwicklungsgeschichte der europäischen Romanprosa» erlangt (133 f.), ist zum Zeitpunkt ihrer Äußerung nicht mehr ganz aktuell. In der ersten Fassung des Dostojewski-Buches (1929) war noch keine Rede von der Menippea und den ihr verwandten karnevalistischen und dialogischen Schreibweisen: «what in the revised version becomes the massive 80-page chapter four (‹Genre and Plot Composition›, tracing Dostoevsky's roots back to the ancient world) was originally a modest 9-page discussion of the functions of the adventure plot in Dostoevsky».[15] In Bachtins großer Studie über Rabelais, wo seine Anwendung äußerst gattungsrelevant gewesen wäre, spielt der Begriff der Menippea ebenfalls noch keine wesentliche Rolle. Im Erscheinungsjahr der stark erweiterten *Probleme der Poetik Dostoevskijs* (1963) lag Fryes *Anatomy* erst etwas mehr als fünf Jahre zurück: so ganz unbeackert war das Feld nicht mehr. Es ist keineswegs undenkbar, daß Bachtin Fryes rasch berühmt gewordenes Buch bald nach Erscheinen las und daraus entscheidende Anregungen für sein eigenes Konzept der Menippea empfing. Bachtin ist kein Autor, der seine Quellen rückhaltlos offenlegt.[16]

Sein Gattungsmodell der Menippeischen Satire hat die kritische Zunft bei weitem nicht zu so inflationärem Gebrauch verleitet wie die ihm verwandten und schwer von ihm abgrenzbaren Bachtinschen Begriffe der Dialogizität und des Karnevalesken. Die Existenz einer intrikaten und teilweise schwer zugänglichen Texttradition, die man erst einmal lesend und analysierend zur Kenntnis nehmen müßte, steht hier zweifellos dem verbreiteten Hang zu abstrahierender Verallgemeinerung und Theorie-modischem Konformismus störend im Weg.

Bachtins 14teiliger Merkmalskatalog der Menippea ist auf den ersten Blick von bestechender Konkretheit und umfassender Komplexität. Er betrachtet sie – in problematischer Analogie zum sokratischen Dialog – als ein Genre des Ernsthaft-Komischen oder *spoudogéloion*, dessen Merkmale das Fehlen epischer oder tragischer Distanz zum Gegenstand, Freiheit der Erfindung zum Zweck einer Kritik des Bestehenden und bunte Stilmischung seien. Die Menippea stellt nach Bachtin ihre ungezügelt phantastischen Handlungen immer in den Dienst einer philosophischen Idee, mit der sie «eine organische, unauflösbare künstlerische Einheit» eingehen. Der philosophische Universalismus der Gattung, der sich mit einem drastischen «Naturalismus der Elendsviertel» verbinde, diene durch Erfindung von Schwellensituationen der Prüfung von Wahrheitsansprüchen: «Die Menippea ist eine Gattung der ‹letzten Fragen›» (128 ff.). Sie bedient sich, wie Bachtin betont, einer «experimentellen Phantastik», die durch ungewohnte Perspektiven (vom Himmel, aus dem Hades) die Wahrnehmung des Gewohnten radikal verändert und zu diesem Zweck mit Hilfe des «unpassenden», d. h. zynischen, profanierenden, entlarvenden Wortes besonders gern Wahnsinn und andere Anstößigkeiten eines geregelten Weltlaufs in Szene setzt. Sie sucht die scharfen Kontraste und widersprüchlichen Verbindungen, mischt sich häufig mit anderen Gattungen, deren Elemente sie sich einverleibt, und weiß die philosophische Wahrheitssuche mit einem gleichsam journalistischen Sinn für Aktualität zu vereinen. Abschließend unterstreicht Bachtin die organische Einheit all dieser recht heterogenen Elemente, die er auf die «Zerstörung der epischen und tragischen Ganzheit des Menschen» in der nachklassischen Antike zurückführt (130 ff.).

Dieser wegweisende Merkmalskatalog scheinbar disparater Gattungsaspekte, auf deren inneren Zusammenhang der Autor insistiert, greift erheblich über Fryes Ansatz hinaus – und spiegelt die veränderte Interessenkonstellation Bachtins seit der Erstfassung seines Buches. Er geht, in seiner Eigenschaft als Prolegomenon zur Poetik Dostojewskis, in eine deutlich andere Richtung als sein Vorläufer. ‹Gattung der letzten Fragen› und ‹Naturalismus der Elendsviertel› sind Attribute, die eher dem sokratischen Dialog bzw. dem Roman des späteren 19. Jahrhunderts zukommen als der Satura Menippea; und die besondere Leistung von Dostojewskis Romankunst ist sicher mit dem Begriff des Dialogischen treffender bezeichnet als mit dem des Menippeischen – so gern sich der große Romancier gelegentlich menippeischer Einlagen (etwa in der Geschichte vom Großinquisitor oder bei Iwans Teufelsgespräch, also gerade an den Höhepunkten der *Brüder Karamasoff*) bedient. Daß die Menippea selbst eine spezifische Gattung der dialogischen wie der saturnalisch-karnevalesken Schreibweise ist, läßt sich dagegen bereitwilliger konzedieren.

Generische Merkmale Die folgenden Kapitel versuchen erstmals in einer literaranalytischen Untersuchung von europäischem Zuschnitt, deren Gegenstandsbereich von der Antike bis zur Moderne reicht, dem im Sinne von Frye und Bachtin weitgefaßten Konzept der Menippea gerecht zu werden.[17] Vorausgeschickt sei eine Merkmalsbestimmung der Menippea, die als partielle Synthese beider Ansätze, jedoch mit eigener Akzentuierung, den Bezugsrahmen für die diachronen Textreihen dieses Buches liefert. Dieses generische Modell betont im Hinblick auf die kynischen Ursprünge der Gattung ihre anti-philosophische Philosophie und betrachtet die ‹experimentelle Phantastik› exzentrischer und paradoxer Perspektiven auf die vermeintlich normale Welt als dominantes Merkmal ihrer Fiktionen von den Anfängen bis zur Gegenwart. Der funktionale weil erkenntnisfördernde Charakter solcher Phantastik oder ‹Verrücktheit› eignet sich als Differenzkriterium zur Abgrenzung der Menippea vom ‹realistischen› Roman.[18]

1. Herkunft und Intention Die Menippea ist als Genre des Ernsthaft-Komischen und erklärte Mischform heterogener Bestandteile *satura* im ursprünglichen Wortsinn, also ein buntes stilistisches und thematisches Gemenge. Ihre formale und motivische Beweglichkeit stellt sie nach Art der ‹hündischen› Perspektive in den Dienst einer phantastisch-witzigen Kritik an erstarrten Institutionen und Weltanschauungen. Das Lehrziel des Kynikers Diogenes, das Überkommene und Festgesetzte exemplarisch umzustoßen und auf den Kopf zu stellen, dürfte von grundlegender Bedeutung für den Ansatz der Menippea sein, die philosophische Subversion zu literarisieren.

Das anekdotenreiche (die hellenistische Rezeption spiegelnde) «Leben des Diogenes» in Diogenes Laertios' *Philosophengeschichten* (VI. 20–81) mutet mit seinen paradoxen Selbstinszenierungen des närrischen Weisen, seinen metaphorischen Handlungen, seiner dialogischen Schocktaktik, seinen subversiven Pointen und burlesken Zitaten wie ein erstes Motivinventar der Menippea an. Wenn der Kyniker seine Laufbahn als Münzfälscher beginnt, so nur, weil er den Auftrag des Orakels, die politische Ordnung (*politikón nómisma*) umzuprägen, wie ein Schelm wörtlich nimmt und statt dessen die Währung (*nómisma*) umprägt. Er wird als Sklave verkauft und bietet sich, wie erwähnt, seinem Käufer als dessen Herr an; als ihn seine Landsleute zur Verbannung verurteilen, verdammt er sie zum Bleiben: Sein philosophischer Hintersinn besteht darin, den Spieß der Normalität mit Eklat umzudrehen. Er salbt sich die Füße statt des Gesichts und will mit dem Kopf nach unten begraben werden – weil sich die verkehrte Welt bald wieder umkehren müsse. Er betrachtet die normale Menschheit als verrückt, und Platon nennt ihn selbst einen ‹verrückten Sokrates› (*Sokrátes mainómenos*).[19]

Wie aus Menipps ‹Versteigerung des Diogenes› und Lukians ‹Erstem Totengespräch› hervorgeht, bekennt sich die Menippea unumwunden zum Vater des Kynismus. Doch die Gattung hat auch literarische Wurzeln. Ihre Intention und komische Phantastik der fiktionalen Mittel macht sie in gewissem Sinn zur Nachfolgerin der Alten Komödie. Besonders relevant sind hier die satirischen Himmel- und Hadesfahrten im *Frieden*, in den *Vögeln* und den *Fröschen* des Aristophanes; seine Verspottung des Sokrates als *philosophus gloriosus* in den *Wolken*; oder die ‹kopfstehende› Welt in den beiden Utopien der Frauenherrschaft. Lukian beruft sich ausdrücklich und wiederholt auf diesen Vorläufer.[20]

Handlungen und Metaphorik der Menippea dienen der *meiosis* oder satirischen Verkleinerung – der komischen Reduktion überzogener Ansprüche auf Heldentum, Weisheit oder Heiligkeit; also der Demütigung des homo sapiens. Ihre Abneigung gegen Ideologien und andere autoritäre Begriffssysteme macht sie zum bevorzugten literarischen Medium skeptischer Kritik am weltanschaulichen Status quo, ob politischer, religiöser oder philosophischer Natur, aber auch gelegentlich zum Propagandainstrument revolutionär neuer Weltbilder von Kopernikus bis Marx, die sie als Gegendiskurse und nicht als künftige Orthodoxien vertritt. Ästhetische Selbstgenügsamkeit ist, wie gesagt, ihre Sache nicht, wobei die jeweilige ‹Tendenz› menippeischer Fiktion jeweils epochenspezifische Züge aufweist.

So zeigt sie bereits in der Renaissance mit ihrer Frontstellung gegen blinden Dogmatismus, scholastische Erstarrung des Denkens und die Willkür der Macht markant aufklärerische Züge, die sich im Zeitalter Swifts und Voltaires radikalisieren. Doch auch die fortschrittskritischen Visionen späterer Epochen, ihre apokalyptischen Alpträume einer fremdgewordenen, leerlaufenden, materiell toten Welt oder eines Absturzes der Zivilisation in die Barbarei, bedienen sich, da die Darstellungsmittel des realistischen Romans solchen Abgründen der Welterfahrung nicht mehr gerecht werden, immer wieder der menippeischen Schockperspektive.

Gattungsbewußtsein konstituiert sich über die bewußt gesuchte Nähe der meisten Autoren zu spezifischen Vorläufern, und generell über das Netzwerk der exemplarischen Menippeen innerhalb der europäischen Literatur; Bachtin spricht vom objektiven Gedächtnis der Gattung, das die Besonderheiten ihrer antiken Ursprünge bewahrte (136). Es wird zu zeigen sein, daß auch die menippeischen Einlagen in Fremdgattungen wie philosophischem Traktat, Dichtung, Essay oder Roman über ihre Motivik, meiotische Tendenz und paradox-phantastische Bildlichkeit unschwer als solche identifizierbar sind.

2. Stilistische Merkmale menippeischer Diskrepanz Im Gegensatz zur klassischen Verssatire ist die Menippea prosaisch und handlungsbetont; genauer, sie bedient sich vorwiegend der erzählenden oder dialogischen Prosa und erstellt Fiktionen, die durch Phantastik, und nicht selten auch durch kalkulierte Inkohärenz, auf ihren figurativen Charakter verweisen. Das Gattungskriterium der Vers-Prosa-Mischung, von Lukian im *Doppelt Angeklagten* ironisch als kentaurenhafte, paradoxe Vermengung[21] (*krásis parádoxos*: WL, III, 337; L, III, 146) bezeichnet, ist nicht isoliert, sondern in diesem größeren Kontext zu sehen. Die eingeschobenen Verse, die zitierend und parodierend auf Epos und Tragödie Bezug nehmen, erzeugen – darin den Zitateinlagen der Alten Komödie verwandt – ein burleskes Sprachgefälle und demonstrieren das Prinzip der Stilmischung an der Textoberfläche. So spiegelt sich die dissoziierende, die Wirrnis des vermeintlich Wohlgeordneten entlarvende Schau des Menippeers in der Textur, während zugleich die Götzen dieser Welt auch stilistisch entthront werden.[22] In Lukians *Ikaromenippos* erscheint das Erdenschauspiel, das der geflügelte Wahrheitssucher Menipp vom Mond herab betrachtet, «sehr abwechselnd und unterhaltend», als «Mischmasch», «unharmonisches Mißgetöne», als «buntscheckiges und planloses Schauspiel» (*WL*, I, 124f.; *L*, II, 296ff.). Zum ‹bunten Stil› der Menippea gehören demnach alle Arten von Texteinschüben, die semantische Bruchlinien erzeugen: Verseinlagen, fremdsprachige Brocken und typographische Fremdkörper. Charakteristische Beispiele sind die Landkarten, die Sprachproben, vorangestellten Briefe und Gedichte in Mores *Utopia*, die Textzersplitterung in Swifts *Tale of a Tub* oder das burleske Stilgefälle samt ironisch-pedantischen Fußnoten in Popes *Dunciad Variorum*. Auch in der Gesprächsführung *à bâtons rompus* (über Stock und Stein) bei Petronius, Rabelais, Sterne oder Flann O'Brien führt sich der Herrschaftsanspruch der Diskurse wechselseitig ad absurdum. Letztlich ist das Gegeneinander von normalem und ‹verrücktem› Diskurs ein Markenzeichen der Menippea.

3. Ironische Präsentation des Fiktionalen Die Menippea begegnet dem Stand der Dinge nicht mit versöhnlicher Einfühlung, sondern mit einem aggressiven Witz, der sich auf der Stil- und Handlungsebene gleichermaßen manifestiert. «Spott kann nichts schlechter machen, als es an sich selbst ist», ruft in Lukians *Fischer* die Philosophie ihren Jüngern zu, die dem frechen Autor in der Rolle des Parrhesiades oder ‹Frei-Redenden› wegen seiner Philosophenschelte ans Leder wollen; «das wirklich Schöne und Gute hingegen leuchtet darunter nur desto besser hervor und fällt desto schöner in die Augen, wie Gold unter dem Hammerschlage glänzender wird» (*WL*, I, 238; *L*, III, 22). Die Aufklärung wird diesen Gedanken mit einer einflußreichen Formel Shaftesburys aus *Sensus Communis: An Essay on the Freedom of Wit and Humour* (IV.i) von 1709 aufnehmen: «For nothing is ridiculous except what is deformed: Nor is anything proof against *Raillery*, except what is handsome and just.»

Diese selbsterteilte Lizenz nutzt die Gattung aus, um kräftig über die Stränge der herrschenden Denkgewohnheiten zu schlagen. ‹Verrücktheit› als weises Narrentum ist die Grundbefindlichkeit des Menippeers. Seine Leitbilder sind Diogenes, Momus (der Name bedeutet wörtlich ‹Tadel›), der Miesmacher unter den Göttern, oder jener lachende Demokrit, der seinen Mitbürgern, den Abderiten, für verrückt galt, weil er die Verrücktheit ihrer Normalität diagnostizierte, und den sich Burton und Wieland zum satirischen Wortführer wählten. Die Menippea versteht sich ihrem Wesen nach als para-dox, also gegen die gängige Meinung gerichtet, und sie spielt ihre Paradoxie lustvoll in drastischer Inszenierung aus, um durch radikales Verrücken die schiefen Begriffe wieder zurechtzusetzen. Die Risse und Sprünge im Diskurs zeigen diese Verrenkung des Üblichen an und dienen als Leserappelle.

Da die Menippea jede Tatsächlichkeitsillusion für ihre Fiktionen letztlich untergraben muß, will sie sich nicht um ihre didaktische Wirkung (auf dem Weg metaphorischer Entschlüsselung) bringen, wird neben der Phantastik ihrer Handlungen die ironische Vermittlung zum entscheidenden Kunstgriff. Der rollenbewußte, mit seiner besonderen ‹Wahrheit› spielende Erzähler begegnet in Gestalt des augenzwinkernden *self-conscious narrator* oder als unzuverlässiger Ich-Erzähler in Lukians *Wahren Geschichten* ebenso wie bei Erasmus, More oder Swift. In der dialogischen Darbietung sorgt die Inkohärenz oder paradoxe Widersprüchlichkeit der Standpunkte dafür, daß der Leser das Gesagte nicht für bare Münze nimmt und nach Lenkungssignalen des Autors sucht. Auch hier sind die stilistischen Spannungen von größter Bedeutung, denn die Fehlhaltungen verraten sich durch ihre Sprachregelung. Der Schönrede und dem Jargon der *philosophi gloriosi* setzt die Gattung ihre parodistische Wortfülle und sarkastische Pointenkunst entgegen.

4. Parodistisches Geschehen als metaphorische Handlung Die Menippea ist in ihrer aktiven Skepsis gegenüber dem Bestehenden das literarische Medium einer relativistischen und subversiven Weltsicht. Ihre Situationen und Handlungen sind nicht als einmalig, sondern als metaphorisch zu verstehen; ihre Wortführer sind nur scheinbar Individuen, in Wirklichkeit *personae* (eigentlich: Masken, durch die ein Schauspieler antiker Stücke ‹hindurchspricht›), das heißt Vertreter geistiger Haltungen als Apologeten und Herausforderer des Status quo in ironischer Konfrontation mit den herrschenden Anschauungen. Mythen und Motive wie Götterversammlung, Himmel- und Unterweltsfahrt, epische Reise, Seelenwanderung, philosophisches Symposion, Metamorphose und nicht zuletzt die utopische Konstruktion borgt sich die Gattung ostentativ von der ‹seriösen› Literatur. Dasselbe Prinzip eines witzigen Parasitentums gilt für rhetorische und narrative Strukturen wie die Gerichtsrede, den philosophischen Dialog, die Preisrede oder die Episodenfolge des Abenteuerromans. Die phantastische Standortverlagerung der Figuren muß vom Leser in eine entsprechende kognitive Standortverrückung übersetzt und als solche nachvollzogen werden. Nicht selten lassen die menippeischen Personae selbst die metaphorische Katze aus dem Sack: Lukians Ikaromenipp und Cyrano de Bergeracs Mondfahrer geben ausdrücklich intellektuelle Neugier als Reisemotiv an, und von Mores utopischem Gewährsmann heißt es, er stehe als Reisender nicht in der Nachfolge des Odysseus, sondern in der Platons.

5. Gegenorte und exzentrische Blickwinkel   Mit ironischer Selbstverständlichkeit heben die menippeischen Personae die Grenzen zwischen unserer Welt und ihren Antipoden, zwischen Alltag und Mythos, Erde, Himmel und Hölle, Gegenwart und Vergangenheit (und Zukunft – in der Zeitutopie) auf, um über-, unter- und außerweltliche Standpunkte zu beziehen und den normalen Stand der Dinge einem radikalen Fremdblick zu unterwerfen. Auch Situationen innerweltlicher Exzentrik dienen dem Ziel einer ebenso paradoxen wie metaphorischen Umwertung der Werte: In der Nachfolge Drydens errichtet Popes mockheroische Literatensatire *The Dunciad* einen Thron in der Gosse der Kulturhauptstadt London, und ein Swift (*A Tale of a Tub*), Klingemann (*Nachtwachen des Bonaventura*), Bulgakow (*Der Meister und Margarita*) oder Saramago (*Die Stadt der Blinden*) machen das Irrenhaus zur Akademie, zum Asyl der höheren Vernunft oder zum geballten Reflex einer moribunden Zivilisation. In jedem Fall ist der menippeische Ort eine Heterotopie oder *espace autre* (nach einer Prägung Foucaults) als ausgegrenzter Raum, an dem die Fremdheit des Vertrauten erfahrbar wird – hier meist in Gestalt eines demonstrativ phantastischen Gegen-Ortes.[23] Die imaginäre Topographie dieser exzentrischen Standorte und Beobachtungsplätze (*points of vantage*) dient als Gliederungsprinzip der folgenden Darstellung. Die panoramische Hohe Warte (*specula*) über der Erde – der das einführende 2. Kapitel gewidmet ist –, der Dialog der Toten an der Himmelstür oder im Hades, die utopische oder kosmische Reise, die quasi-pikareske Tierperspektive in Lukians *Hahn* oder Cervantes' *Gespräch der Hunde* sind charakteristische Inszenierungen menippeischer Heterotopie, mit dem Ziel, die Normalwelt aus der olympischen Perspektive, im Zeichen des Todes, aus antipodischem oder ‹subhumanem› Blickwinkel zu betrachten und ihre Werte zu hinterfragen.

Doch auch der abenteuerliche Gedankensprung, der in der Metropole die künftige Totenstadt erkennt oder die vermeintlich urbane Zivilisation mit den Augen des Blinden ‹sieht›, schafft einen menippeischen Raum als Experimentierfeld des Ganz-Anderen. Dies tut auf seine Weise auch das saturnalische Symposium, ob es nun scheinbar im Alltag bleibt wie bei Petronius oder im Himmel stattfindet wie bei Kaiser Julian, ob es Menschen mit Riesen mischt wie bei Rabelais oder Lebende und Tote wie bei Béroalde de Verville: Mit seiner sprunghaften Gesprächsführung und seinem Gedankenwirbel ist es ebenso heterotop wie das paradoxe Enkomion (Lob des Unwerten), mit dessen Hilfe Lukian aus einer Mücke einen Elefanten, aus einem Schmarotzer einen Künstler macht, oder die ironische Fußnote, die einen fiktionalen Text aus dem Untergrund demontiert. Im übrigen kommt, wie Bachtin ausführt, der liminalen Situation als Schwelle zur Anderen Welt größte Bedeutung zu: am Himmelstor und in Charons Nachen wird das Diesseits mit besonderer Sehschärfe verhandelt. Das bekannte Wort des Heraklit, der Weg nach oben und nach unten sei ein und derselbe, gilt freilich in ganz speziellem Sinn für die menippeischen Heterotopien, denn olympische Schau und Hadesperspektive führen gleichermaßen zur Reduktion und Relativierung der irdischen Wichtigkeiten. Ein metaphysisches Genre ist die Menippea dezidiert nicht.

Die folgende Darstellung begegnet der Fülle ihrer Texte und Thematiken[24] mit einer Bemühung um Symmetrie, indem sie ihre vielgestaltige Materie in drei jeweils dreiteilige Tranchen aufgliedert. Der erste Hauptteil befaßt sich mit den wichtigsten Standpunkten und Blickwinkeln menippeischer Exzentrik. Das Einleitungskapitel über die Kataskopie oder phantastische Herabschau auf eine satirisch verfremdete Welt hat dabei paradigmatischen Charakter, denn es spielt erstmals die Progression der Gattung von der Antike bis zur Moderne am Beispiel eines zentralen Motivkomplexes durch. Dem Blick aus der Höhe folgt der essentiell kynische Blick von unten – in Gestalt einer satirischen Unterweltsperspektive, die paradoxerweise auch gewisse Verhandlungen vor der Himmelstür einschließt. ‹Kynisch› im ursprünglichen Sinn des Begriffs sind gleichfalls bestimmte tierische Ansichten der Menschenwelt, die diese grundsätzlich in Frage stellen, statt – wie in der Fabel – menschliche Verhaltensweisen animalisch zu verkleiden. – Der Mittelteil widmet sich den Gegenorten von Utopie, Dystopie und Science Fiction und ihrer ver-rückten Fremdsicht des Status quo. Dem Nachweis, daß der paradoxe Witz der literarischen Utopie wesentlich menippeischer Natur ist, schließt sich der konzentrierte Blick auf zwei in diesem Zusammenhang besonders markante und aufschlußreiche Themenkreise an: die Vision der Metropole als Ruinen- und Totenstadt sowie die Dystopie als Ort von Blendung und epidemischer Blindheit. – Die drei Schlußkapitel gelten den Stilistika der Gattung im weiteren Sinn. Im Hinblick auf das vielfach dominante Thema der Literaten- und Pedantensatire werden Formen des monologischen und dialogischen Sprechens als Parodie von Gerichtsrede und Gastmahlsgespräch untersucht, auch hier in diachroner Reihung und bis hin zu Spielarten des Nonsens und modernen Romanexperimenten. Der Schlußstrich des Ganzen erfolgt unter dem Strich: Die ironische Fußnote erweist sich in ihrer Verbindung mit der Literatensatire von Renaissance und Aufklärung und der Fiktionsironie eines Sterne und Jean Paul als repräsentatives Stil- und Motivelement der Gattung in ihrer erstaunlichen Regenerationsfähigkeit und kulturellen Spannweite.

2. *Katáskopos* oder der Blick von der Höhe

> wir brauchen in unserm Vorhaben
> einen hohen Standpunkt
>
> Lukian, *Charon oder Die Weltbeschauer*
>
> the only way one can speak of man ...
> is to speak of him as though he was a termite
>
> Samuel Beckett, *Watt*

Da die menippeische Satire auf die pointierte Verkleinerung menschlicher Scheingröße abzielt, muß sie die Optik des Normalen umkehren und statt der vertrauten Nähe der Dinge ironische Distanz schaffen: ihre ‹Handlung› besteht in einer satirischen Teleskopie unserer Alltagswelt. Ihr idealer Gegen-Ort ist demnach ein ‹überirdischer› Hochsitz, der probeweise eine mythenparodistisch eingefärbte olympische Sicht erlaubt. Wie wenig dieser himmlische Aufschwung im Widerspruch zu den kynischen Ursprüngen der Gattung mit ihrer ‹hündischen›, d. h. kreatürlich-niederen Perspektive steht, verraten die europäischen Grundtexte der desillusionierenden Herabschau, Lukians *Charon* und *Ikaromenippos,* und die Art, wie dort die Rolle des *katáskopos* oder Spähers von oben besetzt ist.[1]

Der irdische Ameisenhaufen

Der Blick aus der Höhe umfaßt die Totalität der Welt um den Preis ihrer drastischen Schrumpfung. Es ist der Anblick, der sich dem Totenfährmann und dem kynischen Philosophen, zwei der ‹unteren› Welt zugehörigen Gestalten, gleichermaßen bietet. Lukians Charon läßt sich, in ausdrücklicher Parodie des Himmelssturmes der Giganten, von Hermes einen Hochsitz aus übereinandergetürmten Bergen errichten, der ihm nicht als Himmelsleiter, sondern als Ausguck für den Rückblick auf die irdischen Verhältnisse dient. Durch die paradoxe Vertauschung der Tiefe gegen die Höhe und den panoramischen Charakter der Schau wird seine Sicht der menschlichen Dinge *sub specie mortis* nur umso eindringlicher und unanfechtbarer. Ikaromenipp, der andere Späher aus der Höhe und Ahnherr aller literarischen Astronauten, erhebt sich auf den Spuren des Dädalus mit Vogelflügeln in den Himmel, um selbst nach dem Rechten zu sehen, da ihn die ungereimten kosmologischen Theorien der Philosophen nicht befriedigen (Abb. 1). Die Länge seines Flugs zu Jupiter nötigt ihn zu einer Zwischenlandung auf dem Mond, wo ihm Empedokles als Mentor und *presenter* (wie Hermes dem Charon) das irdische Schauspiel aus heilsamer Ferne vorführt.

Abb. 1: *Ikaromenipp, Ahnherr aller literarischen Astronauten, auf seinem Flug zur Wohnstatt des Zeus (aus* I dilettevoli dialoghi di Luciano philosopho, *Venedig 1525)*

Doch die kosmische Fernsicht bedarf auch einer besonderen Scharfsicht, einer Feineinstellung, die das weit-sehende Auge dazu befähigt, bestimmte Vorgänge auf der Erdoberfläche konzentriert wahrzunehmen. Durch magisch-optische Vorrichtungen stattet Lukian seine Weltbeschauer mit jener Sehschärfe aus, die die Götter von Amts wegen besitzen: Im *Charon* geschieht dies durch einen wirkungsvollen Homervers, im *Ikaromenippos* durch eine Adlerschwinge, die Adlerblick verleiht.[2] In beiden Dialogen bietet sich dem Betrachter aus der Höhe das gleiche Bild einer zwergenhaften, in ihrem zivilisatorischen Anspruch radikal reduzierten Menschheit. In einem Prozeß sekundärer Verbildlichung setzt die Menippea für diesen Schwund an Würde niedere Insektenmetaphorik ein:

> *Der Freund:* ... Aber, ich bitte dich, die Städte selbst und die Menschen darin, wie kamen dir diese aus solcher Höhe vor?
> *Menippus:* Du hast doch schon manchmal eine Ameisenwirtschaft gesehen – wie das alles untereinander wimmelt, die einen im Kreise herumlaufen, andere hinausgehen, andere zurückkommen, diese einen Unrat hinausschafft, jene mit einer irgendwo aufgelesenen Bohnenhülse oder einem halben Gerstenkorn im Munde dahergerennt [sic] kommt: und wer weiß, ob es nicht auch Baumeister, Volksredner, Ratsherrn, Musenkünstler und Philosophen, nach ihrer Weise, unter ihnen gibt? Wie dem auch sein mag, ich fand zwischen diesen Ameisennestern und den Städten mit ihren Einwohnern die größte Ähnlichkeit... (*Ikaromenippus;* WL, I, 126; L, II, 300)

Diese Ameisen-Perspektive, die das vermeintlich Weltbewegende schockhaft verkleinert und zum massenhaften Gewimmel entindividualisiert, ist ihrem Wesen nach eine niederburleske Verzerrung. Als solche setzt sie ihren Gegenstand, die alltägliche Existenz der Menschen mit ihren verzehrenden Ambitionen, jener Lächerlichkeit aus, die ihm unter dem olympischen Blick zukommt. All die irdischen Tragödien und Heldentaten werden dabei zum «buntscheckigen und planlosen Schauspiel» (*WL* I, 124; *L,* II, 298) oder, wie es im *Charon* heißt, zum bunten Zeitvertreib und Gezappel (*L,* II, 428). Im selben Atemzug vergleicht Charon die Städte der Menschen mit Bienenschwärmen, in denen jeder einzelne seinen Stachel hat und auf den Nachbarn einsticht, während andere wie Wespen die Niedrigergestellten plagen und ausplündern: Hier erhält die Tierbildlichkeit einen Zug ins Aggressive. Die Menschheit bei ihren mehr oder minder heroischen Verrichtungen erscheint dem Blick von oben als Gewimmel sinnlos zappelnder und aufeinander einstechender Insekten.

Die phantastisch-satirische Herabschau[3] auf eine zum Ameisenhaufen oder Insektenschwarm verkleinerte und verfremdete Menschenwelt gehört zu den Bildkomplexen von außerordentlicher Längen- und Tiefenwirkung, die die bildfreudige, respektlose und relativistische kynische Diatribe den europäischen Literaturen vermacht hat; ein Vermächtnis, das in weit auseinanderliegenden Epochen und Texten dank seiner prototypischen Motivik identifizierbar bleibt und dabei seine ursprünglich philosophische Prägung nicht verleugnet. Häufig stellen dabei die Autoren gleichsam durch Verweis auf ihre Quellen die Verbundenheit mit der menippeischen Tradition eigens heraus, wie etwa Erasmus an einer prominenten Stelle in seinem *Lob der Torheit* (1511):

> ‹Kurzum, wenn du die unzähligen Getümmel der Sterblichen vom Mond herab betrachten könntest wie einst Menipp, du würdest glauben, einen Schwarm von Mücken oder Schnaken zu sehen, die untereinander streiten, kämpfen, räubern und sich gegenseitig nach dem Leben trachten...›[4]

Im Rahmen seines paradoxen Enkomion – einer menippeischen Untergattung, die den Anderen Blick dazu einsetzt, einen schlechten Gegenstand ironisch in den Himmel zu heben – zitiert Erasmus zwanglos andere Motive der Menippea an, wie hier die Herabschau; freilich nicht im unverbindlichen literarischen Spiel, sondern mit aktualisierender Tendenz: Die aggressiven Insektenschwärme seines antiken Vorbilds sind nachdrücklich auf die eigene friedlose Ära bezogen. Das gleiche tut Robert Burton in der buchlangen Vorrede zu seiner *Anatomy of Melancholy* (1621–1651), indem er die satirische Sicht der eigenen Persona ‹Democritus Junior› mit der von Lukians Charon identifiziert; und dies im Hinblick auf die Religionskriege und andere theologische Ausschweifungen seiner Epoche:

> Charon in Lucian, as he wittily feigns, was conducted by Mercury to such a place, where he might see all the world at once ... he saw a vast multitude and a promiscuous, their habitations like molehills, the men as emmets [ants] ... Some were brawling, some fighting, riding, running, *sollicite ambientes, callide litigantes* [earnestly suing or cunningly disputing], for toys and trifles, and such momentary things; their towns and provinces mere factions, rich against poor, poor against rich, nobles against artificers, they against nobles, and so the rest. In conclusion, he condemned them all for madmen, fools, idiots, asses, *O stulti, quaenam haec est amentia?* O fools, O madmen! he exclaims, *insana studia, insani labores,* etc., mad endeavours, mad actions, mad, mad, mad...[5]

So greift die *Anatomy*, theologisch-medizinisches Fachbuch und montaignescher Essay in einem, aus gegebenem Anlaß auf menippeische Elemente, und besonders gern auf die Kataskopie, zurück. Eine andere generische Vermischung und Aktualisierung vollführt im Namen des Lukianschen Menipp der Spanier Luis Vélez de Guevara in seinem Roman *Der hinkende Teufel* (*El diablo cojuelo*, 1641), der in der freien Bearbeitung von Lesage (*Le diable boiteux*, 1707) ein europäisches Erfolgsbuch wurde. Hier wandelt sich die distanzierte Herabschau zu einer indiskreten Innenschau; die Persona wird zum satirischen Voyeur, und die menippeische Thematik zeigt Affinität zur Ständesatire des Schelmenromans.[6] Als *presenter* der Herabschau betätigt sich eben jener hinkende Teufel, den der Student Don Cleofás in einer Madrider Dachkammer aus der Flasche eines Magiers befreit hat (das Motiv stammt aus Quevedos menippeischem *Traum vom Tode*). Zum Dank und zum Genuß der wiedergewonnenen Mobilität entführt der diabolische Welterklärer seinen Befreier auf die Turmspitze der Salvatorkirche, «den höchsten Aussichtspunkt von Madrid». Die Turmuhr zeigt ein Uhr nachts – die Stunde, in der die Bewohner der vergnügungssüchtigen Stadt sich zur Ruhe begeben, ehe der Schlaf im Vorgriff auf den Tod sie alle gleich macht: Sie legen Schuhe und Strümpfe, Wams und Hose, Kleid und Reifrock ab – eine Vorwegnahme der satirischen Entkleidung, die sie unter den Augen der Herabschauenden vollführen werden, nachdem der Hinkende mit diabolischer Magie die Dächer der Häuser abgedeckt hat (Abb. 2). Die Ankündigung des Teufels, er werde die Perspektive Menipps (als Typus des Luftreisenden) noch übertreffen, signalisiert den generischen Zusammenhang und dient zugleich als barocke Geste der Überbietung:

> «Don Cleofás, von dieser Schandpfahlspitze, von diesem Wolkenkuckucksheim, dem höchstgelegenen Punkt von Madrid herab will ich dir – und Lukians Menippos soll sich von nun an verstecken gehen! (*malaño para Menipo en los diálogos de Luciano*) – alles Bemerkenswerte zeigen, was sich in diesen Augenblicken in dem spanischen Babylon hier abspielt, das die Verworfenheit des anderen weit in den Schatten stellt.» Und wie er nun von den Gebäuden so recht mit Teufelskunst die Dächer, die Blätterteigkruste, abnahm, da legte er das Fleisch der Madrider Riesenpastete bloß, wie es in diesem Augenblick war, ganz offen sichtbar...[7]

Das Schauspiel, das sich den ebenso ‹hochstehenden› wie von drunten unsichtbaren Betrachtern bietet, wird mit Lukianischer Metaphorik als Theater, als figurenreiche Komödienaufführung charakterisiert. Der hinkende Teufel dient dem Studenten als Schauspielführer: Er wählt Bedeutsames aus der Fülle des Geschauten aus und beantwortet die Fragen des in den Lauf der Welt einzuweihenden Naivlings oder *ingénu*. Zu lebenden Bildern erstarrt, emblematisieren die in Massen auftretenden Akteure unten auf der Bühne den ewigen Abstand von Schein und Sein, die Fratzen der materiellen und sexuellen Gier unter der Maske der Wohlanständigkeit und die Selbstverderbnis des Lasters – und dienen so zur Witzigung und moralischen Erbauung des Herabschauenden. Die verkleinernde Metaphorik ist diesmal nicht der Insektenwelt, sondern dem Bereich des Küchenhumors entnommen. Die statische Herabschau von der Höhe des Kirchturms verwandelt sich im folgenden in eine Luftreise, in deren Verlauf die beiden menippeischen Voyeure mühelos größere Entfernungen zurücklegen, ihre pikareske Reise durch verschiedene Schichten der Gesellschaft fortsetzen und dabei stärker von Beobachtenden zu Handelnden werden. Doch entscheidend für die moralische Tendenz dieser ‹teuflischen› Perspektive großstädtischer Normalität ist die Totale der Hauptstadt, die sich auf dichtbevölkertem Raum als ein Auszug der korrupten zeitgenössischen Gesellschaft Spaniens präsentiert, als massenhafte Variation des immer gleichen negativen Prinzips in Form einer satirischen Reihung.

Eine weitere ironisch fruchtbare Variante der verkleinernden Herabschau, die sich menippeischer Phantastik bedient, ist die Perspektive moralisch hochstehender Riesengeschöpfe auf die ethische Zwergenwelt der Menschen. Es sind freilich Zwerge, die sich absurderweise wie Riesen aufführen. Nachdem Gulliver, der unter den Riesen nicht als vernunftbegabtes Wesen, sondern als *lusus naturae* oder Laune der Natur angesehen wird, zum Beleg europäischer Rationalität einen großen Panegyrikus auf die englischen Verhältnisse gehalten hat, übersetzt der König von Brobdingnag Gullivers Beschönigungen in den satirischen Klartext eines Lasterkatalogs und fällt sein abschließendes Verdikt über den Winzling und seine Gattung – ein Gewimmel von höchst schädlichem und abscheulichem Ungeziefer: «I cannot but conclude the Bulk of your natives to be the most pernicious Race of little odious Vermin that Nature ever suffered to crawl upon the Surface of the Earth.»[8]

Abb. 2: Diabolische Herabschau auf das dachlose Sündenbabel Madrid (aus A. R. Lesage, Le Diable boiteux, *Paris 1759)*

Voltaire, der in satirischer Technik einiges von Swift gelernt hat, läßt seinen philosophisch interessierten Giganten Micromégas vom heimatlichen Sirius aus eine planetarische Bildungsreise durch das Sternensystem unternehmen, deren Verlauf ihn auch auf ‹unseren kleinen Dreckhaufen› Erde (*notre petit tas de boue*) führt. Auf der Suche nach den ‹unsichtbaren Insekten›, deren Gezirpe er vernimmt, entdeckt er durch das Vergrößerungsglas eines Diamanten aus seiner Halskette die Menschenatome – die moralische Teleskopie wird hier zur Mikroskopie –, um schon bald im ungleichen Dialog die Natur dieser fremden Spezies zu erforschen. Die geographische Entdeckerfreude und der naturwissenschaftliche Forscherdrang des aufgeklärten Zeitalters werden hier in paradoxer Umkehrung gegen den Menschen selbst gewendet, der vom Subjekt zum Objekt distanzierter Beobachtung mutiert. Das Ergebnis ist, wie beim König von Brobdingnag, die Aberkennung jeglicher Rationalität und die Zuweisung des niedrigsten Insektenstatus, begleitet von einem Affekt des Abscheus: ‹Ich hätte größte Lust, drei Schritte zu tun, und mit drei Fußtritten diesen ganzen lächerlichen und mörderischen Ameisenhaufen (*cette fourmilière d'assassins ridicules*) zu zermalmen›.

Eine abenteuerliche Steigerung dieser paradoxen Konstellation enthält der «Monolog des wahnsinnigen Weltschöpfers» aus der Tollhausszene der *Nachtwachen des Bonaventura*. Die kynische Persona des Nachtwächters präsentiert als zeitweiliger Irrenhausinsasse einen Zellengenossen, der aus der Perspektive des (wahnsinnigen) Schöpfergottes auf die Menschenatome herabschaut:

> «Es ist ein wunderlich Ding hier in meiner Hand, und wenn ichs von Sekunde zu Sekunde – was sie dort ein Jahrhundert heißen – durch das Vergrößerungsglas betrachte, so hat sich's immer toller auf der Kugel verwirrt ... Dann treibt es sich durcheinander und das Ameisenvolk bildet eine große Zusammenkunft und stellt sich fast an, als ob etwas darin abgehandelt würde. Lege ich jetzt mein Hörrohr an, so vernehme ich wirklich etwas und es summen von Kanzeln und Kathedern ernsthafte Reden über die weise Einrichtung in der Natur, wenn ich etwa den Ball spiele und dadurch ein paar Dutzend Länder und Städte untergehen und mehrere von den Ameisen zerschmettert werden ... – Ich möchte den ganzen Ball zerdrücken!»[9]

Was bei dieser nihilistischen Totalisierung der Kataskopie den Vernichtungswunsch des Herabschauenden gegenüber den beobachteten Menschenameisen motiviert, ist nicht mehr, wie bei Swift und Voltaire, deren eigene Mordlust, sondern ihre absurde Prätention auf Philosophie und Metaphysik! Den Lesern freilich fordern all diese Formen menippeischer Herabschau eine besondere Persönlichkeitsspaltung ab. Ob die Welt aus lunarer Distanz betrachtet wird, von einem phantastischen Hochsitz aus oder aus der satirischen Riesen- und Götterperspektive, immer müssen sie sich zugleich auf der überirdisch hohen Warte und als winzigen Teil der wimmelnden subhumanen Tiefe sehen.

Letztlich ist die satirische Herabschau ein despektierlicher Ableger der philosophischen. Denn die ‹Höhe der Erkenntnis›, die ein Herabblicken auf die Niederungen der im Wahn befangenen Menge einschließt, versteht sich ursprünglich, wie der berühmte Auftakt zum 2. Buch des Lukrez zeigt, als archetypisches Lockbild der Weisheitssuche: ‹Nichts ist köstlicher, als heilige Stätten, wohlbewehrt und heiter, zu bewohnen, errichtet aus der Lehre der Weisen, von wo du aus der Höhe herabschauen kannst auf die andern, die alle schwankend umherirren und den Weg des Lebens suchen› *(despicere unde queas alios passimque videre / errare atque viam palantis quaerere vitae* [*De natura rerum*, Buch II, V. 7 ff.]).[10]

Aus dieser Lukrezschen Metapher läßt Ovid seinen Pythagoras im großen Schlußappell der *Metamorphosen* fast so etwas wie eine menippeische Luftreise entwickeln, freilich wieder mit dem Akzent auf der Verklärung des Erhöhten als Visionär und nicht auf der satirischen Reduktion der Unterlinge:

> Es erhebt, zu durchschweben die hohen
> Sterne, erhebt, mit den Wolken zu schiffen, verlassend der Erde
> trägen Sitz, auf die Schultern des starken Atlas zu steigen,
> fern auf die schweifend zerstreuten, der Einsicht ermangelnden
> Menschen niederzuschaun ... (Buch XV, V. 147–151)[11]

Solche Hochgefühle der Weisheitsschau mögen skeptischeren Geistern, wie sie unter den Menippeern vorherrschen, als Hybris erscheinen.

Schon Aristophanes persifliert in den *Wolken* den spekulativen Sokrates als Fußgänger der Luft, sprich: Luftikus, und in Lukians *Hermotimus* spottet der kritische Gesprächspartner genüßlich über den Anspruch des Titelhelden, vom mühsam erklommenen Gipfel der Weisheit für den Rest seines Lebens auf die ameisengleiche Menscheit herabzusehen: «zu was für winzigen Tierchen machst du uns, Hermotimus! ... uns so am Boden und gar auf der bloßen Haut der Mutter Erde herumkriechen zu machen ist auch gar zu arg! Indessen ist es freilich auch kein Wunder, wenn man so hoch droben ist wie du, auch hoch gesinnt zu sein; wir übriges Auskehricht ... heben, billig, unsre Augen und Herzen, wie zu den übrigen Göttern, zu euch empor und betrachten euch als Wesen, die über den Wolken sind ...» (*WL*, III, 8; *L*, VI, 268). Der Sarkasmus des Menippeers gegenüber dem *philosophus gloriosus* erwächst aus der Gattungsregel, daß die Einnahme der hohen Warte immer nur in einem Akt ironischer Phantastik zu erfolgen hat: Wer diesen Platz zum Selbstzweck macht und für sein angestammtes Recht hält, hat moralisch verspielt und gehört selbst unter das ‹Gewürm›.

Ein solcher Hybris unverdächtiger Kataskopie-Text von unvergleichlicher Ausstrahlungskraft, der die phantastische Fiktion einer Himmelsreise mit hohem philosophischem Ernst verbindet, ist Ciceros *Traum des Scipio*, krönender Abschluß der Schrift *Über das Staatswesen*; er wurde zusammen mit dem enzyklopädischen Kommentar des Macrobius überliefert und war dem Mittelalter wie der Renaissance wohlvertraut, lange ehe weitere umfangreiche Partien dieses ciceronianischen Spätwerkes aufgefunden wurden. Im Rahmen von Ciceros großangelegter Überschreibung des platonischen Staatsdenkens auf römische Verhältnisse transponiert dieser Traum den Jenseitsmythos am Ende von Platons *Staat* in eine kosmische Höhenschau von gleichwohl menschlicherer Dimension. Scipio, der spätere Zerstörer Karthagos, wird zur moralischen Erbauung von seinem Ahnherrn im Traum in den Himmel entführt, wo allen, die sich um den Staat verdient gemacht haben, ein Ehrenplatz bereitet ist. Er soll bei dieser Kataskopie die wahre Proportion der Dinge kennenlernen, sein inneres Auge auf die Ewigkeit richten und der sublunaren Vergänglichkeit entwachsen. Zu diesem Zweck ist die Herabschau ganz auf die wesensmäßige Kleinheit der Erde gerichtet. Diese erscheint wie ein kleine Insel, bewohnt nur an seltenen und schmalen Flecken zwischen lauter Wildnis:

‹So klein erschien mir die Erde, daß ich mich unseres Reiches schämte, mit dem wir gleichsam nur einen Punkt ihrer Ausdehnung berühren› (*quo quasi punctum eius attingimus*). Doch die Kleinheit hat ihre eigene Größe: der Punkt ist Mittelpunkt, und die weltverachtende Botschaft des Textes verträgt sich durchaus mit einem hohen patriotischen Appell.

Die Herabschau der beiden römischen Heroen auf die *parva terra* eröffnet eine illustre Reihe spezifisch philosophischer, später christlicher Spielformen der weltabwertenden Kataskopie, die ihre Fiktion einer Himmelsreise mit optischer Schrumpfung des Irdischen in die Nähe der Menippea rückt, ohne daß sie ihres unironischen Charakters wegen wirklich gattungskonform wären. All diese Texte haben jedoch vielfältige Spuren in der europäischen Literatur hinterlassen; sie sind miteinander intertextuell verquickt und den Menippeern der Neuzeit meist wohlbekannt.[12]

Eine einflußreiche philosophische Passage, die die Herabschau auf eine geschrumpfte Welt mit der Metapher des Ameisengewimmels verbindet, findet sich in der an Lucilius gerichteten Vorrede zu Senecas *Quaestiones naturales*. ‹Ein wie verächtliches Ding ist der Mensch›, heißt es da, ‹solange er sich nicht über das Irdische erhebt! Wenn er aber im Geiste einen Höhenflug unternimmt und von oben auf den Erdkreis in seiner Enge herabschaut, wird er ausrufen: Das ist jener Punkt, den soviele Völker mit Feuer und Schwert untereinander aufteilen? O wie lächerlich sind die Begriffe der Sterblichen!› Wenn die Ameisen nach Art der Menschen ‹vernünftig› wären, so spekuliert der Philosoph weiter, würden sie dann nicht auch ihren Platz / ihre Tenne (der gewählte Begriff *area* bezeichnet beides) in viele Provinzen zerstückeln? Aus solcher Höhe betrachtet, erscheinen die stolzen Heere mit ihren aufgepflanzten Bannern als bloßes ‹Hin- und Hergerenne von Ameisen, die sich auf engem Raum abplagen ... Ein bloßer Punkt ist es, auf dem ihr Schiffahrt treibt, Kriege führt, Reiche verteilt ...› Hier sind wir dem römischen Heldenlob ferner und dem menippeischen Gelächter über die Torheit der vernünftigen Welt näher als bei Cicero – schließlich gilt Seneca ja auch als Autor der *Apokolokýntosis*.

Boethius hat die Kataskopien Ciceros und Senecas zusammengelesen. Als ihm im Kerker seine Herrin Philosophie den Wahn des irdischen Ruhmes ausredet, tut sie dies mit dem astronomischen Argument, die Erde sei im Vergleich zum Himmel nur ein Punkt, auf dem wiederum nur ein überaus schmaler Platz (*angustissima area*) der Menschheit Lebensraum biete. ‹Auf diesem winzigen Punkt eines Punktes (*minimo quodam puncti puncto*) umzäunt und eingesperrt, sinnt ihr auf Ausbreitung eures Ruhmes und Erhöhung eures Namens?› (*Trost der Philosophie*, II, Prosa 7) Im ersten Metrum des 4. Buches legt dann die Seele die Schwingen an, die sie zum Himmelspol tragen, während sie verächtlich auf die Erde herabblickt (*terras perosa despicit*). In der Nachfolge beider Stellen steht Dantes Blick aus dem «Paradiso», nach seinem Aufstieg über die sieben Planetenhimmel, zurück auf die Erde als ‹kleine Tenne› (*aiuola*):

> L'aiuola che ci fa tanto feroci ...
> Tutta m'apparve dai colli alle foci ...
>
> Die Tenne, drauf wir uns so wild bekriegen ...
> Ich sah sie ganz von Berg bis Meerflut liegen.[13]

Die Lösung der Seele von den irdischen Leidenschaften, die doch in der Hölle und selbst noch im Purgatorium so intensiv gegenwärtig waren, begleitet bei Dante den Prozeß der fortschreitenden Läuterung und des Aufstiegs zum reinen Licht. Im Ausklang von Chaucers *Troilus and Criseyde* dagegen ist diese Wandlung ein posthumes Erwachen: Hier bildet der planetarische Aufstieg von Troilus' Seele nach dem Schlachtentod eine christliche Coda zur Liebestragödie. Von hoch oben blickt sie auf den geographisch und moralisch zur Bedeutungslosigkeit geschrumpften Ort ihrer großen Passion herab:

> And down from thennes fast he gan avyse
> This litel spot of erthe, that with the se
> Embraced is, and fully gan despise
> This wrecched world, and held al vanite ...
> And in hymself he laugh right at the wo
> Of hem that wepten for his deth so faste ...[14]
>
> ‹Und er fing an, den kleinen Erdenfleck,
> der von der See umschlossen wird, genauer
> sich zu betrachten und von ganzem Herzen
> unsre elende eitle Welt geringzuschätzen ...
> Und lachte bei sich selbst über den Schmerz
> derer, die seinen Tod so heiß beweinten ...›

Als ‹höchst lachhaft› (*pangéloia tauta*) hatte Lukians Totenfährmann das irdische Schauspiel von seiner erhöhten Zuschauertribüne aus kommentiert. Von solcher Warte herab wirken die irdischen Tragödien unweigerlich komisch, und selbst die christliche Askese kann zu ihren höheren Zwecken einmal im menippeischen Gelächter enden.

Höhenflüge aufklärerischer Phantasie

Die menippeische Reise ist Chiffre für einen Erkenntnisprozeß, bei dem die Grenzen des Vorurteils überschritten werden. Ikaromenipp gewinnt aus eigener Macht – kraft seiner philosophischen Neugier – genügend kosmische Höhe, um die Welt in ihrer wahren, entzauberten Gestalt zu betrachten, die sich nur dem illusionslosen Blick von oben erschließt. Lukians Mond als Gegenwelt und Ausguck auf die sublunaren Verhältnisse hat auf die Phantasie späterer Epochen eine starke Faszination ausgeübt. Die Frühe Neuzeit kennt zwei unterschiedliche, aber keineswegs unverbundene Traditionen, die die Lukianeske Mondreise weiterentwickeln. Die erste ist mit dem Namen Ariosts verbunden, die zweite mit dem Keplers.[15]

Wenn der Paladin der Kreuzritter, Astolfo, mit Hilfe seines Flügelrosses, eines Greifen, im 34. Gesang des *Orlando Furioso* nach einem Besuch der Unterwelt und des Irdischen Paradieses auf dem Mond landet, um dort den verlorenen Verstand des liebestollen und folglich kampfunfähigen Orlando zu suchen, damit durch die Rückkehr des wichtigsten Kämpen aufs Schlachtfeld die Eroberung Jerusalems endlich gelinge, so bietet er mit dieser berühmtesten Mondfahrt der Renaissanceliteratur eine markante menippeische Einlage innerhalb des großen komischen Epos. Nicht nur die Kombination von Hades- und Himmelfahrt, sondern auch die konkrete Anregung für den in einer phantastischen Gegenwelt aufbewahrten Abfallhaufen verlorener irdischer Eigenschaften (aus einem der *Gastmahls-Dialoge* von L. B. Alberti) spricht eine deutliche Sprache.[16] Dabei ist Ariosts Kosmos eine spielerische Variante des Danteschen; sein Irdisches Paradies, die Zwischenstation vor dem Aufstieg zum Mond, erhebt sich, wie bei Dante, auf einem unzugänglich hohen Berggipfel. Dort trifft Astolfo seinen menippeischen Mentor, den Evangelisten Johannes, der wie Elias und Enoch ohne irdischen Tod ins Paradies aufgefahren ist, und dort werden die Flugpferde gewechselt: statt des Greifen befördert die Mondfahrer nun der geräumigere Feuerwagen des Elias in die lunare Höhenregion. Bei Annäherung an den Himmelskörper erfährt Astolfo das ‹Doppelwunder› (*doppia meraviglia*), daß sich der Mond als Andere Welt offenbart und daß zugleich die alte Welt drastisch geschrumpft ist: Man muß – Ariost sagt es mit einer Danteschen Formel – schon scharf hinsehen, um sie überhaupt noch wahrzunehmen.[17] Die ironische Behandlung der Himmelsreise, die durch den Einbezug biblischer und Dantescher Motive noch unterstrichen wird, steht in schönstem Einklang mit der Erzählhaltung des *Orlando Furioso*, ist aber im Rahmen der hier verfolgten Tradition zugleich ein spezifisches Gattungsmerkmal.

Rabelais verspricht, wohl mit Blick auf Ariost, am Ende seines ersten *Pantagruel* eine – nie geschriebene – Fortsetzung, die in einer Höllen- und Mondfahrt seines Helden gipfeln soll. Dieses Versprechen löst die *Satyre Ménippée* von 1594 mit ihren *Nouvelles des régions de la lune* im Anhang[18] ausdrücklich ein. Die Höllen- und Mondreise bleibt völlig im Rabelaisisch-Lukianesken, stellt die Fiktion und die Tonart aber ganz in den Dienst ihrer scharf antispanischen und antikatholischen Satire, die Heinrich von Navarra, dem künftigen Henri IV, Schützenhilfe in den politischen Wirren der Zeit bietet. Durch eine Luke im Boden des Mondpalastes[19] zeigt ihre Führerin mit Namen Langue Belle den lustigen Pariser Gesellen, die sich in ihr Reich verirrt haben, tief unten die Erde, die wie ein kleiner Tennisball auf einem großen Teich aus Äther schwimmt; und die Menschen huschen darauf umher wie Feldmäuse und Ameisen, während die ‹unbesiegbare Armada› des spanischen Königs, die gerade gegen England segelt und deren Untergang die Herabschauenden mit Freude erleben, wie ein Geflatter winziger Schmetterlinge erscheint. Man sieht, von der kopernikanischen Wende mit ihrer – durchaus menippeisch goutierbaren und inszenierbaren – Entthronung der Erde sind diese Mondreisen noch ein gutes Stück entfernt. Doch die neue Astronomie wartet schon ante portas.

Einem Galilei dient das neuentwickelte Fernrohr als Sternenbote (*sidereus nuntius*) und Medium von Höhenflügen, die die irdische Position wissenschaftlich und philosophisch – beide Begriffe sind zu seiner Zeit noch ungetrennt – relativieren. Kepler verbindet in seinem 1634 posthum veröffentlichten *Traum* die wissenschaftliche mit der menippeischen Teleskopie: In dieser essayistischen Fiktion beschwört der

Astronom Duracotus, eine Figur mit autobiographischen Zügen, im fernen Thule den Dämon des Mondes und läßt sich von ihm den Himmelskörper und die Reise dorthin beschreiben. Dabei mischen sich selenographische Genauigkeit und Phantastik aufs suggestivste, etwa wenn Kepler über die monströse Vegetation der Mondoberfläche fabuliert und sich die lunaren Bewohner – man begann in dieser Zeit, über die Bewohnbarkeit der Sterne nachzudenken – als amphibische Riesengeschöpfe ausmalt, die vor der Hitze des Mondtages in Höhlen im Inneren des Planeten zurückweichen. Noch Jules Verne und H. G. Wells sollten sich von dieser frühen Science Fiction anregen lassen, deren literarische Quellen in Plutarchs *Moralia* (‹Über das Gesicht im Rund des Mondes›) und bei Lukian zu finden sind; denn Kepler erklärte, er habe sich von den *Wahren Geschichten* inspirieren lassen, ‹angelockt vom Reiz dieser ungemein kühnen Erzählung, die doch auch etwas von der Natur des Universums andeutete›.[20]

Mit Keplers *Somnium* entwickelt die phantastische Mondfahrt in der Nachfolge Lukians ein neues komplexes Potential der Herabschau auf die irdischen Dinge. Der Mond ist nicht mehr nur Hochsitz, sondern zugleich Gegenwelt – hier zeigt sich deutlich der Einfluß der Utopie –, aber auch Zerrspiegelung der sublunaren Verhältnisse,[21] und darüber hinaus Plattform für die Erörterung astronomischer Fragen und generell für kopernikanische Vernunftpropaganda. Damit bildet Keplers halb narrativer, halb essayistischer *Traum* eine Art lunarer Wasserscheide, die den neuen Typ aufgeklärter Mondreisen von den entsprechenden älteren burlesken Phantasien in der Nachfolge Ariosts trennt, ohne jedoch auf die ernsten Scherze des menippeischen Genres zu verzichten.

Auf den Spuren Lukians und Keplers wandelnd, veröffentlicht der astronomisch interessierte spätere Bischof und Mitbegründer der Royal Society Francis Godwin 1638 mit *The Man in the Moon* die erste Mondreise als wissenschaftlich-phantastischen Abenteuerroman (d. h. als Vorform der Science Fiction) und Utopie. Sie macht erlebnismäßig anschaulich, was ‹unsere Galileos› mit Hilfe ihrer Ferngläser entdeckt und errechnet haben: Die Herabschau des Reisenden in seinem von Wildgänsen aufwärts getragenen Gestänge auf die schrumpfende Erde (Abb. 3) dient bei diesem Frühaufklärer ganz der kopernikanischen Erkenntnis. Dasselbe gilt für die leicht burlesken Bilder irdischer Verkleinerung: Die Erde erscheint als Globus, der sich gemächlich unter den Augen des Astronauten dreht, wobei der afrikanische Kontinent aus der Höhe wie eine angebissene Birne erscheint.[22] Doch die moralische Herabschau auf den Menschen fehlt bei diesem ikaromenippeischen Höhenflug keineswegs, denn der Mond beherbergt eine Eutopie von Riesen, deren Statur, Langlebigkeit und überirdische Position gleichermaßen Ausdruck ethischer Vollkommenheit sind, und deren Überlegenheit den fortschrittsstolzen Reisenden gewaltig demütigt. Godwin hat Lukians Riesen-Seleniten aus den *Wahren Geschichten* mit

Abb. 3: Mondfahrt auf den Spuren des Kopernikus (aus Grimmelshausens freier Version von F. Godwins Mondroman Der fliegende Wandersmann nach dem Mond, *1659)*

den hohen und reinen Geistern, die bei Plutarch den Mond bevölkern, gekreuzt. Cyrano de Bergeracs Mondgeschöpfe, die Riesen von Brobdingnag und nicht zuletzt Voltaires Micromégas sind die direkten Nachkommen dieser Kreuzung.

Cyranos *L'Autre monde*, auch bekannt unter dem Titel *Les États et Empires de la Lune / du Soleil* (1657 und 1662), bezeichnet als Werk eines höchst phantasievollen Freigeistes und Anhängers der neuen Naturwissenschaften den Höhepunkt der astronomisch inspirierten, utopisch-satirischen Himmelsreisen der Frühen Neuzeit. Deutliche Fortschritte gibt es schon im Bereich der Transportmittel gegenüber den Ikarusfedern Lukians, dem Elias-Wagen Ariosts und selbst den wilden

Abb. 4:
Der erste Kosmonaut auf dem Weg zur Sonne (aus der englischen Fassung von Cyrano de Bergeracs Sonnenroman, 1687)

Gänsen (*gansas*), mit denen Godwins Held vom Gipfel Teneriffas – Ariosts Paradiesgipfel in säkularisierter Gestalt – mondwärts abhebt: Cyranos Erzähler Dyrcona benützt für die Fahrt zum Mond einen Raketenstuhl, für die Sonnenreise ein Hohlspiegel-Ikosaeder, einen aus zwanzig Brennspiegeln bestehenden Glaskörper, den seine durch Erhitzung erzeugte Luftbewegung antreibt (Abb. 4). Wie bei Godwin, Cyranos unmittelbarem Anreger, werden die Luftreisen zwar dramatisch geschildert, doch ohne der satirischen Kataskopie wesentlichen Raum zu geben; dafür wird der Peripetiemoment, als der Reisende ‹zwischen zwei Monden› in die Schwerkraft des Erdtrabanten eintritt und sein Anstieg in einen Fall umschlägt, ebenso festgehalten wie die Schrumpfung der Erde zum Mond, zum Stern, zum Stäubchen, zum bloßen Nichts bei der Annäherung an die Sonne.[23] Doch die eigentliche Herabschau auf den Menschen erfolgt – nach einer derben Parodie von Astolfos Zwischenlandung im Irdischen Paradies – aus der Perspektive der Kreaturen dieser Neuen Welten als aufklärerische Lektion in Relativität. Sowohl die kentauernhaften Wesen des Mondstaates wie die Vögel des Sonnenreiches erkennen Dyrcona in einem förmlichen Gerichtsverfahren seinen Anspruch rundweg ab, als Repräsentant der Menschheit ein rationales Wesen zu sein.

Der Himmelsreisende als Vertreter der dystopischen Alten und Entdecker der eutopischen Neuen Welt kann die erreichte Höhe nicht halten – die Utopie ist kein Ort zum Verweilen –, und er muß wieder, wenn auch als Gewandelter, in seine angestammten Niederungen zurückkehren. Diese Erfahrung macht auf seine Art auch eine astronautische Persona des französischen Aufklärers Louis-Sébastien Mercier, der seiner berühmten Zeitutopie *L'An deux mille quatre-cent quarante* von 1770 zwei Jahre zuvor im Rahmen eines ‹philosophischen Traums› die Skizze einer planetarischen Raumutopie ‹Von einer Glücklichen Welt› vorausschickt. Der Ich-Erzähler wird hierbei von einem engelhaften Flügelwesen hoch über das Elend der Erde in den Weltraum erhoben und auf dem lichten Stern einer wahrhaft glücklichen, erleuchteten Gesellschaft abgesetzt. Das astronomische Interesse der Vorgänger Merciers (er selbst verweist an anderer Stelle auf Godwins Mondreise) ist hier ganz dem philosophischen gewichen, und die Herabschau auf die noch unerlöste Erde findet nicht optisch, sondern mental statt:

> ‹Je lebhafter der Zauber war, der mich umgab, umso trauriger die Gedanken, die mich auf die von mir verlassene Erde zurückbrachten. Alle Heimsuchungen der Menschheit ballten sich auf einmal zusammen, um mein Herz zu beschweren, und schmerzgepeinigt rief ich aus: «Weh mir! ... die Erde, die mir traurige Wohnstatt war, hallt ohne Unterlaß wider von Schreien und Seufzern; dort drunten unterdrücken Wenige die Vielen, und der Dämon des Besitzes vergiftet alles, was er berührt und was er begehrt. Das Gold ist Gott, und auf seinen Altären opfert man die Liebe, die Menschlichkeit, all die kostbarsten Tugenden...»›[24]

Die Doppelperspektive dieser Luftreise ist zugleich menippeische Herabschau und Blick ins Gelobte Land: – denn es gibt neben der satirischen und der philosophischen ja auch eine messianische Kataskopie:[25] die Persona blickt janusgleich auf die Alte und Neue Welt. Doch gerade um die Botschaft der vollkommenen Gesellschaft, in der er nicht verweilen kann, seiner alten, unvollkommenen Welt zu verkünden, muß der aufklärerische Ikaromenipp zurückkehren; im Bilde Merciers: wie ein Haustier, das sich losgerissen hat, seiner Freiheit jedoch nicht froh wird, mit gesenkter Stirn kehrtmacht und der Spur seiner Kette zurück in das alte Gefängnis folgt.

Menippeischer Höhenrausch

Die geistig befreiende Wirkung, die die Menippeer von Renaissance und Aufklärung an den einschlägigen Texten eines Lukian zu schätzen wußten, beruht wesentlich darauf, daß ihre ‹Herabschau› ein philosophisches Sich-Erheben über die Pseudodoxien der Zeit auf phantastisch-phantasievolle Art verbildlicht. Mit dem Fortschrittsdenken der neuen Naturwissenschaft und einer Philosophie menschlicher Perfektibilität wuchs der imaginativen Aufwärtsbewegung des Menippeers und seinem Blick von der Höhe der Vorurteilsfreiheit, die zugleich zum Ausguck in eine bessere Zukunft wird, eine neue und neuzeitliche Dynamik utopischer Befreiung zu: Der menippeische Janus ist zugleich satirischer und philosophischer Kataskopos. Doch es gibt auch individuellere, weniger lehrhafte menippeische Luftreisen, bei denen der Blick nach unten zum rauschhaften Freiheitsgenuß der eigenen Höhe führt, zum Hochgefühl einer aus den Niederungen entlassenen und entfesselten Phantasie. Ein solcher Text ist die in Burtons *Anatomy of Melancholy* eingefügte «Digression on Air».[26]

In der großen Vorrede des Buches wirft Burton, wie gesagt, einen wahrhaft olympischen Blick auf die traurige Verrücktheit der Welt; und dies, um auf den Spuren des älteren Demokrit die universelle Schwarze Galle ‹anatomisch› offenzulegen und die eigene Bücherwurm-Melancholie durch die Heiterkeit philosophischer Distanz zu lindern; immer in dem Bewußtsein, zugleich oben und unten, Diagnostiker und Patient zu sein. Wie seinem Vorbild Montaigne wird ihm der Bücherturm zum schmerzlich-heiteren Ausguck auf die Welt. Bei Erörterung der Heilmethode für Melancholie im zweiten Buche kommt Democritus/Burton auf die therapeutische Wirkung von Höhenluft, verbunden mit weiter Aussicht, zu sprechen, und er schwingt sich bei dieser guten Gelegenheit auf zur Luftreise einer enthusiastischen Digression, zu der ihm die eigene Phantasie Flügel verleiht:

> so will I, having now come at last into these ample fields of air, wherein I may freely expatiate and exercise myself for my recreation, awhile rove, wander round about the world, mount aloft to those ethereal orbs and celestial spheres, and so descend to my former elements again. In which progress ... if I meet *obiter* [by the way] with the Wandering Jew, Elias Artifex, or Lucian's Icaromenippus, they shall be my guides ... (II, 34 f.)

Die durch die Bücher ungemein angeregte imaginative Schaulust des Gelehrten, im Verein mit seinem unstillbaren Erkenntnisdrang, läßt ihn im Höhenflug der Phantasie gewaltig ausschweifen, um nicht nur mit einem Blick die geographischen Welträtsel der Lokalisierung des Magnetbergs im Norden, der Nordwestpassage, der Terra Australis Incognita oder des Irdischen Paradieses zu lösen, sondern im menippeischen Auf und Ab auch mit Odysseus, Herkules, Orpheus und Lukians Menipp in die Unterwelt herabzusteigen und das Erdinnere, also die Hölle, zu erforschen (II, 43), und um danach aus diesen Abgründen wieder in die höchsten Himmelshöhen aufzusteigen: «If the heavens then be penetrable ..., and no lets, it were not amiss in this aerial progress to make wings and fly up ... and ... with a Galileo's glass, or Icaromenippus' wings in Lucian, command the spheres and heavens, and see what is done amongst them» (II, 50). Doch in diesen unendlichen Höhen, bei Betrachtung der astronomischen Theorien von Kopernikus, Galilei, Kepler, Bruno, Campanella und vielen anderen, bei der Frage, ob die Erde auch nur ein Stern sei wie alle anderen, und nicht einmal ein besonders zentraler, und ob die anderen Sterne auch bewohnt seien, und erst recht bei dem Versuch, die Unendlichkeit des Weltraums zu ergründen, schlägt der menippeische Höhenrausch in metaphysischen Schwindel um. Die Lust des Fragens mündet in radikale Wissenschaftsskepsis, die hier den antiklimaktischen Abstieg zu den irdischen Regionen einleitet:

> *Dum vitant stulti vitia in contraria currunt*, as a tinker stops one hole and makes two ... reforms some and mars all. In the meantime, the world is tossed in a blanket amongst them [unter den Theoretikern der neuen Astronomie], they hoist the earth up and down like a ball, make it stand and go at their pleasure: one saith the sun stands, another he moves; a third comes in at rebound, and, lest there should any paradox be wanting, he finds certain spots and clouds in the sun, by the help of glasses ...: and so, whilst these men contend about the sun and moon, like the philosophers in Lucian, it is to be feared that sun and moon will hide themselves ... and send another message to Jupiter, by some newfangled Icaromenippus, to make an end of all those curious controversies, and scatter them about. (II, 57f.)

Auf die *Copernican giants*, die mit ihren Ferngläsern und Berechnungen den Himmel durchdringen, folgen die theologischen *gigantical Cyclopes*, die Gott selbst ausspionieren und drangsalieren: Naturwissenschaftliche Neugier, zur Hybris gesteigert, und Glaubenskrise gehen Hand in Hand. Während ihm die schrankenlosen astronomischen Lufttreisenden zu himmelstürmenden Giganten werden, kehrt der menippeische Kundschafter, der sich schon im *Charon* die diametrale Gegenposition zur grassierenden Hybris zugewiesen hatte, in menschliche Breiten zurück, und die Ratschläge des Seelenarztes für erhöhte, aussichtsreiche, luftbegünstigte Orte der Welt, die dem Melancholiker aus der Depression helfen, lösen das Erschrecken des Theologen Burton vor einer hybriden Naturwissenschaft ab.

Der Rausch führt zur Ernüchterung, und auch der ‹befreiten› Kataskopie bleibt die satirische Reduktion eingeschrieben. Das bestätigt selbst eine so ‹romantische› Form des Höhenrausches wie Jean Pauls einzigartiges «Seebuch» des Luftschiffers Giannozzo aus dem komischen Anhang zum *Titan* (1801).

> Der ungestüme, durchreißende Giannozzo, satt eines prosaischen Jahrhunderts ohne Theokratie und eines Lebens ins Deutsche übersetzt – ... sich ekelnd vor jeder Mattigkeit – anbetend jede derbe Kraft und die Hände ausstreckend nach dem Äther der Freiheit, – dieser Mensch, den die Sättigung an der tiefen Kerker- und Gassenluft aufgejagt in die Bergluft,[27]

wie der Autor seine Persona in der Vorrede charakterisiert, dieser Giannozzo sagt von sich selbst: «Wahrlich, bloß zur Lust leb' ich oben und aus Ekel am Unten». Zwischen dem Freiheitsrausch der Höhe mit ihren Wolkentumulten der Unendlichkeit und der spießerhaften Enge und Kleinheit des darunterliegenden Deutschland, wo Giannozzo seine satirischen Zwischenlandungen macht, verläuft diese verrückte, alle fixen Begriffe verrückende Luftreise: «es wurden mir doch, wenn ich so luftseefahrend ... um den großen Kerker aller kleinen reiste, Mittel und Wege gezeigt, besser auf die Menschen zu wirken, es sei nun daß ich einige Steine meines Ballastes auf sie werfe, oder daß ich als herabkommender revenant wie ein Falke auf ihre Sünden stoße, oder daß ich mich ihnen unsichtbar mache und fest in solcher Lufthöhe und Barometertiefe» (929f.). Der Blick aus den Wolken auf die «Ameisen-Kongresse» der Menschen (928) weitet und verdüstert sich ins Apokalyptische, als Giannozzo das höllische Gewimmel einer Schlachtszene von oben erfaßt und sich zugleich seiner Verwandtschaft mit diesem mörderischen Geschlecht der Tiefe bewußt bleibt: «ich bin ja auch einer von denen drunten» (1007).[28] In diese Niederungen, die die schaurige Rückseite des harmlos-absurden deutschen (und europäischen) Spießertums darstellen, führt kein Weg zurück; es gibt keinen Abstieg in menschliche Regionen, sondern nur den grandiosen kosmischen Schiffbruch. Ein gewaltiger Gewittersturm reißt am Ende den Ekstatiker der Höhe mit seinem «Charonskahn in den brauenden Qualm hinab» (1009). Wieder einmal erweist sich so die verborgene Identität von Ikaromenipp und Totenfährmann.

Die Demontage des martialischen Heldentums

Die satirische Anästhesie vermag freilich den Schmerz des Katáskopos über den geschauten Wahnwitz nicht zu betäuben. Der über die Schlachtfelder Europas schwebende Giannozzo ist genausowenig wie Burtons Persona ein über die menschliche Komödie aus der philosophischen Höhendistanz hohnlachender Demokrit, sondern ein leidenschaftlich am irdischen Irrsinn leidender Melancholiker: «Bei jeder lebendigen Schlechtigkeit fühl' ich, daß meine Anthropophobie oder Kollerader gegen die Menschen ... noch ihr altes schwarzes Blut treiben und strotzen könne» (976). Der Anblick des Schlachtgetümmels gibt seinem Haß auf die Menschen (der zugleich Selbsthaß ist), «diese lächerlichen Kauze und Weisheitsvögel im Hellen, die sogleich zerrupfende Raubvögel werden, sobald sie ein wenig Finsternis gewinnen» (1006), den rechten Auftrieb; und dies in ganz wörtlichem Sinn, denn Giannozzo schleudert grimmig all seine Ballast-Steine «auf die ringende, vom Erdbeben eines bösen Geistes zum Kampf-Wahnsinn unter einander geschüttelte Masse» (1007), um durch den Gewichtsverlust sogleich ins hohe Blau hinauszuschießen. Doch auch hier bleibt die antiheroische, radikal reduktive Sichtweise, wie sie im Hinblick auf das ‹heldenhafte› Kriegstreiben des Menschen und seine trivialen Anlässe der Menippea spätestens seit Lukian fest eingezeichnet ist, unverkennbar.

Die Hauptmotive für die hektische und aggressive Betriebsamkeit der Menscheninsekten, Ehrgeiz und Habgier, werden schon in der antiken Kataskopie zu trivialer Dinglichkeit verfremdet. Dem vom Mond auf den Peloponnes hinabschauenden Ikaromenipp präsentiert sich etwa ein von Spartanern und Argivern besonders heiß umkämpftes Terrain in einer Dimension, die in absurdem Mißverhältnis zu dem dafür aufgewendeten Blutvergießen und vermeintlichen Heldentum steht: «Welch ein Jammer, dachte ich bei mir selbst, als ich auf den Peloponnes und das kleine Gebiet von Kynuria herabsah, daß soviele brave Spartaner und Argiver an einem Tag um ein Ländchen gefallen sein sollen, das nicht größer als eine ägyptische Linse schien» (*WL*, I, 114; *L*, II, 284). Auch Charon im gleichnamigen Dialog blickt auf die peloponnesische Balgerei herab, erkundigt sich bei Hermes, seinem Cicerone der Oberwelt, worum es denn gehe – und erfährt, das ganze Gemetzel werde um eben das Feld geführt, auf dem die Armeen sich gerade abschlachten. «O die Toren! Sie wissen also nicht, daß, wenn gleich jeder von ihnen einen ganzen Peloponnesus besäße, Äakus [der Totenrichter] ihnen doch kaum einen Quadratfuß Raum zumessen wird» (*WL*, I, 361; *L*, II, 444).

Das Motiv erscheint erneut in Shakespeares *Hamlet*, mit Fortinbras' paradoxem Heldenkampf um «a little patch of ground, a straw, an eggshell», zu klein, um den Gefallenen als Grab zu dienen (*Hamlet* IV, iv). Sobald man hier die menippeische Diminution am Werk sieht, nimmt Hamlets bewundernde Deutung solcher ‹heroischen Größe› eine stark ironische Färbung an, und die Stelle rückt in die Nähe der Totengräberszene, die ihrerseits unverkennbar menippeischen Charakter trägt.

Die schwarzen, beutegierigen Ameisen, mit denen Seneca in der Vorrede seiner *Quaestiones* die zeitgenössischen Heeressäulen vergleicht, erscheinen nicht nur, wie wir sahen, mit Bezug auf die Armada Philipps II. in der Fortsetzung der *Satyre Ménippée* erneut, sondern in elaborierter und intensivierter Form mitten in Montaignes zentralem Essay II, xii, der zur Demütigung menschlicher Überhebung verfaßten «Apologie de Raymond Sébond». Wie schon Seneca, zitiert auch Montaigne im gleichen Kontext das Insektengleichnis aus *Aeneis* IV, 402 ff., mit dem Vergil den unheroischen Abschluß der Dido-Episode kommentiert, indem er die zu den Schiffen ausschwärmenden Trojaner mit einer schwarzen Ameisenschar vergleicht: *It nigrum campis agmen.* Damit nicht genug, spielt der Essayist auf eine weitere Vergilstelle an, die er als ironisches Insektengleichnis liest: den durch eine Prise Staub entschiedenen ‹heroischen› Bienenkampf aus *Georgica* IV, V. 67 ff.:

> Nie lese ich diese großartige Schilderung, ohne daß mir die ganze Torheit und Nichtswürdigkeit des Menschen darin abgebildet erscheint; denn angesichts all der kriegerischen Unternehmungen, die uns durch ihre Greuel in Angst und Schrecken versetzen ... kommt es einem geradezu lächerlich vor, durch welch belanglose Anlässe das Ganze entfacht wird und durch welch belanglose Anlässe es wieder erlischt ... Welch ein aufgestörter und fiebrig erregter Ameisenhaufen! *Es bricht das schwarze Korps / ergrimmt ins Feld hervor* ... Laßt ihm nur, wie den Bienen bei unserem Dichter ... ein wenig Staub in die Augen wehen, und all unsere Feldzeichen liegen zerschmettert, und all unsere Legionen, ja selbst der große Pompeius an ihrer Spitze, sind vernichtend geschlagen ...[29]

In dieser Polemik gegen das militärische Heldentum, das sein historisches Beispiel dem römischen, seinen Zeitbezug dem französischen Bürgerkrieg entnimmt, ist die Kataskopie nicht mehr explizit gemacht, aber doch im anzitierten Kontext, seiner moralistischen Perspektive und natürlich seiner Insektenbildlichkeit deutlich präsent.

Diese moralistische Perspektive erweist sich als wichtige Klammer zwischen Renaissance und Aufklärung. Lukian ist ein Schutzpatron

Die Demontage des martialischen Heldentums 55

Abb. 5: Die Ruinen Palmyras im Abenddämmer, mit orientalischem Betrachter (aus F. de Volneys Les Ruines, *hier nach der Ausgabe Paris 1821)*

für die kritischen Geister beider Epochen, ob sie seine Herabschau wie Leon Battista Alberti auf die italienischen Kriege beziehen, wie Erasmus im *Lob der Torheit* auf den europäischen Unfrieden generell, oder wie Hutten in seinem Dialog zwischen Sol und Phaeton, genannt «Die Anschauenden», mit antipäpstlichem Affekt auf die deutschen Dinge: «Jetzo aber wöllen wir Teütschland beschawen. Dann daselbst ist ein grosse ufrur, wie vormals nie gewest ...»[30] Die Moralistik bedient sich zu ihren kritischen Zwecken bereitwillig der Kataskopie – auf essayistische Manier bei Erasmus oder Montaigne, stärker fiktional in den Lehrdialogen von Swifts Eutopien, wo nicht nur weise Riesen, sondern auch weise Pferde auf den moralischen Zwerg Gulliver herabschauen, der ausgerechnet mit einem leidenschaftlichen Lobpreis abendländischer Kriegskunst sein Anrecht auf den Titel *animal rationale* beweisen will.[31]

Doch die aufklärerische Kritik an einem pervertierten Begriff menschlicher Größe kann sich auch mit utopischer Zukunftshoffnung verbinden. Dies geschieht in François de Volneys Buch *Die Ruinen oder Betrachtungen über die Revolutionen der Reiche*[32] von 1791, einem besonders einflußreichen Beispiel vorromantischer Ruinenmeditation. Ausgangspunkt ist eine melancholische Betrachtung der Ruinen von Palmyra in der Abenddämmerung, vom Hochsitz eines benachbarten Hügels aus (Abb. 5). Das traurige Skelett (*lugubre squelette*) der einst mächtigen Stadt wird für den Herabschauenden zum Sinnbild der Erde als Totenacker, das heißt, der geschichtlichen Vergeblichkeit, die als Fluch eines blinden Fatums auf der Welt zu liegen scheint. Doch der *genius loci*, der sich als Genius der Freiheit (*génie de la liberté*) zu erkennen gibt, lehrt den Betrachter, den wahren Sinn der Ruinenschrift auf der Erdoberfläche zu entziffern.

Zu diesem Zweck entführt er ihn auf eine Luftreise und zeigt ihm die Erde in menippeischer Schau aus kosmischer Distanz – als eine Art Mond, nur weniger leuchtend (Kap. 4). Eine Berührung seiner Augen durch den ‹Genius› verleiht dem Herabschauenden die nötige Scharfsicht, und er sieht, wie die Ruinen aller großen Zivilisationen – gleichsam für eine archäologische Satellitenkamera – von hoch oben in ihren Umrissen sichtbar werden. Diese ruinösen Schriftzeichen beweisen, so sein menippeischer Mentor, daß Gott nicht Herr der Trümmer und Henker der Menschen ist; der Mensch allein, als «Werkmeister seines Schicksals» (*artisan de sa destinée*; 43), ist für die Geschicke der Zivilisation verantwortlich. Zum Zweck dieser Einsicht wird dem Katáskopos aus der Höhe das Schauspiel eines Kampfes zwischen den Truppen des Zaren und des Sultan geboten – und gedeutet. Zuerst sieht er nichts als Rauch und Flammenwirbel, die sich am Schwarzen Meer regen, danach ein Gewirr wie von Ameisen oder Heuschrecken, die, vom Schritt eines Wanderers gestört, aufgeregt umherwimmeln. Immer wieder scheinen diese Insekten gegeneinanderzuziehen, sich ineinander zu verbeißen und, massenhaft reglos liegenbleibend, weite Flächen zu bedecken. «Und was sind denn dies für unsinnige Tierchen, fragte ich, die einander zerstören? Werden diese Geschöpfe, die nur einen Tag leben, nicht ohnehin bald genug umkommen?» (Kap. 12; 69)

Erst als ihm sein Genius erneut die Sicht geschärft hat, wie schon Endymion dem Ikaromenipp, erkennt er, daß es die Menschen sind, die einander abschlachten, im Interesse ihrer Tyrannen und angestachelt von den Priestern aller Religionen. Es ist nicht die Menschennatur an sich, die hier angeklagt wird, sondern Gier und Aberglauben als Haupthindernisse einer gerechten Gesellschaft, mit anderen Worten, Monarchie und Kirche. Der Genius faßt die Moral des Schauspiels zusammen:

> Die Torheit des Menschen stürzt ihn ins Verderben, seine Weisheit muß ihn daraus erretten. Die Völker sind unwissend, mögen sie Unterricht suchen; ihre Anführer sind verdorben, mögen sie büßen und sich bessern. Denn dies ist der Ausspruch der Natur: weil die Übel der Gesellschaft aus Habsucht und Unwissenheit entstehen, so werden die Menschen so lange gequält werden, bis sie aufgeklärt und weise sind ... (83 f.)

Zu lachen gibt es bei dieser apokalyptischen Kataskopie nichts mehr. Doch wird den insektenhaften, versklavten, aufeinander losgehetzten Massen ihre Souveränität mit dem Appell, diese unerschrocken zu beanspruchen, gleichsam zurückerstattet. Mit dem Blick aus der Höhe auf das ‹Neue Jahrhundert›, in dem sich eine gewaltige, einem Aufstand ähnelnde Bewegung in einer der Hauptstädte des Mittelmeerraums vollzieht (Kap. 15; 99), wandelt sich der menippeische Katáskopos zum prophetischen Visionär der Französischen Revolution. Der historische Fortgang der Dinge kann freilich kaum uneingeschränkt als Einlösung des großen Glücksversprechens aus dem Mund der *philosophes* gelten.

Der Moderne gefriert dann endgültig das menippeische Lachen bei der Herabschau auf eine von Gott und allen guten Geistern verlassene Welt. Die Erfahrung des Ersten Weltkriegs beispielsweise bietet dem visionären Blick des Herabschauenden die Aussicht auf eine Tiefe, die sich als schaurige Insekten-Hölle präsentiert. D. H. Lawrence, der gegenüber der Kriegshysterie seiner Landsleute immun blieb und das vermeintlich heldische Geschehen hellsichtig als Suizid der europäischen Zivilisation diagnostizierte, schrieb am 30. 4. 1915 an Lady Ottoline Morrell:

> I like men to be beasts – but insects – one insect mounted on another – oh God! The soldiers at Worthing were like that – they remind me of lice or bugs ... They are teeming insects. What massive creeping hell is let loose nowadays ... I see how sweet and swift heaven is. But hell is slow and creeping and viscous and insect-teeming: as in this Europe now, this England.[33]

Dabei hatte Lawrence in Sussex nur paradierende Truppenteile auf dem Weg in die Schützengräben gesehen; die zitierte Reaktion ist ein spontaner Ausbruch des Abscheus, eine metaphorische Ausweitung der Insektenbilder für die Krieger auf die ganze damalige *conditio humana* – ein einziges Oxymoron aus Lächerlichkeit und Dämonie. Die Höhe des Betrachters gegenüber dem Schauspiel ist die eines ethischen *point of vantage*, den aufzugeben sich Lawrence sein ganzes Leben lang weigern wird. Bei Wilfred Owen, einem Dichter, der unter dem Eindruck der Fronthölle eine neue Art von Dichtung erfand, weil die alte an die Qualität des Erlebten nicht mehr heranreichte, und der selbst eines der letzten Kriegsopfer werden sollte, liest sich die moderne menippeische Herabschau folgendermaßen:

> The Show
>
> My soul looked down from a vague height with Death,
> As unremembering how I rose, or why,
> And saw a sad land, weak with sweats of dearth,
> Gray, cratered like the moon with hollow woe,
> And pitted with great pocks and scabs of plagues.
>
> Across its beard, that horror of harsh wire,
> There moved thin caterpillars, slowly uncoiled.
> It seemed they pushed themselves to be as plugs
> Of ditches, where they writhed and shrivelled, killed.

> By them had slimy paths been trailed and scraped
> Round myriad warts that might be little hills.
> From gloom's last dregs these long-strung creatures crept
> And vanished out of dawn down hidden holes.
>
> (And smell came up from those foul openings
> As out of mouths, or deep wounds deepening.)
> On dithering feet upgathered, more and more,
> Brown strings toward strings of gray, with bristling spines,
> All migrants from green fields, intent on mire.
>
> Those that were gray, of more abundant spawns,
> Ramped on the rest, and ate them, and were eaten.
> I saw their bitten backs curve, loop, and straighten,
> I watched those agonies curl, lift, and flatten,
> Whereat in terror what that sight might mean,
> I reeled and shivered earthward like a feather.
>
> And Death fell with me, like a deepening moan.
> And He, picking a manner of worm, which half had hid
> Its bruises in the earth, but crawled no further,
> Showed me its feet, the feet of many men,
> And the fresh severed head of it, my head.[34]

Die Erde ist hier zugleich Mondlandschaft und ein gräßlich verwesender Organismus. Ein Feldpostbrief Owens vom 19. Januar 1917 charakterisiert das militärische Niemandsland, um das es hier geht, folgendermaßen: «It is like the eternal place of gnashing teeth ... It is pock-marked like a body of foulest disease ... No man's land under snow is like the face of the moon, chaotic, crater-ridden, uninhabitable, awful, the abode of madness.»[35] Die phantastische Perspektive aus kosmischer Höhe auf eine zum Mond verfremdete Erde kommt uns ebenso bekannt vor wie die Figur des menippeischen Cicerone – nur daß als *presenter* der geschrumpften Welt diesmal der Tod selber fungiert. Der alte kynische Gleichmacher läßt noch im abgründigen Zynismus der phantastisch realistischen Szene seine Herkunft erkennen: seine krasse Deixis verrät den Moralisten.

Das Bild der heranschleichenden, sich windenden, sich auf Stacheldraht spießenden, Gräben mit ihren Leibern stopfenden, sich aufbäumenden, einander totbeißenden und auffressenden schleimigen Kleinreptilien, die aus dem Dunkel ihrer Pestlöcher an die fahle Nachtluft kriechen, die grünen Felder fliehend, dem Schlamm zustrebend (*intent on mire*), zugleich mörderisch und im Sog des Todes wie Lemminge –

diese widerwärtige Fauna der Letzten Tage ist, wie die Schlußstrophe enthüllt, nichts anderes als die moderne europäische Menschheit in ihrer äußersten, massenhaften, tierischen und mörderischen Reduktion des Krieges, eine Totalisierung der großen vaterländischen Desillusion, die uns heute ungleich wahrhaftiger erscheinen mag als der zeitgenössische Massenausstoß hurra-patriotischer Lyrik oder die heroischen Stahlgewitter deutscher Provenienz. Die Schlußpointe des Gedichts versetzt uns den allerletzten Schock der Szene: Der Sprecher ist zugleich *au-dessus* und *au-dedans de la mêlée*: Er steht hoch über dem Gewimmel und muß sich mitten darin erkennen – als Toten. Die lunare und posthume Außenperspektive sind sarkastisch – d.h. ins Fleisch schneidend – miteinander kontaminiert. Der Menippeer spricht das *Post-mortem* seiner Zivilisation.

Es ist nicht mehr die ironische Demütigung menschlicher Überhebung, was die menippeische Herabschau hier leistet, sondern die Vision eisiger, kosmischer Verlassenheit einer Welt, die dem Humanen keinerlei Raum mehr gewährt. Das Harmonieversprechen des Reims ist in Dissonanzen zerbrochen: *why* reimt mit *woe, uncoiled* mit *killed, scraped* mit *crept, hills* mit *holes* und so weiter. Das Wortmaterial ist zur Kakophonie (de)komponiert. Eine aufs äußerste radikalisierte Fremdheit wird durch diese Kataskopie erzeugt, und eine Häßlichkeit von apokalyptischem Ausmaß ist unter dem Schock des Zivilisationsdebakels poesiefähig geworden. Freilich hat auch die Herabschau auf eine gottverlassene, erkaltete und erstarrte Erde, deren Lebensraum sich für den Menschen in einen Totenacker verwandelt, als Apokalypse verweigerter Erlösung ihre eigene philosophisch-literarische Vergangenheit.

Herabschau als gott-lose Apokalypse

Die Himmel- und Hadesfahrten der Menippea sind als Mythenparodien, wie gesagt, zwei Seiten ein und derselben Medaille. Als die Gattung in einer späten Phase ihrer Entwicklung den Schock der metaphysischen Obdachlosigkeit zu erkunden und zu inszenieren beginnt, liefert sie eine schwarze Parodie jener visionären Höhenposition, von der aus Moses auf das Gelobte Land blickt und Johannes am Ende der Bibel auf das Himmlische Jerusalem:

> Und es kam zu mir einer von den sieben Engeln ... und er führte mich hin im Geist auf einen großen und hohen Berg und zeigte mir die heilige Stadt Jerusalem herniederfahren aus dem Himmel von Gott ... (*Offenbarung* 21, 9–10)[36]

Die Herabschau auf die erfüllte göttliche Verheißung verwandelt sich mit der Schockerfahrung vom Tod Gottes zu einer Kataskopie des leeren Abgrunds, und der gestirnte Kosmos zu einer kerkerhaften Unterwelt. Der prototypische Text dieser negativen Apokalyptik ist Jean Pauls berühmte «Rede des toten Christus vom Weltgebäude herab, daß kein Gott sei», die in Umarbeitung einer früheren Version 1796 als groteskes Nachtstück in den Roman *Siebenkäs* eingefügt wurde. Wieder begegnet uns Jean Paul als Nachfolger und Verwandler der barocken und aufklärerischen Traumsatire, und als Menippeer, der den Erzählzusammenhang seiner Fiktionen durch kontrapunktische Einschübe und Appendices aufbricht. Nicht zuletzt das Unbehagen und eine gewisse eigene Kurzsicht der Weimarer Klassik hat Jean Paul den Anderen Blick attestiert: «Das Wort vom ‹Chinesen in Rom› wurde geprägt, und für Schiller war Jean Paul ‹fremd wie einer, der aus dem Mond gefallen ist ...›». Die «Rede des toten Christus» ist der Inbegriff des Jean-Paulschen Fremdblicks.[37]

Ironischerweise sah die weit- und tiefreichende europäische Rezeption dieser grandiosen Traumsatire, eingeleitet durch eine verkürzte Wiedergabe in Madame de Staëls *De l'Allemagne*, fast gänzlich vom durchaus erbaulichen Rahmen des Textes ab, der mit seiner Vision eines gott-losen Jüngsten Tages atheistischen Freidenkern die Konsequenzen ihres Standpunktes schockartig vor Augen führen will. Der apokalyptische Alptraum beginnt, als der Erzähler an einem sonnigen Sommerabend am Berghang einschläft (um sich im Traum auf einem nächtlichen Kirchhof wiederzufinden) und er endet mit seinem Erwachen im letzten Abendrot, in einer Harmonie «wie von fernen Abendglocken». In ihrer Wirkung auf die europäische Romantik hat die düstere poetische Kraft der Schreckensvision den eigenen idyllischen Rahmen gesprengt.

Das Zentralbild dieser unmetaphysischen Offenbarung ist der Verlust der kosmischen Sonne, die für Gott selbst steht. Durch diesen Verlust, den Christi Bericht von seiner Reise durch die Himmel und Abgründe am Weltende einer verwaisten Menschheit verkündet, verkehrt sich der Kosmos entgegen seiner Etymologie zum monströsen

Chaos, und das «göttliche Auge» der Sonne verwandelt sich in eine leere Augenhöhle, eine klaffende Wunde im Organismus des Alls, ausgeschwärzte Quelle des Lichtes (vgl. *Offenbarung* 6,12: «die Sonne ward finster wie ein schwarzer Sack»). Die Kataskopie vom leeren olympischen Standort aus hat Jean Paul mit großer expressiver Darstellungskunst zum Schauspiel einer untergehenden, vor den Augen des ‹Sehers› im Abgrund versinkenden Welt dynamisiert, nihilistisches Pendant zum Neuen Jerusalem, das Johannes vom Himmel herabschweben sieht. Christus, der entgottete Gott, fungiert zugleich als Katáskopos und Interpret der ungeheueren Szene:

> Da kreischten die Mißtöne heftiger – die zitternden Tempelmauern rückten auseinander – und der Tempel und die Kinder sanken unter – und das ganze Weltgebäude sank mit seiner Unermeßlichkeit an uns vorbei – und oben am Gipfel der ganzen Unermeßlichkeit stand Christus und schauete in das mit tausend Sonnen durchbrochne Weltgebäude herab, gleichsam in das in die ewige Nacht gewühlte Bergwerk, in dem die Sonnen wie Grubenlichter und die Milchstraßen wie Silberadern gehen ... Und als Christus das reibende Gedränge der Welten, den Fackeltanz der himmlischen Irrlichter und die Korallenbänke schlagender Herzen sah, und als er sah, wie eine Weltkugel um die andere ihre glimmenden Seelen auf das Totenmeer ausschüttete ... so hob er groß wie der höchste Endliche die Augen empor gegen das Nichts und gegen die leere Unermeßlichkeit und sagte: «Starres, stummes Nichts! Kalte, ewige Notwendigkeit! Wahnsinniger Zufall! kennt ihr das unter euch? Wann zerschlagt ihr das Gebäude und mich ...?» (273 f.)

Auf die kopernikanische folgt die metaphysische Dezentrierung der Welt, deren Höhen- und Tiefendimension in einem äußersten Akt menippeischer Inversion gegeneinander vertauscht werden. Das sonnengekrönte Weltgebäude verwandelt sich dabei in die «weite Leichengruft des Alls», und die in der Hoffnung der Auferstehung Entschlafenen müssen «im stürmischen Chaos, in der ewigen Mitternacht» erwachen. (Das Schlußstück der von Jean Paul geprägten *Nachtwachen des Bonaventura* enthält ein ironisch-nihilistisches Echo dieser Szene). Die dominanten Wortfelder des Infiniten – der Begriff «unermeßlich» taucht allein achtmal auf – dienen als ironische Koordinaten für den geheimen, von der Aufklärung an die Romantik vererbten Alptraum der Epoche: daß der kosmische Organismus nur ein toter Mechanismus sei, seine unendliche Ordnung nur die Maske ewig kreisender Leere und Kontingenz, seine beseelende Wärme nur die Tarnung seelenloser, tödlicher Kälte: «Zufall, weißt du selber, wenn du mit Orkanen durch das Sternen-Schneegestöber schreitest und eine Sonne um die andere auswehest, und wenn der funkelnde Tau der Gestirne ausblinkt, indem du vorübergehest?» (274)[38]

Nietzsche wird bei seiner epochalen Umdeutung von Jean Pauls Vision der Gottleere im 125. Stück der *Fröhlichen Wissenschaft* die Persona des toten Christus durch den kynischen Diogenes – hier «Der tolle Mensch» genannt – ersetzen, der am hellen Vormittag auf dem Markt eine Laterne anzündet und dazu schreit: «Ich suche Gott!» Der Blick des Suchers geht ins Leere, die Kataskopie verwandelt sich in die chaotische Verrückung von Oben und Unten, in den Schwindel eines bodenlosen Sturzes: «Wohin bewegen wir uns? Fort von allen Sonnen? Stürzen wir nicht fortwährend? Und rückwärts, seitwärts, vorwärts, nach allen Seiten? Gibt es noch ein Oben und ein Unten? Irren wir nicht wie durch ein unendliches Nichts? Haucht uns nicht der leere Raum an? Ist es nicht kälter geworden?»[39] Das radikale Denken der Aufklärung, dem die Kirchen «Grüfte und Grabmäler Gottes» sind, erreicht hier eine eisige Totalität, die das bloß Hypothetische an Jean Pauls Alptraum negiert und die systemsprengende ‹Verrücktheit› der menippeischen Vision zur chaotischen Grundbedingung des Daseins erklärt.

In äußerster Steigerung ihrer ‹herabsetzenden› Tendenz stellt sich die Herabschau in den Dienst des geistigen und geistlichen *horror vacui* der Moderne, und ihr visionärer Standpunkt wird in einem unerhört neuen Sinn utopisch, da es um eine posthume Schau der Menschheit geht, von einer visionären Warte im leeren Raum herab auf eine Erde, die zum Mond versteint und erkaltet ist. Es ist die Perspektive von Byrons Gedicht «Darkness», das im Manuskript noch den Titel «A Dream» führt:

> The bright sun was extinguish'd, and the stars
> Did wander darkling in the eternal space,
> Rayless and pathless, and the icy earth
> Swung blind and blackening in the moonless air ...[40]

In den *Fleurs du Mal* begegnet der kosmisch distanzierte Blick auf die unendliche Schneewüste einer unbewohnbar gewordenen Erde als

Chiffre für die Entseelung des Ich in einer metaphysisch verödeten Welt:

> Et le Temps m'engloutit minute par minute,
> Comme la neige immense un corps pris de roideur;
> Je contemple d'en haut le globe en sa rondeur
> Et je n'y cherche plus l'abri d'une cahute.
>
> Avalanche, veux-tu m'emporter dans ta chute?[41]

‹Und mich verschlingt die Zeit, Minute um Minute,
wie ein immenser Schnee den kältestarren Leib;
von oben blick ich auf den Erdenball herab
und such auf ihm nicht mehr den Schutzraum einer Hütte.

Lawine, willst du mich in deinem Sturz mitreißen?›

Dieselbe Perspektive ist unverkennbar in einem berühmten Text Emily Dickinsons enthalten, ohne daß wir deshalb die ihrer Epoche so entrückte und eben darum dem ‹Nerv der Zeit› soviel nähere Neuengländerin zu einer Leserin Jean Pauls oder Baudelaires machen müßten:

> Safe in their Alabaster chambers –
> Untouched by Morning –
> And untouched by Noon
> Lie the meek members of the Resurrection –
> Rafter of Satin – and Roof of Stone!
>
> Grand go the Years – in the Crescent – above them –
> Worlds scoop their Arcs –
> And Firmaments – row –
> Diadems – drop – and Doges – surrender –
> Soundless as dots – on a Disc of snow –[42]

Hier wird die kosmische Herabschau von einem visionären Standort im leeren Weltraum zum Werkzeug jener abgründigen existentiellen Ironie, die ein Markenzeichen der Dichterin ist. Sie hält den in wohlgezimmerten Särgen und solide gemauerten Grüften ihrer fest versprochenen Auferweckung entgegenschlummernden Frommen die immense und eisige Gleichgültigkeit des Kosmos entgegen. Die Dichterin hat, wie sie brieflich erklärt, in mehreren Ansätzen versucht, die zweite Strophe, die ihrerseits bereits eine verschärfende Zweitfassung ist, ‹noch frostiger› zu machen,[43] mit folgendem Endergebnis:

> Springs – shake the seals –
> But the silence – stiffens –
> Frosts unhook – in the northern Zones –
> Icicles – crawl from Polar Caverns –
> Midnight in Marble – Refutes – the Suns –

Die aus polaren Höhlen herankriechenden Eiszapfen und die von einer marmornen Mitternacht widerlegten Sonnen weiten in höhnischer Antwort auf die Glaubenshoffnung der Frommen die individuelle Todesvorstellung auf das ganze Weltall aus. Der Kältetod der Erde war eine poetische – und menippeische – Erfindung, lange ehe das Zweite Gesetz der Thermodynamik formuliert wurde.

3. Tod und Gericht, Hölle und Himmel: Vom Witz der Letzten Dinge

> *Da die Toten recht viel Geist haben, kommen sie allen Gegenständen bald auf den Grund.*
>
> Fontenelle, Neue Totengespräche, «An Lukian»[1]

Die ‹hündische› alias Frosch-Perspektive und die Vogelschau, jene einander ergänzenden Sehweisen der menippeischen Fiktion, konkretisieren sich über das gattungsgemäße Verfahren der Mythenparodie zu den jenseitigen Standpunkten von Hades und Olymp, Hölle und Himmel. Der Unterwelt – als Ziel einer Katabasis (eines ‹Hinabstiegs›) der Persona oder als Rahmen für Totengespräche – kommt dabei die größere Bedeutung zu. Der Himmel ist für die Mächtigen dieser Welt, die an seiner Pforte examiniert und abgewiesen werden, oft nur Vorstufe für eine Höllenfahrt. Wo wir ihn (lesend) betreten dürfen, präsentiert er sich als Burleske des antiken Götterhimmels, als ironische Prüfungs- und Richtinstanz irdischer Mängel, aber nicht selten auch als verstörender Reflex einer aus den Fugen geratenen Welt. Der jenseitige *point of vantage* sorgt dafür, daß die verkehrten Maßstäbe der ‹Normalität› witzig und drastisch umgekehrt werden; ein mit göttlicher Autorität versehener Schiedsspruch, bei dem sich der Satiriker sozusagen eines metaphysischen Sprachrohrs bedient, bekräftigt und beschließt häufig den Prozeß posthumer Inversion. Dieses menippeische Fiktionsmodell hat, wie zu zeigen sein wird, in späteren Epochen erstaunliche Konjunkturen erlebt und bedeutende Autoren zu Meisterwerken witziger Phantastik inspiriert.

Die satirische Unterweltsfahrt

Zu den übermenschlichen Leistungen, die den klassischen Epenhelden als solchen legitimieren, gehört von Anfang an (siehe *Gilgamesch-Epos* und *Odyssee*) die Überschreitung der irdischen Grenzen als Katabasis oder Höllenfahrt. Dabei dient der Abstieg in die Unterwelt zugleich als Initiationsritual und Rahmen für einen Dialog mit den großen Toten der Vergangenheit. Deren Schattenhaftigkeit und Machtlosigkeit im Hades – kraftlose, ohnmächtige Häupter nennt sie Homer – wird durch ihr transzendentales Mehrwissen aufgewogen, das mittels eines Totenorakels (*Nekyomantéia*) den Helden in seiner Mission bestätigt. Odysseus kommt im 11. Gesang der *Odyssee* nur bis an die Schwelle der Unterwelt: Die Toten, darunter der Seher Teiresias, steigen zu ihm herauf; dagegen durchwandert Aeneas im 6. Buch der *Aeneis*, geleitet von der Cumäischen Sibylle, das gesamte Totenreich, um von seinem Vater Anchises die Prophezeiung des römischen Imperiums zu empfangen.[2] Es versteht sich, daß Lukians Menipp seine eigene Hadesfahrt mit den Worten des Odysseus rechtfertigt: «... mich trieb das Bedürfnis, die Zukunft zu forschen / von des Thebaners Tiresias Seele, zum Hades hinunter» (*WL*, I, 442; *L*, IV, 74).[3]

In den Stimmen der befragten Toten dialogisiert die Vergangenheit mit der Gegenwart, um der Zukunft Richtung zu geben. Aber aus der Anderen Welt fällt auch mancher Schatten auf das heldische Ethos. Die unversöhnliche Dido würdigt bei Vergil die nachträgliche Rechtfertigung ihres treulosen Liebhabers nicht einmal einer Antwort, und bei Homer gibt der vorderste Kämpe der Griechen, Achill, eine Bilanz seines heroischen Strebens, die nicht anders als kynisch zu nennen ist: «Nicht mir rede vom Tod ein Trostwort, edler Odysseus! / Lieber ja wollt' ich das Feld als Taglöhner bestellen ... / Als die sämtliche Schar der geschwundenen Toten beherrschen».[4] «Der bravste und der schlechteste Mann ist einer so tot als der andere», wird derselbe Achill in Lukians 15. Totengespräch über die unheldischen Verhältnisse im Hades sagen (*WL*, I, 393; *L*, IV, 74).

Durchgehend burlesk – im Sinn von mythenparodistisch – sind in der Alten Komödie die Himmelsreisen (*Die Vögel; Der Frieden*) und Hadesfahrten (*Die Frösche*) angelegt. Nicht zuletzt darin erweist sich dieses Genre, das seine kreatürlichen und wortspielerischen Späße mit erhabenen Tragödienversen kontrapunktiert und seine staatstragende Botschaft in blasphemische Phantastik einkleidet, als Vorläufer der Menippea. In den *Fröschen* des Aristophanes etwa kostümiert sich der Theatergott Dionysos mit dem Löwenfell des Hadesbezwingers Herakles, um dann am Höllentor angstschlotternd mit seinem Sklaven die Gewänder zu tauschen und sich mit diesem auf Geheiß des Totenrichters Aiakos um die Wette verprügeln zu lassen. Doch das Ziel der turbulenten Expedition ist ein Wahrspruch des Totenreiches auf die Frage: Wer ist der beste Tragödiendichter, der größte Meister des Wortes, und damit imstande, der Polis in ihrer gegenwärtigen Krise von der Bühne herab den rechten Weg zu weisen? Die Schatten von Aischylos und Euripides treten zum literarischen Agon an, und eine Stilwaage mißt das ‹Gewicht› ihrer Worte. Dabei entlarvt sie, in Umkehrung des gängigen Marktwertes, die große Rhetorik des letzteren als hohlen Bombast, und Herakles macht sich, von den Segensworten des Hadesgottes begleitet, mit dem Sieger auf den Weg nach oben, um den Lebenden die unhinterfragbare Weisheit des Totenreiches zu überbringen.

In Lukians *Höllenfahrt des Menippus oder Das Totenorakel* begibt sich der (wieder einmal von den Irrlehren der Philosophen verwirrte) Titelheld in den Hades, um aus dem Mund des Teiresias über die beste Lebensform aufgeklärt zu werden. Wie im *Ikaromenippus* die Modalitäten der Himmelfahrt, so werden hier Vorbereitung und Durchführung des Gangs in die Tiefe einem fragenden Gesprächspartner höchst konkret erläutert. Menipp bedient sich für seine Katabasis der kundigen Hilfe eines chaldäischen Magiers, staffiert sich – Aristophanes noch überbietend – mit der Phrygiermütze des Odysseus, dem Löwenfell des Herakles und der Lyra des Orpheus aus, um in Gestalt von gleich drei mythischen Grenzüberschreitern den Totenrichter Aiakos zu täuschen, und betritt durch einen magisch geöffneten Erdspalt die Unterwelt. Das Tremendum der Höllenfahrt wird dabei weidlich ironisiert: Bei der Initiation spuckt der Schwarzkünstler seinem Adepten nach jedem Zauberspruch dreimal ins Gesicht, beim Anblick des Menipp als Odysseus-Herakles-Orpheus fällt der Totenpförtner Rhadamantes schier in Ohnmacht, und der große Teiresias, Orakel des Jenseitswanderers, erscheint als ein arg verhutzeltes Greislein.

Entsprechend bunt und vielfach inkonsistent geht Lukians Hades mit seinen Insassen um. Minos hält im Richthaus (*dikastérion*) strenges Gericht über die Abgeschiedenen, deren eigene Schatten als vertrauteste Mitwisser aller Taten schonungslos gegen sie zeugen; er schickt die Verurteilten ins Strafhaus (*kolastérion*), wo sie gegeißelt, geröstet und zerfleischt werden – die Reichen immer ein wenig mehr als die Armen. Stärker entkörperlicht sind die berühmten Heroen und andere Tote, denen Menipp danach seine Aufmerksamkeit zuwendet; er findet sie «alt und schimmelicht» (I, 451) – am besten erhalten sind, dank ihrer Balsamierungskünste, die Ägypter. (Hat die ubiquitäre Shakespeare-Philologie eigentlich schon das Echo dieser Stelle in der Totengräberszene des *Hamlet* V, i, 167 ff. entdeckt, wo den Gerbern die beste posthume Haltbarkeit bescheinigt wird?) Wenig später erscheinen die Toten nur noch als Gerippe, die aus leeren Augenhöhlen stieren und die gaumenlosen Zähne blecken, so daß man die Schönsten nicht mehr von den Häßlichsten unterscheiden kann. Lukian sagt es, indem er das allegorische Geschehen nochmals metaphorisiert, mit einem seiner Lieblingsbilder: sie sind allesamt Schauspieler, die nach dem Theater des Lebens der Fortuna (*Týche*) ihre Gewänder und Requisiten zurückgeben mußten. Doch auf den Gleichmacher Tod folgt übergangslos die Umkehr irdischer Verhältnisse als Essenz der unterweltlichen Gerechtigkeit. Auf einmal verhalten sich die Gerippe von eben wieder wie körperliche Wesen, um diese Inversion, der das menippeische Gelächter gilt, vor den Augen des Betrachters auszuagieren:

> Aber noch ärger hättest du gelacht, wenn du gesehen hättest, daß unsere weiland im Leben gewesene Könige und große Herren bei ihnen dort betteln gehen oder aus Dürftigkeit Heringe verkaufen oder das Abc lehren und sich von jedem, der Lust dazu hat, mißhandeln und Ohrfeigen geben lassen müssen wie die verächtlichsten Sklaven. Ich wenigstens konnte mich gar nicht mehr halten, wie man mir den König Philippus von Mazedonien zeigte, der in einem kleinen Winkel zusammengehuckt saß und um Taglohn Schuhe flickte. (*WL*, I, 453; *L*, IV, 102)

In dieser Unterwelt, deren Ansichten einander ergänzende metaphorische Facetten bilden, werden die Helden der Welt mit burleskem Eklat degradiert. Ihre höllischen Quälgeister sind nicht die halbherzig zitierten Chimären und Furien, sondern Kyniker wie Diogenes, der die Mächtigen von einst verspottet, während sie ihr verflossenes Glück bejammern. Den Orakelspruch an die Adresse der Lebenden gibt die Totenwelt in diesem Fall gleich zweifach: einmal als Beschluß der posthumen Volksversammlung, der künftig alle Reichen dazu verdammt, jahrtausendelang als Esel wiedergeboren zu werden und den Armen als Lasttiere zu dienen; und zum anderen in der Auskunft des Sehers Teiresias an Menipp, das Leben der gewöhnlichen Menschen sei das beste.[5] Er empfiehlt, lachenden Mut zu bewahren, auf die Sophismen der vermeintlich Weisen herabzuspucken und «das Gegenwärtige immer beim rechten Ende zu nehmen». Das Lachen der menippeischen Hölle verhängt als unmetaphysische Folter die Strafe der Lächerlichkeit über den Wahn der Welt.

Für die Umbruchsepochen der Frühen Neuzeit sind die menippeischen Hadesfahrten ein klassisch beglaubigtes Medium des Widerspruchs gegen den Stand der Dinge, das dem Ironie-gewitzten Autor bei kritischen Reaktionen den Rückzug in die Unverbindlichkeit spielerischer Fiktion offenhält. Aus diesem Grund wird nicht selten die groteske Komik der Katabasen ebenso übersteigert wie die Phantastik ihrer Grenzüberschreitung nach unten. Ein schönes Beispiel dafür enthält das 30. Kapitel des *Pantagruel*, des ältesten und übermütigsten Teils von Rabelais' Pentalogie. Beim Kampf gegen das Invasionsheer der Dipsoden (der ‹Durstigen›) und ihren tyrannischen König Anarche hat der menschenfreundliche Riese Pantagruel, Sohn des Königs von Utopien, einen glänzenden Sieg erstritten, aber bedauerlicherweise wurde dabei sein Gefährte Epistemon um einen Kopf kürzer gemacht. Doch keine Bange: Panurge, der durchtriebene Schelm im Gefolge Pantagruels, setzt ihm den Kopf wieder auf den (noch warmen) Körper, «Ader auf Ader, Nerv auf Nerven, Wirbel auf Wirbel», und vernäht ihn noch dazu «rings mit funfzehn bis sechzehn Nadelstichen, daß er nicht wieder vom Rumpfe fiel», worauf der Geköpfte unter gewaltigem Gähnen, Niesen und Furzen die Augen aufschlägt.[6]

Der abrupt aus dem Totenreich Zurückgerufene berichtet von seinem Kurzbesuch in der Hölle, von umgänglichen Teufeln und dem höchst unterhaltsamen Schauspiel, das die Verdammten dort boten: «Man hält sie ... gar nicht so schlimm als ihr wohl glaubt, aber ihr Stand ist wunderseltsam verändert. So sah ich Alexander den Großen, der flickt' alte Hosen und verdient' damit sein elend Brod. Xerxes schrie Senf aus. Romulus war Salzsieder. Numa, Nagelschmidt. Tarquin, Harlekin (*Tarquin, tacquin*) ...», und so fort, einen seitenlangen, wortspielerischen Katalog hindurch, der große Namen aus Antike, Mittelalter und Gegenwart mit möglichst niederen, oft unappetitlichen Tätigkeiten verknüpft. Lancelot vom See ist Schinder, die Ritter der Tafelrunde dienen den Teufeln als Ruderknechte über die Totenflüsse, Papst Julius (der uns noch in einem anderen Jenseits begegnen wird) verkauft Pasteten, Papst Alexander ist Rattenfänger, Papst Sixtus schmiert die «Venerischen», d.h. die Syphilitiker, ein. Lukians schuhflickender Philipp hat diese monströse Abschweifung geboren, die, als haarsträubende Lügengeschichte eingeführt,[7] in scheinbar zweckfreier Komik Klassisches und Neuzeitliches durcheinanderwirft; so wie der ganze Riesenroman, mit den Worten Erich Auerbachs, nur ein Prinzip kennt: «das Prinzip des Durcheinanderwirbelns der Kategorien des Geschehens, des Erlebens, der Wissensbezirke, der Proportionen und der Stile», um den «an bestimmte Betrachtungsweisen gewohnten Leser durch den Wirbel der Erscheinungen auf das große Meer der Welt zu locken, in dem man frei, und auch auf jede Gefahr, schwimmen kann.»[8]

Die menippeische Respektlosigkeit gegen die Helden von Mythos und Historie wird unversehens auf die zeitgenössischen Päpste übertragen, und obgleich der burleske Ton scheinbar der gleiche bleibt, verspürt der Leser einen gewissen Wahrnehmungsschock bei diesem Sprung auf ein neues, nicht so ganz ungefährliches Terrain. Pathelin aus der alten französischen Farce, hier in der Rolle des kynischen Quälgeistes, stiehlt dem päpstlichen Pastetenbäcker Julius zum Spaß seine Ware, und als dieser heulend zu seinem Herren läuft, «zerdrasch ihm der Bäcker das Fell mit dem Kantschuh dergestalt, daß man schwerlich hätt Dudelsäck draus machen mögen» (319). So zu lesen anno 1532, knappe zwanzig Jahre nach dem Tod des machthungrigen und kriegerischen Renaissancepapstes. Ähnlich bedenklich las sich in den ersten Jahren der Reformation die anschließende Anekdote über den Dichter Jean Lemaire und seine Höllenpossen:

> Ich sah den Herren Jean Le Maire, der spielet' Papsts; da mußten ihm all diese armen König und Päpst von dieser Welt den Pantoffel küssen, er aber spreizt' sich groß und breit, gab ihnen seinen Segen und schrie: Kauft Ablaß, ihr Lumpen, kauft! ist nicht theuer; ich absolvir euch von Mehl und Brod, und dispensir euch Zeit eures Lebens nichts werth zu seyn ... (ibid.)

Diese Rabelais'sche Mischung des Heterogenen ist alles andere als interesseloses Spiel. Fast beiläufig schlägt die Geschichte den Bogen von der Digression zurück zur Haupthandlung: Der besiegte König Anarche, Typus des fürstlichen Kriegstreibers der Zeit, beschließt, der kynischen Gerechtigkeit zuliebe, seine Tage als Soßenverkäufer (*crieur de sauce verte*; Kap. 31). Ganz analog verurteilte Aristophanes am Ende seiner *Ritter* den aggressiven und großmäuligen Paphlagonier, das heißt den Kriegshetzer und Demagogen Kleon, zu einer Krämerexistenz niederster Sorte. Die Entmythologisierung der ‹Großen› gehört zum Programm der Gattung.

Weniger ausgelassen als bei Rabelais, dafür sprachlich geschliffener und greller in der Bildhaftigkeit, erscheint die Unterweltsfiktion in Quevedos *Träumen* (*Sueños*; meist um 1610 verfaßt, doch erst 1627 gedruckt).[9] Hier wird die Weltschau aus dem Hades zur barocken Vision, wobei die Einkleidung in eine Traumsituation als ironische Entschuldigung für die Brisanz des Dargestellten dient. Unter dem Scharfblick der Desillusion (*desengaño*) erstarrt die Hektik der Weltbühne zum absurden Tableau, zerfällt zielgerichtete Bewegung zum Staccato eines satirischen Katalogs, dehumanisiert sich der Mensch ins Dingliche oder Tierische wie bei dem von Quevedo bewunderten Hieronymus Bosch. Der allgemeinen Besessenheit antwortet ein nicht minder besessener auktorialer Wille, das Truggewebe zu zerreißen; sein Medium sind die Schilderungen der unterirdisch verfremdeten Welt durch den ‹Träumer› und dessen Zwiegespräche mit Teufeln und toten Seelen.

Verbale Zuspitzung und metaphorische Verkleidung dienen dazu, die Unstimmigkeit des Gegebenen sichtbar zu machen, sprachliche Vernebelung zu durchstoßen und die wuchernde Fülle der Erscheinungen auf ein gemeinsames egoistisches Prinzip zurückzuführen. Dieser Absicht gemäß wechseln klimaktische und kontingente Darstellungsformen miteinander. Obgleich in den Träumen «Von der Hölle» und «Vom Jüngsten Gericht» die Erzketzer Mohammed und Luther den negativen Ehrenplatz am Grund der Hölle und am Höhepunkt des satirischen Ständekatalogs erhalten,[10] ist doch keineswegs Linearität, sondern weit eher der Wirbel des Unpassenden und Unvorhergesehenen das (Un-)Ordnungsprinzip für die Auftritte der Toten. Aber wenn den Räubern die Poeten auf dem Fuß folgen, den Pastetenbäckern die Philosophen, den Wirten die Heuchler, den Advokaten die Huren, den Vagabunden die Italiener und dem Pilatus gar ein Fechtmeister, so mag der gewitzte Leser wohl nach gemeinsamen Nennern des scheinbar Disparaten suchen – und fündig werden.

Bei der Variation des Grundmusters glänzt Quevedo mit seinem phantastischen Witz. Sein Besessener Büttel (*El Alguacil endemoniado*; in Moscheroschs freier Version von 1640: Schergen-Teufel) steht als höllischer Gewährsmann Rabelais' geköpftem Epistemon um nichts nach. Der ‹Träumer› begegnet ihm, als ihn ein heuchlerischer Exorzist in einer Madrider Kirche gerade von seinem Dämon befreien will, und er findet Gefallen an den Scharfsinnigkeiten (*sutilezas*) des «verbüttelten Teufels», der sich bitter über seinen ‹Wirt› beklagt: «hol mich aus dem Körper dieses Lumpenbüttels, denn ich bin ein Teufel von Rang und Namen und werde in der Hölle viel an Ruf einbüßen, weil ich hier auf Erden in schlechter Gesellschaft gewesen bin» (32). Das traditionelle Einverständnis zwischen dem Hadesfahrer und den Agenten der unterirdischen Gerechtigkeit wird hier ironisch auf die christliche Hölle übertragen. ‹Träumer› und Teufel sind Verbündete gegen die tückischen Gewalten, die der Büttel und sein Teufelsaustreiber vertreten. Was sie verbindet, ist ihr aggressiver Witz.

Im Dialog mit dem satirischen Teufel erfährt der Sprecher die jenseitigen Geschicke von Dichtern und Verliebten, Gehörnten, Richtern und alten Vetteln, sowie die metaphorischen Quartierregeln der Hölle (34): Schneider kommen zu den Ehrabschneidern, Kaufleute zu Judas, Mörder zu den Ärzten, und die Totengräber zu den Pastetenbäckern (über den Inhalt ihrer Backwaren gab es schlimme Gerüchte). Unverkennbar gravitiert jedoch Quevedos Mischung aus der Lustigkeit des Trivialen und schneidender Gesellschaftskritik zu dem alten menippeischen Kontrast zwischen dem Talmiglanz der Mächtigen und der Würde der Armut. Seine Hölle steckt voll erlauchter Persönlichkeiten, von denen viele «eine königliche Pest» für ihr Land waren, und die meist mit einem Schwarm von Günstlingen unten eintreffen. «Glückselige Spanier», heißt es freilich beziehungsvoll unmittelbar darauf, «Euer Herrscher ist nicht wie andere Könige, die auf der Heerstraße [*por el camino real* – eigentlich: auf dem Königsweg] in die Hölle ziehen wie die Kaufleute auf der Silberstraße» (37f.). Beschwörung der rechten ethischen Norm oder gesteigerte Ironie? Die Armen jedenfalls sind in Quevedos Höllenregister nicht eingetragen, denn «sie leben gut und sterben noch besser»(42).

Worüber man im Reich der Toten redet

Ziel und Zentrum der satirischen Höllenfahrten ist die Unterredung der oberweltlichen Persona mit den Hadesbewohnern, im Sinne einer Konfrontation mit der radikal Anderen Sehweise. Nun gibt es freilich auch eine höchst fruchtbare Untergattung der Menippea, bei der die Toten unter sich bleiben und ohne Lauscher von oben ihre eigenen Gegensätze miteinander austragen: Arm gegen Reich, Genügsamkeit gegen Luxus, Skepsis gegen Überhebung. In diesen meist kurzen Dialogen, als deren Erfinder wir in Ermangelung älterer Modelle Lukian betrachten dürfen, erweisen sich – jedenfalls in der ursprünglichen Form – die irdischen Glücksgüter allesamt als null und nichtig. Immer behält der kynische Ironiker (*eíron*) gegen den nach wie vor von irdischer Anmaßung Aufgeblasenen (*alazón*) recht.[11]

Dialogische Grundform des Totengesprächs ist der Vergleich zum Zweck des Urteils (*sýnkrisis*), der entweder den Kontrast der Figuren oder ihren gemeinsamen Nenner beleuchtet. Dabei werden nach dem Mischprinzip der Gattung mythische und geschichtliche Gestalten, Abkömmlinge unterschiedlicher Epochen, ja sogar Vertreter verschiedener Völkerschaften einander gegenübergestellt. So streiten in Lukians 12. Gespräch Alexander, Scipio und Hannibal um den Rang des größten Feldherrn, bis die Entscheidung des ‹unparteiischen› Minos den Griechen über den Römer und diesen über den Karthager stellt. Der kynische Witz der Gattung wird aber vor allem in jenen Dialogen spürbar, die den Spott des Ironikers gegen den Wahn der Unbelehrbaren mobilisieren. Diogenes, der seinen Leichnam der Nachwelt als Vogelscheuche vermachte, verspottet in Lukians 24. Totengespräch den König Mausolos und dessen gigantisches Grabmal, das Mausoleum von Halikarnassos, eines der Sieben Weltwunder der Antike: «Was aber du, mein schöner Herr für einen Genuß davon hättest, sehe ich nicht; du müßtest denn nur sagen, daß du doch eine größere Last tragest als wir andern, da du einen so ungeheueren Steinhaufen auf dir liegen hast» (*WL*, I, 409; *L*, VII, 168). Nachdem der Kyniker seinen Widerpart als schönen und höchst ehrenwerten Herrn tituliert hat, nennt er ihn schließlich den ersten der Sklaven und stellt die wahre Rangfolge her, indem er ein gut gelebtes Leben als höher stehendes und fester gegründetes Totengedächtnis und Denkmal (beides heißt *mnéma*) bezeichnet als den ganzen Marmorhaufen von Halikarnaß.

Mit dem irdischen Ruhm wird zugleich auch die Geschichte entmythologisiert. Diogenes macht sich über das Eroberertum und die Selbstvergottung Alexanders lustig (13. Gespräch) und verordnet ihm einen kräftigen Schluck Lethe, da im Hades leider kein Nieswurz als Heilmittel gegen den Wahnsinn wächst. Menipp läßt sich von Hermes die mythischen Schönheiten der Vergangenheit zeigen und bekommt nichts als Kahlköpfe und Knochen zu sehen (18. Gespräch). Selbst die

Schönheit der Schönen Helena ist partout nicht mehr zu erkennen – ein nackter Schädel wie alle anderen: «Das war es also, warum sich ganz Griechenland in tausend Schiffe zusammenpacken lassen mußte, warum so viele Griechen und Barbaren fielen und so viele Städte dem Erdboden gleichgemacht wurden?» (*WL*, I, 398; *L*, VII, 22) Echos dieser Episode finden sich in der Totengräberszene des *Hamlet* (die Elisabethaner kannten ihren Lukian gut) und in der rhapsodischen Ansprache, die Marlowes Faustus an das Trugbild der Helena als letzte Versuchung des Teufels richtet: «Was this the face that launched a thousand ships, / And burnt the topless towers of Ilium? ...»[12] Vom Totenschädel Lukians zu Marlowes Succubus oder Buhlteufel: Die strahlende Schönheit der elisabethanischen Helena – gespiegelt in Fausts hingerissener Huldigung – ist der bodenlose Sarkasmus dessen, der diese klassische Fata Morgana inszeniert hat – des Mephistopheles.

Die Hadesfahrten und Totengespräche Lukians sind nicht zuletzt deshalb ein Stück Weltliteratur, weil sie späteren Epochen Anreiz boten, sie – wie schon das Beispiel Rabelais' und Quevedos gezeigt hat – unter veränderten historischen Bedingungen weiterzuschreiben und zu aktualisieren. Besonders intensiv nahmen sich die Humanisten der Reformationszeit dieses Genres an, um in einer Synthese aus klassischem Erbe und christlichem Ethos die Machtgier der Fürsten ebenso anzuprangern wie die Korruption der Kirche, und um vor den heraufziehenden christlichen Bruderkriegen zu warnen.[13] Ein sprechendes Beispiel dafür ist die Rezeption von Lukians 4. Dialog, einer Schwellenszene zwischen Charon und Hermes am Ufer des Acheron. Hermes rechnet dem Totenfährmann vor, wie tief dieser bei ihm für allerlei nautische Hilfsgüter in der Kreide steht. Charon ist insolvent, weil Frieden herrscht und zuwenig Fährgeld in die Kasse kommt, so daß dem Schuldner wie dem Gläubiger nichts anderes übrigbleibt, als der Menschheit endlich wieder einen ordentlichen Krieg an den Hals zu wünschen.

Erasmus nimmt dies als Stichwort für seinen *Charon,* ein spätes Stück (1529) – und das einzige Totengespräch – seiner in ganz Europa jahrhundertelang eifrig gelesenen *Colloquia*.[14] Dabei verschärft er die Ironien, gibt dem Dialog viel mehr Breite und Tiefe und konkretisiert die zeitgeschichtlichen Bezüge. Der böse Geist Alastor verkündet gleich zu Beginn dem Charon herrliche Zeiten, da die bevorstehenden Kriege zwischen Karl V., Franz I. und Heinrich VIII. eine fette

Beute versprechen. So glücklich hätten die Furien ihres Amtes gewaltet, daß sie alle Teile der Welt zu einer Hölle auf Erden machten, und da sie all die Schlangen ihres Haargelocks auf die Menschheit losließen, wandelten sie jetzt kahl und giftlos einher. Nur einer, so fürchtet Charon, könnte ihm noch das sichere Geschäft vermasseln, ein gewisser Vielschreiber (*polygraphus* – gemeint ist Erasmus), der unermüdlich zum Frieden mahnt. Da sei ganz unbesorgt, beruhigt ihn Alastor, der predigt tauben Ohren und kommt nicht gegen die korrupten Ratgeber der Fürsten an. ‹Bei den Franzosen heißt es: Gott steht hinter den Franzosen; bei den Engländern und Spaniern: diesen Krieg führt nicht euer König, sondern Gott selbst. Wird einer getötet, so verspricht man ihm, er werde geradewegs in den Himmel fahren. – Und so etwas glauben die allen Ernstes? – Was geht nicht alles unter dem Vorwand der Religion?› (*Quid non potest simulata religio?*; 578) Das Wort hat eine gewisse Aktualität behalten.

Wenige Jahre nach dem *Charon,* als die dort angezeigten Kriege Wirklichkeit geworden waren, schrieb der bedeutende spanische Erasmus-Jünger, Alfonso de Valdés, seinen umfangreichen *Dialog zwischen Merkur und Charon (Diálogo de Mercurio y Carón).*[15] Ausgangspunkt ist der Moment der Kriegserklärung des englischen und französischen Königs an den Kaiser im Jahr 1528. Merkur überbringt dem Totenfährmann die frohe Botschaft, doch dieser, von Alastor vorgewarnt, hat schon seinen brüchigen Kahn durch eine ordentliche Galeere ersetzt und sich dabei bös verschuldet. Wieder wird Erasmus als Störer des Unfriedens namhaft gemacht, aber Alastor, so hören wir, hetzt bereits alle spanischen Mönche auf, ihn als Ketzer zu denunzieren. Im Rahmen eines überaus kirchenkritischen und kaiserfreundlichen Großdialogs, unterbrochen von Auftritten exemplarischer Sünderseelen, entwirft Valdés ein Panorama der verheerenden Situation der Christenheit, das an sarkastischem Witz nichts zu wünschen übrig läßt. Wieder einmal wird an wichtigen Stellen die Hadesschau durch eine Kataskopie ersetzt. So steigt Merkur, um sich einen Überblick über die europäischen Verhältnisse zu verschaffen, zur ersten Sphäre (der des Mondes) hinauf, sieht von dort auf die verkehrte Welt einer antichristlichen Christenheit herab und macht ihre geistliche Hauptstadt als zum Himmel stinkendes Zentrum der allgemeinen Fäulnis aus. In einer zweiten Herabschau verfolgt er danach die Strafaktion Christi gegen seine abtrünnige Kirche, den Sacco di Roma von 1527:

‹ich setzte mich in Bewegung, und um alles gut im Blick zu haben, erhob ich mich in die Lüfte, und wollte mich ausschütten vor Lachen (*estaba muerto de risa*), als ich wie von einer hohen Warte aus (*desde atalaya*) zusah, wie Jesus Christus sich an jenen rächte, die ihm ständig soviel Schimpf angetan hatten. Und ich sah, wie die Verkäufer selbst verkauft wurden, und die Schacherer verschachert ...› (55 f.).

Von Petrus, der Merkur als himmlischer Zuschauer Gesellschaft leistet (der christliche Himmel verträgt sich bei den Humanisten ebenso gut mit dem heidnischen wie die zynische Tonart mit der moralischen), erfährt der Götterbote, daß die Zerstörung der Zerstörer des Christentums – natürlich ohne Wissen und Auftrag des Kaisers – ein erster hoffnungsvoller Schritt zu seiner Erneuerung sei. In der gleichen rhetorischen Manier sagt Petrus über die Landsknechte, die sich zum Hohn mit Kardinalsgewändern bekleideten: ‹Sieh, Merkur, das Gericht Gottes: die Kardinäle haben sich als Soldaten verkleidet – nun kleiden sich die Soldaten als Kardinäle›. Der Dialog des Valdés zeigt in extenso und mit deutlichen intertextuellen Signalen, wie sich aus dem dichten, doch gegenüber Lukian bereits kräftig erweiterten Totengespräch des Erasmus ein Großtext entwickeln ließ, der die weltanschauliche Balance der Vorlage einer nachdrücklichen Parteinahme opfert.

Die Epochenschwelle zum Zeitalter der Aufklärung ist für das Genre der Totengespräche klar markiert: Fontenelles *Nouvelles dialogues des morts* von 1683 eröffnen eine neue und einzigartige Blütezeit dieser Menippeen.[16] In seiner Widmung «An Lukian in den Elysischen Gefilden» erklärt der Autor, er habe Pluto, Charon und das übrige Höllen-inventar beiseite gelassen, um sich ganz auf historische Gestalten und moralische Reflexionen zu konzentrieren. Wenn der Autor als Untertan eines Königs, der sich gern Louis le Grand nennen ließ, in seinem 1. Dialog Alexander den Großen und die Hetäre Phryne einander, durchaus nicht zum Nachteil der letzeren, gegenüberstellt, so hat dies einigermaßen progammatischen Charakter. Fontenelle führt damit sein Vorbild (aus dessen Feder ja auch die durchaus frauenfreundlichen *Hetärengespräche* stammen) in die aufgeklärte Welt der philosophischen und literarischen Salons ein. Basis des Vergleichs von Krieger und Kurtisane ist ein Wortspiel mit der militärischen und erotischen Bedeutung des ‹Eroberns›. Es geht um das großherzige Angebot Phrynes, aus ihren erklecklichen Einkünften die von Alexander zerstörten

Mauern ihrer Vaterstadt Theben wieder aufzubauen. Hetäre gegen Krieger, Frau gegen Mann, Aufbau gegen Zerstörung: Ganz sacht, ohne böse Worte, peinliche Fragen und drastische kynische Rezeptur wird die Wertskala der großen Welt auf den Kopf gestellt. Der Schluß des Gesprächs betont die Gemeinsamkeit der beiden Dialogpartner in einem ehrgeizigen Mangel an *sagesse* (Vernünftigkeit / erotischer Abstinenz). Der Vergleich zeigt, wie immer, auch die Differenz des Ähnlichen an, und das vermeintliche Patt des Ausgangs dürften schon die Zeitgenossen als dialektischen Sieg der Dame gelesen haben.

Gegenüber seinem Vorgänger verändert und erweitert Fontenelle den Themenkreis der Totengespräche ganz erheblich, indem er etwa literarische Fragen und weibliche Perspektiven privilegiert, das klassische *vanitas*-Modell des Genres abdämpft und die *closure* einer Entscheidung zwischen den Disputanten vermeidet; letzteres ein Zugeständnis an einen neuen Relativismus der Standpunkte, der das Differenzierungsvermögen der Moralistik auch – und gerade – im Zeitalter des Absolutismus spiegelt. Besonders folgenreich war die Neuerung, antike mit modernen Toten zu konfrontieren: Sappho mit Laura, Sokrates mit Montaigne, Lucretia mit Barbara Blomberg, Augustus mit Pietro Aretino. Als erklärter Parteigänger des Fortschritts in der berühmten *bataille des anciens et des modernes* – eine Position, die sich nur schlecht mit der philosophischen Skepsis der antiken Menippea verträgt – gibt Fontenelle gern den Vertretern der Neuzeit ein wenig Übergewicht, um sie für das große klassische Prestige ihrer Gegenredner zu entschädigen. Doch die ideologiekritische Ausrichtung des Genres ist auch bei ihm unverkennbar.

Sie bleibt die Dominante der im 18. Jahrhundert in ganz Europa florierenden satirischen Totengespräche, bei aller motivischen Vielfalt, die die Gattung unter den Händen ihrer eloquentesten Vertreter wie Fénelon, Voltaire, Lord Lyttleton oder Wieland entwickelte. Wie weit die freigeistige Radikalität der *philosophes* dabei gehen konnte, belegt das erst kürzlich wieder aufgefundene *Totengespräch zwischen Madame de Pompadour und der Jungfrau Maria* aus der (französischen) Feder Friedrichs des Großen.[17] Es kreuzt auf denkbar blasphemische Weise die Lukianischen Genres des Totengesprächs und des Hetärendialogs miteinander, indem es nach dem Prinzip der satirischen Reduktion Maria in eine Reihe mit der professionell so überaus erfolgreichen französischen ‹Dirne› stellt. Die Freigeister der Aufklärung hatten den

Hohn antiker Menippeer auf das Christentum – den des Lukian im *Peregrinus* (*WL*, II, 32 ff.; *L*, V, 12 ff.) und des Julian Apostata am Ende seines *Gastmahls* – noch im Ohr.

Doch das wichtigste Thema des aufklärerischen Dialogs in den höllischen oder elysischen Gefilden ist wiederum (wie schon bei der Kataskopie) der Einspruch gegen den martialischen Heldenkult. Ein wenig bekanntes Beispiel dafür bietet eine Satire von Tom Paine, dem späteren Apologeten der Französischen Revolution und Autor der *Rights of Man*, auf Georg III. und dessen Entschlossenheit, den Abfall der neuenglischen Kolonien mit Waffengewalt aufzuhalten.[18] Dieser aufmüpfige Text bringt es fertig, gleich drei menippeische Fiktionsmuster ineinander zu projizieren: Totengespräch, komische Seelenwanderung und Tierperspektive. Bei seinem Gang durch die Unterwelt entdeckt der Erzähler, daß Alexander der Große sich in ein Pferd verwandelt hat, und daß er noch weitere Metamorphosen durchläuft, etwa zu einem Stück Stallmist[19], oder schließlich zu einer Mücke, die ein Vogel vom Finger des Erzählers pickt, ‹ohne weitere Umstände, genauso wie er selbst ganze Reiche vertilgt hat.› Es ist nicht verbürgt, daß sich Georg III. (kein Welteroberer, aber ein Verteidiger des Status quo) von dieser *cautionary tale* in seiner engstirnigen Politik beeinflussen ließ.

Noch Bert Brecht wird die demütigende Sicht des Eroberers in seinem Hörspiel *Das Verhör des Lukullus* kurz vor Kriegsausbruch aus der Situation des Exilanten, mit Hilfe einer römischen Allegorie, und in klassischer Schärfe artikulieren. Fünf Schöffen sind bei ihm mit der posthumen Untersuchung der Verdienste des großen Feldherrn um die Menschheit betraut: Bauer, Sklave, Fischweib, Bäcker, Kurtisane. Lukullus benennt als seinen elysischen Fürsprecher den großen Alexander, doch der ist «unbekannt in den Gefilden der Wohlerinnerten».[20] Die Namen der Großen verbreiten keine Furcht im Totenreich:

> Ihre Aussprüche
> Gelten als Lügen. Ihre Taten
> Werden nicht verzeichnet. Und ihr Ruhm
> Ist uns wie ein Rauch, welcher anzeigt,
> Daß ein Feuer gewütet hat ... (7. Szene)

Nach weiteren Entlastungszeugen befragt, beruft sich Lukullus, ganz wie Lukians Mausolos, auf sein opulentes Grabmonument, genauer: auf den dort dargestellten Triumphzug. So wie bei Lukian unbelebte

Gegenstände – das Bett, die Lampe, selbst der eigene Schatten – gegen die vermessenen Toten zeugten (*WL* I, 439f.; 449f. *L*, II, 52; IV, 92), sind es hier die Steinfiguren des Grabreliefs, die den Feldherrn, den Freund des Wohllebens, Schlächter der 80000 und Pflanzer des Kirschbaums, belasten. Doch selbst der Bauer, der sich als einziger unter den Schöffen für die landwirtschaftlichen Verdienste des Verstorbenen erwärmen kann, muß am Ende dem Urteil der übrigen zustimmen: «80000 für einen Kirschbaum! Ach ja, ins Nichts mit ihm!» (14. Szene) Das Tribunal, vor dem die Angeklagten des Totengerichts stehen, ist das der Erinnerung durch eine ernüchterte Nachwelt.

Die Mächtigen vor der Himmelstür

Nicht nur der Hades, auch der Himmel ist naturgemäß ein Ort der posthumen Existenz und Rechtsprechung für die menippeischen Toten. Dort dialogisieren sie nicht mehr mit ihresgleichen, sondern mit – freilich meist wenig erhabenen – Vertretern einer göttlichen Prüfungsinstanz. Es sind vor allem die Mächtigen und Machtbesessenen, die eine Aufnahme in den Himmel als ihr selbstverständliches Recht beanspruchen und stürmisch darauf (und an die Pforte) pochen. Ihre Anabasis oder Reise nach oben erweist sich dabei als Pendant zur burlesken oder mockheroischen Metapher, die ihren Gegenstand scheinbar erhöht, um ihn desto nachhaltiger zu erniedrigen.

Klassisches Modell einer solchen Handlung ist Senecas *Apokolokýntosis* oder ‹Verkürbissung›, sprich: Veräppelung, des Göttlichen Claudius, einer der bösesten und lustigsten Texte aus dem Erbe der Antike.[21] Der Titel, typisch für die Spannung zwischen Pathos und Bathos, mythischer Erhabenheit und vulgärer Realität, von der der Text lebt, liest sich als komische Entsprechung zur *apothéosis*, der vom Senat verfügten Erhebung römischer Kaiser in den Götterstand nach dem Vorbild Caesars. Claudius, dem nach einer wenig ruhmreichen Laufbahn diese fragwürdige Ehre zuteil wurde, verlangt nach seinem Tod Einlaß in die *curia deorum*, die Versammlung der Götter. Berichterstatter dieser jenseitigen Vorgänge ist ein ebenso ironischer wie derber auktorialer Erzähler, der genau wie der menippeische Momus respektlos daherredet, wie ihm der Schnabel gewachsen ist (*dicam quod mihi in buccam venerit*; 8). Vom letzten Wort des sterbenden Kaisers weiß er zu berichten, es sei aus jenem Organ gekommen, mit dem dieser noch am ehesten zu reden verstand – Claudius war ein Stotterer und kein brillanter Rhetor – : in Gestalt eines mächtigen Furzes.

Die ausgesuchten verbalen Gemeinheiten dieses Erzählers haben sich viele humanistisch geschulte Generationen auf der Zunge zergehen lassen, etwa in diesem Satz: *Et ille quidem animam ebullit, et ex eo desiit vivere videri* (16); «Und dieser blubberte [wie eine Wasserblase, *bulla*] wahrhaftig seine Seele aus, und von dem Augenblick an hörte er auf, seine Scheinexistenz zu führen» (17). Die Seele dieses vermeintlichen Gottes ist ein Nichts, sein Leben bloßes So-tun-als-ob. Als Claudius im Himmel gefragt wird, woher er sei, versteht niemand sein gallisches Kauderwelsch, und selbst der im Umgang mit Ungeheuern erfahrene Herakles erschrickt vor dem Monstrum und glaubt, seine dreizehnte und schlimmste Prüfung sei gekommen. Aber «bei genauerem Hinsehen gewann er den Eindruck, das Wesen sei doch so etwas wie ein Mensch» (*visus est quasi homo*; 18/19).

Nach längerer Verhandlung ante portas (hier klafft eine Textlücke) läßt sich Herakles offenbar von der plumpen Anbiederung des Neuankömmlings derart einwickeln, daß er sich zu seinem Fürsprecher macht. Im Götterrat gehen die Meinungen auseinander, bis der Göttliche Augustus das Sündenregister seines unwürdigen Nachfolgers aufzählt und sein entschiedenes Votum abgibt: Der olympische Rat würde sich um alle Glaubwürdigkeit bringen, wenn er diesen mörderischen Trottel, Kopfwackler und Hinkefuß in seine Reihen aufnähme. Daraufhin wird Claudius einstimmig vom Olymp verwiesen; Merkur packt ihn beim Schlafittchen und führt ihn nach unten ab (*Cyllenius illum collo obtorto trahit ad inferos*; 32/33): Die Himmelfahrt wird zur Katabasis.

Unterwegs sieht Claudius die Festesfreude aus Anlaß seines Begräbnisses und den – aus späterer Sicht verfrühten – Jubel über seinen Nachfolger Nero, und langsam dämmert ihm, daß er wirklich gestorben ist. Im Hades wird ihm ein warmer Empfang bereitet – seine Opfer warten schon auf ihn und zerren den Mörder all seiner Freunde vor das Tribunal des Aiakos. Für die unerhörten Untaten des Claudius muß eine neue Höllenstrafe erfunden werden, und so wird er zu ewigem Würfelspiel mit einem bodenlosen Becher verdammt – angemessene Tantalusqual für einen Kaiser, der sich trivialen Spielereien widmete und nie etwas zustandegebracht hat. Für die Banalität dieses Bösewichts ist die Antiklimax die einzig angemessene Stilfigur, und sie bestimmt die metaphorische Handlung des Textes.

Die *Apokolokýntosis*, erstmals 1513 in Rom gedruckt, ist das Modell für die schneidendste unter den vielen antipäpstlichen Satiren der Renaissance, den erasmischen Dialog *Julius vor der verschlossenen Himmelstür*. Obgleich sich Erasmus selbst, aus begreiflichen Gründen, nie als Verfasser bekannt hat, sind die äußeren und inneren Gründe für seine Autorschaft kaum anfechtbar. Papst Julius II., in dem viele Zeitgenossen mehr einen großen Herrscher, Krieger und Bauherrn sahen als einen würdigen Nachfolger Petri, starb 1513. Drei Jahre später ging der *Iulius exclusus e coelis* im Basler Freundeskreis des Erasmus als Manuskript von Hand zu Hand, und 1517 erschien der erste aus einer Vielzahl von anonymen Drucken. Luther, der die erasmischen *Colloquia* mit Mißtrauen betrachtete, wußte diese Schrift zu schätzen.[22]

Auch ohne das Prosimetrum und die griechisch-lateinische Zweisprachigkeit des Modells läßt sich die menippeische Stilmischung des *Iulius exclusus* im Nebeneinander von geschliffenem und vulgärem Latein, von der Großmäuligkeit des Kirchenfürsten und der ironischen Naivität des Türhüters Petrus unschwer erkennen. Da ein kommentierender Erzähler fehlt, wird die Paradoxie dieser Verhandlung vor der Himmelstür, auf deren Öffnung der Papst ex officio ein Recht zu haben meint, im Widerspiel von Auftrumpfen und Untertreibung, von Inflation und Deflation ausgetragen. Das beginnt damit, daß Julius wie ein Radaubruder vor der verschlossenen Himmelspforte randaliert, obgleich ihn sein – höchst kritischer – Schutzgeist (*genius*) darauf hinweist, daß der Schlüssel der Geldkassette für dieses Schloß nicht paßt. Der Eindringling droht, die Tür einzuschlagen und beschimpft den Pförtner als Trunkenbold und Schlafmütze. Petrus aber blickt durch sein vergittertes Fensterchen auf den Krakeeler und sieht (wie Senecas Herakles beim Anblick des Claudius) nur ein Ungeheuer. Die Insignien von Macht und Prunk, mit denen Julius sich auf die Frage, wer er sei, legitimieren will, erkennt Petrus als Merkmale der Simonie, und die erhabene Abkürzung P.M. für Pontifex Maximus liest er als *pestis maxima,* allergrößte Pest. Die Bullen und Ankündigungen der Exkommunikation, die nach dem päpstlichen Willen den Begründer des Papsttums einschüchtern sollen, weist dieser wortspielerisch als ‹leere Blasen› (*bullae*) und rhetorischen Schwulst (*ampulla*) zurück (10; 14).

So ‹legitimiert› sich Julius durch die Schilderung seines Lebens und seiner Taten: als Epileptiker und Syphilitiker (im Sinne der physischen

Mißgestalt von Senecas Claudius, nicht unbedingt der historischen Tatsachen), als Wucherer, Kriegstreiber und vertragsbrüchiger Machtmensch. Mit seiner eigenen Prahlerei verdammt sich das Haupt der Christenheit als Antichrist – dies das zentrale Paradox dieser Menippea. Als «Gipfel des apostolischen Genies» (*ingenium plus quam apostolicum*; 78/79) preist er die Intrigen, mit denen er die Herrscher Europas gegeneinander aufgehetzt hat, und als Epiphanie der *ecclesia militans et triumphans* seinen heidnischen Triumph über das besiegte Bologna (36/37). Aus dem Mund des Petrus, der die Spiritualität des Urchristentums gegen die Macht- und Geldgier seines korrupten Nachfolgers setzt – so wandelt Erasmus die Konstellation Augustus:Claudius bei Seneca ab – , bedarf es am Ende keines Urteilsspruches. Die explizite Höllenfahrt wird ausgespart; es genügt, daß die Himmelstür verschlossen bleibt. Nur eines rät der Ironiker Petrus dem großen Julius zum Abschied: da er doch ein so bedeutender Baumeister sei, sich selbst ein neues Paradies zu bauen und gegen die Mächte der Hölle gut zu befestigen. Darauf droht der Ausgeschlossene, mit der Riesenrotte seiner Kriegstoten den Himmel zu stürmen und «euch», das heißt Christus und seine Heiligen, in den Abgrund zu stürzen, «wenn ihr euch nicht unterwerft» (107). Gigantensturm und Rebellion Luzifers finden sich in humanistischer Synthese vereint, und der Pamphletkrieg der Reformationsära hat eine neue Qualität des sprachlichen Witzes und der satirischen Schärfe gewonnen.

Das eigene stilistische Können stellt auch der dritte große Text zur menippeischen Verhandlung *ante coeli portas* zur Schau. Er tut es mit noch größerer kolloquialer Nonchalance als seine Vorgänger, und dies aus einem besonderen Grund: Byrons satirische Verserzählung *The Vision of Judgment* von 1821 hat neben dem politischen auch einen literarkritischen Fokus.[23] Sie geht nicht nur mit dem stockkonservativen englischen König Georg III. ins Gericht, der 1820 blind und in geistiger Umnachtung starb, sondern auch mit seinem Hofdichter (*poet laureate*) Robert Southey. Dieser, mehr noch als seine talentierteren Dichterfreunde Wordsworth und Coleridge nach jugendlichem Freiheitsdrang zum reaktionären Tory gealtert, hatte gleich nach dem Tod des Monarchen in seiner offiziellen Eigenschaft zu dessen Lob eine eigene *Vision of Judgment* verfaßt. Darin ließ er in ebenso schlechten wie schmeichlerischen Versen den geschworenen Feind der amerikanischen Unabhängigkeit und der Französischen Revolution unter dem Jubel der Engelschöre in den Himmel fahren. Wie Seneca schickte Byron dieser Vorwegnahme des göttlichen Urteils seine pointierte Berichtigung hinterher. Sie schließt, höchst witzig, aber wenig karitativ, den allzu panegyrischen Kollegen, der Byron erst kürzlich als Haupt einer ‹Satanischen Dichterschule› denunziert hatte, mit in die Abrechnung ein.

Byrons polemisches Vorwort, mit *Quevedo Redivivus* unterzeichnet, beruft sich unter anderen Vorbildern auf die *Träume* des Spaniers, dazu auf Swifts *Tale of a Tub* und Fieldings *A Journey from This World to the Next*, lauter Menippeen, die mit jenseitigen Dingen ihr etwas frivoles Spiel treiben. Als Versform wählt der Italienliebhaber die seit Pulci und Ariost epenparodistisch angehauchte *ottava rima*, und wie bei Seneca (und Ariost) ist ein demonstrativ ungezwungener Erzähler Hauptträger der ironischen Perspektive dieser ‹wahrhaftigen Geschichte› (Str. 34):

> God help us all! God help me too! I am
>   God knows, as helpless as the devil can wish,
> And not a whit more difficult to damn
>   Than is to bring to land a late-hooked fish ... (Str. 15)

Das ironische Markenzeichen des Erzählers ist eine denkbar prosaische Versbehandlung, mit kräftigen Zeilensprüngen, asymmetrischen Zäsuren, kolloquialem Wortschatz und burlesken Reimen; diese Diktion weist ihn als einen tolerant plaudernden Mann von Welt aus, der die Metaphysik seiner Geschichte ebensowenig ernst nimmt wie deren beide Helden. Was den Herrscher angeht, so ist er mehr noch als sein Vorgänger Claudius eine bloße Null: «although no tyrant, one / Who shielded tyrants» (Str. 8), «this old, blind, mad, helpless, weak, poor worm» (Str. 42), «a tool from first to last» (Str. 44), «this royal Bedlam bigot» (Str. 50). Zu den eloquenten Verhandlungen zwischen Satan und dem Erzengel Michael über seinen posthumen Status sagt er kein Wort, und es lohnt sich auch nicht, den trüben Geist einem Verhör zu unterwerfen. Michael und Luzifer tragen das Rededuell wie zwei perfekte Gentlemen aus, wobei der Gefallene Engel in ironischem Bezug auf Byrons ‹Satanismus› als Champion der in England unterdrückten Freiheit auftritt – nein, an der armseligen Königsseele liegt ihm nicht das geringste, aber es geht ihm ums Prinzip. Seine Belastungszeugen, der Volkstribun John Wilkes und Junius, anonymer

Verfasser einer einflußreichen Serie regierungsfeindlicher satirischer Briefe, zeigen sich in ihrer Geringschätzung des Angeklagten tolerant und frei von Rachedurst.

Da wird die Verhandlung jäh unterbrochen. Der Unterteufel Asmodeus[24] drängt sich in den mittlerweile recht stattlichen Kreis von Anwesenden, der den Platz vor der Himmelstür in einen Gerichtssaal verwandelt hat. Er präsentiert einen weiteren Sünder zum Verhör: den Dichter Southey, den er soeben vom Schreibpult seines Hauses im Lake District weggeholt hat, weil der unermüdliche Kritzler sich erdreistete, das himmlische Gericht über Georg III. poetisch vorwegzunehmen. Southey, froh darüber, endlich ein Publikum zu finden, beginnt sofort mit einer Rezitation, die Engel und Teufel gleichermaßen anödet. In seiner Verteidigungsrede, die boshafterweise nur als *oratio obliqua* wiedergegeben ist, verdammt er sich in seiner Geschwätzigkeit (wie Papst Julius bei Erasmus) durch die eigenen Worte:

> He said (I only give the heads) – he said,
>   He meant no harm in scribbling; 'twas his way
> Upon all topics; 'twas, besides, his bread,
>   Of which he butter'd both sides ...
>
> He had written praises of a regicide;
>   He had written praises of all kings whatever;
> He had written for republics far and wide,
>   And then against them bitterer than ever ... (Str. 96f.)

Und dann bietet der Opportunist und Renegat sogar Satan seine Dienste als Autor frommer Lebensläufe an – schließlich hat er schon den Gründervater der Methodisten und andere Honoratioren mit einer Biographie beehrt:

> He had written Wesley's life: – here, turning round
>   To Sathan, ‹Sir, I'm ready to write yours,
> In two octavo volumes, nicely bound,
>   With notes and preface ...› (Str. 99)

Um dem hohen Gericht die Mühe einer Urteilsfindung über den König zu ersparen, zieht er das Manuskript seiner *Vision* hervor («I settle all these things by intuition, / Times present, past, to come, heaven, hell, and all ...»; Str. 101) und beginnt zu lesen, worauf sich die Engel die Ohren zuhalten und eilig davonflattern, während die Teufel heulend in ihre Hölle fahren. Petrus rettet die Situation, indem er den

Deklamierenden mit seinem großen Schlüssel niederschlägt, sodaß dieser – Parodie eines Höllensturzes – in seinen heimatlichen See plumpst. In dem allgemeinen Aufruhr gelingt es Georg III., unbemerkt durch die Himmelstür zu schlüpfen, und der Dichter, der genug gesehen hat, schiebt sein menippeisches Teleskop zusammen.

Seneca war von Claudius verbannt worden, Erasmus mußte blutenden Herzens den unchristlichen Einzug des Papstes Julius in das unterworfene Bologna erleben, und Byron gegenüber hatte Southey sich gerühmt, als Gotteskrieger das Haupt der Satanischen Schule mit seiner Davidschleuder an der Stirn getroffen zu haben – und dem Gegner leichtsinnig geraten, ihn selbst doch bitte nächstes Mal in Versen anzugreifen, um die Vulgarität seiner Schimpftiraden etwas abzumildern.[25] Doch der jeweilige persönliche Affekt ist bei diesen komischen Göttergerichten im öffentlichen Thema aufgehoben und dieses Öffentliche in Gestalt seiner unwürdigen Vertreter personalisiert. Das Auseinanderklaffen zwischen den Machtpositionen (inklusive der – nicht gerade überwältigenden – Würde eines Hofdichters) und der menschlichen Erbärmlichkeit ihrer Inhaber wird sprachlich sichtbar gemacht: als ein Riß, der sich durch die schlecht geführte irdische Welt bis vor die Himmelstür zieht.

Olympische Perspektiven

Lukians *Ikaromenippus* und seine *Höllenfahrt des Menippus*, die nicht zufällig gerade den Erfinder der Menippea auf die hohe und niedere Jenseitsreise schicken, dürfen als parallel und komplementär angelegte Prototypen aller satirischen Ana- und Katabasen gelten.[26] Im ersten Fall ist die Hohe Warte des Mondes nur Zwischenstation für Menipps Aufstieg zum Götterhimmel, wo er von Zeus mit demselben Homervers begrüßt wird wie Senecas Claudius von Herakles: «Sage, wer bist du? dein Vaterland wo? wer deine Erzeuger?»[27] Zeus nimmt den vorwitzigen Wahrheitssucher gastlich auf, läßt ihn an seinem Arbeitsalltag – Gehör für die absurden Wünsche der Sterblichen – und am olympischen Gelage teilnehmen, und zieht ihn sogar bei den Sorgen um seinen göttlichen Status unter den Menschen ins Vertrauen: Überall heimsen jüngere und ausländische (also nichtgriechische) Götter den Löwenanteil der Opfer ein – «mich betrachtet man als einen alten abgelebten Mann ...» (*WL*, I, 130; *L*, II, 308).

Mit seiner Beschwerde über die *philosophi gloriosi* rennt Menipp beim Göttervater offene Türen ein. Vor dem eilig einberufenen Götterrat schmäht Zeus die ganze Brut als Heuchlerbande, wobei er sich besonders gegen die Epikureer ereifert, die dreist behaupten, mit dem Lauf der Welt hätten die Götter nicht das geringste zu tun. Ein Ratsbeschluß, den der Reisende den Philosophen überbringen soll, droht ihnen nach der olympischen Winterpause ein heiliges Donnerwetter an. Den Menipp aber packt Kyllenius, alias Hermes, genau wie bei Seneca den Claudius, an einer griffigen Stelle (hier: am rechten Ohr) und setzt ihn weiter unten wieder ab – auf dem Athener Töpfermarkt, unweit der philosophischen Wandelhallen.

Wie man sieht, schließt der Blick vom Olymp herab auf die schlechte Welt eine Rückspiegelung ein, die die Existenzgrundlage der Götter berührt. Am abgründigsten ist diese Doppelperspektive in Lukians *Jupiter Tragödus* ausgeführt. Zeus tritt uns hier zunächst im Tragödienstil entgegen und beklagt sich in bittern Hexametern über das Menschengeschlecht: «O Prometheus, / Was hast du mir für Übel zubereitet!» (*WL*, I, 457; *L*, II, 92) Den besorgten Göttern erklärt er, er habe bei einem anonymen Gang durch die Welt in Athen ein philosophisches Streitgespräch über die Präsenz der Götter belauscht, in dessen Verlauf der gottlose Epikureer[28] über den frommen Stoiker zu triumphieren drohte. Bei der anschließenden Krisensitzung des Götterrates macht das Lästermaul Momus sich als interner Kritiker im Namen der Redefreiheit (*parrhesía*) mit dem bösen Epikureer gemein. Beiden geht es um das Problem der Theodizee, der Vereinbarkeit göttlicher Vorsehung mit dem heillosen Lauf der Welt:

> ... wie die Besten und Unschuldigsten ... vor Armut, Krankheit und Unterdrückung zugrunde gehen: die lasterhaftesten und heillosesten Menschen hingegen mit Ehre und Reichtum überhäuft werden ... Was Wunder, wenn sie endlich von uns denken, es sei gerade, als ob wir gar nicht da wären. (*WL*, I, 469; *L*, II, 118f.)

Die Götter von Rang und Namen sind über diese Selbstkritik wenig erbaut und wollen lieber ordentlich dreinschlagen. Poseidon regt an, den so dreist philosophierenden Erdenwurm mit einem Donnerkeil mundtot zu machen, aber da für das Ableben der Menschen die Schicksalsgöttinnen (*Moirai*) zuständig sind, sehen sich die Götter machtlos.[29] Es bleibt ihnen nichts übrig, als die Wolken beiseite zu schieben und als Zuschauer von oben ihrer eigenen Nichtigkeitserklärung beizuwohnen, eine paradoxe Umkehr der Höhen- und Tiefenverhältnisse. Alles, so müssen sie dabei vernehmen, geht «ohne Plan und Zweck in blinder Bewegung durcheinander her». Die Göttervorstellungen der Menschen kommen in einem Zirkelschluß von ihren eigenen Statuen und Theateraufführungen; ihr Glaube gilt letztlich Kothurnen, Schleppmänteln und Bauchkissen. Als sein Gegenredner das Weltall mit einem Schiff vergleicht, dessen sichere Fahrt einen Steuermann voraussetzt, antwortet der Epikureer mit der Allegorie einer absurden Schiffahrt:

> Da ist oft weder Takel noch Tau am rechten Ort, kein Segel recht aufgespannt ... Unter den Schiffsleuten selbst siehst du oft, daß ein träger ungeschickter Kerl ... die Hälfte oder den dritten Teil der Equipage zu befehlen hat ... Mit den Passagieren wirst du es ebenso finden ... Knabenschänder, Vatermörder, Tempelräuber nehmen die bequemsten Plätze im Schiff ein ... Du siehst also, mein vortrefflicher Herr, daß dein Gleichnis vom Schiff große Gefahr läuft zu scheitern, da du ihm einen so schlechten Steuermann gegeben hast. (WL, I, 485 f.; L, II, 162)

Solch radikale Entmythologisierung des Himmels hat Lukian in der Neuzeit den Traditionalisten als Freigeist verdächtig, den Aufklärern als klassischen Verbündeten teuer gemacht. Momus jedenfalls spielt unter den Göttern eine ähnliche Rolle wie seine kynischen Pendants im Hades: Er reibt den durch eigene Schuld Erniedrigten – hier: den Göttern selbst – Salz in die Wunden. Als nach dem vorhersehbaren Sieg des Atheisten im irdischen Streitgespräch Zeus ratlos fragt ‹Was tun?›, gibt Momus (oder, nach anderen Herausgebern, Hermes) den zynischen Rat: So tun, als ob nichts wäre. Die große denkfaule Mehrheit, «die meisten Griechen, der gemeine Mann, die Hefen des Pöbels und die barbarischen Völker alle» werden sich in ihren eingefahrenen Denk- und Kultgewohnheiten schon nicht beirren lassen (WL, I, 488; L, II, 168).

Die Abdankung der Götter auf dem menippeischen Olymp und die diabolische Rolle des verneinenden Geistes Momus zwischen Himmel und Erde hat in der Renaissance niemand kühner und pessimistischer in Szene gesetzt als Leon Battista Alberti in seiner großen Satire *Momus oder Vom Fürsten* (*Momus seu de principe*), in der Jupiters schlechtes Regiment als negativer Fürstenspiegel dient.[30] Diese kosmische Tragikomödie, deren grausame Phantastik das Lachen gefrieren läßt, entstand um 1450, wurde 1520, in einer Zeit satirischer Hochkonjunktur, mehrfach gedruckt und hat kritische Geister der Epoche wie Giordano Bruno offenbar nachhaltig angesprochen. In virtuosem Rollenwechsel agiert Momus auf dem Olymp als Warner und Lästerer, Höfling und Hanswurst, auf Erden als Freigeist und Demagoge; auf beiden Schauplätzen rüttelt er kräftig an der vermeintlich ewigen Ordnung. Das Buch beginnt mit seiner Verbannung vom Himmel, weil er dem Göttervater das Ende seiner Herrschaft ankündigt. Als Aufwiegler der Menschen gegen die Götter (unter Verwendung von Lukians ‹epikureischen› Argumenten) wird er, um dem olympischen Ruin vorzubeugen, in den Himmel zurückgerufen. Dank seiner auf Erden gelernten Verstellungskünste steigt er nunmehr zum Günstling Jupiters auf, macht sich aber durch seine lose Zunge viele Feinde, zumal unter den Damen. Es kommt zum Aufruhr, er wird von den rasenden Göttinnen entmannt, von seinem Herren nach Fürstenart fallengelassen und wie ein zweiter Prometheus an eine Klippe geschmiedet, doch so, daß ihm das Meerwasser bis zum Halse steht.

Ein philosophisch erstrangiges Thema wolle er auf witzige und ironische Weise behandeln, sagt der Autor in der Vorrede zu seiner monströsen Allegorie. Ernesto Grassi hat dieses Thema als «history's breakthrough into the sphere of the divine» treffend definiert.[31] Es ist das Prinzip eines unablässigen irrationalen Wandels der Dinge im Zeichen Fortunas, an dem jeder Anspruch auf heroische Würde und metaphysische Dauer zuschanden werden muß: «über allem waltet der Wechsel» (*rerum omnium vicissitudo est*; 68/69). Momus ist Indiz, Werkzeug, Wortführer und Opfer dieses Wandels, der mit einem desillusionierten politischen Realismus einhergeht. Von Machiavellis *Principe* unterscheidet sich Albertis Fürstenspiegel durch seine spürbare Trauer über die metaphysische Trostlosigkeit der neuen Zeit.

Im ersten der vier Bücher des *Momus* vergewaltigt der Titelheld die Göttin *Laus* (Lob) und zeugt mit ihr das geflügelte Ungetüm *Fama* (Ruhm / Gerücht), das sogleich überall verbreitet, Lob und ihre Geschwister Ruhm und Triumph seien bloße Bastarde des Zufalls. Auf den Olymp zurückgekehrt, berichtet Momus, der mittlerweile die verschiedensten Spitzenpositionen der irdischen Welt bekleidet hat, von der Verderbtheit, Scheinhaftigkeit und Glücksunfähigkeit der Menschen. In Anlehnung an Lukians paradoxes Lob *Der Parasit* preist er den Landstreicherberuf als einzig sinnvolle, weil trugfreie Existenzform. Jupiter will daraufhin die verpfuschte Welt neu erschaffen und sich bei den Philosophen Anregung für ein verbessertes Menschenmodell holen, doch deren Weisheit ist der reinste Aberwitz.

Zu böser Letzt setzt Alberti die Theatermetapher aus der *Höllenfahrt des Menippus* und die Schiffsallegorie aus *Jupiter Tragödus* fulminant in Szene und verbindet dabei die Katabasis der Götter mit der Anabasis der Totenwelt. Die nicht länger Unsterblichen steigen vom Olymp herab, und Charon kommt aus seinem Hades herauf, um ein Theaterspektakel der Menschen anzuschauen, das zur Götterdämmerung wird. Ein von Fama entfesselter Orkan reißt Bühnendach und Götter zu Boden – Jupiter fällt dabei auf die Nase. Von Panik erfaßt, machen sich die Götter aus dem Staub und lassen aus ihrer Schar nur die Nacht, Mutter des Momus, die Hoffnung mit geknicktem Flügel und den blinden Reichtum zurück. Und die Menschen? Sie erscheinen am Ende, aus der Sicht Charons gesehen, als Kinder des Schlamms, die sich Masken aus Schlamm angelegt haben, um ja nie ihr Gesicht zu zeigen.[32] Ihr famoses Staatsschiff ist ein Piratenschiff, dessen trunkene Mannschaft den Kapitän erschlägt, um einen noch Schlechteren an seine Stelle zu setzen. Nach diesem Anschauungsunterricht sehnt sich Charon in seine Hölle zurück.

Eine Art Brücke zwischen Albertis *Momus* und Giordano Brunos nicht minder radikalem Dialog (und dieses Prädikat sagt einiges) *Die Vertreibung der triumphierenden Bestie* von 1584 bildet der «Mondo imaginato» aus Anton Francesco Donis zu ihrer Zeit sehr erfolgreichen *Mondi* (1552), einer Serie von je sieben himmlisch-irdischen und höllischen Welten.[33] Wieder läßt sich Jupiter bei seiner Reform der lausigen Welt von Momus beraten, doch während dieser umstürzlerische Geselle (*ingenium praeposterum*; 14) bei Alberti verneinender Geist blieb, macht er bei Doni dem verunsicherten Göttervater allerhand utopische Vorschläge und rät ihm, Krankheit, Begehren und Gewalt aus der Welt zu eliminieren und den Besitz gleichmäßig zu verteilen (107f.). Diese Radikalkur ist freilich nicht nur durch den Status des Momus als ‹verrückter› Kritiker einer verrückten Welt ironisiert, sondern auch durch die Rahmenfiktion eines menippeischen Symposions von *academici peregrini*, wobei ‹verrückte› und ‹weise› Akademiker den Götterdialog laufend kommentieren und so auf der fiktionalen Rezeptionsebene das Vexierspiel mit der janusköpfigen Wahrheit weitertreiben.

Brunos weit komplexerer, im englischen Exil entstandener Dialog *Vertreibung der triumphierenden Bestie* inszeniert diese Parallelführung von olympischer und irdischer Sicht als konsequente Zweistufigkeit der Komposition. Saulino, die Persona des Autors, läßt sich von Sofia, der Weisheit, die Verhandlungen berichten, die der Götterrat am runden Tisch unter Vorsitz Jupiters ausgerechnet ‹am Jahrestag des Gigantensturms› geführt hat. Sofia hat alles vom Götterboten Merkur erfahren, der getreu seinem Amt die beiden Welten verbindet. Mit seinen vielen Gedichteinlagen, wechselnden Stilebenen, Unterbrechungen und Abschweifungen ist das Werk, das diesmal nicht Brunos revolutionäre Kosmologie, sondern sein Bewußtsein der gestörten Weltordnung vermittelt, ein charakteristisches Beipiel seiner weiter unten eingehender betrachteten Vorliebe für die menippeische Satire.[34]

Wie bei Lukian und Alberti fühlen sich auch in seinem Dialog die Götter vom universellen Wandel bedroht: ‹Also Jupiter und die übrigen Götter altern? Dann ist es nicht unmöglich, daß auch sie den Acheron überqueren müssen?› (574 f.) Der Göttervater fürchtet um seine Herrschaft und will durch eine Reform des Olymps dem Ansehensverlust der Olympier und dem Chaos auf Erden entgegenwirken. Zu diesem Zweck holt er den schärfsten Kritiker der Götter, den seiner bittern Zunge wegen in die eisige Konstellation des Großen Bären verbannten Momus, auf den Olymp zurück und macht ihn als *ultima ratio* des ratlosen Obersten Senats zum Wortführer der Reform. Es geht in Analogie zu Lukians *Götterversammlung* darum, den Himmel von einigen unheiligen Insassen zu reinigen und verdienstvolle Anwärter auf deren Platz nachrücken zu lassen. Dieser Vorgang vollzieht sich für die betreffenden Ressorts in Rede und Gegenrede, und das Göttergericht besteht in den Verbesserungsvorschlägen des Momus, der Entscheidung Jupiters und der Billigung durch den himmlischen Senat.

Während bei Lukian Momus die Anklage der Götter vortrug, eröffnet Brunos Jupiter den Götterrat mit einer bittern Selbstbezichtigung: Das Schicksal (*fato*), dem auch die Weltenlenker unterworfen sind, hat ihnen gerechterweise die schlecht geübte Autorität genommen und sie vor den Augen der Sterblichen ihrer Würde entblößt (598). Jupiters Aufruf zur Selbstreinigung ist in astronomische Mythologie gekleidet: Es gilt, die Konstellationen des Himmels zu erneuern, denn von ihren Einflüssen hängt der Lauf der Welt ab. Die Götter sind Subjekte und Objekte des Geschehens, denn sie haben den Verfall der Werte (Glaubensspaltung und Kriege der Christenheit) zugelassen, und der Wirrwarr unten hat die obere Instanz demoralisiert. Zwar ist der Olymp dem allgemeinen Wandel unterworfen, aber in seiner Eigenschaft als menippeische Autorität hat er die verkehrte Welt zu berichtigen.

Die ‹triumphierende Bestie›, deren Austreibung nunmehr von oben ins Werk gesetzt wird, ist der Ungeist der Zeit, der in der Welt das Unterste zuoberst kehrt – so wie es die an zentraler Stelle zitierte Weissagung des Hermes Trismegistos prophezeit hat: ‹Die Finsternis wird man dem Licht vorziehen, den Tod wird man für wertvoller erachten als das Leben, der Fromme wird als verrückt gelten, der Ruchlose als klug, der Rasende als stark, der Schlechteste als gut› (785). Die Reformation des Himmels, die Jupiter und Momus gemeinsam vorantreiben, steht in vielsagendem Gegensatz zu jener irdischen Reformation, gegen die der Text unablässig anwütet. Die Widmungs-Vorrede – taktvollerweise an Sir Philip Sidney, den Exponenten einer entschieden protestantischen Europapolitik gerichtet – spricht in diesem Zusammenhang pointiert von in Unordnung verkehrten Ordnungen, deformierten Reformen und unsauberen Reinheiten (*ordini disordinati, difformi riforme, immonde puritadi*; 570), vielleicht, wie die letzte Formel nahelegt, im Hinblick auf die antipuritanische Haltung des elisabethanischen Establishment. Die lutherische *sola-fide*-Theologie und die Verwerfung der Guten Werke nennt der Dialog später ‹einen eitlen, ochsen- und eselsmäßigen Glauben› (*una vana, bovina ed asinina fiducia*; 664), verheerend für das zivilisierte Zusammenleben der Menschen und Völker. Die Sektierer, von denen sich jeder seinen eigenen Katechismus zurechtbastele (661 f.), sind für Bruno eine Abart der falschen Philosophen und fanatischen Pedanten, Vertreter eines Dunkelmännertums, das überall das Licht der Wahrheit verfinstert.

Doch die der menippeischen Götterperspektive inhärente Religionskritik nimmt bei diesem Autor, der in der überlieferten Religion nur ein Mittel zur Lenkung der zügellosen Masse sieht, das den Weisen nicht berühre[35], selbst für heutige Verhältnisse ziemlich blasphemische Formen an. Seine Angriffe auf die Protestanten treffen die gesamte Paulinische Theologie, so wie seine Abneigung gegen die Juden das Alte Testament in Mitleidenschaft zieht: Moses habe seine ganze Weisheit aus den Geheimlehren Ägyptens gestohlen, und die Sintflut, ebenso wie Jonas Walfisch, wird als rechtes Ammenmärchen verspottet (783; 797; 802). Berüchtigt sind die losen Scherze menippeischer Spottlust, die unter dem Decknamen Orions letztlich auf Christus zielen. Orion, so heißt es, versteht sich auf alle möglichen famosen Kunststücke: Er spaziert auf dem Wasser, ohne zu versinken oder sich auch nur die Füße naß zu machen, er redet den Leuten ein, weiß sei schwarz, die Helle der menschlichen Vernunft bloße Blindheit, die Natur eine verkommene Hure (*una puttana bagassa*) und Unwissenheit die allerschönste Wissenschaft (803 f.). Jene Unvernunft, die Bruno an der Reformation als antizivilisatorisch geißelt, ist für ihn nur eine Sonderform der allgemeinen Irrationalität überlieferter Religionssysteme, über die dem Wissenden erlaubt ist, zu lachen, solange sie sich nicht zur tödlichen Bedrohung für den freien Geist auswächst. Denn die Götter, so erfahren wir aus dem Mund der Sofia, sind allesamt nach menschlichem Maß gemacht, um der göttlichen Substanz des Universums einen Namen und eine gewisse Anschaulichkeit zu geben (779f.). Solche gar nicht mehr nur antilutheranische Bemerkungen sollten der Heiligen Inquisition für einen späteren Ketzerprozeß wertvolles Material liefern.

Blakes Umwertung der Werte Daß auch nach einer noch so glänzenden Reihe von neuzeitlichen Aktualisierungen[36] das paradoxe und ketzerische Potential der menippeischen Jenseitsvision unerschöpflich bleibt, zeigt William Blakes schockierend origineller Mischtext *The Marriage of Heaven and Hell*, entstanden in den ersten Jahren der Französischen Revolution. Einen Epilog auf das Goldene Zeitalter der englischen Satire nennt Northrop Frye diese Klitterung aus Bild und Wort, Satire und Prophetie, Erzählung, aphoristischer Reflexion und Dichtung.[37] Wie in Swifts *Tonnenmärchen* die Geschichte ständig von den Abschweifungen und kritischen Ergüssen des Erzählers unterbrochen und zerdehnt wird, wechseln hier die (jeweils mit «A Memorable Fancy» betitelten) Stadien einer ironischen Jenseitsreise mit Betrachtungen der Persona und anderen mehr oder weniger diabolischen Stimmen. Dabei parodiert Blake, dessen eigenwillige Sicht der Dinge ihre Herkunft aus einem mystisch eingefärbten Dissentertum nicht verleugnet, den prophetischen Gestus Swedenborgs, bei dem «Denkwürdige Berichte» seiner Unterredungen mit Engeln und Teufeln regelmäßig die lehrhaften Passagen seiner Schriften unterbrechen.

Auch sonst ist der parodistische Bezug auf ‹hohe› und sakrale Literatur stark ausgeprägt: auf die prophetischen und apokalyptischen Bücher der Bibel, auf Dante, und vor allem auf Milton, von dem Blake an einer berühmten Stelle sagt: «The reason Milton wrote in fetters when he wrote of Angels & God, and at liberty when of Devils & Hell, is because he was a true Poet and of the Devil's party without knowing it» (182). Die Partei Satans zu ergreifen, bedeutet für Blake, im Namen der von Rationalismus und Orthodoxie geknechteten Phantasie gegen die Tyrannei des Vernünftigen und Etablierten aufzubegehren und wie Amerika und Frankreich die alten Ketten abzuschütteln. Paradoxerweise bedient sich der Rebell gegen den Geist von Newton und Voltaire mit seiner Jenseitsphantasie einer Lieblingsfiktion der Aufklärung, wie denn auch sein aphoristischer Stil der Pointenkunst aufgeklärter Moralistik verpflichtet ist. Die als eigener Textblock eingeschobenen siebzig «Proverbs of Hell» stellen dazu noch die Spruchweisheit des Alten Testaments in Sprüchen wie diesen blasphemisch auf den Kopf:

> The road of excess leads to the palace of wisdom.
> The tygers of wrath are wiser than the horses of instruction.
> As the caterpillar chooses the fairest leaves to lay her eggs on, so the priest lays his curse on the fairest delights.
> Exuberance is beauty.
> Sooner murder an infant in its cradle than nurse unacted desires ... (183 ff.)

Die Weisheit des Exzesses, die diese provokanten Sprichwörter predigen und ironisch als Teil eines biblischen oder volkstümlichen Erfahrungsschatzes ausgeben, ist gegen die Leibfeindlichkeit der christlichen Kirchen gerichtet. Die Messerschärfe solcher Aphoristik scheint die inversive Sprachkunst eines späteren Umwerters der überkommenen Werte vorwegzunehmen – doch Nietzsche hat den Engländer mit Sicherheit nicht gekannt. Als Kupferstecher wie als Ironiker des Wortes arbeitet Blake nach dem Prinzip der ‹höllischen Ätzkunst›, die er so beschreibt: «by corrosives, which in Hell are salutary and medicinal, melting apparent surfaces away, and displaying the infinite which was hid» (187). Satire ist ein Mittel zur Erneuerung der Welt. Bei einem Totengespräch mit den visionären ‹Kollegen› Jesaia und Hesekiel erfährt der Erzähler, daß die Stimme der Empörung Gottes Stimme ist und daß die alttestamentlichen Propheten sich dem Kyniker Diogenes besonders verbunden fühlen (186).

In einem furiosen metaphysisch-metaphorischen Umsturz vertauscht Blake die Pole des alten Universums und macht die Höllenfahrt zur Himmelsreise. Der Sprecher wandelt unter den Feuern der Hölle, «delighted with the enjoyments of genius, which to Angels look like torment and insanity ...» (183). Sein Wagnis des Anderen Blicks öffnet das selbstgefügte Gefängnis des Menschen zur Unendlichkeit hin: «If the doors of perception were cleansed, every thing would appear to man as it is, infinite. For man has closed himself up, till he sees all things thro' narrow chinks of his cavern» (187).

Später führt ein Engel den Erzähler zur Warnung vor dem feurigen Pfuhl, den er sich durch seine Gottlosigkeit selbst auf ewig bereite, in die Unterwelt: durch einen Stall in eine Kirche, dann hinab in die Krypta, die zu einer Mühle führt, und von dort den gewundenen Gang einer Höhle hinunter, bis dieser im unendlichen Abgrund mündet.[38] Dort unten öffnet sich die grenzenlose Leere wie ein unterirdischer Himmel, an dem in fernster Tiefe die schwarze Sonne (der Apokalypse und der Melancholie[39]) schwelt. Die Welt dieser ‹Engelsvision› ist eine groteske und kopfstehende, der Blick zum Himmel eine Herabschau, der *point of vantage* oder Aussichtspunkt der beiden Betrachter das Wurzelwerk einer Eiche (Sprecher) und der Hut eines nach unten wachsenden Pilzes (Engel): feste und substanzlose Basis im Kontrast. Die furchtbare Anschauung der bodenlosen Tiefe, einer von schwarzen Stürmen durchtosten, von apokalyptischer Fauna bewohnten, von Strömen aus Feuer und Blut durchzogenen schwarzen See, steht – über das gemeinsame Modell der *Offenbarung* – auch der «Vision des toten Christus» von Jean Paul nahe, deren erste Fassung um dieselbe Zeit entstand und die ebenfalls das Schreckensbild einer ‹verkehrten› Weltsicht entwirft.[40] Während der Engel ängstlich in seine mechanische Mühle zurückklettert, wandelt sich für die unerschrocken ausharrende, sich im Feuer der ‹Hölle› reinigende Persona die Szene unvermittelt (wie bei Jean Paul) zur Idylle: «I found myself sitting on a pleasant bank beside a river by moonlight, hearing a harper who sung to the harp ...» (189).

Darauf dreht der Sprecher den Spieß um; er erdreistet sich, nun auch seinerseits ‹seinem Freund, dem Engel›, dessen ewiges Geschick zu präsentieren, und mit diesem Akt des freien Willens verwandelt sich der Abstieg in die Unterwelt zur kosmischen Reise. Der Erzähler nimmt den Engel ‹mit Gewalt› in die Arme, fliegt mit ihm über den Schatten der Erde hinauf in die Sonne, kleidet sich dort in Weiß (die Farbe der Seligen nach *Offenbarung* 19,14) und fliegt weiter durch die Planetenkreise bis zum Saturn, dem Stern der Melancholiker. Im leeren Raum zwischen Saturn und den Fixsternen stehen die beiden plötzlich wieder vor Stall und Kirche, und auf den Himmelsflug folgt, in erneutem Umschlag, eine Katabasis. Der Sprecher öffnet die Bibel auf dem Altar, «and lo! it was a deep pit [so nennt die englische Bibel die Hölle], into which I descended, driving the Angel before me» (ibid.). Sie geraten in ein Affenhaus, dessen Insassen erst miteinander kopulieren, um sich danach gegenseitig zu verschlingen. Das Engeltum verkommt zu einer subhumanen Existenzform, wenn es die leibliche Welt und die Offenbarung der fünf Sinne verteufelt, die die Pforten der Wahrnehmung sind.

Am Ende der «memorable fancies» steht der menippeische Wahrspruch der jenseitigen Welt, hier passenderweise von einem Teufel mitgeteilt. Er verkündet die Göttlichkeit der großen Menschen, allen voran Christi, die sich daran erweist, daß er die Gebote des alttestamentlichen Gottes gebrochen habe: «I tell you, no virtue can exist without breaking these ten commandments». Daraufhin läuft der Engel erst blau an, dann gelb, danach rosarot – und bekehrt sich schließlich zur Teufelsreligion: «we often read the Bible together in its infernal or diabolical sense» (191).

Der Vorspann der Sequenz hatte das Gute diabolisch umdefiniert als passive Folgsamkeit gegen die Vernunft, das Böse als aktive Energie; anschließend hatte er diesen Gegensatz im Angewiesen-Sein beider Pole aufeinander wieder zu höherer Einheit aufgehoben: «Without Contraries is no progression» (181). Aber der Text privilegiert in seiner Schockabsicht den von den konventionellen Engeln als höllisch verteufelten Pol der lebendigen Energie. Im Schlußstück «A Song of Liberty» wird diese diabolische Umwertung auf den geschichtlichen Moment der Französischen Revolution angewendet. In einer Parodie von Satans Höllensturz schleudert Old Nobodaddy, wie Blake den Gott des Gesetzes nennt, die junge Feuergeburt der Freiheit in den Abgrund, ein Akt, der seinen eigenen Sturz nach sich zieht. Der ‹Sohn des Feuers› aber steigt wieder auf zum Himmel und erscheint als Morgenrot der neuen Freiheit. Er zerstampft die steinernen Gesetzestafeln zu Staub und verkündet das Ende aller ungerechten Herrschaft: «EMPIRE IS NO MORE! AND NOW THE LION & WOLF SHALL CEASE», worauf der Chor antwortet: «For every thing that lives is Holy» (193).

Mit dieser Litanei einer neuen säkularen Kirche überschreitet die menippeische Jenseitsfahrt – nach den erstaunlichen Ansätzen bei Giordano Bruno – ebenso witzig wie entschlossen die Grenzen der kynischen Skepsis. Die Mythenparodie der Menippea begründet bei Blake einen neuen Mythos, ihre Kritik an den etablierten Glaubensformen entthront die alten Götter zugunsten einer neuen Menschheitsreligion, ihr ikonoklastischer Angriff auf die Mächtigen der Welt mündet in ein neues Freiheitspathos. Im historischen Rückblick hat auch diese Grenzüberschreitung ihre eigenen Ironien.

Die Stimme der Untoten Das ideologiekritische, essentiell aufklärerische Wesen der Menippea ist, wie alle anderen Erzeugnisse des Menschengeistes, gegen reaktionären Mißbrauch keineswegs gefeit. Die freiheitliche Verhandlung höchst diesseitiger Problemkomplexe in einem phantastisch-witzigen Jenseits kann ihre Gegner, die ironieresistenten Vertreter fixer Denksysteme, dazu animieren, nun ihrerseits den Spieß umzukehren, den menippeischen Widerspruch von den Füßen auf den Kopf zu stellen und die geistige Offenheit der Gattung im Namen ihrer geschlossenen Gesellschaftsmodelle aufzukündigen. In historisch einmalig fataler Weise war dies das Schicksal von Maurice Jolys *Dialogue aux Enfers entre Machiavel et Montesquieu*, den der französische Jurist und Ministerialbeamte 1864 in Brüssel erscheinen ließ. In dieser brillanten Streitschrift gegen die Machtpolitik Napoleons III., die wenig Aufmerksamkeit erregte, dafür aber ihrem Verfasser eine Haftstrafe einbrachte, entfaltet Machiavelli dem klassischen Vertreter der Gewaltenteilung gegenüber die Grundsätze einer demagogisch-diktatorischen Machtsicherung – im Grunde schon die Kernpunkte der späteren Hitler/Stalin-Rezeptur.[41] Aus der Argumentation von Jolys Machiavelli destillierte 1903 ein Propagandist des zaristischen Geheimdienstes die *Protokolle der Weisen von Zion*, den angeblichen Plan einer geheimen Verschwörung zur Erlangung der jüdischen Weltherrschaft. 1921, nachdem die *Protokolle* schon russische Pogrome, die politische Philosophie Henry Fords und erste Ideen des späteren

Nazi-Ideologen Alfred Rosenberg inspiriert hatten, wies der britische Journalist Philip Graves das Plagiat öffentlich nach, ohne daß diese Klärung und ihre spätere juristische Bestätigung die Popularität der Schrift von den Faschisten bis zu den Islamisten ernsthaft in Frage gestellt hätte. Jolys Machiavelli darf sich auf sarkastische Weise bestätigt fühlen: «dieses Werk, das nur der Teufel selbst vollbringen könnte, das alles ist vollbracht, das alles gibt es, das alles gedeiht im vollen Sonnenlicht...» (350) Der freie Geist der menippeischen Totengespräche ist vom dreisten Ungeist seiner Verächter usurpiert und gezwungen worden, seine Stimme der finstersten Art von Untoten zu leihen.

4. Tierische Standpunkte

> *Wenn ich mit meiner Katze spiele – wer weiß, ob ich nicht mehr ihr zum Zeitvertreib diene als sie mir?*
>
> Montaigne, *Essais* II, Kap. 12
>
> *das Glück des Tieres, als des vollendeten Zynikers, ist der lebendige Beweis für das Recht des Zynismus.*
>
> Nietzsche, *Vom Nutzen und Nachteil der Historie,* Teil I

Die olympische und die infernalische Sicht verhalten sich, wie wir sahen, als ironisierte Mythen der Höhe und Tiefe nicht so sehr gegensätzlich als vielmehr komplementär zueinander: Beide setzen eine paradoxe Umkehr der irdischen Verhältnisse, als deren Korrektiv sie dienen, ins Bild. Insgesamt wird, wie für ein satirisches Genre nicht weiter verwunderlich, der höllische gegenüber dem himmlischen Schauplatz bevorzugt. Eine Perspektive der Niederung ist ja bereits der *kynikós trópos* oder die Wendung ins Hündische, wie sie die Schule des Diogenes seit ihren Anfängen praktizierte. Die Persona, deren sich die ironische Philosophie zur Demaskierung eines falschen Bewußtseins bedient, ist letztlich eine tierisch-kreatürliche – die des bissigen Kläffers, eines Momus der Tierwelt sozusagen. «Vetter Zerberus» (so läßt Wieland den Menipp im 21. Totengespräch des Lukian seine Unterhaltung mit dem Höllenhund beginnen), «weil ich doch auch zum Hundegeschlecht gehöre, um der Verwandtschaft willen, sage mir ...»[1]

Die aus dieser Sicht resultierenden Fiktionen eines animalischen *point of view* stellen eine markante Entwicklung innerhalb der satirisch-utopischen Literatur Europas dar. Im Gegensatz zur Fabel äsopischer Prägung betonen sie weniger die Menschenähnlichkeit als die Fremdheit der ‹Anderen› Position – die Alternität, nicht die Analogie. Soweit die tierischen Personae durch magische Verwandlung oder auf dem Weg der Seelenwanderung zu ihrer gegenwärtigen Existenzform gekommen sind, können sie ihr jetziges mit ihrem einstigen Dasein vergleichen und dadurch eine vom nur-menschlichen Standort aus unwiderlegbare Relativität der Betrachtung einführen. Sofern es sich um Bewohner utopischer Tier-Staaten handelt, steht ihnen die Gattung Mensch in Gestalt eines Reisenden aus einer anderen Welt gegenüber, der in seiner Vereinzelung und Verirrung fast zwangsläufig vom Beobachter zum Angeklagten wird und sich für das Anderssein seiner Gattung zu verantworten hat. Doch auch der Mensch sieht sich in menippeischen Schocksituationen mit seinem anderen, tierischen Ich konfrontiert, mit seinem Zerr- und Schreckbild, das ihm vor und nach Darwin in Gestalt einer – bedrohlich menschenähnlichen – äffischen Kreatur entgegentritt. In der Moderne schließlich wird die Metamorphose des Menschen zum Tier oder des Tieres zum Menschen zur beunruhigenden Chiffre für das Fremdwerden und die Unmenschlichkeit einer angeblich aufgeklärten, humanen Welt.

Die glücklichen Tiere

Daß die satirische Tierperspektive zum Gattungskontext der Menippea gehört, zeigt kein Werk des Altertums deutlicher als Lukians Dialog *Der Hahn oder der Traum des Micyllus*. Zu Beginn wird der armselige Flickschuster Micyllus durch den unzeitigen Weckruf seines Haushahns aus erträumten Reichtums-Phantasien aufgeschreckt. Auf die Verwünschungen seines Herrn hin verteidigt sich der Gefiederte mit Menschenstimme, beruft sich ironisch auf diverse sprechende Tiere der Mythologie und erklärt seine Animalität als Endstadium einer längeren pythagoreischen Seelenwanderung, deren Stationen er dem Schuster beschreibt. Sie bilden einen bunten satirischen Katalog, angefangen bei Pythagoras selbst (der als rechter Scharlatan und *philosophus gloriosus* erscheint) über die Hetäre Aspasia (die, im Gegensatz zu dem Pseudo-Philosophen, ihre Prostitution offen betreibt) bis zu Krates dem Kyniker (einer angemessenen Vorstufe des kynischen Hahns); «... nach diesem wurde ich ein König, dann ein Bettler, dann wieder ein persischer Satrap; in der Folge ein Pferd, eine Dohle, ein Frosch und tausenderlei anderes ...» (*WL*, I, 74; *L*, II, 212). Das hektische Auf und Ab dieser Seelenwanderung, aus der sich eine eigene Untergattung der Menippea entwickeln sollte,[2] nivelliert alle Unterschiede nach unten: Letztlich ist die Frosch- oder Hahnen-Perspektive die einzig wahre.

Dies ist auch die Lehre, die der Hahn seinem Herren erteilt, nachdem er ihm durch den türöffnenden Zauber seiner Schwanzfeder als unsichtbarem Voyeur das elende Leben der Reichen vor Augen geführt hat: «Lieber verhungern als in solch einer schändlichen Haut stecken!» (*WL*, I, 84; *L*, II, 238) Doch ebenso, wie der Arme glücklicher ist als der Reiche, ist auch das Tier dem Menschen überlegen; denn die vielfältige Lebenserfahrung des philosophischen Hahns läuft darauf hinaus,

> daß ich die schlechteste dieser [tierischen] Existenzen noch immer viel weniger unlustig und mühselig gefunden habe als das menschliche Leben; und dieses darum, weil sich die Tiere in den Schranken ihrer natürlichen Triebe und Bedürfnisse halten: denn niemals ist unter den Pferden ein Zollpachter, unter den Fröschen ein Rabulist, ein Sophist unter den Dohlen, ein Koch unter den Mücken noch ein Ganymed unter dem Hahngeschlechte gesehen worden. (*WL*, I, 80; *L*, II, 226f.)

Der «Zollpachter», so darf man vermuten, steht, wie die Zöllner in der Bibel, für Geldgier und Betrug, der Koch für Völlerei, und Ganymed für das Lustknabentum. Die Tierwelt macht in dieser paradoxen Denkfigur der Gattung Mensch den Prozeß.

Für seine Umkehr der ‹natürlichen› Ordnung fand Lukian einen prominenten Vorgänger im Plutarch der Moralistischen Werke (*Moralia*). Noch stärker als Plutarchs langer dialogischer Essay *Über die Klugheit der Tiere* sollte sich, dank seiner witzigen fiktionalen Einkleidung, der Dialog *Gryllos oder die Vernunft der unvernünftigen Tiere* dem kulturellen Gedächtnis Europas einprägen. Darin schreibt der hellenistische Autor das zehnte Buch der *Odyssee* auf eine geistreiche Weise um. Hatte dort der listenreiche Odysseus mit Hermes' Hilfe die Zauberin Kirke gezwungen, die Verwandlung seiner Gefährten in Schweine wieder rückgängig zu machen –

> Männer wurden sie schnell und jüngere, denn sie gewesen,
> Auch weit schönerer Bildung und weit erhabneren Ansehns,[3]

so verweigert sich nun Gryllos (‹das Ferkel›) gleichsam als Sprecher der einstmals mannhaften Schweineherde einer Rückverwandlung – mit guten Gründen. Denn Tiere seien von Natur aus tapfer, gerecht, klug und maßvoll in ihren Bedürfnissen und blieben so von den menschlichen Lastern der Völlerei, Wollust und Habgier verschont:

«ich ... gehe über Gold und Silber voll Verachtung hinweg, als seien es gewöhnliche Steine ...»[4]

Da die Tiere ihrer Natur nach zum Unglücklichsein einfach nicht fähig sind, erscheint dem beredten Borstentier im Rückblick auf seine frühere Existenz der Mensch als das unseligste aller Geschöpfe (281). Auch wenn der Schluß des Dialogs offenbar verlorengegangen ist, gibt es kaum einen Zweifel am Fazit des Ganzen: Der klügste aller Griechen muß sich durch ein räsonnierendes Schwein dialektisch übertrumpfen und beschämen lassen. Gryllos, von seinem Gesprächspartner einmal als gewaltiger Sophist (287: *deinós sophistés*) tituliert, tritt in der Rolle eines Ironikers auf, der das hohe platonisch-aristotelische Menschenbild der großen Tradition spielerisch umstürzt. Darin ist er auf seine Weise der Wortführer Kirkes, die zuvor die odysseische Weisheit als krasse Torheit, als «leeres Schattenbild» (280) verspottet hatte. Sarkastisch rief sie ihm, der es für ein Leichtes hielt, die verwandelten Griechen ins Menschsein zurückzuholen, hinterher: «Nur Mut, du Ehrgeiziger» (genauer: ‹du Ehrgeizigster der Menschen›). An ihrem paradoxen und weiblich subversiven Witz erweist sich der menippeische Charakter dieser Episode, die gemeinhin der Gattung keineswegs zugerechnet wird. Ihre neuzeitliche Aufnahme zeigt einmal mehr, wie intensiv Renaissance und Aufklärung die Denkfiguren der Menippea rezipiert und weiterentwickelt haben.[5]

Dies geschieht sowohl auf dem Weg der ironischen Argumentation wie der satirischen Fiktion. Für die erste Richtung ist Montaignes zentraler Essay II, xii «Die Apologie für Raymond Sebond» der entscheidende Text, für die zweite Giambattista Gellis Dialog *La Circe*. Montaigne hat als Bewunderer Plutarchs (dessen *Moralia* in der höchst lebendigen Übertragung durch Amyot ein Modell seiner *Essais* waren) die Argumente zur Relativierung des menschlichen Absolutismus weithin der ‹Tierkunde› seines griechischen Vorgängers entlehnt und mit einem Plädoyer für die guten, weil naturnah lebenden ‹Wilden› der Neuen Welt verknüpft – eine Doppelung des ursprünglichen Paradoxon aus der Erfahrung der beginnenden Neuzeit.[6]

Das begrenzte Wissen des Menschen, etwa seine Unkenntnis der Tiersprache, verführt ihn zu blinder Überhebung – die anderen Lebewesen können «uns mit gleichem Recht für vernunftlose Tiere halten wie wir sie» (224). Auf eine erste relativierende Umkehr der Begriffe folgt die Feststellung der tierischen Überlegenheit über den Menschen: «In allem, was der Befriedigung der Lebensbedürfnisse dient, überflügelt ... *viehische* Dummheit alles, was unsere ach so *göttliche* Intelligenz vermag» (225). Gelegentlich merkt man dem antiheroischen Impuls Montaignes eine gewisse Nähe zur kynischen Sicht der Dinge an; so, wenn er den Diogenes zitiert, der die Bemühung seiner Eltern, ihn aus der Sklaverei freizukaufen, mit folgenden Worten quittierte: «‹Sie sind verrückt – ich habe doch meinen Herrn als Sklaven, der mich versorgt ...› So müßten auch jene, die sich Tiere halten, sagen, sie bedienten sie eher, als daß sie von ihnen bedient würden» (228). Das entscheidende Argument liefert, wieder einmal, der skeptische Seitenblick auf die menschliche Kriegskunst:

> Zum Krieg: Ich wüßte gern, ob wir uns dieser größten Haupt- und Staatsaktion des Menschen als Argument für unsere Überlegenheit oder nicht besser umgekehrt als Beweis für unsere Unvernunft und Unzulänglichkeit bedienen wollen – denn die Kunst, uns gegenseitig zu verstümmeln und umzubringen, die Kunst, unsre eigene Gattung zugrunde zu richten und auszulöschen, scheint mir wahrhaftig kaum dazu angetan, den Neid der Tiere zu erwecken, denen sie fehlt ... (233 f.)

Die Moralisten und Satiriker der Aufklärung übernehmen das Thema aus den Händen Montaignes und geben ihm neue paradoxe Wendungen. Boileau etwa beschreibt am Ende seiner 8. Satire das verrückte Pariser Treiben aus der imaginären Sicht eines Esels: ‹dankbar für seine Disteln und kopfschüttelnd› kommt das Grautier zu dem Schluß: ‹Was ist der Mensch im Vergleich zu uns doch für ein dummes Tier!›[7]

Während Montaigne seine moralische Zoologie den essayistischen Partien Plutarchs, und besonders dessen Dialog *Über die Klugheit der Tiere* entnimmt, elaboriert Giambattista Gelli in seiner einflußreichen Serie von zehn Dialogen unter dem Titel *La Circe* (1549) die Gesprächssituation des *Gryllos* – wiederum aus der Skepsis frühneuzeitlicher Erfahrung. In aufsteigender Linie wendet sich Odysseus hier den verschiedensten Vertretern der Tierwelt zu, angefangen bei Auster und Maulwurf bis hin zu Stier und Elefanten. Bei seinem Versuch, sie von der Überlegenheit des Menschseins zu überzeugen, stößt er in allen Fällen (mit einer Ausnahme) auf nachdrücklichen Widerspruch. Zur größeren Systematik von Gellis neuem Arrangement gehört auch der eingängige Symbolcharakter seiner Tiere: Die Auster war einst ein Fischer, der Maulwurf ein Ackersmann, die Schlange – als Symbol des

Äskulap – ein Arzt, der wendige Hase hat eine Vielzahl von Berufen absolviert, und der großkopfige Elefant war Philosoph. Wie bei Plutarch setzen die Tiere aus ihrer unterschiedlichen Lebenserfahrung die elementare Vernünftigkeit ihrer tierischen Instinkte über die korrumpierbare Vernunft des Menschen. Circe gibt ihrem Odysseus so spielerisch Widerpart, wie es die gleichzeitig florierende intellektuelle Mode des ironischen Paradoxon der Renaissance verlangt. Nein, sie hält das tierische Dasein nicht für grundsätzlich besser als das menschliche – ‹aber wenn ich dir in allem beipflichten wollte, wäre unsere Unterhaltung rasch zuende› (*i ragionamenti sarebbon finiti*).[8]

Das Werk endet recht erbaulich mit der Rückverwandlung des Elefanten, der sich von Odysseus' Preis des freien Willens zu einer Hymne auf die göttliche Vernunft inspirieren läßt und seinen Mentor auffordert, mit ihm zusammen den verruchten Ufern der Kirke den Rücken zu kehren (142). Doch vor dem orthodoxen Finale herrscht kein Mangel an Ketzereien. So prangert die medizinische Schlange – Ärzte waren der Freigeisterei verdächtig – die Furcht vor Sünden, Tod und Hölle als Geißel des Menschengeschlechts an, um sich von Odysseus sagen zu lassen: ‹nun sehe ich, daß du wahrhaft den Verstand verloren hast, da du anfängst, an der Religion zu zweifeln› (37). Besonders nachdrücklich wendet sich die einzige weibliche Stimme unter den verwandelten Tieren zu Wort, die Hirschkuh (*cerva*) des 5. Gesprächs, indem sie mit wahrhaft feministischer Entschiedenheit Anklage gegen die Unterdrückung der Frau in der Menschengesellschaft erhebt.[9]

Ein Aspekt auktorialer Ironie ist dabei die herablassende Art, mit der Odysseus auf die Eröffnung reagiert, sein neuer Gesprächspartner sei in seiner menschlichen Existenz eine Frau gewesen: ‹O, wenn ich es mit einer Frau zu tun habe, aus jenem Geschlecht, das bekanntlich alle Dinge immer so verkehrt wie möglich auffaßt, werden wir nicht weit kommen›; worauf er sie ermahnt, sich möglichst kurz zu fassen, ‹da ihr Frauen euch meist in euren eigenen Gedanken verheddert› (68). Doch die zungengewandte Hindin läßt sich nicht einschüchtern. Sie erklärt die Tatsache, daß die Frauen von ihren Männern eher als Sklavinnen denn als Gefährtinnen gehalten werden, für unnatürlich (*contro a l'ordine de la natura*; 69). Eingesperrt in ihre vier Wände, hätten sie keine Chance, ihre Begabungen in der Welt zu verwirklichen (71); der Zügel der ‹Ehre› diene dazu, die Frauen kurz zu halten, während die Männer ungestraft ihre Lüste stillen dürften (74). Der griechische Heros erinnert die Tierdame daran, daß die Männer schließlich mehr von den Dingen verstehen als die Frauen und sie nur zu ihrem Besten bevormunden. Aber auch von diesem Argument zeigt sich die Angesprochene unbeeindruckt (76). Aus ihr spricht ein weibliches Selbstbewußtsein, das sich so zu Plutarchs Zeiten noch nicht artikulieren konnte. Gellis amplifizierender Umgang mit der Vorlage schöpft deren satirisches Potential aus dem Bewußtsein seiner eigenen Epoche variierend und intensivierend aus. Dabei zeigt das paradoxe Fiktionsmodell beispielhaft seine epochenübergreifende Dynamik.

Dies gilt nicht zuletzt auch für das Fortleben der *Circe* im Zeitalter der Aufklärung. 1744 erschien anonym in London eine elegante Übertragung des Buches: Es ist das Todesjahr des großen Satirikers Alexander Pope, dessen Namen noch auf der Liste der Subskribenten erscheint. Besonders aufschlußreich ist diese Version jedoch im Hinblick auf Popes Freund und satirischen Rivalen Jonathan Swift. Ein Kommentar des Übersetzers verrät nämlich, daß Odysseus' Auseinandersetzung mit einem Pferd von hohen ethischen Prinzipien im 7. Dialog Gellis als Anregung für die bitterste Menschheitssatire des Zeitalters gedient hat. Hier fand Swift das Modell für seine weisen Pferde (Houyhnhnms), die im 4. Buch von *Gulliver's Travels* (1726) so gnadenlos mit den ins Äffische degenerierten ‹Menschen› (Yahoos) konfrontiert werden. Der Dialog Gellis steht im Zeichen der Tugenden Tapferkeit und Mäßigung, in denen die Tiere, wie schon bei Plutarch, die Menschen weit übertreffen. Was den Mut der Tiere angeht, sagt Gellis weises Pferd, so sprächen hier schon die lobenden Vergleiche der Dichter eine deutliche Sprache – auch wenn diese es mit der Wahrheit manchmal nicht so genau nähmen (93). In der englischen Fassung klingt das so:

> I shall not insist upon your poets who, as their chief aim is to give pleasure to their readers, may be allowed sometimes to *say the thing that is not*. [Dazu die Fußnote:] This is a strict translation in *Gulliver's* Voyages of, *Dire quello che non è*, in *Gelli*. [Hervorhebungen im Original][10]

Die berühmte Formel *To say the thing which is not,* mit der die Houyhnhnms den Fremdbegriff der Lüge umschreiben, stammt demnach von Gelli; sein Pferdegespräch hat die weit radikalere Konstellation Swifts begründet, die Gulliver eine tragische Mittelposition zwischen den bewunderten Pferden und den verabscheuten Affenmenschen anweist. Doch es gibt auch Anzeichen für einen direkten Rückgriff Swifts auf Plutarchs Text, obgleich Pferde unter den Beispielen des *Gryllos* keine Rolle spielen. Schon aus der Antike stammt jedoch ein äußerst langlebiges Paradigma der schulmäßigen Logik, das dem Menschen als *animal rationale* das Pferd als Vertreter der vernunftlosen Tierwelt gegenüberstellt; und tatsächlich wird im Spätgriechischen *álogon*, ‹das Vernunftlose›, zur Bezeichnung für das Pferd, während es zuvor allgemein für das Tier stand. Plutarchs wortspielerischer Titel seines Dialogs, der den unvernünftigen Tieren oder *áloga* paradoxerweise den *lógos* zuspricht, mag Swift die Idee einer Utopie der vernünftigen Tiere und vernunftlosen Menschen eingegeben haben, sicher aus dem Wissen um das logische Paradigma Pferd vs. Mensch, möglicherweise auch in Kenntnis der späteren Bedeutungsverengung von *álogos* auf die bewußten Huftiere.[11]

Als abschließendes Beispiel für die Präsenz von *Gryllos* und *Circe* in der Epoche der Aufklärung mag die sehr freie französische Fassung dienen, die ihr anonymer Bearbeiter dem ‹Philosophenkönig› Friedrich II. widmete, ‹dem SALOMON DES NORDENS, dem Ruhmestitel Preußens und bewunderten Vorbild des Universums›.[12] Er sei alles andere als ein gewissenhafter Übersetzer (*Jamais Traducteur n'a été si peu religieux*), verrät er uns in der Vorrede; im Bewußtsein der Gleichberechtigung habe er sich bald seinem Autor angeglichen, bald von ihm abgesetzt, je nachdem, ob dieser ihm gut oder mittelmäßig erschienen sei. Er reduziert die Zahl der Dialoge auf sechs und schreibt die verbliebenen im Sinne des freieren Zeitgeistes von Potsdam kräftig um, vor allem gegen Ende. Der philosophische Elefant, dem hier die vorletzte Position zugewiesen wird, läßt sich nicht mehr willig von Odysseus die metaphysischen Leviten lesen, sondern mausert sich zum aufklärerischen *philosophe*. In dieser Eigenschaft unterrichtet er seinen Befrager über die wahre, rein materielle Natur des Todes (‹ein Auseinanderfallen der Moleküle, deren Verbindung den Körper gebildet hat›; 113) sowie über den imaginären Status von Himmel und Hölle, die nur als Zuckerbrot und Peitsche für die große Masse dienen und deren ein tugendhafter Geist nicht bedarf. Das letzte Wort hat galanterweise die Hindin. Sie beklagt sich wortreich über das harte Los der Frauen und den heuchlerischen Ehrbegriff der Männer und verlangt Freizügigkeit in der Liebe: ‹Warum demjenigen Gefühl, das am meisten für die Freiheit geschaffen ist, ewige Ketten anlegen?› (137) Die Schlußpointe ist dieser Rückführung des Emanzipatorischen auf das Frivole angemessen. Allein in Menschengestalt kann die Dame sich die neugeschenkte Gabe des Sprechens bewahren – nie mehr zu reden wäre fürchterlich für sie: nur deshalb willigt sie in die Rückverwandlung ein. Prompt verliebt sich Odysseus in die Schöne, man verständigt sich rasch, und schifft sich gemeinsam ein – ohne ein Wort über die in Ithaka wartende Penelope zu verlieren.

Animalische Staatswesen

Die paradoxe Überlegenheit der glücklichen Tiere über die Menschenwelt nimmt eine systematischere (und potentiell menschenbedrohende) Form an, sobald die Tiergemeinschaft als Kollektiv erscheint, das dem Vertreter der Menschheit die Position eines Außenseiters zuweist. Der Andere Ort, an dem diese asymmetrische Gegenüberstellung stattfindet, ist nun nicht mehr, wie bei Plutarch oder Gelli, auf mythologischem Terrain angesiedelt, sondern in einer fiktionalen Gegenwelt: Die Heterotopie wird zur Utopie.

Den ersten Entwurf eines satirischen Tierstaates verdanken wir – wieder einmal – der unerschöpflichen Phantastik der Alten Komödie. Eines ihrer Standardthemen, den Auszug aus der Polis als Akt des Protestes gegen den kritischen Zustand des Gemeinwesens, setzt Aristophanes in seinen *Vögeln* als Himmelsreise in Szene. Zwei von der überall grassierenden Prozessierwut frustrierte Athener begeben sich auf die Suche nach einem günstigen Exilort und gründen im luftigen Niemandsland zwischen Menschen- und Götterwelt ihr ‹Wolkenkuckucksheim›. Mit Hilfe ihrer Freunde Dohle, Krähe und Wiedehopf machen sie sich zu Herrschern eines Vogelstaates, der dem Olymp die Stirn bietet und als satirische Prüfungsinstanz irdischer Ansprüche fungiert. Die Antithetik dieses Entwurfs zielt freilich auf den Gegensatz von Utopie und Realstaat, nicht aber von Menschen- und Tierreich. Obwohl sich die Vögel bei der ersten Annäherung der Zugereisten feindselig verhalten, fügen sie sich bald schon der überlegenen menschlichen Planung, die ihnen Wiederherstellung verlorener mythischer Würde und Machtzuwachs verspricht. Die Menschen ihrerseits verwandeln sich durch Vogelmasken und angeheftete Flügel selbst in Gefiederte.

Eine paradoxe Umkehr der Machtverhältnisse aus menippeischem Geist, die den menschlichen Besucher eines Tierstaates in einen Unterlegenen, Ausgegrenzten und Angeklagten verwandelt, denkt sich erst der aufgeklärte Relativismus der Neuzeit aus, dessen Wegbereiter Montaigne ist. Den folgenreichen ersten Schritt auf diesem Gebiet tut der philosophische Freidenker Cyrano de Bergerac mit seinen höchst originellen und einflußreichen *Reisen in die Mond- und Sonnenstaaten* von 1657 und 1662.[13] In diesen Mischtexten aus Erzählung und Essayistik hat sich der Himmelsreisende des Aristophanes und der Mondfahrer des Lukian zu einem zünftigen Kosmonauten gemausert. Während dieser neue Ikaromenipp, der sich mit einem Anagramm des Autornamens Dyrcona nennt, auf dem Mond in die Gewalt riesenhafter Vierfüßler-Menschen (*hommes-bêtes*) gerät, wird er auf der Sonne von einem Schwarm vermeintlich kleiner und schwacher Vögel überwältigt, die sich als Angehörige eines aristophanischen Vogelstaates – ohne menschliche Herrscher – erweisen: «... nachdem ihre kleinen Kapriolen meine Aufmerksamkeit eine ganze Zeitlang beschäftigt hatten, fühlte ich auf einmal, wie meine Arme mit mehr als einer Million aller Arten bepackt waren, die so schwer darauf lasteten, daß ich sie nicht mehr bewegen konnte» (211 f.). Dyrcona nimmt hier die unheldische Rolle Gullivers bei seiner Fesselung durch die Zwerge von Lilliput vorweg.[14]

In beiden Gegenwelten wird Dyrcona stellvertretend für das Menschengeschlecht unter Anklage gestellt. Die Mondbewohner sprechen ihm zunächst jeden rationalen Status ab und behandeln ihn als *petit animal*. Als er aber nach Erlernen ihrer Sprache Zeichen von Vernunft zeigt, wird er in einem Ketzerprozeß à la Galilei gezwungen, seine Überzeugung, der Mond sei ein Mond und die Erde eine Erde, förmlich zu widerrufen und fortan das Gegenteil zu behaupten. Aufgrund des klerikalen Dunkelmännertums erscheint Cyranos (in vieler Hinsicht höchst fortschrittliches) Mondreich zumindest teilweise als dystopische Zerrspiegelung irdischer Verhältnisse, wohingegen seine Sonnenvögel in einem eutopischen Zustand natürlicher Harmonie und Glückseligkeit leben. Diese positive Tiergesellschaft hat nur einen Haken: Ihre Toleranz erstreckt sich nicht auf die ‹unnatürliche› Existenz der Menschen.

Als Geschöpfe, die die Natur nackt und stiefmütterlich in die Welt gesetzt hat, stehen sie nicht nur tief unter den Bürgern des Vogelstaates, ihr Vertreter muß sich auch als Repräsentant einer überheblichen, tyrannischen und lebensfeindlichen Rasse vor den Schranken des Vogelgerichts verantworten. Dabei verleugnet er, auf den Rat einer einst von Menschen gezähmten Elster, seine eigene Menschennatur, doch ohne Erfolg. Nach dem vernichtenden Plädoyer der Anklage legt sein Verteidiger das Mandat aus Gewissensgründen mit folgenden Worten nieder: «Somit, Ihr Herren, erkläre ich Euch ..., daß ich um meines Seelenheils willen in keiner Weise beitragen möchte zum Fortbestand eines Ungeheuers, wie es der Mensch ist» (225). Der gegen ihn verhängten Todesstrafe, zur Beschämung des Menschenhochmutes von Insekten vertilgt zu werden, entgeht Dyrcona in letzter Minute durch die Fürsprache eines Papageis, dem er auf Erden die Käfigtür geöffnet hat. Denn in diesem Anti-Staat, wo der Schwächste König wird und es als Verbrechen gilt, keinen Freund zu haben, bleibt jede Wohltat unvergessen. Doch auch einen frisch begnadigten Menschen kann die Gemeinschaft der Vögel nicht unter sich dulden. Ein weißer Strauß trägt Dyrcona raschen Fußes in die nächste Wunderwelt der Sonne, ins Reich der denkenden und sprechenden Bäume.

Cyrano de Bergerac hat als erster die biblisch verbürgte Herrschaft des Menschen über die Tiere in ihr utopisches Gegenteil verkehrt.[15] Sein wichtigster und mehr als kongenialer Nachfolger auf diesem Gebiet ist Swift mit dem abgründigen Vierten Buch von *Gulliver's Travels*, in dem sich der englische Reisende nach einer Meuterei seiner Schiffsmannschaft auf die Insel der Weisen Pferde oder Houyhnhnms verschlagen sieht.[16] Gab es bei Cyrano deutliche Entsprechungen zwischen Dyrconas Situation unter den Kentauern des Mondes und den Vögeln der Sonne, so gilt ein Gleiches für Gullivers Erlebnisse bei den Riesen von Brobdingnag (im 2. Buch) und bei den vernunftbegabten Pferden; in beiden Fällen ist die spätere Konstellation eine Verschärfung der früheren. Swifts Prozeß der Anderen Welt gegen den Menschen findet freilich ohne juristischen Apparat statt: im Dialog mit Gullivers jeweiligen ‹Herren›, in deren Sprache und Denkweise er jene europäischen Verhältnisse übersetzen muß, die seinen Vernunftanspruch rechtfertigen sollen.

So schlägt – etwa wenn er die Fortschritte der westlichen Kriegskunst plastisch beschreibt (Buch II, Kap. 7; IV, Kap. 5) – der Beweis menschlicher Rationalität drastisch in sein Gegenteil um, die Verteidigung wird zur Selbstanklage, die Panegyrik zur Satire. Gerade der aufgeklärte Geist eines Swift oder Voltaire mißt den Abstand zwischen Vernunftideal und Wirklichkeit mit schonungsloser Klarsicht. Anders als zuvor bei den Riesen, versucht Gulliver den Pferden gegenüber, abgesehen von einigen – ironisch vermerkten – Beschönigungen, nicht länger, sein eigenes Geschlecht zu verteidigen:

> ... I must freely confess that the many Virtues of those excellent *Quadrupeds* placed in opposite View to human Corruptions, had so far opened mine Eyes, and enlarged my Understanding, that I began to view the Actions and Passions of Man in a very different Light; and to think the Honour of my own Kind not worth managing ... (IV, Kap. 7; 210).

Gulliver sieht sich und seine Welt mit den Augen der Houyhnhnms, und er muß das Urteil seines Pferde-Herrn, daß die Menschen ihr winziges Erbteil an Verstand nur zur Steigerung ihrer natürlichen Verderbtheit nutzen, für rechtens erkennen. Am Ende wird der Apostat der Menschheit und Konvertit der Pferdewelt zu seinem größten Kummer aus dem natur- und vernunftgemäßen Staat der Tiere ausgewiesen. Ein Mischgeschöpf wie der Mensch vermag im Klima reiner Vernunft auf die Dauer nicht zu existieren. Daher ist der wiehernde, auf Stallstroh schlafende, vom Geruch seiner eigenen Familie angeekelte Heimkehrer Gulliver mit seiner nostalgischen Pferdemimetik letztlich wieder eine komische Figur.

Der äffische Alptraum

Daß sich das Dilemma Gullivers in der Anderen Welt der Houyhnhnms gegenüber seiner Situation im Reich der Riesen so entscheidend radikalisiert, liegt bekanntlich an seiner unerträglichen Mittelstellung zwischen den vernünftigen Pferden und seinen eigenen vertierten Artgenossen, den Yahoos, die auf das Erscheinungsbild und die Verhaltensweise einer denkbar abstoßenden Art von Affen herabgesunken sind. Lange vor Darwin ist der Blick, den der Mensch auf seinen nächsten Verwandten innerhalb der Tierwelt wirft, und den dieser ihm zurückgibt, kognitiv komplex und zwiespältig. Die Ähnlichkeit wird, je nachdem, als komisch oder als bedrohlich empfunden, denn in der Schrumpfung des Abstandes zwischen Mensch und Tier scheint die Möglichkeit seiner Verwischung zu liegen. Immer der Usurpation verdächtig, ist der Affe in den Gefilden Utopias ein eher unheimlicher Insasse.

Noch relativ harmlos ist die Spielart des utopischen Affen, die in Ludvig Holbergs *Unterirdischer Reise des Niels Klim* (1741) begegnet.[17]

Das Werk des dänischen Lustspieldichters und Satirikers steht deutlich in der Nachfolge Swifts, verrät aber auch die Kenntnis der planetarischen Reisen Cyranos. Holberg hat seine Planetenwelten in Überbietung der Vorgänger gleich doppelt heterotop angelegt, denn ihr Weltraum liegt im Erdinneren. Der Icherzähler und Weltenwanderer Niels, der mit Gulliver eine gewisse satirisch ergiebige Naivität teilt, wird aus einem – offenbar von Cyrano inspirierten – Reich vermenschlichter Bäume in den Staat der Affen verschlagen, der eine Karikatur der ‹französischen Zustände› des 18. Jahrhunderts darstellt. Obgleich durch bunte Kleidung und Anheften eines künstlichen Schwanzes eingebürgert, kann der Arme es aufgrund seiner lebenspraktischen Einstellung, die hier als verächtlich gilt, nur zum Sänftenträger bringen. Doch indem er die Perücke in die äffische Mode einführt, paßt er sich auf schöpferische und gewinnbringende Weise dem Genius loci an, was ihm einen Platz in der Sänfte und einen Adelsbrief beschert. Allerdings stößt seine Integrationsbereitschaft bald an gewisse Grenzen. So lehnt er das Angebot, ihm ehrenhalber eine äffische Genealogie anzudichten, ebenso dankend ab wie die erotischen Avancen einer hochgestellten Affendame, denn er hält es für ehrenhafter, «sich der Rache einer wütenden Frau auszusetzen, als die Gesetze der Natur durch eine unerlaubte und schändliche Vermischung mit einer nichtmenschlichen Kreatur zu übertreten ...» (205). Die Zurückgewiesene reagiert prompt nach Art der Potiphar und verleumdet den eben noch heiß Begehrten bei ihrem Gemahl. Das Ergebnis ist ein zerrissener Adelsbrief und die Galeere. Doch der wackere Niels darf sich moralisch trösten: Auch in seiner Unterlegenheit hat der Mensch dem äffischen Druck nicht nachgegeben – die Vermischung der Arten bleibt tabu.

Im 4. Buch von *Gulliver's Travels* begründet dagegen die Annäherung des Menschlichen und Äffischen, einmal in Gestalt der Yahoos, und dann in Gullivers drohender Gleichstellung mit ihnen, einen wahren Alptraum der Utopie. Es scheint, als habe sich Swift dabei wieder von seinem französischen Vorläufer anregen lassen, denn auf dem Mond gilt Dyrcona zunächst als Affe, im Vogelreich versucht er, sich selbst als Affen auszugeben: «Ich setzte hinzu, sie möchten mich von Experten untersuchen lassen, und im Falle, ich würde als Mensch befunden, sei ich es zufrieden, wie ein Ungeheuer (*comme un monstre*) vernichtet zu werden» (214). Im gleichen Atem spricht er von den Menschen als «unreinen Tieren» (*bêtes immondes*). Daraus werden bei

Swift die Yahoos, deren Namen zwei englische Ausrufe des Abscheus (*yah – ugh*) kombiniert. In diesen Horrorgeschöpfen ist die Demarkationslinie zwischen Mensch und Affe auf skandalöse Weise verwischt, und angesichts von Gullivers Grauen davor, mit diesen ungeheuerlichen Verwandten und verwandten Ungeheuern gleichgesetzt zu werden, erstarrt das menippeische Lachen à la Cyrano und Holberg zur Grimasse. Die Stadien dieser unerbittlichen, von verzweifelter Abwehr begleiteten Annäherung enthüllen Swifts Meisterschaft der ins Fleisch schneidenden oder ‹sarkastischen› Satire (von gr. *sarkázein*: zerfleischen) als äußerster Steigerung der fiktionalen Ironie.

Ein vielsagendes Vorspiel findet sich bereits im 2. Buch. So sehr Gulliver sich auch anstrengt, von den Riesen als rationales Wesen ernstgenommen zu werden, nähert ihn seine Kleinheit immer wieder der niederen Tierwelt des Landes an. Zunächst wird er, genau wie Dyrcona nach seiner Ankunft bei den Lunaren, auf den Jahrmärkten als dressiertes Tierchen vorgeführt. Später hat er ‹heldenhafte› Kämpfe mit zwei Ratten und einem Frosch zu bestehen, und schließlich wird er von einem zahmen Affen auf den Dachfirst des Königspalastes entführt. Zu seiner Todesangst in schwindelnder Höhe kommt ein würgender Ekel, als ihn das Tier gewaltsam mit einem widerlichen Speisebrei füttert: «I have good Reason to believe that he took me for one of his own Species, by his often stroaking my Face very gently ...» (II, Kap. 5; 92). Wieder auf festem Boden angelangt, befreit er sich von der scheußlichen Fütterung durch Erbrechen.[18]

Intensiver Körperekel aus Angst vor dem Übergriff des Fremden und zur Abwehr einer latent empfundenen verwandtschaftlichen Nähe zum Widerwärtigen begleitet auch Gullivers Begegnungen mit den Yahoos. Beim ersten Treffen schon beschreibt er sie als affenartig und höchst abstoßend: «... I never beheld in all my Travels so disagreeable an Animal, or one against which I naturally conceived so strong an Antipathy» (IV, Kap. 1; 181). Die Abneigung gegen das *ugly monster* ist ‹natürlich› – und wird erwidert. Als Gulliver die Zudringlichkeit eines Yahoo mit einem stumpfen Degenhieb abwehrt, springen dessen Stammesgenossen in die Äste des Baumes, unter dem er Schutz sucht, und entleeren ihre Exkremente über ihm.

Die Yahoos dienen den Houyhnhnms als Haustiere, und so wird Gulliver später im Stall seines ‹Herrn› zu Vergleichszwecken neben ein Exemplar der verabscheuten Gattung gestellt: «My Horror and

Astonishment are not to be described, when I observed, in this abominable Animal, a perfect human Figure ...» (IV, Kap. 2; 186). Nur das Geheimnis seiner Kleidung bewahrt ihn eine Zeitlang vor der völligen Identifikation mit den Yahoos. Doch eines Morgens, als er mit verrutschten Kleidern schlafend vorgefunden wird, erfolgt die endgültige Enttarnung. Er muß er sich vor seinem Herrn ganz entkleiden, und die Scham über diese Entblößung gilt der animalischen Natur des Menschen: «My Master observed the whole Performance with great Signs of Curiosity and Admiration [Verwunderung] ...; he then stroked my Body very gently ...; after which he said it was plain I must be a perfect *Yahoo*» (IV, Kap. 3; 192 f.).

Die Geste des Streichelns hat in diesem Buch absolut nichts Versöhnliches, denn sie weist den Menschen aus der Gemeinschaft der vernünftigen Geschöpfe aus: Hier gilt sie der Materialqualität von Gullivers Hautoberfläche. So streichelt der Affe sein vermeintliches Junges oder der König von Brobdingnag den ruhmredigen Zwerg, um ihn an seinen Status als putziges Tierchen zu erinnern. Den unüberbietbar beschämenden Abschluß von Gullivers schrittweiser Annäherung an die äffischen Yahoos bildet die sexuelle Attacke eines lüsternen Yahoo-Weibchens, als er an einem heißen Tag die Kleider ablegt, um im Fluß zu baden: «I was never in my Life so terribly frightened ... She embraced me after the most fulsome Manner; I roared as loud as I could ..., whereupon she quitted her Grasp with the utmost Reluctancy ... This was a matter of Diversion to my Master ...» (IV, Kap. 8; 218).

Die entscheidende Transgression, die die Trennung zwischen Mensch und Tier endgültig aufheben würde, bleibt unvollzogen, weil die Yahoos machtlos sind und Gulliver, schwächer noch als sie, unter dem Schutz ihrer Herren steht. Aber wie, wenn der Mensch dem Affenmenschentum wirklich ausgeliefert ist? Die Schrecken dieser Konstellation wird die menippeische Phantasie im Zeichen von Darwins Evolutionstheorie und der damit verbundenen Dekadenzdebatte fiktional ausformulieren. Denn Darwins These einer Entwicklung der Arten durch natürliche Selektion verschränkt den biologischen Fortschrittsgedanken in fataler Weise mit seinem Gegenkonzept der Degeneration, das im späteren 19. Jahrhundert kulturpessimistische Ängste schürt. Es geht um die verbreitete Furcht, «that decadence may be an energy as strong as development, and extinction a fate more probable than progress».[19] Im literarischen Spiegel dieser Beunruhigung taucht die äffische Fratze wieder auf – provokanterweise nicht als Ursprung, sondern als Endpunkt der Evolution präsentiert.

Auf spielerische Art geschieht dies in einem höchst eigentümlichen, zugleich burlesken und didaktischen Exemplar der scherzernsten Gattung, in Charles Kingsleys Gegenwelt-Phantasie für Kinder *The Water-Babies* (1863). Der streitbare Theologe und Romanautor war tief von Darwin beeinflußt, auch dort, wo er ihm, aus alter Anhänglichkeit an den Schöpfergott, kräftig widersprechen zu müssen glaubte. Sein junger Held Tom bekommt während der phantastischen Reisen, die seiner moralischen Erneuerung im Stil biologischer Evolution dienen, mancherlei *cautionary tales* zu hören, darunter auch die vom Schicksal der «Doasyoulikes». Dieses Volk verwöhnter Müßiggänger inmitten einer paradiesischen Natur hat sich den Lebenskampf völlig abgewöhnt: «the stern old fairy Necessity never came near them to hunt them up, and make them use their wits, or die.»[20] Nachdem ein Vulkanausbruch ihre Zahl ordentlich dezimiert hat, gehen die Schwächeren, weil sie die Kunst der Selbsterhaltung verlernt haben, zugrunde, während die Stärkeren verwildern, ihre Sprache verlernen und zu bösartigen Menschenaffen verrohen und verblöden. Doch auch auf den Bäumen sind die trägen Burschen nicht überlebensfähig: Das letzte Exemplar wird von einem Großwildjäger erlegt.

Weniger humoristisch hat H. G. Wells, Meisterschüler Swifts, Jünger des Darwinisten Thomas Huxley und Pionier der Science Fiction aus dem Geist der Menippea, die gleiche warnende Fabel erzählt. Seine affenartigen Morlocks aus *The Time Machine* von 1895,[21] dem Prototyp aller dystopischen Zeitreisen, sind zwar ‹lemurenhaft› kleinwüchsig, geschmeidig und beweglich, mit ihrer Aura des Bedrohlich-Schauerlichen übertreffen sie jedoch sogar ihre Vorfahren, die Yahoos – eine wahrhaft erstaunliche Leistung. Wieder liegt die erzählerische Meisterschaft in der Art, wie der Horror dieser Kreaturen sich allmählich dem Bewußtsein des Ich-Erzählers enthüllt. Während der Zeitreisende sich durch das idyllische Themsetal in Gesellschaft der Eloi, der lieblichen, devitalisierten Menschengattung einer unendlich fernen Zukunft, bewegt und eine zarte Liebesbeziehung zu der Kindfrau Weena anknüpft, kommt es zu einer Reihe immer unheimlicherer Begegnungen mit den äffischen Geschöpfen der Finsternis.

Denn die tagblinden Morlocks sind Bewohner einer geheimnisvollen, von Maschinen summenden Unterwelt, aus der sie nachts zu finsteren Zwecken durch tiefe Schächte in das vermeintlich heitere Oberreich der Eloi hinaufsteigen. Immer wieder wird das Unheimliche dieser unmenschlichen Wesen (*things*) in ihren Augen lokalisiert: «Strange large greyish red eyes» (56); «... their eyes glared at me in the strangest fashion ...»(64); «the Morlocks' eyes shone like carbuncles» (84). Es ist der Bannblick des Schurken aus dem Schauerroman, den hier eine apokalyptische Fauna der Letzten Tage auf ihren entfernten Verwandten, den Menschen, wirft. Der instinktive Horror Gullivers vor den Yahoos wirkt bei diesen Begegnungen unverkennbar nach. Besonders widerwärtig sind die Blässe der Morlocks und der kalte weiche Druck ihrer unablässig aus dem Dunkel zugreifenden Hände: «I felt a peculiar shrinking from those pallid bodies ... And they were filthily cold to the touch» (61); «... lank fingers came feeling over my face ... » (65); «It was indescribably horrible in the darkness to feel all these soft creatures heaped upon me» (85).

Der bis zum Brechreiz (*nausea*) gesteigerte Abscheu vor den fremden Wesen findet seine nachträgliche Begründung, als der Zeitreisende bei seinem lebensgefährlichen Abstieg in die Tunnelwelt der Morlocks ganz nahe bei den Maschinenhallen in blutgeschwängertem Dunst die Reste einer kannibalischen Mahlzeit entdeckt. Mit dieser Horrorphantasie, zu der er die Allegorese gleich mitliefert, setzt Wells den Alptraum der viktorianischen Klassengesellschaft ins Bild: bürgerliche Oberschicht und Arbeiterklasse am Ende ihrer zweifachen, in entgegengesetzte Richtung verlaufenden Degeneration zu Entkräftung und Vertierung. Die verelendeten Unterschichten (*submerged classes*), hier von der menippeischen Metaphorik wörtlich genommen und zu einer Höhlenexistenz verdammt, machen als Maschinisten und Kannibalen der Oberwelt das Unterdrückungssystem nachhaltig sichtbar, indem sie es auf den Kopf stellen. Die Fabriken des Londoner Großraums sind in diesem endzeitlichen Zukunftsroman verschwunden, und die Landschaft wirkt wie ein grenzenloser englischer Garten. Vom einstigen wissenschaftlichen Fortschritt zeugt nur noch ein riesiges, ruinöses Naturkundemuseum, dessen Souterrain der Unterwelt als Einfallstor dient. Die Unteren halten sich also in diesem schauerlichen Paradox die Oberen als Viehherde; aber stammt nicht der zivilisierte Mensch vom Kannibalen ab? «And so these inhuman sons of men – ! I tried to look at the thing in a scientific spirit. After all, they [die Morlocks] were less human and more remote than our cannibal ancestors of three or four thousand years ago ...» (73). Doch der wissenschaftliche Geist hat ja gerade den Schrecken entfesselt, statt ihn zu bannen. Diese Zeitreise ist nicht nur eine Konfrontation des fortschrittlichen Menschen mit seinem äffischen *alter ego*, sondern auch eine Höllenfahrt in die Unterwelt der industriellen Maschinensklaven, die an ihren einstigen Unterdrückern späte, aber umso furchtbarere Rache nehmen.[22]

Keine Zeitmaschine, sondern ein schlichtes Raumschiff des Jahres 2500 setzt Pierre Boulle in seinem SciFi-Roman von 1963 *Der Planet der Affen* in Bewegung, um mit dem Entsetzen einer mehr als globalen äffischen Machtübernahme pointenreichen menippeischen Scherz zu treiben.[23] Der Roman, dessen Titel und Handlung durch die Verfilmung zum Hollywood-Spektakel eine Art Mythos der 60er Jahre wurde, ist als makaberes *jeu d'esprit* in der Tradition von Swift und Wells ein Werk von beachtlicher Originalität. Schon die Rahmenhandlung ironisiert ältere Erzählmuster, hier die Konvention des gefundenen Manuskripts. Jinn und Phyllis, ein außerirdisches Pärchen auf Vergnügungsfahrt durch den Weltraum, fischen die Geschichte, die zugleich ein SOS-Ruf an die Menschheit ist, als Flaschenpost aus dem All. Sie enthält die Erlebnisse eines französischen Forschers mit dem sprechenden Namen Ulysse, der einst mit zwei Kollegen in ein fernes Sonnensystem aufgebrochen ist, auf dem Planeten Soror (‹Schwester›) – so seiner Erdähnlichkeit wegen getauft. Der Swiftsche Chiasmus vertierter Menschen und vermenschlichter Tiere erlebt eine dramatische Renaissance, als die Fremdlinge gleich nach ihrer Landung erst von einer nackten Menschenherde in den Dschungel entführt und bald darauf, bei einer grausamen Treibjagd zivilisierter Menschenaffen auf ebendiese Herde, teils getötet, teils gefangen werden.

Der Erzähler landet mit den überlebenden heimischen Leidensgenossen im Käfig einer biologischen Forschungsanstalt, wo die wissenschaftsversessenen Affen Experimente mit ihren Menschentieren anstellen.[24] Unter anderem interessiert sie deren Sexualverhalten; zu diesem Zweck bringen sie Ulysse mit der schönen Menschin Nova zusammen (das Motiv der sexuellen Grenzüberschreitung entwickelt sich hier, anders als bei Swift, eher in französisch anziehender Weise), auf die sein Auge schon im Dschungel wohlgefällig blickte. Er gewinnt mühsam das Vertrauen und die Zuneigung einer sympathischen Schimpansen-Biologin, lernt die Landessprache und gibt sich zur maßlosen Überraschung eines äffischen Fachkongresses – denn auf Soror hat nur der *simius sapiens* Verstand und Seele – als Vernunftwesen zu erkennen.

Der Autor versteht es, die Paradoxie seines Gedankenexperiments durch ständige Drehungen der Spannungsschraube wirkungsvoll zu steigern und immer neue schockartige Umschwünge der Handlung zu erzeugen. Im Zoo erkennt Ulysse den einstigen Leiter seiner Expedition in einem der Menschenkäfige; er erscheint völlig vertiert und nicht resozialisierbar. Andrerseits besteht begründete Hoffnung, einige der Mitgefangenen, vor allem die geliebte Nova, wieder zu humanisieren. Doch Ulysses Stellung als Informant der äffischen Zoologie ist äußerst prekär, besonders als bei Ausgrabungen in vieltausendjährigen Ruinen eine Puppe mit menschlichen Zügen gefunden wird. Sind die Affen mit ihrem Imitationstalent vielleicht nur Nachahmer und Verdränger einer älteren menschlichen Kultur auf Soror gewesen? Diese das äffische Selbstverständnis stark berührende Vermutung wird zur Gewißheit, als Ulysse beim Elektroexperiment mit dem Gehirn eines bewußtlosen ‹Menschen› erlebt, wie dieser aus dem Urgedächtnis seiner Rasse Szenen einer Rebellion der Affen aufruft: Damals hat die geistige Trägheit (*paresse cérébrale*) der Menschen den Affen ermöglicht, sie zu entmachten und ihre Zivilisation zu usurpieren.

Die Schimpansenfreunde ermöglichen Ulysse, in Gesellschaft seiner Nova und seines neugeborenen Sohnes, die Rückkehr auf sein Raumschiff, das immer noch den Planeten umkreist; nicht ohne ihn vor dem Relativitätsprinzip zu warnen, demzufolge die Zeit beider Raumsysteme inkommensurabel ist. Die Freunde drängen Ulysse zur Abreise, da ihm wegen seines subversiven Einflusses auf die eingesperrten ‹Menschen› eine Animalisierung mittels Hirnoperation droht. Doch als das Raumschiff endlich auf dem Pariser Flughafen landet, ist die irdische Zeit schon unheimlich viel weiter vorgerückt und der Kontrolloffizier, der der Gruppe entgegentritt, ein uniformierter – Gorilla! Es bleibt nur die sofortige Flucht zurück in den Weltraum. Damit nicht genug: Auch das verliebte Pärchen, das die Flaschenpost-Botschaft als romantische Fiktion oder *belle mystification* liest, enthüllt sich im allerletzten Satz des Romans als Schimpansenpaar. Die drei in der Kapsel, die – wie lange schon? – durch das galaktische Niemandsland rast, sind buchstäblich die letzten Menschen in einem affenbeherrschten Universum (gewesen).

Kafkaeske Verwandlungen Der Affe als Spiegel und Schreckbild, Ursprung und Abart des Menschlichen bietet sich – altgedienter Grenzgänger, der er ist – für die Überleitung vom ‹klassischen› Tierparadox der Menippea zu den quälenden Tierfiktionen Kafkas förmlich an; phantastischen Enklaven von Heterotopie im Alltäglichen, die Perspektiven einer bodenlosen Verfremdung von Ich und Welt eröffnen. Dem Affen Rotpeter aus «Ein Bericht für eine Akademie» gelingt mit verzweifelter Willenskraft in relativ kurzer Zeit jene Metamorphose in ein menschenähnliches Wesen, zu der die Gorillas und Schimpansen des Affenplaneten eine jahrtausendlange Evolution benötigen. Darin ist er das Gegenstück zu Gregor Samsa aus der «Verwandlung», denn dieser wird ohne eigenes Zutun über Nacht von einem denkbar bürgerlichen Menschen zu einem widerlichen Rieseninsekt degradiert. Zwei Verwandlungen, die nicht mehr, wie die menippeischen Metamorphosen, das phantastische Ergebnis, sondern den qualvollen physisch-seelischen Prozeß der Transformation betonen; und zwei Verwandlungen in entgegengesetzter Richtung: hier Befreiung aus der Enge und Angst des Hagenbeckschen Käfigs, dort klaustrophobe Schrumpfung des Bewegungsraums, hier Triumph im Lebenskampf, dort resignierendes Erlöschen des Lebenswillens. Und doch ist beiden Überschreitungen eine ihrem Wesen nach unerträgliche, von narrativer Ironie gesteuerte Überlagerung des Menschlichen und Tierischen gemeinsam, die ihre Wurzeln nicht nur in den vielerörterten Angstneurosen des Verfassers hat, sondern nachweislich auch in der Tradition menippeischer Perspektivik.

Die altbewährte Strategie des paradoxen Sehens konnte dort Schockerfahrungen der Moderne ausdrücken, wo der Realismus des bürgerlichen Romans an seine Grenzen stieß. Swifts Methode, die Phantastik der Menippea mit Seeabenteuern und Schiffbrüchen nach Art von Defoe zu versetzen, ist durchaus mit Kafkas Realismus des Absurden vergleichbar. Letztlich beruht Kafkas erschreckende perspektivische Kunst auf dem radikal fremden Blick, mit dem seine Figuren von einem ver-rückten Standort aus ihre angeblich vertraute Umgebung bedenken.[25] Sie erleben sich in dieser Welt als Fremde und

Ausgestoßene, weil ihnen ständig absurd Befremdliches zustößt, das sie wiederum minutiös und gnadenlos als etwas am eigenen Leib Erfahrenes beschreiben. Die physische Intensität dieser Aussetzung wird in besonderer Weise durch tierische Personae vermittelt: Während Swifts Yahoos in paradoxer Schuldhaftigkeit das tierische Element im Menschen verkörperten, vertreten die Tiere Kafkas, der ja selber einen Unglücksvogel im Namen führt (*kavka*: Dohle), menschliche ‹Erbärmlichkeit› in einem umfassenderen Sinn.

Die Grundsituation eines menschlich-tierischen Gegenüber, die – wie prekär auch immer – noch für Gulliver unter den Yahoos und für die Menschen auf dem Affenplaneten gilt, ist bei Kafka aufgehoben. Seine Tierfiguren sind Mensch und Tier zugleich, und ihr gespaltenes Bewußtsein bedingt eine überscharfe Wahrnehmung des existentiellen Dilemmas, eine Distanz des erlebenden Subjekts zum beobachteten Ich-Objekt, die wie eine Anästhesie des Gefühls zu wirken vermag. Auch Rotpeter betrachtet seine ungeheuerliche Situation gleichsam unter dem menippeischen Mikroskop, wie Swift die unmenschlich großen und gar nicht mehr reizvollen Brüste der Riesendamen von Brobdingnag – eine Szene übrigens, die sich Kafka geradezu schmerzhaft eingeprägt hat.[26] Und was Rotpeter betrifft – gilt nicht der Affe als Versuchstier par excellence und wird das Protokoll dieser einmaligen Menschwerdung nicht als Bericht eines Experiments am eigenen Leibe einer wissenschaftlichen Akademie unterbreitet? Schon diese Rahmenfiktion verweist eher auf ältere Verfahren zur Ironisierung des Vernunftwahns als auf jenes «Beispiel für Lebensrettung durch Kunst», das ein Standardwerk zu Kafka hier entdeckt.[27]

Darüber hinaus gibt es, wie man seit langem weiß, einen markant menippeischen Vorläufer Rotpeters in E.T.A. Hoffmanns gleichfalls ironisch betitelter «Nachricht von einem gebildeten jungen Mann» aus den *Kreisleriana*.[28] Bei diesem «herzerhebenden» Beispiel dafür, «wie die Kultur immer mehr um sich greift», handelt es sich um den Affen Milo, der im Haus eines Kommerzienrats sprechen, lesen, schreiben und singen lernt und seine «schöne Seele und herrliche Bildung» brieflich der etwas weniger kultivierten Freundin Pipi in Amerika offenbart (296). Ein ironischer Duktus des Ganzen ist mehr als deutlich – in der Selbstgefälligkeit des Schreibenden, im Rat seines Ästhetik-Lehrers, nur munter drauflos zu schwatzen, die Gedanken kämen dann von allein, in der Ausbildung des Affen zum Falsettsänger sowie in kleinen äffischen Rückfällen. So wirft Milo einmal mit einem Apfel nach seinem Gönner – im Hinblick auf «Die Verwandlung» kein unerhebliches Detail. Unverkennbar menippeisch vorgeprägt ist Milos atavistische Leidenschaft für Nüsse, die ihn bei einem Parkspaziergang zur Verblüffung seiner eleganten Begleiter unversehens hinauf in den Wipfel eines Nußbaums treibt (303); als Zitat aus Lukians *Fischer*, wo die Afterphilosophen mit einer Truppe durch Maske und Kostüm verkleideter Tanzaffen verglichen werden, unter die ein Zuschauer eine Handvoll Nüsse wirft – worauf ihre wahre Natur weithin sichtbar über alle Dressurkunst triumphiert (*WL*, I, 251; *L*, III, 54).

Hoffmanns Satire steht im größeren Kontext seiner *Phantasiestücke in Callots Manier*, in denen Jean Pauls Vorrede erfreut den «britischen Weg» deutscher Ironie und Humoristik feststellt und – als Praktiker des Genres – «Swifts und Sternes herübergetragene Loretto-Häuschen» entdeckt (9). In seinem eigenen Vorwort reklamiert Hoffmann dann den französischen Künstler Callot mit seinen Tierfiguren für die romantische Groteske:

> Die Ironie, welche, indem sie das Menschliche mit dem Tier in Konflikt setzt, den Menschen mit seinem ärmlichen Tun und Treiben verhöhnt, wohnt nur in einem tiefen Geiste, und so enthüllen Callots aus Tier und Mensch geschaffene groteske Gestalten dem ernsten, tiefer eindringenden Beschauer alle die geheimen Andeutungen, die unter dem Schleier der Skurrilität verborgen liegen. (15)

Kafka, der seinen Hoffmann gut kannte und der besonders gern aus dem *Kater Murr* vorlas,[29] war mit dem Hoffmannschen Dualismus von grausam beengter Existenz und übermächtiger Phantasie nur zu gut vertraut. Doch bei ihm entwickeln sich daraus ganz eigene Formen der Satire auf eine dumpfe Mitwelt und der Darstellung von Besessenheit. Dem «Bericht an eine Akademie» ist die Ironie der menippeischen Tradition tief eingeschrieben, freilich auf eine besonders vertrackte Weise. Die Eitelkeit eines Milo hat sich in Rotpeters Stolz auf eine – unter äußerster Aufbietung aller Nachahmungskräfte – vollbrachte ‹kulturelle› Selbstdisziplinierung verwandelt, deren Mitteilung im Modus der Antiklimax gehalten ist: «Durch eine Anstrengung, die sich bisher auf der Erde nicht wiederholt hat, habe ich die Durchschnittsbildung eines Europäers erreicht» (*Erzählungen*, 195). Hier spüren wir, wie die erzwungene Anpassung den menschgewordenen Affen zum Ironiker seiner selbst wie auch der Menschen macht. Der Verdacht ist nicht von der Hand zu weisen, daß es sich bei der im Laufschritt vollzogenen Evolution am Ende um eine Degeneration handeln könnte, zumal der entscheidende Moment der Entwicklung – nach gegenseitigem Anspucken von Mensch und Affe – im fachgerechten Entkorken und Austrinken einer Schnapsflasche besteht. Das alte Paradox von der Überlegenheit der ‹wilden› über die zivilisierte Natur klingt an, wenn Rotpeter, der seinen Namen einer Verwundung beim Verlust seiner natürlichen Freiheit verdankt, angesichts der Schwerelosigkeit von Trapezkünstlern im Varieté den menschlichen Freiheitsbegriff aus äffischer Sicht verhöhnt: «Du Verspottung der heiligen Natur! Kein Bau würde standhalten vor dem Gelächter des Affentums bei diesem Anblick» (189).

So plötzlich und heftig wird sein Affentum aus ihm herausexorziert, daß es gleich in den Leib seines menschlichen Lehrmeisters fährt: «Die Affennatur raste, sich überkugelnd, aus mir hinaus und weg, so daß mein erster Lehrer davon fast äffisch wurde, bald den Unterricht aufgeben und in eine Heilanstalt gebracht werden mußte» (194). In einem Vorentwurf zum «Bericht» bekennt Rotpeter, daß ihn bisweilen die Menschen bis zum Brechreiz anwidern und daß er sich dann selbst nicht riechen kann – des Menschengeruchs wegen, den er angenommen hat (*Beschreibung eines Kampfes*, 325). So ist er zugleich Subjekt und Objekt der Ironie, deren Schlußpointe darin besteht, daß er seine sexuellen Bedürfnisse auch als allseits geachteter Künstler weiter auf äffische Art befriedigen muß; und dies nur bei Nacht, denn er kann seiner kleinen halbdressierten Schimpansin nicht ins Gesicht sehen: «sie hat nämlich den Irrsinn des verwirrten dressierten Tieres im Blick» (196).[30]

Als Jagdbeute der Firma Hagenbeck hat sich Rotpeter von seiner Opferrolle freizumachen versucht, ohne ihr zu entrinnen. Seine Erfolgsgeschichte findet kein Happy End, denn seine Existenz zwischen Affen- und Menschentum ist gelebte Unmöglichkeit, darin derjenigen des verkäferten Gregor Samsa eng verwandt. Die folgende Skizze aus Kafkas Nachlaß zeigt das Verfahren in konzentrierter Form und eignet sich als seine letale Variante gut zur Einstimmung auf «Die Verwandlung»:

> Vor einer Mauer lag ich am Boden, wand mich vor Schmerz, wollte mich einwülen [sic] in die feuchte Erde. Der Jäger stand neben mir und drückte mir einen Fuß leicht ins Kreuz. «Ein kapitales Stück», sagte er zum Treiber, der mir den Kragen und Rock durchschnitt, um mich zu befühlen. Meiner schon müde, und nach neuen Taten begierig, rannten die Hunde sinnlos gegen die Mauer an. Der Kutschwagen kam, an Händen und Beinen gefesselt wurde ich neben den Herrn über den Rücksitz geworfen, so daß ich mit Kopf und Armen außerhalb des Wagens niederhing. Die Fahrt ging flott, verdurstend mit offenem Mund sog ich den hochgewirbelten Staub in mich, hie und da spürte ich den freudigen Griff des Herrn an meinen Waden.[31]

Wie bei manchen *Metamorphosen* Ovids (z.B. ‹Aktäon›) ist der anonyme Sprecher hier Mensch und Tier in einem, menschliches Bewußtsein und moribunder Tierleib, registrierendes Subjekt und sich zum Kadaver wandelndes Objekt. Doch im Gegensatz zum ovidianischen Pathos wird das Horrendum im Ton des Selbstverständlichen abgehandelt. Die kannibalische Wendung steht den Swiftschen ‹Sarkasmen› nahe – etwa wenn Gulliver sein Schuhwerk mit Yahoo-Haut ausbessert (IV, x) oder wenn ein menschenfreundlicher Projektemacher im *Modest Proposal* die Kinder der Armen den Reichen in Irland als leckere Sonntagsbraten empfiehlt –; doch ohne deren satirische Spezifik. Kafkas einschneidende Kunst ist reflexiv im Sinne von Baudelaires «Je suis la plaie et le couteau! ... Et la victime et le bourreau!» (‹Ich bin die Wunde und das Messer ... bin Opfer und Henker zugleich›).[32] In diesem Sinn ist das Ich des Fragments Jäger und Beute seiner selbst, und sein Autor dreht, ganz wie die Exekutoren des Josef K., das Messer mehrfach in der Wunde der Persona, seiner eigenen und der unseren, um. Dem treffenden Wort oder *mot juste* wächst in diesem Zusammenhang ein mörderischer Hintersinn zu: «Kafkas Poetik des Messers bezieht sich im Modus radikaler Literalisierung auf diese Kategorie des treffenden, weil erfolgreich stechenden und schneidenden Wortes ... Und für diese Kraft des Treffens steht eben der Schnitt ins (eigene) Fleisch ein.»[33]

Kafkas Tiergeschichten – um sie in ihrem eigenen Stil ironischer Untertreibung so zu etikettieren – nutzen die paradoxe Phantastik und die satirische Schnittechnik der menippeischen Tradition für Protokolle einer traumatischen Erfahrung, die auf keine satirischen Eindeutigkeit hin decodierbar ist. Wunden sind die Chiffren eines unmöglichen und tödlichen Übergangs zwischen Tier- und Menschenwelt: Rotpeters unheilbare, namengebende Verletzung, die Agonie der Jagdbeute aus dem Fragment und, als unüberbietbar grotesker Höhepunkt, Gregor Samsas Apfelwunde, die unter dem durchlässig gewordenen Rückenpanzer dahinschwärt. Die sprichwörtliche Enge Pforte des Heils ist kein Schlupfloch zum Leben, denn sie reißt dem, der sich hindurchzwängen will, die Haut vom Körper: «das Loch in der Ferne ... durch das ich einstmals kam», sagt Rotpeter, «ist so klein geworden, daß ich ... das Fell vom Leib mir schinden müßte, um durchzukommen» (184f.). In der «Verwandlung» wird diese Öffnung zum Loch von Gregors Käferhöhle, zur Tür, die sein Zimmergrab mit der Außenwelt der Familie verbindet. Um mit der Welt draußen zu kommunizieren und die Alltagsroutine im Angesicht des Absurden weiter zu wahren, stemmt er sich in einer verzweifelten, Rotpeters würdigen Kraftanstrengung zur aufrechten Haltung hoch und dreht mit blutenden Kiefern den Schlüssel im Schloß – nur um von seinem tobenden Vater erneut im Kriechgang durch die grausame Engstelle zurückgetrieben zu werden:

> Die eine Seite seines Körpers hob sich, er lag schief in der Türöffnung, seine eine Flanke war ganz wundgerieben, an der weißen Tür blieben häßliche Flecken, bald steckte er fest und hätte sich allein nicht mehr rühren können, die Beinchen auf der einen Seite hingen zitternd oben in der Luft, die auf der anderen waren schmerzhaft zu Boden gedrückt – da gab ihm der Vater von hinten einen jetzt wahrhaftig erlösenden starken Stoß, und er flog, heftig blutend, weit in sein Zimmer hinein (93).

Im auktorialen Sarkasmus des «erlösenden» Stoßes äußert sich zugleich die personale Sicht des leidenden Menschentieres, das mit übermenschlichem Zartgefühl auf die Inhumanität seiner menschlichen Umgebung reagiert, sich unter dem Drohblick des Vaters duckt, nach vergeblichem Sträuben endlich in die geforderte Selbstaufgabe einwilligt und als vertrockneter, leicht zu entsorgender Tierkadaver endet.[34]

Den Anderen Blick, mit dem Gregor im berühmten Auftakt der Erzählung seine Tiergestalt horrend sachlich registriert, geben ihm die Angehörigen bei seinen drei Ausbruchsversuchen aus der jähen Gefangenschaft auf ihre Art zurück: die Mutter, indem sie in Ohnmacht fällt, der Vater voll Haß auf das Untier und die geliebte Schwester mit einem inneren Abscheu, den sie nicht verhehlen kann. Die Ekelschranke zwischen beiden Welten ist durch Gregors Eßnapf markiert, dessen Menschennahrung den Käfer anwidert, während er sich «mit vor Befriedigung tränenden Augen» auf das tierische Angebot aus verfaultem Gemüse, Knochen in geronnener Fettsoße und verschimmeltem Käse stürzt. Die Schwester faßt den Napf «nicht mit den bloßen Händen, sondern mit einem Fetzen» an (97).

Obgleich Gregor Samsa in seiner Reduktion auf niederen, ja widerlichen Insektenstatus («Mistkäfer») an den satirischen Blick der Menippea von hoch oben erinnert, und obwohl er in seinem Leiden am Gegenpol der Glücklichen Tiere Plutarchs oder Gellis zu stehen scheint, bewahrt er doch etwas von der moralischen Überlegenheit eines Gryllos. Doch sie beruht nicht, wie bei diesem, auf einer höheren Begabung zum Glück, sondern auf einer tieferen, eben tiermenschlichen Leidensfähigkeit, mit der sich der Leser identifiziert. So verfolgen wir mit einem gewissen Schauder, wie die Degeneration des Menschentieres zu einer Regeneration der Tier-Menschen führt. Während der einstige Ernährer der Familie sich unter dem Kanapee vor den Blicken seiner Angehörigen verkriecht, erwacht der Vater aus seiner Alterslethargie und tritt seinem Sohn, der den aufrechten Gang eingebüßt hat, «recht gut aufgerichtet, in eine straffe Uniform mit Goldknöpfen gekleidet» entgegen.[35] Am auffälligsten ist die Wandlung der Schwester, deren Geigenspiel den Käfer-Bruder zu seinem letzten Ausfall verlockt («War er ein Tier, da ihn Musik so ergriff?»). Ihr wachsender Widerwille gegen das Untier ist von außen gesehen völlig verständlich, von innen ein ungeheurer Verrat. Andererseits wächst ihr durch die neue Autorität gegenüber Gregor, die sie bei der Räumung seines Zimmers rücksichtslos ausspielt, ein bisher ungeahntes Selbstbewußtsein zu: Sie blüht auf, während er verwundet und appetitlos dahinsiecht. Nachdem Gregor endlich «krepiert ... ganz und gar krepiert» ist (137), unternimmt die befreite Restfamilie einen Frühlingsausflug ins Freie vor der Stadt; der Schlußsatz der Erzählung berichtet, wie die Schwester wohlig «ihren jungen Körper dehnte». Der latente Kannibalismus dieses Endes ist die letzte Drehung des Kafkaschen Messers in der Wunde der Existenz.

5. Utopische Gegenwelten

›Auf indirektem Weg muß man es versuchen‹
Thomas More, *Utopia*

Alle müssen den Verstand verlieren
Jewgenij Samjatin, *Wir*

Ob als philosophischer Aussichtspunkt für eine Herabschau, als ironisch-metaphysischer Ort oder als beunruhigende Enklave denkender Tiere in der Menschenwelt, immer ist der radikal heterotope Charakter der menippeischen Schauplätze unübersehbar. Dies legt die – bereits im Vorhergehenden mehrfach implizit angeklungene – Vermutung nahe, die literarische Utopie in ihrer paradoxen Phantastik müsse, da ihr fundamentaler Widerspruch zum gesellschaftlichen Status quo ganz im Zeichen der Gegenbildlichkeit steht, die konsequenteste Realisation menippeischer Standort-Verrückung darstellen.[1] Dank ihres subversiven Ideenpotentials und dank ihrer raffinierten Verbindungen mit den Erzählformen der *voyage imaginaire* und später dann des ›realistischen‹ Romans wird sie in ihrer langen Laufbahn bis hin zu Antiutopie und Science Fiction an Bedeutung und narrativer Vielfalt von keiner anderen Untergattung der Menippea überboten. Im folgenden soll nun gerade jener Aspekt betont werden, den man der Utopie so oft und leichtfertig abspricht, und der doch ein untrügliches Zeichen ihres scherzernsten Charakters ist: der fiktionale Witz.

Daß sich satirische und utopische Schreibweise gegensätzlich und komplementär verhalten, ist ein Gemeinplatz der Kritik.[2] Ein derartiges Begriffsverständnis schließt jedoch nicht nur die moderne Antiutopie aus dem Gattungshorizont des Utopischen aus, sondern auch all jene Gegenwelten, die sich als *Erewhon*-artige Zerrbilder der Alten Welt erweisen,[3] sowie die überaus zahlreichen Mischformen aus satirischen (dystopischen) und wunschbildhaften (eutopischen) Welten wie bei Rabelais und Swift. Doch die wesensmäßige Gemeinsamkeit von

Eutopie und Dystopie, von paradoxer Gegenbildlichkeit und Zerrspiegelung der aktuellen gesellschaftlichen Verhältnisse, liegt in ihrer ironischen Vermittlung, in der Tatsache, daß jeweils ein phantastischer Perspektivenwechsel die Bedenklichkeit des Bestehenden enthüllt. Die eu- und dystopischen Regionen werden im Regelfall durch die Instanz eines Wanderers zwischen den Welten erschlossen, den wiederum eine einheimische Mentorenfigur, wie sie schon Lukian seinen Reisenden zur Verfügung stellt, in die Gebräuche der Neuen Welt einweiht. Diese Welt kann, nach einer Unterscheidung von H. G. Wells,[4] statisch oder kinetisch angelegt sein, das heißt zum alternativen einen antizipatorischen Charakter aufweisen, und so die Wahrscheinlichkeit, daß die gegenwärtige Welt Züge des utopischen Entwurfs annehmen wird, werbend oder warnend betonen.

Lukian als Geburtshelfer der fiktionalen Utopie

Bekanntlich wurde die Gattung der literarischen Utopie im Jahre 1516 durch den Erasmus-Freund und Lukian-Übersetzer Thomas More im Widerspruch gegen die unchristlichen Zustände im christlichen Europa der Zeit aus der Taufe gehoben. Der Satire europäischer Verhältnisse im ersten Teil wird im zweiten das ‹neu entdeckte› ideale Staatswesen Utopia gegenübergestellt. Gibt es so etwas wie ein antikes Vorleben der Gattung, gerade was die ironische Verortung Utopias in der Welt angeht? In Platons *Staat* bleibt das Idealbild der *res publica* noch ganz im Rahmen eines philosophischen Gedankenexperimentes. Satirisch-utopischen Mischcharakter besitzen dagegen bereits die Utopie-Phantasien der Alten Komödie: die Gegenwelten der *Weibervolksversammlung* und der *Vögel* des Aristophanes, der mitten in Athen ausgerufene Frauenstaat und das von pfiffigen Menschen geleitete Tier-Reich hoch in den Lüften. Beide sind zugleich karnevalistische Gegenwelt und travestierte gesellschaftliche Wirklichkeit, Befreiung von den lastenden Zwängen der politischen Gegenwart und satirische Spiegelung der Polis. Eine entscheidende Mittlerrolle für die späteren Epochen spielt – wieder einmal – Lukian, bei dem sich utopische Elemente nur in parodistischer Form finden. Seine *Wahren Geschichten* nehmen als Parodie phantastischer Reiseerzählungen ausdrücklich Motive aus der *Sonneninsel* des Jambulos sowie die platonische Frauengemeinschaft aufs Korn.[5] Relevanter für unsere Fragestellung ist jedoch die Einsicht, daß dieser wirkungsmächtige Text mit seiner Reihung virtuell unzähliger paradoxer Gegenwelten eine Strukturvariante zum außerirdischen Standpunkt der Menippea darstellt. Wie gezeigt, haben Lukians Himmelsreisen die utopischen Expeditionen zu Mond und Sternen seit Kepler und Godwin mit inspiriert, und es darf vermutet werden, daß die mit Holbergs *Niels Klim* einsetzenden Weltreisen ins Erdinnere in analoger Weise den Hadesfahrten verpflichtet sind.

Die *Wahren Geschichten* tun den Schritt von der satirischen Dualität nach Art des *Ikaromenippus* zur Pluralität der Welten, wobei freilich Eutopie und Satire hinter den Haupteffekt paradoxer Phantastik deutlich zurücktreten. Die fiktionale Utopie der Neuzeit von Rabelais über Cyrano bis zu Swift und Holberg hat vielfach eine Synthese aus beiden Bauformen Lukians gebildet. Selbst in der antithetischen Zweiteilung von Mores *Utopia* finden sich Spuren einer Reihung von Gegenwelten; so erwähnt der Berichterstatter Raphael kurz die neuentdeckten Staaten der Makarenser, Polyleriten und Achorier im Kontrast zu den jeweiligen Negativentwicklungen in Europa, ehe er im zweiten Teil sein zentrales Beispiel Utopia ausführlich vorstellt.

Die Reisegesellschaft der *Wahren Geschichten* überschreitet die Grenzen der (mediterranen) Welt nach oben, nach innen und ins Jenseits. Drei hauptsächliche Schauplätze korrespondieren und kontrastieren miteinander: die Welt auf dem Mond, im Bauch eines Walfischs und auf der Insel der Seligen.[6] Alle drei besitzen insularen Charakter. Durch einen Sturm wird das Schiff der Reisegesellschaft, wie später in Bacons *Neu-Atlantis* oder in *Gulliver's Travels*, auf utopischen Kurs gebracht und verwandelt sich in ein Luftschiff, das buchstäblich am Mond anlegt. Der Wal, selbst eine schwimmende Insel, birgt in seinem Inneren ein Meer, in dessen Mitte eine Insel aufragt – dort ankert das mit Mann und Maus verschlungene Schiff; die Welten sind diesmal nicht aneinandergereiht, sondern ineinander geschachtelt. Doch nicht nur das Gesetz der Serie, sondern auch das antithetische Prinzip ist innerhalb der Gegenwelten wirksam: So führen jeweils die Mondbewohner mit dem Volk der Sonne, die Schiffbrüchigen im Walbauch mit Meerungeheuern und ironischerweise selbst die Seligen mit den Verdammten erbitterte Kriege. Der etwa aus *Gulliver's Travels* vertraute Wechsel zwischen utopischer Beschreibung und dramatischer Handlung, die den Ich-Erzähler einbezieht, ist hier als Schema vorgeprägt. So phantastisch wirklichkeitsfern diese lukianesken Schlachten auch anmuten, in der Motivwiederholung liegt eine gewisse Spiegelung irdischer Verhältnisse als dystopischer Störfaktor.

Das Motiv der Reinheit und Größe utopischer Kreaturen aus hellenistischen Jenseitsvorstellungen wird in Lukians planetarischen Welten ins Burleske übersteigert. Seine Seleniten (Mondbewohner) schlafen auf Blütenblättern, leben von Luft, schwitzen Milch, schneuzen Honig und pflücken ihre Kinder von den Bäumen. Die kosmischen Gefilde sind von Riesenausgaben und grotesken Kreuzungen irdischer Fauna bevölkert, in Entsprechung zur ‹kentauernhaften› Mischung des menippeischen Stils. Da gibt es ‹Pferdeameisen›, ‹Pferdegeier› mit Federkielen so lang wie Mastbäume, Spinnen vom Umfang einer Kykladeninsel und Flöhe so groß wie zwölf Elefanten.[7] Das Anwachsen gerade der unscheinbarsten Insekten zu gigantischen Fabeltieren bedeutet implizit eine Verkleinerung des irdischen Besuchers. Bezeichnenderweise verliert dieser durch den Sieg des Sonnenheeres über die Mondarmee, als Gefangener im Walbauch und als Angeklagter vor dem Totengericht der Seligen Inseln für begrenzte Zeit die Freiheit. Es blieb neuzeitlichen Menippeern vorbehalten, das alptraumhafte Potential der Überwältigung durch die Antipoden und der Konfrontation mit einer utopischen Tierwelt voll auszuspielen.

Das Mondreich verläßt Lukians Reisender aus freien Stücken, dem finsteren Walbauch entkommt er, wie Odysseus der Zyklopenhöhle, mit Feuers Hilfe, von der Insel der Seligen wird er seiner sterblichen Unvollkommenheit wegen ausgewiesen wie Gulliver aus dem Land der Houyhnhnms. Doch seine Reise scheint ad infinitum weiterzugehen. Die Erzählung endet an einer besonders spannenden Stelle mit einem Schiffbruch im Land der Antipoden, und der Erzähler verspricht eine – nie geschriebene – Fortsetzung. Das gleiche tut ‹Morus›, als er die Diskussion über die Sitten von Utopia vertagt, und Rabelais am Ende seines ersten *Pantagruel;* der Mondfahrer bei Godwin (und selbst noch bei H. G. Wells) kündigt für später eine wissenschaftliche Abhandlung als objektiven Unterbau seiner astronautischen Abenteuer an. Diese Form auktorialer Ironie hebt die Offenheit und Diskontinuität der Fiktion hervor und ruft den Leser zum Weiterdenken des Gelesenen auf.

Thomas More als Menippeer

Eine menippeische Lektüre der gattungsbegründenden literarischen Utopie ist kein Vorschlag, die *Utopia* des Thomas More als burleske Lügengeschichte oder als Satire auf den neuzeitlichen Vernunftwahn zu verstehen.[8] Es kann nicht darum gehen, Mores entscheidenden Schritt über Lukian hinaus in die platonische Richtung, also zum konstruktiven Entwurf eines politökonomischen Gegenbilds der herrschenden Verhältnisse, zu leugnen. Die Zweiteiligkeit der *Utopia* ist in ganz anderer Weise funktional als die der *Wahren Geschichten*, wo lediglich innerhalb eines Wiederholungsmusters eine Zäsur eintritt. Satirische Destruktion und eutopische Konstruktion stehen einander bei More komplementär und denkbar gegensätzlich stilisiert gegenüber: sprunghaft vielstimmige Unterhaltung im ersten Buch, systematische Bestandsaufnahme in Form eines expositorischen Monologs im zweiten. Doch mit ihrer ironisch fiktionalen Einkleidung nimmt die Schilderung Utopias durch den Reisenden Raphael Hythlodaeus den Charakter einer Gegenwelt bei den Antipoden an, deren Anderssein den Europäern der Gesprächsrunde auf dem menippeischen Weg eines paradoxen Enkomium nahegebracht wird; ‹ungewohnt und ungereimt› (*insolentia atque absurda*) und ‹außerordentlich absurd› (*perquam absurda*) erscheinen denn auch den Hörern die utopischen Sitten.[9] Doch schon Erasmus hatte in seinem – dem Freund More gewidmeten – *Lob der Torheit* (1511) dem Genre des paradoxen Lobes, wie es in Lukians Preis der Mücke oder des Parasiten vorliegt, eine neue Komplexität des Ironischen verliehen; und Erasmus hegt keinerlei Zweifel an der Zugehörigkeit der *Utopia* zum scherzernsten Genre. Er empfiehlt ihre Lektüre einem Freund, ‹wenn du einmal lachen und dir dabei zugleich die Quellen fast aller politischen Übel vor Augen führen willst›.[10] Auch der wohl nicht vom Autor stammende Untertitel, der das Büchlein ‹ebenso heilsam wie witzig› nennt (*non minus salutaris quam festivus*), weist in die gleiche Richtung. Schließlich sei an eine charakteristische Gemeinschaftsarbeit von More und Erasmus erinnert: Die beiden Freunde haben einige Dialoge Lukians, darunter mehrere *Totengespräche* sowie die *Höllenfahrt des Menippus*, aus dem Griechischen ins Lateinische übertragen.

Der Entdecker Utopias, Raphael Hythlodaeus, als Seefahrer ‹nach der Art Platons› bezeichnet (48), ist ebensowenig ein Odysseus wie Gulliver ein Robinson. Es geht More und Swift nicht um die Schilderung individueller Welterfahrung, sondern um die pointierte Konstruktion einer Gegenwelt und um Personae, die sie als Träger teleskopischer Ideenkritik bevölkern und erörtern. Tadel der alten und Preis der neuen Welt stehen gleichermaßen unter dem Gesetz des erkenntnis-fördernden Paradoxon. Doch die Neue Welt ist nunmehr in genialer Zweideutigkeit zugleich außer- und innerweltlich situiert. Sie bleibt Land der Antipoden und erscheint doch in der Ära Vespuccis, als dessen Reisegefährte sich Raphael einführt, irgendwie nautisch erreichbar. Der geschichtliche Moment humanistischer Besinnung, während Europa in die Neuzeit aufbricht, gibt diesem Entwurf eine politische Aktualität und eine Dringlichkeit, wie ihn die utopischen Phantasien der Antike nach dem Zerfall der Polis und im Schatten des Römischen Reiches nicht mehr erlangen konnten. Dies bedeutet, daß More vom phantastischen Potential der Menippea einen recht kontrollierten Gebrauch macht. Vor allem das ironische Spiel mit dem Fiktionscharakter des Ganzen, der Gegensatz zwischen den Personae Raphael und ‹Morus›,[11] die besondere Gegenbild-Struktur und die metaphorischen Paradoxien sind für den menippeischen Charakter des Werkes aufschlußreich.

Die humanistischen Freunde, zu deren ‹familiärer› Unterhaltung das Buch zunächst verfaßt wurde, haben das editorische Beiwerk bereitgestellt, um das textinterne Ironiespiel mit der besonderen Wahrheit Utopias zu verstärken: Sie haben Mores menippeische Intention erkannt und in seinem Sinne weitergeführt. Im Haupttext erfolgt die ironische Metaphorisierung des Geschilderten vor allem über das Gaukelspiel mit den Präfixen und Etymologien der griechischen Eigennamen, das eine Semantik der Nichtexistenz, des Windigen und Nebelhaften stiftet. Das Beiwerk umfaßt einige utopische Sprachproben samt Übersetzung, eine Karte Utopias, Randglossen und vor allem einen Briefwechsel, der den im Text erzählten Dialog durch einen epistolaren Austausch umrahmt. Dabei verbürgen sich die Freunde für die Wahrheit des ‹Morus›, dieser wiederum als Augenzeuge für die Existenz Raphaels, und jener für die Existenz Utopias. Die so verbürgte Wahrheit ist in ihrer Zweideutigkeit durchaus mit der der *Wahren Geschichten* vergleichbar; im Akt der Behauptung dementiert sie sich selbst und verweist damit auf ihre metaphorische Dimension.

So bestreitet More/‹Morus› in seinem Einleitungsbrief – hier schon beginnt die Verwandlung des Autors in die Persona – jeglichen Kunstanspruch, da er nur die spontane Rede seines Gewährsmannes protokolliere (38). Aus skrupulöser Wahrheitsliebe fragt er dann den Freund Petrus Egidius, in dessen Antwerpener Haus das denkwürdige Gespräch mit Raphael stattfand, wie lang genau die Brücke über den utopischen Fluß Anyder (‹Wasserlos›) gewesen sei und welche geographische Position der neuentdeckten Insel (*nova insula*) Utopia der Reisende eigentlich genannt habe; er selbst wolle im Zweifelsfall ‹lieber Erlogenes weitersagen als selber lügen› (40). Egidius seinerseits beglückwünscht den Freund zu seinem ‹überaus zuverlässigen Gedächtnis› und bedauert nur, daß ausgerechnet die bewußte Ortsangabe im Hustenanfall eines Anwesenden untergegangen sei (22).

Im Spannungsfeld konkurrierender Machtansprüche ist der Humanist zur ironischen Gratwanderung zwischen appellativem Realismus und scheinbar unverbindlichem fiktionalem Spiel verurteilt – doch solche Fiktion dient als Erprobungsraum neuer Ideen. So ist ‹Morus› eben nicht der Wortführer des werkinternen Dialogs, sondern der Gegenredner, dessen weltweise, eher politische Philosophie (*philosophia civilior*) die in ihrer Unbedingtheit theoretische Position (*philosophia scholastica*) Raphaels relativiert (98). Seine vielsagende Empfehlung, die inopportune Botschaft (*sermo insolens*) der Zeit auf indirektem Weg (*obliquo ductu*; ebd.) zu vermitteln, hat More als Autor mit seiner Fiktion verwirklicht. ‹Morus› schiebt nach Anhören des utopischen Enkomiums sein Urteil auf, obgleich er sich zuvor höchst disputierfreudig zeigte und der leidenschaftliche Schlußappell Raphaels eine Stellungnahme zu verlangen scheint. Doch ein letztes raffiniertes Ironiesignal liegt in seinem Hinweis, die von Raphael verlangte Abschaffung des Privateigentums als Ursprung der sozialen Grundübel sei völlig absurd, denn sie bedeute das Ende von allem, was ‹nach allgemeiner Ansicht› den wahren Ruhm und Schmuck eines Staates ausmache (244). Das parenthetische *ut publica est opinio* ist Mores subtilster Gebrauch des menippeischen Paradoxon als Gegen-Ansicht.

Die neue Insel Utopia ist eine konsequent spiegelverkehrte Version der alten Insel England, die metonymisch für ganz Europa steht. Utopia liegt auf der Südhalbkugel, ‹auf jenem neuen Teil des Globus, den der Äquator kaum weniger von uns trennt als sich die Lebensweise und Sitten seiner Bewohner von den unsrigen unterscheiden› (196). Wie für Cyranos Seleniten die Erdbewohner, so sind die Europäer für die Einwohner Utopias schlicht *Ultraequinoctiales*, die gleichsam hinter dem Mond leben (108). Randglossen sprechen aus, was der Text andeutet: Die Hauptstadt Amaurotum (nebelhafte / unberühmte Stadt) und ihr Fluß ‹Wasserlos› sind Spiegelverkehrungen Londons und der Themse. Das Spiegelverhältnis beider Teile beleuchten besonders eindringlich jene Stellen, die den ‹Realismus› der Fiktion zur paradoxen Metapher hin transzendieren. So verfremden sich unter dem Anderen Blick des auswärtigen Betrachters – Raphael ist Portugiese – die englischen Schafe, für deren Aufzucht Äcker brachgelegt und Weiden der Gemeinschaft entzogen werden, zu reißenden Wölfen (64). Derselbe Reisende beobachtet in Utopia, daß Gold dort nur für Nachtgeschirr und Sklavenfesseln Verwendung findet (152). Zuerst wird also der vermeintliche Normalzustand als verkehrte Welt erfahren, danach erweist sich gerade der absurde Gegensatz zum Vertrauten als naturgemäß und human. More verwandelt die farcenhafte Phantastik gegenweltlicher Sitten aus den *Wahren Geschichten,* etwa in Bezug auf Kriegsführung, Sexualität, Reinheit des Lebens und Sterbens der Mondbewohner oder auf die lustvolle Existenz der Seligen, in die vernünftigen Paradoxa einer Umgehung des ‹viehischen Krieges› (*bellum beluinum*), der gegenseitigen Inspektion von Ehewilligen in nacktem Zustand, der Heiterkeit im Sterben sowie eines sublimen Lustprinzips der *honesta voluptas*. Indem der Menippeer More die Welt auf den Kopf stellt, stellt er sie auf die Füße.

Das utopische Exempel und der Schlußappell des Hythlodeus – sein Name läßt sich in ironischer Zweideutigkeit, je nachdem, als ‹Possenfeind› oder ‹Verbreiter von Possen› verstehen – gipfelt in zwei zusammengehörigen Paradoxa: Die tugendhaften Heiden der neuen Welt sind bessere Christen als die Christen der alten (230); und die europäischen Gemeinwesen sind nichts anderes als eine Verschwörung des Eigennutzes zur Ausbeutung der Gemeinschaft (240). Raphael wird vom Reisenden zum Richter, der aus seiner Anschauung der neuen Welt den Stab über die alte brechen muß, und die Heterotopie der *nova insula* zeigt am Ende ihre Verwandtschaft mit dem Forum des menippeischen Totengerichts. Dem Leser, wie gesagt, ist die endgültige Standortfindung aufgetragen, die ein Erkennen der auch in den eutopischen Paradoxien enthaltenen Übertreibung einschließt. An welche Leser er sich dabei *nicht* wendet, sagt der Autor am Ende seiner Einleitung: an die Ungebildeten und Unliterarischen, die Finsteren, die keinen Spaß verstehen, und die Faden, die kein Salz mögen (*hic tam insulsus est ut non ferat sales*), und alle schließlich, die einen Witz / eine Satire (*nasum*) fürchten wie der Teufel das Weihwasser (44). Das ist der Geist, in dem Rabelais auf die Pforte seines utopischen Antiklosters Thélème die Worte setzen wird: «Cy n'entrez pas, hypocrites, bigotz ...» / «Hie kommt nicht her, ihr Gleisner und Zeloten ...» (*Gargantua*, Kap. 54)

Rabelais relukianisiert Utopia

Im Rabelais-Kapitel seiner *Mimesis* bezeichnet Erich Auerbach Thomas More als dasjenige Vorbild des französischen Autors, dem dieser «von allen seinen Zeitgenossen vielleicht am meisten verdankte».[12] Tatsächlich hat kein bedeutender Schriftsteller der Renaissance die Zugehörigkeit der *Utopia* zur menippeischen Tradition klarer erkannt und Lukian und More origineller aufeinander bezogen als Rabelais, der ‹französische Lukian› (*Lucien françois*), wie ihn schon seine zeitgenössischen Leser nannten. Wenn er dabei das Element komischer Phantastik verstärkt und die systematische Exposition, auf die sich etwa die *Utopia*-Nachfolge Campanellas und Bacons konzentriert, abschwächt, so ist diese Wendung für die literarische Nachfolge Mores bis hin zu Swift und Voltaire durchaus nicht untypisch.

Rabelais' vielgestaltige Erzählungen *Gargantua* und *Pantagruel* (1532–1562), die im Zeichen der kynischen Tonne des Diogenes stehen,[13] konfrontieren die alte, mangelhafte Welt der durch Machtgier, Kriegslust, Intoleranz und geistige Erstarrung gekennzeichneten Staaten Europas mit einer verwirrenden Vielfalt eu- und dystopischer Gegenwelten. In ihrer sprunghaft anekdotischen Erzählweise und ihrer Neigung zur Digressivität zeigt sich die Menippea als denkbar bewegliches, ihren Angriff burlesk verharmlosendes Instrument einer Befreiung von den autoritären Gewalten der Epoche. Gargantua, Schwiegersohn und Thronfolger des Königs der Amauroten im Land Utopia, und sein Sohn Pantagruel sind Riesen – und vorbildliche Herrscher. Dieses Riesentum, als komisches Motiv aus diversen Vorlagen übernommen, wird unter der Hand des Humanisten Rabelais zum Maßstab utopischer Erkenntnishöhe und damit zur menippeischen Metapher, doch ohne dabei sein burleskes Potential einzubüßen. Utopia wird gegen die Einfälle gieriger Nachbarfürsten, der Könige Anarche und Picrochole («Gallebitter»), siegreich verteidigt, wobei sich die Riesen als Friedensherrscher bewähren. Aus Utopia schreibt Gargantua einen in der Tradition des erasmischen Fürstenspiegels stehenden Lehrbrief an seinen Sohn (*Pantagruel,* Buch 2, Kap. 8), führt Pantagruel nach dem Vorbild von Mores *Utopia* (136) eine Schar Kolonisten in das Nachbarland der Dipsoden oder ‹Dürstenden›, wo er den Schelm Panurge als höchst unfeudalen Schloßherrn einsetzt (Buch 3, Kap. 1–5), und von hier erfolgt schließlich der Aufbruch zur großen antipodischen Entdeckungsfahrt der letzten beiden Bücher. In Utopia, das heißt «am Loire-Fluß, zwei Meilen vom großen Forst von Port Huault», wird schließlich für den streitbaren und weltzugewandten Mönch Frère Jean die Abtei Thélème (‹Zum freien Willen›) errichtet, der Inbegriff Rabelais'scher Eutopie (*Gargantua,* Kap. 52–57).

Das Kloster als besitzlose, korporative Lebensgemeinschaft und Enklave des Gottesstaates im irdischen Gemeinwesen bildet ein wichtiges Verbindungsglied zwischen christlicher Tradition und säkularer Utopie. In Thélème entsteht nach dem berühmten Motto *Fay ce que vouldras* oder ‹Tu was du willst› ein Klosterentwurf e contrario, ohne Zwang und Mauern, ohne Uhren, Armutsgelübde, Geschlechtertrennung und Lebensfeindlichkeit. Die thelemitische Architektur ist, wie die Stadtanlage von Mores *Utopia,* ein Sinnbild geistiger Neuordnung. Rabelais' Institution zum Schutz vor den Institutionen der Zeit ist phantastischer und zugleich spielerischer als Mores Vision des organisierten gesellschaftlichen Glücks – und drückt eben darin den Reformimpuls des Humanismus aus.

Rabelais verstärkt Mores Ironie einer zugleich außer- und innerweltlichen Utopia, indem er sein Nirgendland samt der dystopischen Nachbarschaft einmal bei den Antipoden ansiedelt,[14] zum anderen aber mitten im Vertrauten, im Herzen der Touraine. Mit seinen Riesen begibt sich die Utopie in die Welt. Freilich gerät die Disproportion zwischen ihnen und ihren ‹normalen› menschlichen Gefährten, ähnlich wie die Grenzen zwischen Utopia und der Touraine, immer wieder aus dem Blick, denn die Riesen sind geistig und kreatürlich im temperierten Menschentum zu Hause. Doch ihre Größe symbolisiert zugleich Großmut und Schutzbereitschaft des guten Fürsten seinem Volk gegenüber. In menippeischer Bildersprache ausgedrückt: Während eines Wolkenbruchs hält Pantagruel einmal sein ganzes Kriegsheer unter seiner ausgestreckten Zunge trocken; nur der Erzähler findet keinen Platz mehr und wandert in den Mund des Riesen, um dort – wie Lukian im Walbauch – eine neue Welt zu entdecken, verblüffenderweise «tout comme chez nous» (*Pantagruel*, Buch 2, Kap. 32). Der Autor spielt hier mit den Konzepten des Herrschers als Staatskörper oder *body politic* und des Menschen als Mikrokosmos – Wunderwelt und Alltag sind bei ihm kompatibel.

Natürlich zeigt die Riesenstatur der Protagonisten nicht zuletzt die Zwergenhaftigkeit und den Größenwahn ihrer Widersacher an. Während die Utopier auch im aufgenötigten Krieg human bleiben, überheben sich die dystopischen Herrscher und ihre Kreaturen in ihrer großmäuligen Rhetorik der Raffgier. Die Hofschranzen wetzen Picroholes Eroberergelüste und unterwerfen im vorweggenommenen Siegestaumel vorsorglich schon einmal auf der Landkarte die Provinzen Frankreichs, Europas, ja der ganzen Welt (*Gargantua*, Kap. 33). Die Szene wird von der Kritik auf Plutarchs ironische Zeichnung des Eroberers in seinem *Leben des Pyrrhus* zurückgeführt, doch der parodistische Charakter der einander überbietenden Höflingsreden macht den Thronrat des französischen Königs aus Mores *Utopia* (86) als direkte Anregung wahrscheinlich. Rabelais steigert die ironische Rhetorik der französischen Kriegshetzer zu einer Gigantomanie der Sprache, die dem moralischen Zwergencharakter ihrer Benutzer kraß unangemessen ist. Die Situation Gullivers als Enthusiast abendländischer Kriegskunst vor dem König von Brobdingnag ist hier vorweggenommen.

Ihre selbstverschuldete Niederlage bringt die negativen Herrscher auf ein angemessenes Standesniveau: Picrochole und Anarche beschließen ihre ruhmreiche Laufbahn als Taglöhner und Soßenverkäufer. Das Muster solch utopischer Berichtigung einer verkehrten Welt, Lukians *Höllenfahrt des Menippus*, hat Rabelais mit einer parodistischen Hadesfahrt unübersehbar in seine Erzählung eingebaut. Auf seine Art macht er sich dabei das Urteil von Lukians Teiresias ‹Das gewöhnliche Leben ist das beste› zu eigen.[15]

In den ersten beiden Büchern, bei der Erziehung der Helden – Pädagogen gegen Pedanten – und bei ihrer strategischen Bewährung in einer feindlichen Welt, dominiert das antithetische Modell der menippeischen Satire. Beim Gang durch die pseudophilosophischen Instanzen der Welt im Dritten Buch und den folgenden utopischen Reisen nach dem Vorbild der *Wahren Geschichten* tritt dagegen das pluralistische Muster, also der satirische Katalog, in den Vordergrund. Der

Autor schickt Pantagruel und die Seinen, deren eutopische Überlegenheit und Riesengestalt nun kaum mehr ins Gewicht fallen, als Wahrheitssucher auf die andere Seite der Erde. Dort werden sie mit einer langen Serie dystopischer Travestien der alten Welt konfrontiert: vom Land der Chicanous oder ‹Federfuchser› über die Insel Ruach, wo die Menschen wie Lukians Seleniten von Luft leben (Allegorie des Hofes), und das Reich der Papefigues und Papimanes (Protestanten und Katholiken) bis hin zum Vogelstaat der Isle Sonnante (Satire auf die römische Priesterherrschaft), wo sich die Menippea wieder einmal beim Motivinventar der Alten Komödie bedient. Das Zurücktreten der Eutopien beleuchtet, wie es auf besonders einschneidende Art bereits der Märtyrertod Mores getan hatte, die Gefährdung und Vergänglichkeit des erasmischen Momentes in Europa. Pantagruels utopische Expedition erreicht am Ende des 5. Buches zwar ihr Ziel, das Orakel der Göttlichen Flasche; in seiner Weisung «Trink!» sammelt der Orakelspruch die physische und geistige Durstmetaphorik des Werkes zu einem letzten Echo des hohen Lustprinzips von Thélème, in dem wiederum das philosophische Epikuräertum der *Utopia* nachklang. Doch dieses Bekenntnis zur Mündigkeit des Menschen hat – wenn es überhaupt aus Rabelais' Feder stammt – nach Durchqueren des antipodischen Purgatoriums viel von seiner einst so strahlenden Zuversicht eingebüßt.

Utopische Ironie und ihre fiktionalen Strategien

Daß Rabelais die menippeische Kontextualisierung von Mores literarisch so folgenreicher Schrift kräftig verstärkt hat, ist kein Sonderfall ihrer Rezeption. So findet sich die *Utopia* beispielsweise in Caspar Dornavius' ‹Amphitheater der scherzhaftersten Sokratischen Weisheit› (*Amphitheatrum sapientiae socraticae jocoseriae*, 1619) nicht nur in Gesellschaft von Erasmus' *Lob der Torheit*, sondern auch von zahlreichen burlesken Enkomien, einschließlich ihrer Prototypen aus der Feder Lukians. Der lateinische Begriff *jocoserium* entspricht dabei exakt dem griechischen *spoudogéloion* zur Bezeichnung des ‹vermischten› Genres. Vielleicht ist diese Zusammenstellung, wie Carlo Ginzburg vermutet, «an attempt to soften the aggressiveness of More's book by concealing it in a thick mass of innocuous pieces»,[16] aber wohl auch Einsicht in eine vorliegende Gattungsverwandtschaft. Darüber hinaus wird die *Utopia* mehrfach in die

Nähe von Joseph Halls europäischem Erfolgsbuch *Mundus alter et idem* («Eine andere Welt, und doch dieselbe», 1605) gerückt, dessen neuentdeckter Südkontinent, genannt «Terra Australis incognita», sich mit seinen Gauen als satirische Travestie der Alten Welt enthüllt: Hier wie dort florieren Narren und Räuber, haben die Weiber die Hosen an, stehen Fressen und Saufen in vollem Schwang. Antithese fungiert als Ironiefigur der Identität, das Paradox als Entlarvung schlimmer Normalität. Aufschlußreich ist nun, daß der deutsche Übersetzer Gregor Wintermonath Halls allegorische Gegenwelten als *Utopiae Pars II* auf seine Übertragung Mores folgen ließ; später wird der *Mundus alter et idem* ‹aufgrund der thematischen Verwandtschaft› mit zwei höchst seriösen Nachfolgetexten der *Utopia*, nämlich Campanellas *Sonnenstadt* und Bacons *Neu-Atlantis*, in der Utrechter Ausgabe von 1643 zusammengebunden. Schließlich siedeln die beiden ersten ausführlich erzählten Abenteuerreisen zur antipodischen Utopia diese nach Halls Vorbild in jenem Australien an, das damals noch mehr als ein Jahrhundert lang auf seine endgültige Entdeckung warten mußte: Gabriel de Foignys *Terre Australe connue* (1676) und Denis de Veiras' *Histoire des Sévarambes* (1677–1679).

Aber auch die ganz und gar unromanhafte, als geistliches Gedankenexperiment präsentierte *Christianopolis* (1619) des Rosenkreuzers Johann Valentin Andreae bekennt eine gewisse Verwandtschaft zu Halls anderen Welten. In beiden Werken beschließt der Erzähler, das Schiff ‹Phantasie› zu besteigen, um auf geistige Entdeckungsfahrt zu gehen – ein Lukianesker Topos. Zuvor hatte Andreae mit seinem – ebenfalls lateinischen, den Antipoden gewidmeten – *Menippus* (1617) hundert erasmische Kurzdialoge verfaßt, von denen einer (Nr. 68) dem Thema einer christlichen Utopie gewidmet ist. Da auch *Christianopolis* exakt aus hundert kurzen Abschnitten besteht, liegt es nahe, im früheren Werk den Keim für die als *ludicrum* oder literarischen Scherz bezeichnete spätere Schrift zu sehen.[17] Ein menippeischer Rezeptionshorizont steht somit auch für die ‹ernsthafte› Utopie außer Frage. Nicht zuletzt spricht die Präsenz Mores bei den Menippeern Boccalini, Quevedo und Burton eine deutliche Sprache.[18] Die ironische Fiktionalisierung bedeutet keine Verharmlosung, eher eine Tarnung des subversiven Gedankengutes, in jedem Fall aber einen Appell des Autors an die Fähigkeit seiner Leser, zwischen den Zeilen zu lesen.

Die Wahrheit dieser ‹wahren Geschichten›, wie gesagt, will nicht wörtlich, sondern metaphorisch genommen werden. Der gegenständliche Realismus menippeischer Weltreisen, den das beginnende Zeitalter des Romans verstärkt und verfeinert, ist ironischer Natur: Er stiftet und untergräbt die Erlebnisillusion. Der Flugapparat des Ikaromenipp und das Luftschiff der *Wahren Geschichten* haben eine Vielzahl aeronautischer Erfindungen inspiriert, von Godwins *gansas* bis zu den wahrhaft *Science Fiction*-würdigen Raketenstühlen Cyranos.[19] Doch gerade der letztere Autor zeigt überdeutlich, wie sich menippeische Phantastik immer selbst ironisiert. So läßt sich Dyrcona im Irdischen Paradies von seinem kosmonautischen ‹Kollegen› Elias dessen Himmelfahrt als burlesken Magnettrick erklären: Der in einem Eisenwagen sitzende Prophet habe immer wieder eine mitgeführte Magnetkugel senkrecht in die Luft geworfen, worauf sich sein Gefährt entprechend nach oben bewegte; seine Rückkehr vom Mond zur Erde bewerkstelligt Dyrcona an einen lunaren Freigeist angeklammert, den gerade der Teufel holt, um ihn durch den Eingang des Ätnakraters in der Hölle abzuliefern – der Erzähler kann noch im letzten Augenblick abspringen.

Gewiß stehen die utopischen Mond- und Sonnenstaaten des 17. Jahrhunderts im Kontext Keplerscher Astronomie und der relativistischen Debatte über eine *pluralité des mondes* in der beginnenden Aufklärung. Doch ihre Situierung im Raum folgt als menippeische Inversionsfigur unverkennbar dem antipodischen Gegensatz Mores zwischen der alten Insel England und der neuen Insel Utopia: Der Mond wird mit irdischen Augen, die Erde aus lunarer Perspektive neu gesehen. Der utopische Blick nach oben schließt den satirischen Blick nach unten ein.

Dies gilt gleichfalls, ja in verstärktem Maße, für die spätere kinetische oder Zeit-Utopie, bei der gerade der geographisch gleichbleibende Schauplatz das duale Modell in seiner kompromißlosen Gegensätzlichkeit exponiert. Als im Zeichen des aufklärerischen Fortschrittsdenkens Louis Sébastien Mercier in seinem Zukunftsroman *Das Jahr 2440* (1770) die barocke Traumsatire aktualisiert und seinen Erzähler im repressionsfreien Paris einer fernen Zukunft traumwandeln läßt, bewegt sich dieser als französischer Rip Van Winkle und Relikt einer schlimmen Vergangenheit (die die Gegenwart des Autors Mercier ist) durch die Kulturlandschaft einer säkular erlösten Zukunft; dabei vergleicht er ständig die in seinem Bewußtsein gespeicherten Bilder des alten Frankreich mit dem glänzenden Augenschein des neuen. Noch Edward Bellamy wird mit seinem sozialistischen Erfolgsroman *Looking Backward* 1888 in der Nachfolge Merciers den utopischen Ausblick als Rückblick auf einen längst – und friedlich – überwundenen korrupten Weltzustand präsentieren. Dabei ersetzt er die alte Traumfiktion durch das ‹realistischere› Motiv eines hypnotischen Tiefschlafs in die Zukunft, der den Alterungsprozeß suspendiert und den Erzähler in einem von allen Leiden des Kapitalismus gereinigten Boston des Jahres 2000 für die entfernte Nachfahrin seiner einstigen Verlobten ehetauglich macht. Die Rückkehr des Reisenden, um der alten Welt die utopische Botschaft zu verkünden, bietet bei der Zeitreise ein eigenes erzählerisches Problem. Mercier kann seinen Erzähler nicht einfach antiklimaktisch aus dem glücklichen Traum erwachen lassen – seine Heimkehr in das vorrevolutionäre Paris ist ein symbolischer Tod an symbolischem Ort: In den Ruinen von Versailles beißt ihn eine Natter in den Hals. Bellamy gelingt das Kunststück, seinen Helden in der glücklichen Welt des künftigen Boston zu belassen und ihm doch eine hochdramatische Rückkehr in die alte Welt zu ermöglichen. Das Boston von 1887 erscheint dem utopischen Wiedergänger dabei als Nekropole, als Stadt der toten Seelen: «... I perceived that they were all quite dead. Their bodies were so many living sepulchres. On each brutal brow was plainly written the *hic jacet* of a soul dead within.»[20] Was hier, erzählerisch raffiniert, zunächst eine ‹reale› Rückkehr in die alte Welt zu sein scheint, erweist sich nachträglich als bloßer Alptraum der Persona, deren Erwachen im hellen Morgenlicht der neuen Ära die Schatten des deprimierten Fin de Siècle verscheucht und die endgültige Erlösung von Mensch und Welt im 20. Jahrhundert bekräftigt. Die historische Ironie dieses Happy End bereichert das menippeische Ironiespiel Bellamys um eine zusätzliche Pointe.

Unter- und Innenwelten

Die räumliche Isolation Utopias, das als Heterotopie durch seine Insellage, durch eine unübersteigbare Bergkette oder durch kosmische Distanz von der Alten Welt abgesetzt, aber doch für kühne Entdeckernaturen erreichbar ist, dient als Abbild einer allem geschichtlichen Wechsel enthobenen Geschlossenen Gesellschaft. Doch eben jene räumliche und ideologische Geschlossenheit, die die Neue Welt unkontaminierbar machen soll, trägt selbst das

Potential eines klaustrophoben und totalitären Alptraums in sich. Am traditionsreichen Raumbild einer unterirdischen und innerweltlichen Gegenwelt läßt sich dieser semantische Prozeß der Degeneration und Inversion des Bildes vom Idealstaat beispielhaft verfolgen.

Ursprünglich ist es der abenteuerliche und gefährliche Übertritt nach Utopia, der immer wieder durch die Raumangst einer Unterweltsfahrt verbildlicht wird. Die Durchschreitung (Transgression) eines engen und finsteren Schwellenraums dient als Initiationsritual, das als symbolischer Tod aus der Welt des Nächtigen zur Neugeburt in einer Welt des Lichtes führt – eine Sequenz, die das Finale von *Looking Backward* noch einmal rekapituliert. Robert Paltock hat dafür in seiner Romanphantasie *The Life and Adventures of Peter Wilkins* (1750), einer Kombination aus Robinsonade und Utopie, das eindrucksvolle Bild der Bootsfahrt auf einem reißenden unterirdischen Fluß gefunden. Nachdem sein Schiff an einem Magnetfelsen zerschellt ist, rudert Wilkins in einem Beiboot die steile Felswand entlang, die sich vor ihm auftürmt, und wird jäh über einen Strudel in die Tiefe des steinernen Labyrinths gezogen, das ihn wie ein Grabgewölbe nicht mehr freigeben will: «I was, to my Guess, five Weeks in the Vault or Cavern ... I had many black Thoughts ... like a poor condemned Criminal ...»[21] Endlich entläßt ihn der Unterweltsstrom in eine wiederum geschlossene, aber sonnige und paradiesische Landschaft: auf einen Binnensee, umgeben von fruchtbarer Vegetation und nach außen begrenzt durch hohe Felswände. In dieser idyllischen Einsamkeit kommt Utopia in Gestalt von Flugmenschen oder *Glumms* zu dem neuen Robinson, zuerst als erotische Beglückung in Gestalt einer jungen Dame, deren Anmut unwiderstehlich ist, sobald sie ihren Flugapparat aus Seide und Fischbein ablegt, danach als Einladung und Aufnahme in das Reich der *Glumms* selbst. Kein Geringerer als Voltaire war von Paltocks finsterer Flußfahrt so angetan, daß er sie in das 17. Kapitel seines *Candide* (1759) übernahm, um die Reisegesellschaft des Buches aus den satirischen Regionen der Welt in die utopischen Gefilde von Eldorado zu befördern. Die unterirdische Kammer, in der der überaus geräuschempfindliche Held von *Looking Backward* seinen Tiefschlaf hält, ebenfalls Ort eines symbolischen Todes zur Neugeburt, wird somit als Variante von Wilkins' unterirdischem Grabgewölbe lesbar; der reißende Fluß freilich hat sich bei Bellamy zum unsichtbaren Strom der Zeit entmaterialisiert.

Enge und gefährliche Durchgänge sind auch die senkrechten Höhlen und Schächte, durch die Holbergs Niels Klim und – in seiner Nachfolge – der Held von Bulwer-Lyttons *The Coming Race* (1871) aus naturkundlicher Neugier in das Innere der Erde hinabsteigen. Doch in einem befreienden Umschlag, der sich als Ironiemoment erweisen wird, weitet sich der enge Durchgang zum Weltraum im Inneren der Welt: Der «zweite Pluto», als der sich Niels fühlt, verwandelt sich in einen «zweiten Phaethon» und umkreist als Planet einen unterirdischen Planeten, während ihn selbst eine weggeworfene Semmel als Trabant umzieht! Eine derart hybride Verräumlichung der Gegenwelten wirkt als augenzwinkernder Gruß des Autors an den Lukian der *Wahren Geschichten* und als parodistische Überbietung der satirisch-utopischen Großmeister Cyrano und Swift. Holbergs Pluralität dystopischer Welten scheint bei Bulwer-Lytton einer homogen eutopischen Fortschrittswelt im Erdinneren Platz zu machen, die vorteilhaft mit den weniger vollkommenen Lebensbedingungen an der Oberfläche kontrastiert. Die geflügelten Übermenschen des Weltinnenraums, genannt *Vrilya*, haben sich dank ihrer Verfügung über die magische Energiequelle *vril* auf dem Weg der Evolution zu einer dauerhaften gesellschaftlichen Harmonie entwickelt; ihrer konfliktfreien Zivilisation gehört die Welt von Morgen.

Doch an dieser Stelle beginnt sich die menippeische Ironie gegen das Konzept utopischen Fortschrittsdenkens selbst zu richten und damit anti-utopische Züge anzunehmen, getreu ihrer generischen Verpflichtung, gegen die geschlossenen Systeme der *philosophi gloriosi* anzugehen. Die furchtbare Vollkommenheit der *Vrilya* ist mit dem Verlust so humaner Essenzen wie Leidenschaft und Leidensfähigkeit, Religiosität und Künstlertum erkauft. Diesem Thema der eutopischen Degeneration ist in der Antiutopie eine große Zukunft beschieden. Außerdem sind die Frauen in dieser ach so fortgeschrittenen Welt das stärkere Geschlecht, ein altes Thema der satirischen Utopie seit Aristophanes.[22] Der Erzähler sieht sich von einer besonders schönen, großgewachsenen und entschlossenen Dame buchstäblich im Fluge verfolgt und lebensgefährlich umworben. Er flieht aus dem Alptraum gesellschaftlicher Vollkommenheit und weiblicher Dominanz zurück durch die Enge seines Bergwerkschachtes an die Oberfläche der mangelhaften alten Welt, mit dem Stoßgebet «that ages may yet elapse before there emerge into the sunlight our inevitable destroyers.»[23] An dieser Richtungskorrektur der utopischen Reise zeigt sich nicht zuletzt die ironische Doppeldeutigkeit der Lokalisierung Utopias im Welt-Innenraum. Dessen scheinbar grenzenlose Ausdehnung schrumpft in einem klaustrophobischen Prozeß zur geschlossenen Zyklopenhöhle, aus der der Protagonist und die von ihm vertretene Menschheit verzweifelt einen Ausgang suchen. Die *brave new world* im Erdinneren ist letztlich Sackgasse, Unterwelt, Gefängnis der Menschheit.

In H. G. Wells' *The First Men in the Moon* (1901) vertiefen sich Zivilisationskritik und Fortschrittsskepsis, und die antiutopische Semantik des Raumes gewinnt weit deutlicher noch als bei Bulwer-Lytton eine apokalyptische Dimension. Bei aller von Jules Verne gelernten *Science Fiction*-Realistik ist der menippeische Stammbaum auch dieses neuen Typs von Dystopie klar erkennbar: Die paradoxe Phantastik der Gattung setzt den Bankrott der Fortschrittsidee mit großem Aufwand an futuristischer Technologie in Szene. Die Wells'schen *Scientific Romances* machen deutlich, wie weitgehend das gängige Begriffsmodell von Science Fiction als «presence and interaction of estrangement and cognition, whose main formal device is an imaginative framework alternative to the author's environment» auf den ganzen Gattungskomplex der Menippea anwendbar ist.[24]

In Wells' Mondroman gibt sich die phantastische Reise als hybride Verbindung von Himmel- und Hadesfahrt. Die Instanz des Reisenden teilt sich in zwei unterschiedlich ironisierte Figuren auf, den hemdsärmeligen Journalisten Bedford und den exzentrischen Wissenschaftler Cavor, der am Ende allein die Tiefen der neuen Welt im Inneren des Mondes auslotet. Der *Traum* Keplers als Prototyp aller ‹wissenschaftlichen› Mondfahrten wird namentlich und mit einigen seiner Motive anzitiert. Die Erfindung eines Flugapparates aus ‹gravitationsundurchlässigem Material›, die auf der Mondoberfläche weidenden Mondkälber und der naive Aktionismus Bedfords nach seiner Rückkehr zur Erde im Alleingang bestreiten die eher burleske Seite der Erzählung. In der abgründigen Nachtwelt des Mondinneren dagegen herrscht angesichts einer fremden, zugleich insektenhaften und übermächtigen Zivilisation der Modus des Phantastisch-Grotesken vor. Die Utopie einer völlig rationalisierten, mechanischen, konsequent arbeitsteiligen Gesellschaft nimmt Züge eines *airconditioned nightmare* an, eines «first warning of such a change in human conditions as mankind has scarcely imagined heretofore».[25] Doch gleichzeitig kommt auch die alte menippeische Metaphorik zu Wort, wenn die evolutionär einseitig entwickelten, durch staatlichen Eingriff für ihre Aufgaben optimal konditionierten, mit Pilzdrogen manipulierten Mondbewohner als Ameisenhaufen gesichtsloser Insekten erscheinen (595), die andererseits aber, wie Mores Utopier, ihre Ketten und andere Gebrauchsgegenstände aus Gold fertigen (542), was einer Erlösung vom Götzendienst Mammons gleichkommt.

Nach altem Muster verlieren die Reisenden ihre Freiheit und ihren Status als rationale Wesen: Wie ein paar Mondkälber treibt man sie in die lunare Unterwelt. Bedford widersetzt sich, zermalmt die gallertigen Leiber der Seleniten und entkommt erdwärts, von bewaffneter Rückkehr und Kolonisation träumend. Cavor dagegen sucht die Verständigung mit der Gegenwelt, doch die begriffliche Differenz wird zur Katastrophe. Als er dem Mondherrscher («Grand Lunar») die irdische Zivilisation erklären soll, macht er sich wie Gulliver zum Dolmetsch der fortschrittlichen irdischen Kriegskunst und verurteilt sich als Gattungswesen durch seine eigenen Worte. Das Grauen vor der Zukunftsvision des Ameisenstaates schlägt um in das Erschrecken vor der dystopischen Gegenwart. Cavor sieht sich mit dem Janusgesicht des Fortschritts konfrontiert; das Dilemma ist unlösbar – und die Funksprüche zur Erde, die seine Erlebnisse im Mondinneren weitergeben, verstummen am Ende. Die Toleranz der Seleniten ist durch die Spezies Mensch überfordert.

Die Innenwelten von Bulwer-Lytton und Wells zeigen bei aller Ambivalenz mit ihrer Warnung vor einer entindividualisierten und dehumanisierten Zukunft eine ausgeprägt antiutopische Tendenz. In E. M. Forsters Weltuntergangsparabel *The Machine Stops* (1909) erhält diese besondere Klaustrophobie des Innenraums ihre klassisch konzentrierte und konsequenteste Ausformung. Das Personal beschränkt sich auf zwei Figuren: die Mutter Vashti als Vertreterin einer angepaßten, sinnlich verkümmerten, vollklimatisierten Ersatzwelt im Erdinneren, als deren Zentrum und Götze ‹Die Maschine› fungiert; und ihr Sohn Kuno in der Rolle des Außenseiters, den seine Sehnsucht nach elementar menschlicher Erfahrung verbotenerweise an die tödlich dünne Luft der Erdoberfläche lockt, von wo ihn ein gräßlicher schlangenartiger Reparaturapparat (*Mending Apparatus*) wieder in den wohltemperierten Weltinnenraum hinabzieht. Das reibungsarme Existieren der konditionierten Menschen in ihren Wohnwaben, dies versucht Kuno seiner Mutter vergeblich klarzumachen, ist ein lebendiger Tod: «Cannot you see ... that it is we who are dying, and that down here the only thing that really lives is the Machine?»[26] Als am Ende der unvermittelte Zusammenbruch der Maschine alle Erdinsassen in den technischen Weltuntergang reißt, «and the original void returned to the cavern from which it had been so long excluded» (195), empfindet der sterbende Kuno dies als Rückkehr zum eigentlichen, naturgemäßen Leben: «We die, but we have recaptured life ...» (197)

Im Vorwort zu seinen gesammelten Kurzgeschichten nennt Forster 1946 *The Machine Stops* «a counterblast to one of the heavens of H.G. Wells» (viif.). Doch dieser Feststellung widerspricht sowohl die Nähe der total konditionierten Generation von Vashti zu Wells' recht unhimmlischen Seleniten wie auch die Präsenz des «Mending Apparatus», der eindeutig dem Horrormotiv-Arsenal von Wells' Dystopien entstammt.[27] Wenn man Forsters Text als *counterblast* gegen eine frühere Eutopie verstehen will, dann kommt dafür eher Gabriel Tardes *Fragment d'histoire future* (1896) in Frage, dessen englische Übersetzung unter dem Titel *Underground Man* 1905 mit einem Vorwort von H.G. Wells erschien.[28]

Tarde schildert im Stil menippeischer Ironie, wie im 25. Jahrhundert die ‹glückliche Katastrophe› einer Vereisung der Erdoberfläche den Rest der Menschheit zwingt, sich im Erdinneren einen künstlichen Lebensraum aus eigener Kraft zu schaffen. Das Charakteristische der neuen Zivilisation ist die Überwindung der als menschenfeindlich erwiesenen Natur durch Geist und Kunst des Menschen. Das äußere Weltende wird so die Schwelle zum reinen, mineralischen, deutlich symbolistisch getönten Reich des spirituellen Schöpfertums, zur ‹Verinnerlichung› der Gesellschaft. Im Zeichen geistiger Produktivität und einer sublimen Erotik finden sich die Menschen endgültig von Arbeits- und Geldsklaverei befreit. Freilich gibt es noch immer einige unheilbar romantische Liebespaare, die sich der strikten Eugenik der *république géniocratique* durch selbstmörderische Flucht an die Erdoberfläche entziehen. Sie wählen ihren persönlichen Weltuntergang und erstarren im Angesicht der ‹ewig dahinsterbenden Sonne› zu Eissäulen (105). E.M. Forsters humaner Ernst antwortet auf dieses frivole französische Gedankenspiel, indem er den Tardeschen Spieß umkehrt, das Weltende ins Erdinnere und die neue Hoffnung wieder auf die ‹Wüstenei› der Erdoberfläche verlegt. Auch der menippeische Dialog mit den Vorläufern lebt von der ironischen Inversion.

Der Schatten des Großinquisitors

Der bürgerliche Individualismus, der in den Höhlenphantasien von Bulwer-Lytton, Wells und Forster dem Leviathan einer durchrationalisierten Massenzivilisation begegnet und vor ihm die Flucht ergreift, hat noch keine ausgeprägt politische Dimension. Eine solche wächst der Antiutopie erst mit dem bahnbrechenden Werk zu, das die Brücke von der Wells'schen Dystopie zu Huxleys *Brave New World* und zu Orwells *1984* schlägt und mit seiner Warnung vor den totalitären Tendenzen der Zeit der menippeischen Fiktion eine neue, unerhörte Dringlichkeit verleiht: Jewgenij Samjatins *Wir*; ein Buch, das 1920 entstand, 1924 über eine englische, französische und tschechische Version im Westen verbreitet wurde und das erst 1952, und außerhalb der Sowjetunion, in seiner vollständigen russischen Fassung erscheinen konnte.

Der Autor, Kenner und Bewunderer von H.G. Wells,[29] Schiffbauingenieur und Literat, früher Anhänger und früh Enttäuschter der russischen Revolution, wählt als Erzähler seiner totalitären Zukunftsphantasie den Rationalisten, Mathematiker und Konstrukteur der ersten Weltraumrakete D-503 (Namen sind in dem von Grund auf normierten und reglementierten Einheitsstaat durch Nummern ersetzt). In seinen vierzig nüchternen Tagebucheinträgen geht die menippeische Diskontinuität eine fruchtbare Verbindung mit der experimentellen Schreibweise der frühen sowjetischen Revolutionszeit ein – Stil und Thematik von *Wir* ließen sich sinnvoll als eine Art ‹invertierter Futurismus› beschreiben. Die brisanten Aufzeichnungen schildern die umwälzenden Ereignisse, die den Schreiber aus einem vorbildlichen Exponenten des Einheitsstaates zum Abweichler und Verschwörer werden lassen. In einem System, das unter dem Diktat eines ‹Wohltäter› genannten Führers nach den blutigen Kriegen der Vergangenheit seine zwangsbefriedeten Bürger im Gleichschritt grauer Marschblöcke bewegt, mit synthetischer Nahrung füttert, mit Musikkonserven berieselt, durch eine Einheitspresse informiert, hinter gläsernen Wänden überwacht und mit rosaroten Bons für sexuelle Erholungsstunden versorgt, bringt die Liebe zur geheimen Widerständlerin I-330 den Protagonisten vom Automatismus eingedrillter Bürgertugend ab und infiziert ihn mit einem politischen Krankheitskeim: er entwickelt eine ‹Seele›. Dabei sehnt er sich immer wieder nach der alten mathematischen Eindeutigkeit der Bezüge und dem verordneten Glückszustand des in der Masse Geborgenen zurück. Die Terrorinstrumente, die der ‹Wohltäter› für Abweichler vorgesehen hat, eine Glasglocke für öffentliche Folterungen durch dosierten Luftentzug und ein überdimensionaler elektrischer Stuhl, der die Delinquenten im wahren Sinn des Wortes liquidiert, das heißt vor aller Augen zu einer unansehnlichen Wasserlache verdampft, verlieren in seinem Bewußtsein ihre alltägliche Selbstverständlichkeit und nehmen unversehens eine bedrohlich private Bedeutung an.

Die ironisch metaphorische Erzählhaltung der Menippea, die in diesem Text allgegenwärtig ist, bestimmt auch seine Semantik des Raumes. Jenseits der grünen (gläsernen!) Mauer, die den Staat gegen die ‹Wildnis draußen› mit ihren Ruinen vergangener Kriege abschirmt, vegetiert ein naturnahes, ungeschützt lebendes Geschlecht von ‹Wilden›, mit dem die geheime Opposition in Verbindung steht. Die Treffs der Liebenden finden im Heterotop eines Museums statt, das wie eine Zeitkapsel Relikte der Vergangenheit aufbewahrt und Zugang zu einem Labyrinth unterirdischer Gänge gewährt – motivisches Verbindungsglied vom ruinösen Museum der *Time Machine* zu dem Antiquitätenladen, in dessen trügerischem Schutz die Liebenden von *1984* zusammenkommen.

Das Lachen, das D-503 mehrmals im Angesicht der absurden und lebensbedrohenden Situationen anschlägt, in die er gerät, artikuliert die menippeische Respektlosigkeit gegenüber den geschlossenen Systemen von vermeintlich ewiger Dauer: «Lachen ist die tödlichste Waffe. Mit Lachen kann man alles töten, sogar den Mord selbst ...»[30] Gut menippeisch ist auch die von beiden Liebenden erhobene Forderung, einer als verrückt entlarvten ‹Normalität› mit Verrücktheit entgegenzutreten: «Ja, es ist Wahnsinn! Alle müssen den Verstand verlieren, alle, alle – so schnell wie möglich!» (167; 171 f.) Das Ende der unerbaulichen Geschichte ist reinster menippeischer ‹Sarkasmus›. Die Rebellen werden verraten, und der unheldische Held muß sich wie alle anderen Bürger des Staates einer Operation unterziehen, die ihm den störenden ‹Splitter Phantasie› schonend aus der Hirnmasse entfernt. Danach kann er unbewegt der Folterung seiner standhaften Geliebten unter der Glasglocke beiwohnen und mit den letzten Worten seines Tagebuchs im Sinne des ‹Wohltäters› erklären: «Die Vernunft muß siegen!»

Zu den Neuerungen Samjatins, die Huxley und Orwell, jeweils auf eigene Weise, übernehmen werden, gehört die große Szene, in der ein hoher – oder der höchste – Repräsentant des schlimmen Systems dem Rebellen seinen totalitären Katechismus vorbetet. Bei Samjatin ist es der ‹Wohltäter› selbst, der sich dem enttarnten Abweichler gegenüber zur Religion eines Henker-Gottes bekennt, zum schweren Amt derer, die Christus kreuzigen mußten, zum Gott der Hölle und der Inquisition:

> Die wahre Liebe zur Menschheit ist unmenschlich, und das Kennzeichen der Wahrheit ist ihre Grausamkeit! ... Worum haben die Menschen von Kindesbeinen an gebetet ...? Daß irgendeiner ihnen ein für allemal sage, was das Glück ist, und sie mit einer Kette an dieses Glück schmiede. Und ist dies nicht gerade das, was wir tun? (221 f.)

Das kollektive Glück der ewig Unmündigen ist nur durch das Opfer der Freiheit zu haben, und die ungebärdige Phantasie des Menschen ist das größte Hindernis auf dem Weg zu diesem Glück. Eine solche Szene findet sich in den ansatzweise antiutopischen älteren Texten der englischen Tradition nicht. Hier ließ Samjatin sich von jenem einheimischen Autor anregen, den Bachtin etwas zu pauschal der Menippea zuschlägt, der aber seinem Roman *Die Brüder Karamasoff* mit der unheiligen Legende vom Großinquisitor unzweifelhaft eine menippeische Einlage implantiert hat. Es ist die Geschichte, die Iwan, von der Sinnlosigkeit des menschlichen – vor allem des kindlichen – Leidens in nihilistische Verzweiflung gestürzt, seinem frommen Bruder Aljoscha vorträgt; die Geschichte von Christus, der zur Zeit der großen Autodafés nach Sevilla kommt, dort einige Wunder tut und daraufhin von dem greisen Großinquisitor, der die Geschäfte seiner Kirche durch einen Unbefugten gestört sieht, gefangengesetzt und nachts im Kerker besucht wird. Aljoscha, von der wilden Phantastik der Geschichte verstört, möchte sie am liebsten als senile Halluzination oder Personenverwechslung des alten Ketzerfängers hinwegerklären, worauf ihm Iwan auflachend zuruft: «Nimm meinetwegen das letztere an ... wenn dich der moderne Realismus bereits dermaßen verwöhnt hat, daß du nichts Phantastisches mehr ertragen kannst.»[31]

Tenor der inquisitorischen Grundsatzerklärung ist die Erlösung der Menschen von einer ihnen unerträglichen Freiheit durch die wohltätige Macht der Kirche: «Anderthalb Jahrtausende haben wir uns mit dieser Freiheit abgequält, doch jetzt ist das überwunden, und zwar endgültig!» (409) Das Bekenntnis zu dieser antichristlichen Erlösungsmission legt der Inquisitor in der Nachfolge jenes «mächtige[n] und kluge[n] Geist[es]» ab, der Christus in der Wüste versucht hat, also Satans – die Kirche hat sein Angebot der Weltherrschaft nachträglich angenommen. Christus hört sich das teuflische Credo der Macht ebenso schweigend an wie D-503 die Worte des ‹Wohltäters›. Doch so unverwundbar durch Diabolie wie der Gottessohn ist der Raketeningenieur nicht: er wird von seinem allmächtigen Gegenüber mit Zweifeln an der Aufrichtigkeit seiner Geliebten vergiftet und für Liebesverrat und Denunziantentum vorbereitet.

Der spielerische Skeptiker Huxley[32] und der ingrimmige Ironiker Orwell haben die antiutopische Metaphorik Samjatins höchst kreativ weiterentwickelt und auf die unterschiedlichen Entmündigungssysteme kapitalistischer Konsumenten-Konditionierung und des stalinistischen, aber letztlich auch nazistischen Totalitarismus bezogen. Die Lotosesserartige, kalifornisch angehauchte Unnatur[33] einer fortgeschrittenen, grenzenlos manipulativen Konsumgesellschaft und die Verhetzung, Bespitzelung und sadistische Dehumanisierung der Menschen durch ein aktuelles politisches Terrorregime sind beide gleichermaßen als künftige Entwicklungsmöglichkeiten in Samjatins prophetischer Satire enthalten. Egalisierende Abrichtung der Menschen zu reibungslosen Funktionsträgern, Trivialisierung der Sexualität und die Gegenwelt der ‹Wildnis› in *Brave New World* sind ebenso Samjatinsche Motive wie Big Brother, Existenz im Gleichschritt, totale Überwachung, Verrat durch den Verbündeten und Preisgabe der Geliebten in *1984*; die letzte Bewußtseinsregung von Orwells gebrochenem Antihelden – «He loved Big Brother» – zitiert den abschließenden Sarkasmus Samjatins gleichsam an.

Orwells Vorwurf an die Adresse Huxleys, er habe ein Plagiat des russischen Vorläufers geliefert, paßt genauso gut – oder genauso schlecht – auf ihn selber.[34] Der Samjatinsche Großinquisitor aber hat auch in diesen beiden ‹Fortsetzungen› seinen Auftritt gegen Ende des Buches. Dies geschieht bei Huxley in der Belehrung des ‹verrückten›, in das System nicht integrierbaren ‹Wilden› durch den *Controller* Mustapha Mond. Dem Anspruch des Systems gegenüber, zum Glück der Menschen Gott überflüssig zu machen und ihnen mit seinen Bewußtseinsdrogen ein Christentum ohne Tränen zu bieten, beharrt der Unbelehrbare auf seinem ‹Recht auf Unglück› (Kap. 17), das er bald darauf im Selbstmord realisieren wird. Im Folterkeller von Orwells

«Ministry of Love» erklärt der diabolische O'Brien seinem Gefangenen in den Pausen zwischen qualvollen Elektroschocks die Sünde seines Abweichlertums: «You would not make the act of submission which is the price of sanity. You preferred to be a lunatic, a minority of one ...»[35] Doch gerade in ihrem Scheitern bekräftigen die Rebellen der Antiutopie die menippeische Pflicht zum Wahnsinn in einer wahnsinnigen Welt.

6. Die Metropole als Ruinen- und Totenstadt

> The city of the dead antedates the city of the living
>
> L. Mumford, The City in History, Kap. 1

> ‹Wir nehmen die Verwüstungen der Zeit vorweg, und unsere Phantasie zertrümmert selbst die Bauten, in denen wir wohnen›
>
> D. Diderot, Salon von 1767

Wo der Andere Blick eine imaginäre Zukunft vergegenwärtigt, wie in Utopie und Dystopie, erborgt er seinen weltlichen Prophetengestus von der messianischen oder apokalyptischen Vision, das heißt, von Religion und Mythos. Auch darin bezeugt sich der parasitäre Charakter menippeischer Fiktionen. Ein besonders langlebiges und tiefwirkendes Schockbild solch quasi-mythischer, letztlich satirischer Grenzüberschreitung in ein Futur, das die selbstgefällige Gegenwart grausam Lügen straft, ist die Präsentation der Metropolen als Nekropolen, also in Gestalt von Ruinen- und Totenstädten. Dabei ist die etymologische Herkunft von *cité / city* aus lat. *civitas* von größter Bedeutung: die Tatsache, daß die Stadt als Synekdoche oder ‹Teil, der für ein Ganzes steht›, die gesamte Zivilisation ihres Kulturraums verkörpert. Die Betrachtung der zivilisatorischen Lebenszentren im Zustand der Leichenstarre ist ein Memento Mori besonderer Art, und der Voyeur dieses tabuisierten Anblicks – die Persona des Autors als Wanderer, Visionär, Überlebender, Letzter Mensch – muß für das *horrible privilege of sight*[1] mit tiefer Melancholie bezahlen. Die auf dem Weg literarischer Erfindung zur Diskussion und zur Schau gestellte satirische Inversion, ob Naturgesetz oder selbstverschuldeter Umsturz der Dinge, gibt sich unüberbietbar final; im Gegensatz zu sonstigen frommen Nachrufen droht bei diesem Epitaph auf eine ganze Zivilisation jegliches Trostargument zu entfallen. Daß die verschiedenartigen Konkretisationen einer solchen Zwangsvorstellung nicht im geschichtsfreien Raum ausschweifender Phantasie entstanden sind, wird durch gewisse Daten der menschlichen Historie von Troja bis Hiroshima ausreichend belegt.

Retrospektive und prospektive Ruinenschau: Antike Grundformen

Am Anfang steht, wie gesagt, die prophetische Vision der Bibel. Sie hat den Charakter eines Bußappells an das Volk Gottes und einer Warnung an dessen Feinde, bei gleichzeitiger Androhung des göttlichen Strafgerichts. Die Stadt steht im Alten Testament von ihrem Ursprung an im Zeichen menschlicher Überhebung und des Ungehorsams gegen Gott. Der erste Städtebauer hieß Kain, und der Turm von Babel wird in einem Atem mit der Stadt genannt, deren himmelstürmenden Ehrgeiz er in die Vertikale überträgt (1. *Mose* 11, 4). Doch auch die Städte Israels, allen voran Jerusalem, sind immer wieder Orte der Unbotmäßigkeit. Die Propheten können sich – in Ausdeutung von Jehovas Drohwort: «Und ich will eure Städte wüst machen» (3. *Mose* 26, 31) – nicht genug daran tun, die Verwandlung der zivilisatorischen Zentren in Ruinenfelder und Wüstenei drastisch auszumalen: «Ich sah, und siehe, das Gefilde war eine Wüste; und alle Städte darin waren zerbrochen vor dem Herrn ...» (*Jeremia* 4, 26). In noch leidenschaftlicherer Rhetorik wird das Schicksal jener Städte beschworen, die Israel die Stirn bieten und darin Werkzeuge der Strafe Gottes sind, wie Babylon oder Edom: «und werden Dornen wachsen in seinen Palästen, Nesseln und Disteln in seinen Schlössern; und es wird eine Behausung sein der Schakale und Weide für die Strauße. Da werden untereinander laufen Wüstentiere und wilde Hunde ...» (*Jesaja* 34, 13 f.). Das Futur solcher Sätze verwandelt die Macht ihrer Bilder zur unentrinnbaren Gegenwart; es sind unvergeßliche Bilder einer Fauna der Letzten Tage, mit der sich die Wüste in den leeren Gehäusen einstiger Pracht und Geschäftigkeit einnistet, um sie mit einer makabren Parodie von Leben zu erfüllen.

Das antike Rom, am Ende der Bibel in durchsichtiger Verkleidung als ‹Hure Babylon› dem ewigen Verderben überantwortet, kennt kein vergleichbares Pathos von Verheißungen des Untergangs; wohl aber den elegischen Blick auf die Ruinen vergangener Metropolen, deren Erbe das Imperium Romanum angetreten hat. *Iam seges est ubi Troia fuit*, ‹Schon reift Getreide, wo einst Troja lag›, heißt es mit einer einprägsamen Formel im ersten Stück von Ovids *Heroiden* (V. 53); und die ihrem fernen Gatten mit ungewisser Adresse schreibende Penelope als Verfasserin dieser Epistel entwirft vor ihrem geistigen Auge eine Szene, in der die Pflugschar auf die Gebeine der gefallenen Helden trifft und Gras über die eingestürzten Paläste wächst. Das auf Rom bezogene Gegenstück zu dieser eher privaten Sicht eines ewigen Wandels, nach dem Ruinen und Heldenleiber der Natur anheimfallen und der Pflüger das Erbe des Kriegers antritt, findet sich im letzten Buch der Ovidianischen *Metamorphosen*. Gleichsam in weltgeschichtlicher Kataskopie sieht dort der Weisheitslehrer des Wechsels, Pythagoras, von der Höhe seiner philosophisch-prophetischen Schau die Ruinenstädte der mediterranen Welt unter dem Gesetz eines *omnia mutantur, nihil interit* (V. 165; ‹Alles wandelt sich, nichts vergeht›):

> So ist Troja groß an Schätzen und Männern gewesen ...
> Jetzt ist es klein und zeigt nur noch seine alten Ruinen
> und an der Reichtümer Statt nur noch die Gräber der Ahnen ...
> Feiler Boden ist Sparta, gestürzt das hohe Mycenä ... ²

Dem Rückblick des Pythagoras auf die Ruinen einstiger Größe folgt seine Weissagung der Weltherrschaft des ‹troischen Rom›, das berufen ist, ‹zum Haupt des unermeßlichen Erdkreises› (V. 435) aufzusteigen. Was der Philosoph nicht ausspricht und Ovid allenfalls zwischen den Zeilen andeutet: Wenn alle Weltgeschichte im Zeichen des Wechsels steht, dann muß das trojanische Schicksal einst auch Rom ereilen und seine Tempel und Paläste zum Einsturz bringen. So sehr das pythagoreische Prinzip diese Perspektive nahelegt – dem Lobredner des künftigen Augustus (denn als solcher fungiert Ovids Persona am Ende des großen Gedichts) stünde sie schlecht zu Gesicht.³

In Lukians schon mehrfach zitiertem Dialog *Charon* ergreift statt des philosophischen der satirische Visionär das Wort, und die menippeische Herabschau tritt an die Stelle des prophetischen Weitblicks, wenn der Götterbote dem Totenfährmann die großen Ruinenstädte der Antike von hoch oben in der Totale vorführt:

> *Charon:* Aber zeige mir doch auch die großen Städte, wovon ich bei uns so viel Rühmens gehört habe, das Ninive Sardanapals, Babylon, Mykenä, Kleonä und besonders Troja selbst ...
> *Merkur:* Ninive, mein guter Fährmann, ist so zerstört, daß man nicht einmal sagen kann, wo es gestanden hat. Jene große Stadt dort mit den vielen Türmen und hohen Mauern ist Baby-

> lon, deren Stätte man bald auch suchen wird, wie die von Ninive. Mykenä und Kleonä [und Troja vor allem⁴] schäme ich mich dir zu zeigen, denn ich bin gewiß, du würdest, wenn du zurückkommst, den Homer erdrosseln, weil er soviel Aufhebens von solchen Kleinigkeiten gemacht hat. Gleichwohl waren sie einst in blühendem Zustand; aber nun sind sie tot: denn auch Städte, lieber Charon, sterben wie einzelne Menschen ... (*WL*, I, 360; *L*, II, 442)

Weder ein göttliches Strafgericht noch das universale Gesetz von «Stirb und Werde» steht hier zur Debatte, sondern allein der Größenwahn, verbunden mit Schicksalsblindheit, der Menschen sowie die Großsprecherei (*megalegoría*) eines Homer, der sie zu Heroen verherrlicht hat. Menippeische Teleskopie läßt die Ruinenstädte bis zur Unsichtbarkeit schrumpfen, während das babylonische Beispiel den künftigen Fall der Mauern und Türme, die ohnehin nur noch den Schatten einstiger Größe darstellen, als unabwendbar vorwegnimmt.

Auch die elegische Schau antiker, vor allem römischer, Ruinen im Zeitalter von Renaissance und Barock bleibt weitgehend rückwärtsgewandt. Der nachdenkliche Betrachter begreift, daß die Reiche und ihre Zentren nach dem Gesetz der geschichtlichen Progression dem endlichen Verfall unterliegen, doch (wie bei Ovid) ohne die Ruinenvision in die Zukunft und auf das Schicksal der eigenen Hauptstädte zu projizieren, denen man gern die Gunst einer besonderen Vorsehung zuschreibt. So läßt sich aus der ruinösen Anschauung antiker Städte für die Gegenwart ein – christlich gefärbtes – Bewußtsein der Eitelkeit irdischer Größe im Zeichen von Ovids ‹allesverschlingender Zeit› (*tempus edax rerum; Met*. XV, V. 234) gewinnen, das die weltanschauliche Krisenerfahrung der Frühen Neuzeit in sich aufnimmt und das dem reduktiven Blick der Menippea durchaus nahesteht. Freilich kommt mit dem Spätzeitbewußtsein der Nachgeborenen auch ein Hang zum weltschmerzlichen Selbstgenuß des Vergänglichkeitsgefühls auf; er läßt Einstellungen von Satire und Pathos miteinander wechseln und rückt dabei die Persona des Betrachters stärker ins Blickfeld. Dem Eindruck vom Ruin einstiger Größe steht ein Erstaunen vor der Größe des Ruins gegenüber, das Gefühle des Erhabenen freisetzt. So erklärt der französische Dichter Joachim Du Bellay in seinem Sonettzyklus über die Ruinen Roms die ‹Göße des Nichts› (*grandeur du rien*), die in den steinernen Zeugen seines gewaltigen Falls sichtbar wird, ihrerseits zum Weltwunder.⁵ Barocke Desillusionslust weidet sich förmlich am Verfallszustand antiker Städte. Der Andalusier Rodrigo Caro entwirft in seinem elegischen Gedicht auf die Ruinenstadt Itálica, Heimat des Kaisers Trajan, das Bild des kaiserlichen Palastes als ‹gemeine Wohnstatt der Eidechse›, stellt den geschichtsträchtigen Ort in eine Reihe mit Troja und Rom («dem kaum sein Name geblieben ist»), und beschwört die ‹tausend edlen Schatten eines großen Ruins›, um schließlich dem Ganzen eine geistliche Wendung zu geben.⁶ Der Fall der großen Reiche der Antike ‹witzigt› den Betrachter und lehrt ihn, daß seine eigene Existenz dem Tod geschuldet ist.⁷

Fortschritt als Verfall: Mercier und die Folgen

Erst mit dem entschiedenen Fortschrittsdenken der Aufklärung ist – paradoxerweise – die Zeit für eine Projektion des Städtetodes in die Zukunft gekommen. Die Anfänge dieses Prozesses sind nicht zufällig mit dem Werk Louis-Sébastien Merciers verbunden, des menippeischen Journalisten und Verfassers der ersten Zeitutopie. Zwei Texte dieses Rousseau-Anhängers und philosophischen Topographen von Paris sind dabei zusammenzulesen. Der erste ist das Schlußkapitel «Versailles» seiner Zukunftsvision *Das Jahr 2440*. Der ‹Träumer› sucht am Ende seines ausgedehnten Streifzugs durch ein von allen gesellschaftlichen Übeln erlöstes Paris des dritten Jahrtausends den Ort auf, der wie kein anderer der Selbstverherrlichung des Ancien Régime diente. Anstelle des riesigen Palastes findet er ein Ruinenfeld: zerfallene Mauern, verstümmelte Statuen, umgestürzte Säulen. Ein Greis, auf einem Kapitäl sitzend, erklärt dem Besucher aus der alten Welt, die ganze Herrlichkeit sei von selbst in sich zusammengestürzt (*écroulé sur lui-même*), und gibt sich unter Reuetränen als Geist Ludwigs XIV. zu erkennen – der einzige Trauernde inmitten der einzigen Ruinen des glanzvollen und glücklichen Neuen Paris. Der an die Wüste zurückgefallene Palast und symbolische Ort eines Strafgerichts der Geschichte ist, metaphorisch angemessen, von Schlangen bevölkert. Als Schlußpointe des Textes beißt (wie erwähnt) eine davon, die um einen Säulenstumpf geschlungen war, den Erzähler in den Hals und läßt ihn schmerzhaft aus seinem Fortschrittstraum erwachen.⁸

Das Motto dieses ‹Traumes aller Träume› (so der Untertitel der Utopie) stammt von Leibniz und lautet ‹Die Gegenwart geht mit der

Zukunft schwanger›. Auch Merciers berühmten, einander in unerschöpflicher Fülle folgenden Momentaufnahmen der damaligen Hauptstadt Europas in *Le Tableau de Paris* ist gelegentlich der Ausblick auf künftige Entwicklungen eingeschrieben; auf besonders schockierende und literarisch folgenreiche Weise im 355. Kapitel ‹Was wird aus Paris werden?› In einem kühnen Zeitparadox imaginiert es den Untergang der Stadt als Vergangenheit des Gegenwärtigen in ferner Zukunft.[9] Der Erforscher des unbekannten Paris, hier zum Visionär geworden, beginnt seine Betrachtung mit dem *ubi sunt*-Topos: Wohin sind sie entschwunden? ‹Theben, Tyrus, Persepolis, Karthago, Palmyra sind nicht mehr ...› Der menippeische Pauschalblick auf die Ruinen großer Städte und Reiche als Teil einer ‹erschreckenden Wüstenei› führt zu der Einsicht: ‹Ach! die großen modernen Städte werden eines Tages denselben Umschwung (*la même révolution*) erfahren.›

Sogleich folgt die bildhafte Konkretisierung dieser Vorstellung am Beispiel des vielleicht doch nicht so unsterblichen Paris: Die Seine wird, vom gigantischen Schutt der Stadt aufgestaut, ihre monumentalen Kais überfluten und verpestete Sümpfe bilden, Ruinen werden die schnurgeraden Straßen verstopfen, und auf den von Menschenmassen wogenden Plätzen wird ‹giftiges Gewürm, Brut der Fäulnis, um die gestürzten und halb begrabenen Säulen kriechen›. Der Bezug zur Schlußepisode von Merciers Utopie ist ebenso deutlich wie zum alttestamentlichen Bild der Wüstenfauna in den verödeten Städten; doch auch das ovidianische Getreidefeld über den Ruinen, obwohl nicht ganz passend, darf bei dieser Sammlung elegischer Katastrophentopoi nicht fehlen: Im Geiste sieht Mercier an dem Ort, wo er gerade seine Phantasien niederschreibt, schon den Weizen der Zukunft wachsen. Wie Ovid am Ende der *Metamorphosen* versteht er die Dauer seines eigenen Buches als Widerspruch gegen das Universalgesetz der allesverschlingenden Zeit. Es soll einer fernen Zukunft, nachdem Paris an seinem Gegensatz von Arm und Reich, das heißt an sich selbst, zugrunde gegangen sein wird (*s'affaissera sur lui-même*), vor Augen führen, was die Stadt einmal gewesen ist. Der futurische Erzähler stellt sich vor, wie dereinst die Pflugschar eines Bauern auf das Haupt einer Reiterstatue Ludwigs XV. trifft, und wie die Altertumsforscher über die Ruinen von Paris debattieren werden – so wie sie zu Merciers Zeit über die vor kurzem entdeckte Wüstenstadt Palmyra räsonierten.

Diese zugleich archäologische und apokalyptische Zukunftsphantasie hat zwei historische Bezugspunkte, die der Text klar benennt: das große Erdbeben von Lissabon 1755, das als europäisches Menetekel wahrgenommen wurde, und das neuerwachte Interesse an den versunkenen Städten Herculaneum und Pompei. Mercier malt sich aus, wie die Archäologen die Trümmer der ‹toten und begrabenen großen Stadt› durchwühlen und ihr *squelette gigantesque* sezieren, um angesichts der wunderbaren Altertumsfunde, die ihnen dabei in die Hände fallen, in gewaltiges Staunen zu geraten. Du Bellays *grandeur du rien* erscheint hier erstmals auf eine moderne Metropole bezogen und in ein weltgeschichtliches Futur übertragen.

Gleich zweimal erwähnt Merciers Text die Ruinenstadt Palmyra, die dem Orientalismus der Epoche das Phantasma der – gleichsam in einer Zeitkapsel eingeschlossenen – Totenstadt in der Wüste bot. François de Volney, dessen europäisches Erfolgsbuch *Les Ruines, ou méditation sur les révolutions des empires* 1791 zur Zeit der Französischen Revolution erschien, hat auf seinen Reisen nach Ägypten und Syrien diesen verwunschenen Ort nicht selbst betreten; seine (bereits oben [55–57] als menippeisch gedeutete) Ruinenvision ist weniger autobiographisch als literarisch, nämlich von Merciers Pariser Ruinenkapitel, inspiriert.[10]

Zunächst scheint der Andere Blick freilich ganz in die Vergangenheit gerichtet. Statt Merciers Archäologen der Zukunft entwirft Volney eine Persona, die nach der Ikonographie des melancholischen Betrachters irdischer Vergeblichkeit stilisiert ist: im Angesicht des Ruinenfeldes auf einem Säulenstumpf sitzend, «den Ellenbogen aufs Knie gestützt, den Kopf in die Hand gelegt», versunken in eine «tiefe Träumerei» (*rêverie profonde;* 24; vgl. Abb. 5). Doch der Blick des Sinnierenden weitet sich bald in die Zukunft. Denn auf die tröstliche Einsicht, daß Europa dank der Ost-West-Progression des Weltgeistes den vergangenen Glanz des Orients geerbt hat, folgt die Verlagerung des Denkmodells in eine dritte Zeitstufe:

> Wer weiß, ob nicht einst an den Ufern der Seine, der Themse oder des Südersees [gemeint ist die Zuidersee], da, wo jetzt, im Wirbel so vielen Genusses, Herz und Augen für die Menge und Mannigfaltigkeit der Eindrücke kaum groß genug sind; wer weiß, ob nicht einst ein Reisender, wie ich, sich dort auf stummen Ruinen niederlassen und einsam über der Asche der Völker und dem Andenken ihrer Größe weinen wird? (28 f.)

In einer Bildvorstellung von hoher Suggestionskraft richtet das andere Ich des Sprechers, der melancholische Betrachter der Zukunft, seinen Trauerblick auf die Ruinen von Paris, London und Amsterdam. Der «Genius der Freiheit» (*génie de la liberté*), der sich wenig später dem Reisenden in der Rolle des menippeischen Mentors beigesellt, als dessen reale und zugleich metaphorische Reise ins Phantastische umschlägt, ist mehr als nur der übliche orientalische Dschinn aus den Übersetzungen und Erzählungen der Zeit. Er fungiert als Pendant zum Geist von Ludwig XIV., der den Träumer Merciers über den geschichtlichen Sinn der Ruinen von Versailles aufklärte. Bittere Kritik an der Machtgier der Monarchen und Tyrannen ist der gemeinsame Nenner beider Geisterlektionen. Der Genius der Freiheit deutet dem Volneyschen *contemplateur* die Ruinenstädte der Erdoberfläche als Appell an den mündigen Menschen, sein Geschick in die eigenen Hände zu nehmen und alle ungerechte Herrschaft endgültig abzuschütteln. Der Begriff der ‹Revolution› erfährt dabei eine Bedeutungsverschiebung vom ewigen Umlauf der Geschichte zum aktiven und geschichtsverändernden Widerstand gegen alle Hemmnisse des Fortschritts.

Die Faszination durch malerische Ruinenlandschaften war in jener Zeit nicht auf Frankreich beschränkt, ebensowenig wie die Visualisierung der eigenen Metropolen im Zustand des Verfalls. Horace Walpole, Schöpfer der Gattung Schauerroman und Anhänger neugotischer Ruinenromantik, schrieb am 24. November 1774 an seinen in Florenz lebenden Freund Sir Horace Mann:

> The next Augustan Age will dawn on the other side of the Atlantic. There will, perhaps, be a Thucydides at Boston, a Xenophon at New York, a Virgil at Mexico, and a Newton at Peru. At last, some curious traveller from Lima will visit England and give a description of the ruins of St. Paul's, like the editions of Balbec and Palmyra ...[11]

Um die gleiche Zeit wie Mercier, aber offenbar unabhängig von ihm, entwirft Walpole für die zweite große Metropole der westlichen Welt eine malerische Ruinenansicht samt dem zukünftigen Reisenden, der sie skizziert. Vom Fortschrittsglauben Volneys ist der ältere Walpole in seinem Kulturpessimismus freilich weit entfernt, und so verschärft er die relativistische Tendenz der menippeischen Denkfigur: Er nimmt den Topos von der Ost-West-Wanderung der Reiche (*translatio imperii*) und der Kultur (*translatio studii*) wörtlich und betraut einen Süd-

Fortschritt als Verfall: Mercier und die Folgen

Abb. 6: London als malerische Ruinenstadt der Zukunft, mit neuseeländischem Betrachter (aus G. Doré / B. Jerrold, London: A Pilgrimage, *1872)*

amerikaner damit, den Ruin Englands für die dann auf der Sonnenseite der Geschichte liegende andere Hemisphäre festzuhalten. Wie Merciers Vision hat auch Walpoles Vignette der Hauptstadt als Ruine eine eigentümliche Nachkommenschaft gezeugt. Der britische Historiker Macaulay nimmt das Bild auf, als er 1840 Rankes *Geschichte der Päpste* für die *Edinburgh Review* bespricht. Voller Staunen über das paradoxe Beharrungsvermögen der römischen Kirche in der modernen und säkularen Welt notiert er, in nachdrücklicher Formulierung: «And she [the Roman Church] may still exist in undiminished vigour when some traveller from New Zealand shall, in the midst of a vast solitude, take his stand on a broken arch of London Bridge to sketch the ruins of St. Paul's.»[12]

Genau diese Szene wird Gustave Doré am Ende seines drastischen Streifzugs durch das drangvolle und finstere London der industriellen Revolution *London: A Pilgrimage* (1872) ins Bild setzen. Auf dem letzten Blatt dieses hektischen Bilderbogens erscheint die Hauptstadt des Empire und des Sozialelends ‹ein paar tausend Jahre später› endgültig von Schmutz, Lärm und Proletengewimmel gereinigt (Abb. 6). Die City, eine Ansammlung von Ruinen mit venezianischem *touch*, spiegelt sich in der Themse.[13] Auf einem großen Quader am Südufer sitzt eine exotisch gekleidete Gestalt – Macaulays Neuseeländer – und zeichnet das malerisch beleuchtete Panorama. Die Komposition erinnert, bis auf den fehlenden Palmenbaum als Schattenspender, an Volneys vielfach nachgeahmtes Frontispiz. Die hochfliegende aufklärerische Sozialkritik, die sich bei Mercier und Volney mit dem Ruinenbild verband, hat Dorés genauer Zeichenstift auf den Boden der realökonomischen Tatsachen herabgeholt und dadurch enorm verschärft. Im Zusammenhang der Sequenz erscheint der ‹Ruin› des letzten Bildes – pointierter als bei den französischen ‹Philosophen› – als höchst ironische Idylle und Ergebnis eines selbstverschuldeten Untergangs.

Ruinenvision und Weltuntergangs-Fiktion

Das lateinische Wort *ruina* bezeichnet in seiner Doppelbedeutung als ‹Ruin› und ‹Ruine› den Prozeß und das Ergebnis eines bedeutsamen (Ein-)Sturzes. In der ruinösen Zukunftsphantasie eines Mercier, Volney oder Walpole lag ein erhebliches Fiktionspotential, das nur darauf zu warten schien, von der Schauerromantik narrativ ausgebeutet zu werden; einmal, indem der distanzierte Ruinenbeobachter einer fernen Zukunft als Protagonist eines Zukunftsromans zum Erlebenden und Augenzeugen des Untergangs von *city* und *civitas* mutierte, zum anderen durch eine Steigerung der apokalyptischen Semantik des Städtetodes zum Weltuntergang. Schlüsseltext dieser eschatologischen Entwicklung ist der merkwürdigste unter den Abkömmlingen von Volneys *Ruinen*, Cousin de Grainvilles Endzeitroman (oder -epos?) *Le Dernier homme* von 1805.[14]

Eine Rahmenhandlung signalisiert den Bezug der Erzählung zu Volney. In einer Höhle nahe der Ruinenstadt Palmyra enthüllt der ‹Geist der Zukunft› dem Erzähler in einem Zauberspiegel das Schicksal des letzten Menschenpaares, Omégare und Sydérie, und das gottgewollte Ende der Welt im Zeichen einer Erkaltung der Sonne, wie sie der große Naturforscher Buffon vorausgesagt hatte. Grainville verkehrt die Fortschrittsverheißung Volneys in ihr Gegenteil – allerdings läßt er dem Weltende als retardierendes Moment eine Phase gesellschaftlicher Eutopie vorausgehen. Die ideale Liebe des letzten Paares – er ein entfernter Nachkomme Napoleons, sie ein Sproß der noch nicht ganz erkalteten Neuen Welt Brasiliens – ist ein heroisches Aufbegehren des Lebenswillens gegen das unentrinnbare Fatum. Unter den eindrucksvollen Bildern einer verödeten Welt bietet sich Europas Hauptstadt am Vorabend des Jüngsten Tages als versunkene, doppelt ruinöse Ruine, ‹Grab der Menschheit› und Inbegriff des romantischen *nevermore* den Blicken des letzten Überlebenden dar: ‹Paris war nicht mehr: die Seine floß nicht mehr inmitten seiner Mauern; seine Gärten, seine Tempel, sein Louvre – sie alle sind verschwunden ... Der Ort ist nur noch Wüstenei, ein endloser Staubacker, ein Schauplatz des Todes und des Schweigens ...› (II, 85) ‹Sind das die Reste dieser herrlichen Stadt›, klagt wortreich der Letzte Mensch kurz vor Anbruch der Ewigkeit, ‹deren geringste Regung zwei Welten bewegte? Ich finde keine Ruine, nicht einmal einen einzigen Stein, über den ich meine Tränen vergießen kann ...› Welch eine Blasphemie auf die Glorie des Kaiserreiches! Immerhin entdeckt Omégare bei genauerem Hinsehen dann doch eine einsame Napoleonstatue, die wunderbarerweise vom allgemeinen Verfall verschont blieb; letzter Nachklang der *grandeur du rien* des alten Rom, als dessen Nachfolger sich das Napoleonische Paris so gern verstand.[15]

Die Nachtseite der romantischen Imagination, von Victor Hugo in einem berühmten Gedicht «Pente de la rêverie» – also etwa: ‹Träumerei zum Abgrund hin› – genannt, bedient sich des visionären Gestus, um dem äußersten vorstellbaren Horrorszenario ein Äußerstes an erhabenen Gefühlen abzugewinnen. Durch den Sensationalismus dieser Verbindung hat Grainville, ungeachtet seines geringen Erzähltalents, ein menippeisches Schreckensbild von großer Langzeitwirkung in die

Welt gesetzt. Im weltanschaulichen Krisenbewußtsein des Fin de Siècle, und darüber hinaus in Film und Fantasy-Literatur des 20. Jahrhunderts, sollte ihm ein vielfältiges Fortleben beschieden sein.

Zunächst löste Grainvilles heroische Apokalypse, schon 1806 als *The Last Man* ins Englische übersetzt, über Frankreich hinaus ein literarisch bedeutsames Echo beim Shelley-Byron-Kreis in seinem Genfer ‹Exil› aus.[16] Noch 1826 übernahm Mary Shelley weit mehr als nur den Titel Grainvilles für ihre Weltend-Phantasie, in der sie die Vorlage zur Chronik einer weltvernichtenden Pest umschreibt. Auch bei ihr geht der rapiden Entvölkerung der Erde eine fortschrittliche Phase der (europäischen) Menschheitsgeschichte voraus. Danach verwandelt sich die Erzählung in einen Reiseroman mit rasch abnehmendem Personal, das sich – wie die Shelleys Jahre zuvor – von London aus über Frankreich und die Schweiz nach Italien zurückzieht. In melancholischer Schönheit liegen die Natur- und Kulturlandschaften Europas unter dem apokalyptischen Blick. Denn der Letzte Mensch tritt hier erstmals in der Rolle des Ich-Erzählers auf.

Nicht als Träumer oder Visionär, sondern als Erlebender erfährt er den Schock der zu Geisterstädten verwandelten Zentren einstiger Zivilisation, angefangen bei London selbst:

> ... Adrien and I rode for the last time through the streets of London. They were grass-grown and desert. The open doors of the empty mansions creaked upon their hinges; rank herbage, and deforming dirt, had swiftly accumulated on the steps of the houses; the voiceless steeples of the churches pierced the smokeless air; the churches were open, but no prayer was offered at their altars ... birds and tame animals, now homeless, had built their nests, and made their lairs in consecrated spots. We passed St. Paul's ... Its ponderous mass, blackened stone, and high dome, made it look, not like a temple, but a tomb. Methought above the portico was engraved the *Hic jacet* of England.[17]

Der Verfall kam plötzlicher als bei Grainville: Er hat London noch nicht in eine Ruinenstadt verwandelt. Seine Anfänge werden (ganz ohne Pestleichen) als diskrete Metonymie eines Weltendes sichtbar, das die Menschen hier unverschuldet traf und das auch von keiner weltmüden Gottheit verhängt wurde, um endlich die Ewigkeit einzuläuten. Die leeren und stummen Kirchen, deren größte das Grabgewölbe Englands symbolisiert, verweisen auf den abwesenden Gott, vielleicht auch auf den Schicksalsfatalismus eines P. B. Shelley. Als die mittlerweile zu einer Dreiergruppe dezimierten Überlebenden die erste Station Italiens, Venedig, erreichen, empfinden sie seine (einst in Byrons *Childe Harold's Pilgrimage* so werbewirksam beschworene) Schönheit des Verfalls nur umso intensiver – schließlich sind sie die letzten Touristen der Stadt:

> The tide ebbed sullenly from out the broken portals and violated halls of Venice: sea weed and sea monsters were left on the blackened marble, while the salt ooze defaced the matchless works of art that adorned their walls, and the sea gull flew out from the shattered window. In the midst of this appalling ruin of the monuments of man's power, nature asserted her ascendancy, and shone more beauteous from the contrast. The radiant waters hardly trembled, while the rippling waves made manysided mirrors to the sun ... (319)

Auch hier stören keine Spuren menschlicher Verwesung die Romantik des Weltuntergangs; nur ein paar Gondelwracks treiben auf den Fluten. Die ewige Schönheit der Natur nimmt die kurzlebige Schönheit der nobelsten Menschenwerke in ihren Schoß zurück, während die schreckliche Leere der einst volkreichsten Stätten die sublime Einsamkeit des romantischen Betrachters ins Unerträgliche steigert. Den Tiefpunkt dieser Vereinsamung bezeichnet Rom – wie in *Childe Harold* letzte Station der Reise. Die Ewige Stadt, nur vom einzigen Überlebenden der Gruppe erreicht, liegt im hellen Licht ihrer intakten Paläste und Galerien, eine Epiphanie der Verlassenheit. Verzweifelt umarmt der unüberbietbar Einsame die kalten Leiber ihrer Statuen, um sich schließlich, in endgültiger Abkehr von der toten Zivilisation (und im Anklang an das Ende von *Childe Harold*), auf einem Kahn tiberabwärts treiben zu lassen, dem Meere zu.

Fin de Siècle: Konjunktur der Totenstädte

Das späte 19. und die Wende zum 20. Jahrhundert waren von kollektiven Alpträumen der Entropie und Dekadenz heimgesucht. Diese Jahrzehnte traten, als eigentliche Blütezeit der Weltkatastrophen-Erzählung, auf ihre Art das Erbe der früheren Untergangsvisionen an.[18] Das Vermächtnis der Schwarzen Romantik verbindet sich hier scheinbar mühelos mit den Techniken des Sensationsromans, der sein Massenpublikum mit immer neuem Nervenkitzel zu bedienen hatte. Zwischen der elitären Weltabkehr einer ‹reinen› Poesie, die um die gleiche Zeit in apokalyptischen Visionen schwelgte, und der Lust der populären Medien am Untergang besteht ein nicht nur atmosphärischer Zusammenhang.¹⁹

Abb. 7: Unterseeische Ruinenschau: Kapitän Nemo blickt auf Atlantis (aus J. Verne, Vingt milles lieues sous les mers, Paris 1878)

Untergang: das bedeutet nicht nur, daß in solchen Fiktionen die verfallenen Städte *alla veneziana* in ihren Wassern zu versinken drohen, sondern daß sie bisweilen sogar, vinetagleich, als versunken dargestellt werden. In B. V. Thomsons Gedicht *The City of Dreadful Night* (1874) ist die tote Metropole – Mischung aus London und Venedig – eine in ewiger Finsternis begrabene Stadt, während in Jules Vernes *20 000 Meilen unter dem Meer* (1870) die Ruinen des alten Atlantis buchstäblich auf dem Meeresgrund, und beim Schein eines unterseeischen Vulkanausbruchs, besichtigt werden. Der französische Vertreter des Weltschmerz-Prinzips, Kapitän Nemo, erscheint dabei – ungeachtet seines

Abb. 8: Der Letzte Mensch im Angesicht der Ruinen von Paris (aus C. Flammarion, La Fin du monde, 1894)

Taucherhelms – in derselben Pose des melancholischen Betrachters (Abb. 7) wie sein englisches Pendant, Thomsons Wanderer durch die unterweltliche Geisterstadt («I sat me weary on a pillar's base»; über der Nachtstadt thront eine Kolossalstatue von Dürers «Melencolia»!).[20] Richard Jefferies läßt in seiner postzivilisatorischen Phantasie *After*

London, or Wild England (1885) ganz London durch eine Klimakatastrophe in einem – nicht ganz unmetaphorischen – giftigen Sumpf versinken; die Ruinenschau wird durch die lebensgefährliche Bootsfahrt ersetzt, die einen Überlebenden in seiner regressiven Rolle als Jäger und Sammler über diesen Abgrund führt. In Camille Flammarions eschatologischem Kompendium *La Fin du monde* von 1894, einem menippeischen Mischtext, der Grainvilles Fiktion mit modernen Weltuntergangstheorien kombiniert, ebnet sich das Festlandsprofil Europas durch Erosion soweit ein, daß die nach Frankreich vordringenden Fluten bis auf die Höhe der Türme von Notre-Dame steigen. Ein dekorativer Stahlstich zeigt trotzdem unter den Blicken eines sinnierenden Letzten Menschen allerhand malerische Säulen, Bögen und die unvermeidliche Napoleonstatue (Abb. 8).[21]

Auch das New York, das sich in J. A. Mitchells *The Last American* (1889) fremden Besuchern des dritten Jahrtausends als malerische Ruinenstadt präsentiert, ist Opfer einer Klimakatastrophe geworden; aber mehr noch – hier wirkt wieder das aufklärerische Menetekel nach – seiner Selbstzerstörung durch ein aggressives, menschenvernichtendes Wirtschaftssystem. Dekorative Illustrationen zeigen die Freiheitsstatue, von dschungelhafter Vegetation umwuchert, vor einem Hintergrund zerfallender Hochhäuser (Abb. 9). Das eben noch von Walt Whitman hymnisch gefeierte Technologie-Wunder der Brooklyn Bridge besteht nur aus den ruinösen Pfeilern im East River, von denen Stahltrossen, die nichts mehr zu halten haben, herabbaumeln. Das erinnert an Dorés Trümmer der London Bridge – doch in witziger menippeischer Inversion: Besah sich dort ein Neuseeländer als Vertreter der Neuen Welt den Ruin der Alten, so verweist hier ein altmodisches Segelschiff auf die Weisheit und Überlebenskunst einer viel älteren Zivilisation; denn in ironischem Zitat von Montesquieus *Lettres Persanes* ist es eine persische Expedition, die die romantischen Ruinen einer sagenhaften, am eigenen Größenwahn zugrundegegangenen, einstmals Neuen Welt besichtigt.[22]

Doch auch das alte Fiktionsmuster Mary Shelleys wird zur Jahrhundertwende sensationalistisch neu aufbereitet. Dies geschieht beispielhaft in M. P. Shiels *The Purple Cloud* (1901), dem Prototyp jener Katastrophenromane, die die Erde mit Hilfe sinistrer Gase einer eschatologischen Schockbehandlung unterziehen.[23] Shiels Ich-Erzähler mit dem ironischen Vornamen Adam kehrt von einer Polarexpedition zu-

Abb. 9: New York im Verfallszustand (aus J. A. Mitchell, The Last American, Ausgabe von 1902)

rück in eine Welt, die in der Zwischenzeit durch eine vulkanische Gaswolke entvölkert wurde. Mit modernen Verkehrsmitteln wie Dampfschiff und Lokomotive, die er eigenhändig bedient, bereist er die toten Städte der Erde; Ausgangspunkt dieser postapokalyptischen Weltreise ist die ‹immense Katakombe› London. Für die neue Version des Weltend-Schauerromans im Zeitalter des Realismus gilt das Reinheitsgebot Shelleys und der älteren Tradition nicht mehr; Adam geht in London buchstäblich über Leichen: «Nor could I move, unless I decided to wade, for flesh was everywhere ... a carnal marsh ...»[24] Doch auch das romantische Einsamkeitspathos kommt nicht zu kurz, wenn er, «overwhelmed in a new awe, and lost in a wilder woesomeness», das schockierende Schweigen der einstigen Hauptstadt des Empire zum Himmel aufsteigen hört, wo es sich ‹mit dem Schweigen der ewigen Lichter in der Höhe vermählt› (107). Dazu treten gewisse *Fin de Siècle*-Eigenschaften des Protagonisten, der sich selbstquälerisch am unerhörten Luxus der verlassenen Städte weidet, aber auch seinen Lebenshaß austobt, indem er pyromanisch die Metropolen der Welt in Asche legt, um sich am posthumen Feuertod der Zivilisation zu berauschen – bis er am Ende bei der Brandlegung Istanbuls ganz zufällig eine bildschöne und durchaus gebärfähige Sultanstochter aus ihrem unterirdischen Verlies befreit.

Eine Liebesromanze im Schatten der Apokalypse ist seit Grainville fast unerläßlicher Bestandteil des ultimativen Horrorszenariums. (Noch Arno Schmidt wird diesen Nexus in seiner post-atomaren Erzählung *Schwarze Spiegel* von 1951 auf seine Weise parodieren.) Der Meister der ‹realistischen› Untergangsphantasie an der Jahrhundertwende, H. G. Wells, zeigt sich freilich gegen solchen Weltend-Kitsch wohltuend immun. Unter seinen – nicht selten prophetischen – Zukunftsvisionen, die unzählige Science Fiction-Epigonen ins Brot gesetzt haben, ist *The War of the Worlds* (1898) für die Thematik der modernen Apokalypse grundlegend. Bei Wells als dem Übersetzer Swifts in die Welt der Technik und Massenzivilisation ist die Verwandtschaft von Menippea und Science Fiction am offensichtlichsten. Die mörderische Invasion vom Mars, die die fortschrittliche Menschheit auf den Status von Ameisen unter dem Tritt eines Riesen reduziert, ist durch ihre Erzählstruktur ebenso wie durch ausdrückliche Verweise mit der paradoxen Schockstrategie des Anderen Blickes verbunden.[25] Indem Wells seinen ‹Helden› und Ich-Erzähler, dessen *common sense* eine beruhigende Expertise an Normalität verbürgt, zum Voyeur des Ungeheuerlichen macht, läßt er uns am Einbruch der Katastrophe in eine unbeschwerte Alltagswelt dramatisch teilnehmen. Dem übermächtigen Feind ihrer Gattung gegenüber ist die Ichfigur zu aktiver Passivität in Gestalt einer dauernden, listenreichen Fluchtbewegung genötigt; angefangen mit ihrer riskanten Gegenwart am Rand jener südenglischen Sandgrube, auf deren Grund der erste Metallzylinder der Aliens landet, über die zentrale ‹Mauerschau› des Grauens in einem verfallenen Haus bis hin zum Einzug in die verlassene Hauptstadt in dem Kapitel «Dead London», dem emotionalen Tiefpunkt und Umschlag der Handlung:

> The farther I penetrated into London, the profounder grew the stillness ... It was a city condemned and derelict ...
> It was already past noon. Why was I wandering alone in this city of the dead? Why was I alone when all London was lying in state [aufgebahrt], and in its black shroud? I felt intolerably lonely ... I came into Oxford Street by the Marble Arch, and here again were black powder and several bodies, and an evil, ominous smell from the gratings of the cellars ...

> London about me gazed at me spectrally. The windows in
> the white houses were like the eyesockets of skulls ... Terror
> seized me ... (440f.; 443)

Doch der Weltuntergang wird im letzten Augenblick storniert, und die vertrauten Ortsnamen Londons, soeben noch als Zeugen seiner Vernichtung beschworen, werden jetzt in einer Art Auferstehungs-Litanei angerufen. Denn die Martianer sind inzwischen von irdischen Bakterien hinweggerafft, die sie bei ihren vampirhaften Eßgewohnheiten aufgenommen haben. Auf den Hadesabstieg folgt eine Kataskopie von Primrose Hill aus über die *Mother of Cities* im Licht eines Sonnenaufgangs, der den gegenwärtigen Totenacker der menschlichen Zivilisation in ein Gelobtes Land der Zukunft verwandelt:

> Eastward, over the blackened ruins of the Albert Terrace and
> the splintered spire of the church, the sun blazed dazzling in a
> clear sky, and here and there some facet in the great wilderness
> of roofs caught the light and glared with a white intensity ...
> All the gaunt wrecks, the blackened skeletons of houses that
> stared so dismally at the sunlit grass of the hill, would present-
> ly be echoing with the hammers of the restorers and ringing
> with the tapping of their trowels ... (445 f.)

Der Augenzeuge freilich bleibt, auch nach seiner glücklichen Heimkehr in den Kreis der Familie, von seinem Erleben traumatisiert. Aus dem Voyeur wird ein Visionär, der die wiederhergestellte Idylle im heimatlichen Tal vor seinem inneren Auge von Flammen umzüngelt sieht und die geschäftige Menge der Hauptstadt als «phantasms in a dead city, the mockery of life in a galvanized body» erlebt (453). Menippeische Phantasie läßt sich nicht dauerhaft und sicher in der Erzählvergangenheit aufheben. Sie stört die versöhnliche Sicht des Status quo, indem sie uns ein nicht leicht zu verdrängendes Bild seiner Inversion aufnötigt.

Untergangsvisionen im Zeitalter ihrer technischen Realisierbarkeit

Je mehr sich die Wells'sche Apokalypse dem – vielfach vorhergeahnten – Ersten Weltkrieg nähert, desto ‹realer› wird die Ausgestaltung ihrer Visionen des Untergangs. Diese größere Zeitnähe läßt sich an *The War in the Air* studieren, dem wenig bekannten Nachfolgetext zu *The War of the Worlds*.[26] Er erschien 1908, zu einer Zeit, als die Entwicklung steuerbarer Luftschiffe noch in den Kinderschuhen steckte. Diesmal sind es keine Aliens, die zum Überfall auf die angelsächsische Welt antreten, sondern die nach der Weltherrschaft gierenden Deutschen. Unter Führung des dämonischen Prinzen Karl Albert, einer Karikatur Wilhelms II., überfällt eine riesige Luftschiff-Flotte, begleitet von mörderischen *Drachenfliegern* (im Original deutsch), die Vereinigten Staaten. Den Part des Augenzeugen spielt der Cockney und englische Everyman Bert Smallways, der durch eine unfreiwillige Ballonfahrt und die Verwechslung mit einem Spion in diesen Krieg hineingeschlittert ist und den der Teutone Karl Albert nur als Ballast betrachtet: abzuwerfen, sobald das Fluggerät dringend mehr Höhe benötigt. An Bord des Flaggschiffs *Vaterland* wird Bert in einer Kataskopie neuer Art («foreshortened humanity has no dignity»; 200) Zeuge des ersten – literarischen – Luftangriffs. Unter seinen ungläubigen Augen verwandelt die technische Neuauflage des alttestamentlichen Feuerregens auf Sodom und Gomorrha New York in eine Ruinenstadt:

> And so our Bert Smallways became a participant in one of the most cold-blooded slaughters in the world's history, in which men who were neither excited nor, except for the remotest chance of a bullet, in any danger, poured death and destruction upon homes and crowds below.
>   He clung to the frame of the porthole as the airship tossed and swayed, and he stared down ... into the twilit streets, watching people running out of the houses, watching buildings collapse and fires begin. As the airships sailed along, they smashed up the city as a child will shatter its cities of brick and card. Below, they left ruins and blazing conflagration and heaped and scattered dead; men, women and children mixed together as though they had been no more than Moors, or Zulus, or Chinese ... [sic] (201 f.)

Im Hinblick bereits auf den Ersten Weltkrieg, und mehr noch auf spätere Entwicklungen des Jahrhunderts, läßt diese menippeische Zukunftsschau den gattungsgemäßen Abstand von Wirklichkeit und Phantastik bedenklich schrumpfen. Als der gute Bert die New Yorker behandelt sieht wie sonst im Kolonialzeitalter nur *the lesser breeds without the Law* (Kipling), schwant ihm, daß auch sein heimatlicher Bezirk Bun Hill und ganz London gegen solche Gewalt von oben machtlos sein werden – was der Fortgang der Handlung bestätigt. Der vermeintliche Rüstungsvorsprung der Deutschen erweist sich rasch als

Illusion, während aus allen Ecken der Welt – besonders aus Ostasien – plötzlich mörderische Luftschiff-Flotten auftauchen, um die Metropolen der Erde in Schutt und Asche zu legen. Das Fortschrittsversprechen der Aufklärung ist damit gekündigt. Die Welt wird in der negativen Progression vom totalen Bombenkrieg über Chaos und Hungersnot bis hin zu einer pestartigen Seuche furchtbar dezimiert und nach dem Muster von *After London* in einen vorindustriellen ‹Naturzustand› zurückgeworfen. Die einzige Hoffnung für eine menschliche Zukunft liegt bei Wells, dem Anhänger der Fabian Society, wie immer darin, daß der anständige *common man*, hier in der Symbolfigur des listenreichen Bert Smallways, dank seiner physischen und moralischen Vitalität überlebt.

Wenn dem traumatisierten Zeugen der Invasion vom Mars nach überstandener Katastrophe das Gewimmel auf den neubelebten Straßen Londons wie ein Geisterreigen erschien, so ist jetzt, bloße zehn Jahre später, diese Illusion fiktionale Wirklichkeit geworden. In einem Epilog, der drei Jahrzehnte nach dem ersten Luftangriff spielt, erzählt ein Überlebender (Berts Bruder) einem Jungen der neuen Zeit (Berts jüngstem Sohn) von der riesigen Ruinenstadt, in die sich die versprengten Siedler der Außenbezirke nur gelegentlich verirren:

> «It's *London*», he said. «And it's all empty now and left alone. All day it's left alone. You don't find 'ardly a man, you won't find nothing but dogs and cats after the rats until you get round by Bromley and Beckenham, and there you find the Kentish men herding swine. (Nice rough lot they are too!) I tell you that so long as the sun is up it's as still as the grave ...» (367)

Doch nach Einbruch der Nacht erwacht die Metropole einer versunkenen Welt zu geisterhaftem Leben. Der Alte weiß von einem Mann zu berichten, der tagelang in der toten Stadt umhergeirrt ist, ohne den Rückweg zu finden, und der nachts am Piccadilly Circus mitten in den einstigen Vergnügungstrubel hineingeriet. Doch dieser Zeitsprung aus der Zukunft des Romans in seine fiktive Vergangenheit, und in die Gegenwart seiner Leser, ist nichts anderes als ein Hexensabbat und Londoner Totentanz, als posthumes Leben bemalter Totenschädel (371): Rückkehr zum Primitivismus – in Form von Aberglauben – auch hier.

Der Bildschock, der die Zentren der Zivilisation vor unserem geistigen Auge *post mortem* gegenwärtig macht, kann auch im Zeitalter der technisch realisierbaren Apokalypse und einer kommerziellen Multiplikation von Horrorszenarien noch erhebliche Suggestionswirkung ausüben. Eines der unvergeßlichen Bilder neuerer Filmgeschichte, die Schlußeinstellung von F. J. Scheffners Film *Planet of the Apes*, zeigt die halb in Schutt und Meer versunkene Freiheitsstatue mit hochgereckter Fackel als bitter ironisches Sinnbild der Vergeblichkeit (Abb. 10). Sie ist Symbol und Beweis für den endgültigen Ruin der Menschenkultur, in die der Entdecker des Affenplaneten nach 2000 Jahren zurückzukehren meinte. Als Letzter Mensch und Abkömmling einer langen Tradition menippeischer Endzeitphantasien wird er am Ende seiner Irrfahrten mit einer ungeheuerlichen Synekdoche konfrontiert, einem Bruchstück, das für das Ganze eines Weltuntergangs steht. Dieses ‹witzige› Detail fehlt in der oben (118–120) besprochenen Romanvorlage: Drehbuchschreiber und Regisseur haben, vielleicht in Erinnerung an Mitchells *Last American* (Abb. 9), für ihre sarkastische Schlußpointe zwei unterschiedliche, doch insgeheim verwandte Fiktionsmuster der Tradition miteinander gekreuzt.

La grandeur du rien, die Größe der gefallenen Reiche, wie sie sich in der Majestät ihrer Ruinen noch einmal zum pathetischen Appell an die Nachwelt sammelt, ist auch in der halbversunkenen Freiheitsstatue auf ihre Weise manifest gemacht. Das endgültige Schweigen der großen Bauwerke hat seine eigene Eloquenz. In diesem Zusammenhang scheint es erwähnenswert, daß sich das Tausendjährige Reich, in dessen Namen soviele Städte – einschließlich der eigenen – in Nekropolen verwandelt wurden, ernsthafte Gedanken über das ästhetische Erscheinungsbild seiner Ruinen in tausend Jahren gemacht hat. Auch der ‹Führer› Großdeutschlands war ein Bewunderer heroischer Ruinenformationen, und sein wendiger Chefarchitekt Albert Speer kam dieser Neigung seines Herrn mit der üblichen Bereitwilligkeit entgegen:

> Undenkbar, daß rostende Trümmerhaufen jene heroischen Inspirationen vermittelten, die Hitler an den Monumenten der Vergangenheit bewunderte. Diesem Dilemma sollte meine Theorie entgegenwirken: Die Verwendung besonderer Materialien sollte Bauten ermöglichen, die im Verfallszustand nach Hunderten und Tausenden von Jahren etwa den römischen Vorbildern gleichen würden.[27]

Daraufhin ließ Speer eine – nicht erhaltene – Zeichnung anfertigen: «Sie stellte dar, wie die Tribüne des Zeppelinfeldes [auf dem Reichs-

Abb. 10: Die versunkene Freiheitsstatue (aus F. J. Scheffners Film Planet of the Apes, *1968) als Grabmonument der Menschheit*

parteitags-Gelände in Nürnberg] nach Generationen der Vernachlässigung aussehen würde, überwuchert von Efeu mit eingestürzten Pfeilern, das Mauerwerk hie und da zusammengefallen, aber in den großen Umrissen noch deutlich erkennbar.» Hitler fand diese Speersche Ruinenvision von mehr als menippeischer Ironie offenbar einleuchtend; er ordnete daraufhin die Verwendung von Naturstein für die Repräsentationsbauten seines Reiches an. Freilich stachen sie aus der Ruinenlandschaft, zu der Deutschlands Städte zehn Jahre nach diesem denkwürdigen Gedankenaustausch geworden waren, nicht so majestätisch heraus, daß sich der Eindruck römischer Größe eingestellt hätte.

**Alemannische
Apokalypse** Postscriptum: Die Vision der Großen Stadt als Ruinenfeld taucht in der Epoche der Französischen Revolution und der Napoleonischen Kriege an den unwahrscheinlichsten Stellen auf – sogar in Johann Peter Hebels *Alemannischen Gedichten*. In dem Dialoggedicht «Die Vergänglichkeit» aus der 5. Auflage von 1820 fragt auf der Straße nach Basel ein Bub seinen Ätti (Vater), ob die stolze Stadt auch einmal so verfallen wird wie das Röttler Schloß, eine schwärzliche Ruine über dem Wiesental. Daraufhin entwirft der Ätti die Ansicht Basels als Ruinenstadt einer fernen Zukunft:[28]

> es schlacht emool e Stund,
> goht Basel au ins Grab, un streckt no do
> un dörrt e Glid zuem Boden uus, e Joch,
> en alte Turm, e Gibelwand; es wachst
> do Holder druf, do Büechli, Tanne dört
> un Moos un Farn, un Raiger niste drin –
> 's isch schad derfür!

Auch der topische Wandersmann dieser fernen Zeit kommt ins Bild, der zu seinem Gefährten sagen wird: «Lueg, dört isch Basel gstande! Selle Turm / seig d' Peterschilche gsi ...» Das Unheimliche dieser Szene im anheimelnden alemannischen Dialekt ist ihre stufenweise Ausweitung ins Apokalyptische, zunächst als Vision des Jüngsten Tages, den der badische Pfarrherr in Gestalt eines Gewitter- und Feuersturms über die nächtige Welt hereinbrechen sieht:

> *Wacht auf, es kommt der Tag!* – Drob rötet si
> der Himmel, un es dundret überal,
> zerst haimli, alsgmach luut, wie sellemool,
> wo Anno sechsünzgi der Franzos
> so uding geschosse het ...
> un endli zündt's a un brennt un brennt,
> wo Boden isch, un niemes löscht.

W. G. Sebald sieht bei seiner eindringlichen Deutung in dieser Stelle nicht nur einen Widerschein der biblischen Eschatologie, «sondern auch das ahnungsschwere Aufleuchten der neuen Epoche, die, noch indem sie träumt vom größtmöglichen Glück der Menschheit, ihr größtmögliches Unglück ins Werk zu setzen beginnt», also gleichsam einen Vor-Schein der Flammenorgien späterer Weltkriege.[29] Nicht der Glanz des Himmlischen Jerusalem steht am Ende dieser menippeischen Offenbarung, sondern der Blick zurück, die Kataskopie von der Milchstraße herab auf die ausgebrannte Erde, die nun, in letzter Weitung des apokalyptischen Kreises, dem steinernen Grabmonument gleicht, das erst die Schloßruine, danach die ganze Stadt Basel war:

> 's isch alles öd un schwarz
> un totestill, so wyt me luegt. Das sihsch,
> un saisch dym Kamerad, wo mit der goht:
> «Lueg, dört isch *d'Erde* gsi ... »

7. Blendung und Blindheit in Dystopia

> *this blindness too much light breeds*
> John Donne, *Satire III*: «Of Religion»

Die menippeische Vision der Moderne ist ein Blick auf die nihilistische Wüste, auf Sterilität, Verfinsterung, Kaltwerden einer nicht mehr heimeligen Erde – eine Art transzendenzloser Apokalypse. Das in verlorener Einsamkeit sinnsuchende Auge wird von Leere geblendet, wie bei jenem Nordpolfahrer, in dem Nietzsche das Geschichtsverständnis der Gegenwart metaphorisiert: «Man sieht einen traurigen, harten, aber entschlossenen Blick – ein Auge, das *hinausschaut*, wie ein vereinsamter Nordpolfahrer hinausschaut (vielleicht, um nicht hineinzuschauen? um nicht zurückzuschauen? ...). Hier ist Schnee, hier ist das Leben verstummt; die letzten Krähen, die hier laut werden, heißen ‹Wozu?›, ‹Umsonst!›, ‹Nada!›»[1] Dem visionären Blick starrt das leere Auge der Welt entgegen wie die ausgebrannte Sonne in Jean Pauls «Rede des toten Christus». Dieses Bild geistert durch die nachromantische Literatur; fast zwangsläufig wird es auch im trostlosen Dunkel von Thomsons *City of Dreadful Night* beschworen: «A bleeding eyeless socket, red and dim». Es kehrt wieder im Blick, den Madame Bovary, vom Stelldichein mit ihrem letzten Liebhaber zurückkehrend, auf die ‹Augen› des blinden Bettlers wirft, einen Abgrund von ‹zwei blutig klaffenden Höhlen› (*deux orbites béantes tout ensanglantées*).[2]

In einigen, besonders markanten, dystopischen Fiktionen der Neuzeit erfährt die einer feindlichen Gegenwelt ausgesetzte Persona die fremde Umgebung als Ort der Blindheit und Blendung; das erste im Sinne eines etablierten Zustands, das zweite als Katastrophe, die über das Kollektiv hereinbricht. Dramatischen Charakter erhält die Konstellation dadurch, daß sie den narrativen Gewährsmann der Normalität als ‹Augenzeugen› einer radikal verfremdeten Gesellschaft selbst mit Blendung bedroht. Das *horrible privilege of sight* schockiert und peinigt nicht nur denjenigen, der es in dieser Umgebung ausübt, es führt auch zu seiner akuten Gefährdung. Diese Drohung, ob im Stil älterer Phantastik oder neuerer Realistik inszeniert, greift unweigerlich auf den Leser über, der die fremde Welt ja nur durch die Augen der Persona erleben kann. Es ist ein fiktionales Spiel, das den schneidenden Charakter des menippeischen ‹Sarkasmus› auf die Spitze treibt.

Die stechende Sonne der Vernunft
Der semantische Gegensatz zwischen ‹aufgeklärt› (*enlightened*) und ‹umnachtet› (*benighted*) gibt sich so selbstverständlich und althergebracht wie nur irgendeiner; der Bezug zu seinem metaphorischen Archetyp, dem Platonischen Höhlengleichnis, erscheint dabei ebenso offenkundig wie allgegenwärtig.[3] Als Vordenker eines neuen Weltverständnisses spielen Giordano Bruno und Francis Bacon an der Schwelle der Neuzeit das Licht der Vernunft gegen die Finsternis eines dogmatischen Dunkelmännertums aus. Später sieht John Milton, wie sogar im puritanischen England der Ungeist der Inquisition den Dolch zückt, «[to] kill reason itself in the eye»:[4] In seinem Protest gegen die Zensurgesetze der eigenen Fraktion setzt der wortgewaltige Streiter des Herrn die Blendung der Vernunft mit ihrer Ermordung gleich.

Das säkulare Gegenstück zum Gottesstaat (der selbst einem überzeugten Parteigänger wie Milton in Cromwells England fragwürdig wurde) ist der Entwurf eines auf Vernunft gegründeten Staatswesens, das seine Idealität durch den Widerspruch gegen die real herrschende Unvernunft rechtfertigt. Doch soweit sich dieser von Platon bis zur Moderne erhobene Einspruch in der Planung einer geschlossenen Gesellschaft artikuliert, tendiert er nach der bekannten Dialektik der Aufklärung selbst zur rationalen Tyrannei, droht Utopia in Dystopia zu verwandeln, und fordert seinerseits die Rebellion heraus. Die Sonne der Vernunft mag sich dann für den kritischen Blick in die ausgebrannte Glaubenssonne aus Jean Pauls Albtraum verwandeln; und die Vertreter eines rationalen Absolutismus mögen sich versucht oder verpflichtet fühlen, das nonkonformistische Auge auf den Status einer leeren Augenhöhle zu reduzieren. Da die Sonne der Vernunft als weltliche Verkörperung des allsehenden göttlichen Auges leuchtet, erscheint die Blendung eine angemessene Sanktion für das Aufbegehren gegen ihre Autorität. Im Alten Testament straft der Herr die Feinde seiner Herrschaft mit Blindheit. Unter den furchtbaren Verwünschungen, mit denen in 5. *Mose* 28, 28–29 der Ungehorsam gegen Gottes Willen belegt wird, lesen wir: «Der Herr wird dich schlagen mit Wahnsinn, Blindheit und Rasen des Herzens; und wirst tappen am Mittag, wie ein Blinder tappt im Dunkeln ...»

Das Menschenauge ist nicht nur Organ der sinnlichen, sondern auch der geistigen Wahrnehmung. Daher dominiert bei all diesen Begriffen von Blindheit und Blendung die übertragene Bedeutung. In der Tradition der Dystopie greift die bildhaft agierende Menippea wieder einmal zur ironischen Strategie der Inversion und richtet den Vorwurf der Blindheit gegen die Autoritäten, auch und gerade gegen die Vertreter des utopischen Denkmodells selbst: allzuviel Licht erzeugt – wie in dem grammatisch zweideutigen Motto dieses Kapitels – eine besonders bedrohliche, weil ihrer selbst unbewußte, Form von Blindheit, die sich ihrerseits für erleuchtet hält. Die Gattung, die sich immer wieder mit der ihr eigenen spielerischen Radikalität in den Dienst der Aufklärung gestellt hat, zeigt sich eben darin, daß sie den Absolutismus des Fortschrittsdenkens geißelt, progressiv. So kann sie den Mißbrauch des Vernunftprinzips mehr oder minder allegorisch als Zustand der Umnachtung darstellen, als schwarze Parodie der einstmals göttlichen Bestrebungen des Menschen und totale Verfinsterung der Sonne Utopias. Die umnachtete Welt bedroht aus ihrer eigenen perversen Logik heraus den kritischen Blick mit seiner Auslöschung. In späteren Texten ereignet sich der Ausbruch epidemischer Blindheit als eine Form fiktionaler Apokalypse, die jede Vorstellung eines stetigen aufgeklärten Fortschritts grausam auf den Kopf stellt und dabei totalitäre und brutalisierende Verhaltensmuster hervorbringt.

In diesem Zusammenhang ist der Rezeptionswandel charakteristisch, den Campanellas Utopie *Die Sonnenstadt* (1623) seit ihrer Entstehung erfahren hat. Einem ‹aufgeklärten› modernen Bewußtsein ist es kaum möglich, dieses Fanal eines erklärten Lichtbringers in Zeiten geistiger Finsternis nicht gegen den Strich, als Paradigma der Blendung durch das Licht der Vernunft, zu lesen. Der berühmte Entwurf eines auf das dreieinige Prinzip von Vernunft, Natur und Religion gegründeten Idealstaates wählt die Sonne als zentrales Symbol. Ein Blick auf die außerordentlichen *Philosophischen Gedichte* des Autors (1621) beleuchtet die Gründe dieser Bildwahl für ein Gedankengebäude der Hoffnung, das hinter den Mauern eines neapolitanischen Kerkers konzipiert und niedergeschrieben wurde. Die Schlußverse des

Einleitungssonetts der Sammlung äußern die Erwartung, daß Trug, Hochmut und Unwissenheit vor dem Feuer vergehen werden, das der Dichter wie ein zweiter Prometheus der Sonne geraubt hat. Und in seinem bewegenden Sonnengebet zum Ausklang der Sequenz fragt der lebendig begrabene Philosoph verzweifelt:

> *Se innanzi a tutti te, sole altissimo, onoro,*
> *perché di tutti piú, al buio, gelato tremo?*[5]
>
> ‹Wenn ich dich, höchste Sonne, mehr als alle ehre,
> Warum muß ich dann mehr als alle in eisigem Dunkel zittern?›

Doch das Licht der *Città del Sole* ist von Kerkerblindheit konditioniert. In der von einer rigiden Hierarchie beherrschten und nach außen abgeschotteten Welt dieser Utopie des Calabreser Ketzer-Mönchs droht der Traum geistiger Befreiung in einen Alptraum neuer und allmächtiger Orthodoxie umzuschlagen. Als sein Verfasser endlich der heimischen Gefangenschaft entkam, floh er nach Paris. Dort durfte er seine letzten Jahre unter der gnädigen Protektion Richelieus verbringen, der bekanntlich der Architekt des französischen Absolutismus und Wegbereiter des künftigen Sonnenkönigs war.

In der Gewalt der Sonnenvögel

Ein Landsmann und jüngerer Zeitgenosse Richelieus, Cyrano de Bergerac, nahm – wie oben ausgeführt – in seinen *Mond- und Sonnenstaaten* das utopische Thema in ganz anderem Geist auf als Campanella. Sein (später Dyrcona genannter) Reisender findet in dem aus eu- und dystopischen Elementen zusammengesetzten Mondreich einen Mentor, der sich als ehemaliger Dämon des Sokrates zu erkennen gibt und als philosophischer Geist, dessen Heimat das Lichtgestirn der Sonne ist, der Ursprung der reinen Spiritualität. So sind die Erwartungen hoch, als der nach Erkenntnis strebende Dyrcona sich schließlich auf den Weg zur Sonne macht. Doch nach seiner Landung auf dem Himmelskörper der Klarheit, der seinem eigenen Körper leuchtende Transparenz schenkt, und vor seiner Ankunft in der ‹Provinz der Philosophen›, wo Campanella selbst ihn als Fremdenführer geleitet, wird der Reisende in das höchst fremdartige und bedrohliche Reich der Vögel verschlagen.

Die Episode ist offensichtlich von den *Vögeln* des Aristophanes angeregt, doch die Unterschiede sind entscheidend. Auch in der attischen Komödie sehen sich die Himmelsreisenden von einem kriegerischen Schwarm Gefiederter bedroht. Aber ihre Gefährdung bleibt im Bereich des Hypothetischen, denn die Machtverhältnisse werden nicht wirklich umgekehrt. Im Handumdrehn machen sich die irdischen Schlauköpfe durch List und Überredung zu Herrschern eines nach ihren Vorstellungen konzipierten Vogelstaates. Dyrconas Überwältigung durch eine Unzahl winziger Vögel trifft den Leser dagegen als Schock von Swift'scher Qualität, und im weiteren wird das Erschreckende der Situation systematisch vertieft. Dabei begegnet uns (als Echo des Aristophanes) die Drohung der Gegenwelt, den Eindringling für seinen Vorwitz mit Blendung zu bestrafen. Während Dyrcona von vier großen Adlern als Gefangener durch die Lüfte getragen wird (Abb. 4, S. 47), rät ihm seine Dolmetscherin, eine der Menschensprache kundige Elster, sich ja ruhig zu verhalten, «weil ihre Kameraden schon darüber beratschlagten, [ihm] die Augen auszustechen» (212).[6] Durch die Stimme des Ich-Erzählers hindurch wird hier die schneidende Tonlage eines unter die Haut gehenden satirischen Sarkasmus vernehmbar, wie sie das burlesk getönte aristophanische Modell nicht aufweist. Die Blendungsszene aus *King Lear* («Out, vile jelly!») oder einschlägige Bilder aus Buñuels *Chien andalou*, die die Horrorvorstellung der Zermalmung oder Zerschneidung der lebendigen Augensubstanz unerträglich konkret aufrufen, bestimmen eher den Assoziationsradius des heutigen Lesers – und dies ist durchaus keine moderne Fehllektüre.

In der Konfrontation mit einer vollkommen vernünftigen und gerechten, aber radikal ‹anderen› staatlichen Gemeinschaft ist Dyrconas Lage aussichtslos. Vergeblich versucht er, sich zunächst als Vernunftwesen auszuweisen, danach als Affe zu tarnen: «‹Wie denn!› murrte es von einem zum andern, ‹er hat weder Schnabel, noch Federn noch Krallen und soll eine geistige Seele besitzen? Oh Gott, welche Dreistigkeit!›» (213). So wird er in einem formellen Gerichtsverfahren von der nichtmenschlichen Gegenwelt des Verbrechens überführt, ein Mensch zu sein, und zu einer besonders gnädigen und instruktiven Todesart verurteilt:

> So mäßigten sich meine Richter, und ... fanden es angemessen, um meine Bestrafung mit einem meiner Verbrechen in Einklang zu bringen und mich durch eine Strafe zu vernichten, die mir die Augen öffnen sollte (*qui servît à me détromper*), in-

> dem sie der vorgeblichen Herrschaft des Menschen über die
> Vögel hohnsprach, mich dem Zorn der Schwächsten unter ih-
> nen zu überantworten, das heißt, sie verurteilten mich dazu,
> von den Fliegen gefressen zu werden. (226)

Nachdem ihm zwei Paradiesvögel eine erbauliche Predigt über die Bedeutungslosigkeit des physischen Todes gehalten haben, wird Dyrcona zum Richtplatz gebracht. Dort erfährt er, wie die Insekten seinen Körper unter sich aufteilen: «diese Verteilung wurde so heimtückisch vorgenommen, daß man den Bienen meine Augen bezeichnete, die sie beim Fressen ausstechen sollten» (229). Obgleich Dyrcona im letzten Augenblick begnadigt wird, bleibt die Drohung mörderischer Rationalität in Tiergestalt ungebrochen. Daß sich diese Drohung ausgerechnet gegen jenes Organ richtet, das die Quelle physischer und geistiger Erkenntnis verkörpert, ist das krönende Paradox der unheimlichen Episode.

Cyranos *jeu d'esprit* besteht darin, dem Vernunftstolz des Menschen gegenüber den Spieß umzudrehen und ein Reich völliger Alterität zu denken, das sich vernünftiger- und gerechterweise dazu verpflichtet fühlt, den Vertreter der Menschheit auszutilgen; und dies auf eine Weise, die vom ornitho-logischen Standpunkt aus fair und sogar milde sein mag, dem menschlichen Verständnis jedoch ausgesucht grausam erscheinen muß. Cyranos Sonnenexpedition ist erzählerisch als Flucht vor einem Hexenprozeß in Toulouse motiviert, wo man ungebärdige Geister gern mit Feuer kuriert. Die folgenschwere Grenzüberschreitung bedeutet Gefahr für Leib und Leben, da das freie Denken auf Erden und anderswo ‹natürlicherweise› strenge Sanktionen nach sich zieht. Darüber hinaus stellt der Autor in seinem verwirrenden Ironiespiel mit seinem Helden zugleich die Menschheit vor Gericht, weil sie nicht ihren Idealen gemäß zu handeln vermag. Und schließlich enthält die aufgeklärte Vogelgesellschaft eine Warnung vor den Gefahren utopischer Unmenschlichkeit. In diesem Zusammenhang darf man Cyrano de Bergerac als Erfinder der – utopiekritischen – Dystopie betrachten. Seine Lektion sollte bei Jonathan Swift, dem scharfsinnigsten seiner Leser, auf fruchtbaren Boden fallen. Dessen Persona, der bescheidene und nüchterne Schiffsarzt Lemuel Gulliver, stellt freilich eher einen zu satirischen Zwecken naiv gehaltenen *ingénu* dar als einen *esprit fort* oder Freigeist französischer Qualität.

Blendendes Lilliput

In *Gulliver's Travels* unternimmt es Swift, das Vexierspiel von eu- und dystopischen Motiven im Werk seines wichtigsten Vorgängers symmetrisch zu ordnen: Die negativen Staatswesen von Lilliput und Laputa wechseln in antithetischer Folge und sauberer Trennung mit den idealstaatlichen Gesellschaften von Brobdingnag und dem Land der Houyhnhnms. Dabei weisen die Dystopien gewisse Merkmale auf, die früheren utopischen Autoren – etwa Francis Bacon in *Neu-Atlantis* – und dem aufgeklärten Publikum als fortschrittlich galten, nämlich mathematische Kompetenz und technischen Erfindungsgeist. In seiner Begeisterung für die mechanische Sicht der Dinge braucht Gulliver eine gute Weile, bis er merkt, daß die Früchte der Rationalität in diesen Staaten zu Mitteln politischer Unterdrückung instrumentalisiert werden. Das Thema wird auf komisch-märchenhafte Weise in der Episode von Gullivers Fesselung und Abtransport durch die Zwerge eingeführt. Doch gerade mit seiner scheinbaren Integration in ihre Gesellschaft vertiefen sich zunehmend die Schatten, die auf die ach so niedliche und ingeniöse Zivilisation von Lilliput fallen.

In der Schlußphase des 1. Buches, unmittelbar nachdem der ‹Menschenberg› als Seeheld die Flotte des Nachbarlandes Blefuscu gekapert hat, schlägt die auktoriale Erzählironie in offenen Sarkasmus um, während selbst dem gutmütigen Gulliver die Schuppen von den arglosen Augen fallen. Durch seine Weigerung, den Seesieg zu einer völligen Unterjochung Blefuscus auszunützen, bringt er den Kaiser und die herrschende Hofpartei gegen sich auf. Doch nach Höflingsart verheimlichen ihm seine Gegner die wahre Lage, und erst recht das grausame Komplott, das nun hinter verschlossenen Türen gegen den großen Kriegshelden geschmiedet wird. Der Riese in der Gewalt übermächtiger Zwerge ist unversehens in ein politisches Minenfeld geraten:

> I had been hitherto all my Life a Stranger to Courts for which I was unqualified by the Meanness of my Condition. I had indeed heard and read enough of the Disposition of great Princes and Ministers; but never expected to have found such terrible Effects of them in so remote a Country, governed, as I thought, by very different Maxims from those in *Europe*.[7]

Eine wichtige Persönlichkeit des Hofes, der er einmal einen Dienst erwiesen hat, unterrichtet Gulliver unter dem Siegel tiefster Verschwiegenheit über die Anklage wegen Hochverrats, die heimlich gegen ihn in die Wege geleitet wurde. Diese Episode ist offensichtlich von den Prozessen angeregt, die in den Mond- und Sonnenreichen gegen Dyrcona angestrengt werden. Doch jetzt geht es nicht mehr um die paradoxe Frage, ob die Gegenwelten dem Menschen den Status eines vernünftigen Wesens einräumen, sondern um eine infame politische Intrige. Daher wirken die wörtlich mitgeteilten Artikel der Anklage noch weit tödlicher in ihrem legalistischen Jargon, der monströsen Undank als Eifer für das öffentliche Wohl ausgibt. Doch die wahrhaft Swift'sche Wendung erhält die Geschichte erst, als der Informant die Diskussion des Staatsrates über die Frage, wie man den Riesen am praktischsten exekutieren solle, wiedergibt. Nachdem der Plan, sein Haus anzuzünden und im Falle einer Flucht Giftpfeile auf ihn abzuschießen, fast allgemeinen Beifall findet, schaltet sich Gullivers ‹bester Freund› bei Hofe mit einem seltsamen Plädoyer für Milde ein:

> That if his Majesty, in Consideration of your [Gulliver's] Services, and pursuant of his merciful Disposition, would please to spare your Life, and only give order to put out both your Eyes; he humbly conceived, that by this Expedient, Justice might in some measure be satisfied, and all the World would applaud the *Lenity* of the Emperor ... (47)

Der Verlust seiner Augen, so argumentiert der ‹Freund› weiter, würde seine staatlich nutzbare Körperkraft nicht beeinträchtigen – das Samson-Motiv – und würde im Gegenteil seinen Mut steigern, da der Geblendete keine Gefahr mehr sehen könnte; im übrigen sei es ausreichend für ihn, «to see by the Eyes of the Ministers, since the greatest Princes do no more». Wie bei Cyrano ist die ‹Milde› der vorgeschlagenen Bestrafung Merkmal ihrer Unmenschlichkeit. Dies gilt auch für die ‹vernünftigen› Einwände gegen den Vorschlag (das Nahrungsproblem bliebe weiter gravierend, da blinde Hühner nur umso gieriger fräßen), und ebenso für die Nachbesserungen, mit denen Gullivers ‹Fürsprecher› der Versammlung sein *modest proposal* schmackhaft macht (man sollte den geblendeten Riesen allmählich verhungern lassen, was auch den Gestank seines Kadavers reduzieren würde). Das politische und menschliche Horrendum verkleidet sich als vernünftiges und fortschrittliches Projekt. In ihrer absolutistischen Denkweise zweifeln die physischen und moralischen Pygmäen jedenfalls nicht im geringsten daran, daß der *Man Mountain* bereitwillig den Forderungen der örtlichen Justiz nachkommen wird; und sie preisen einstimmig

> the great *Lenity* and Favour of his Majesty and Council; whereby you are only condemned to the Loss of your Eyes, which his Majesty does not question you will gratefully and humbly submit to; and Twenty of his Majesty's Surgeons will attend, in order to see the Operation well performed, by discharging very sharp pointed Arrows into the Balls of your Eyes, as you lie on the Ground. (48)

Folter und Justizmord sehen die technisch orientierten Rationalisten im Bild einer sauberen chirurgischen Operation, mit deren Hilfe das ungebärdige Individuum dem allgemeinen Maß angepaßt, und das heißt unschädlich gemacht wird. Die chirurgische Metapher für diesen Vorgang war eine Erfindung Swifts, die literarische Zukunft haben sollte.

Im Tal der Augenlosen

Im Vorwort zur Sammelausgabe seiner *Scientific Romances* bekennt H. G. Wells seine «early, profound and life-long admiration for Swift» (viii); es ist ein Einfluß, der keinerlei *anxiety of influence* kennt und der über den engeren Bereich der Science Fiction hinausgeht. So läßt sich die utopische Kurzgeschichte «The Country of the Blind» (1904) als souverän originelle Übertragung eines Swift'schen Fiktionsmodells in die von evolutionären Ängsten gezeichnete Ära der Jahrhundertwende lesen. In diesem Fall wird die gegenweltliche Distanz Utopias nicht durch Insellage in weiter Ferne hergestellt, sondern durch einen verheerenden Erdrutsch, der ein fruchtbares Andental für alle Zeiten vom Rest der Welt abschließt. Anders als in Lilliput ist es kein grotesker Unterschied der Körpergröße, der die Alternität der fremden Welt begründet und metaphorisch sichtbar macht, sondern eine zweite ‹Naturkatastrophe›; eine Epidemie, die in der Vorvergangenheit der Erzählung eine Form erblicher Blindheit über die isolierte Gemeinschaft des Tales brachte: «The seeing had become purblind so gradually that they scarcely noted their loss. They guided the sightless youngsters hither and thither until they knew the whole valley marvellously, and when at last sight died out among them the race lived on.»[8]

Innerhalb der von dieser Bedingung auferlegten Grenzen, ja gerade aufgrund dieser Grenzen, bilden die Blinden eine optimal geordnete, wirtschaftlich gesicherte und konfliktfreie Gesellschaft. Der hinzukommende Außenseiter ist kein wißbegieriger und philosophischer Kopf wie Dyrcona, sondern eher eine Jedermann-Figur wie Gulliver; ein Bergsteiger, der den spanischen Allerweltsnamen Nunez (mit seltsam fehlender Tilde) führt. Wie Gulliver wird auch er von seinen Gefährten abgesondert und – durch einen Absturz mit nachfolgender verzweifelter Kletterpartie – im wahren Sinn des Wortes in die Gegenwelt geworfen. Wells hat die generischen Umrisse seiner Erzählung mit ebenso sparsamen wie festen Strichen gezeichnet.

Auch Nunez findet sich als Gefangener der fremden Zivilisation, und wie Gulliver braucht er eine gute Weile, um den wahren und erschreckenden Stand der Dinge zu begreifen. Diese allmähliche Einstellung seines äußeren und inneren Auges auf die Logik des umgekehrten Normalzustands ist ein Triumph von Wells' Erzählkunst; angefangen bei den ersten Eindrücken, die Nunez von dem abgeschlossenen Tal aufnimmt (fensterlose Häuser mit schlecht geweißelten Mauern; Menschen, die am hellen Tag schlafend herumliegen), über die scheiternde Kommunikation (für die Blinden ist ‹sehen› ein sinnloser Begriff) bis hin zu seiner alptraumhaften Begutachtung durch die Ältesten des Tales in einem stockfinsteren Raum:

> And they thrust him suddenly through a doorway into a room dark as pitch ... before he could arrest himself he had fallen headlong over the feet of a seated man. His arm, outflung, struck the face of someone else as he went down; he felt the soft impact of features and heard a cry of anger, and for a moment struggled against a number of hands that clutched him. An inkling of the situation came to him, and he lay quiet. (201)

Dies erinnert an die Horrormomente in Wells' Science Fiction, in denen groteske Fremdwesen (Morlocks, Seleniten, Martianer) aus dem Dunkel ihre Tentakel nach dem einsamen und flüchtigen Vertreter einer bedrohten Menschheit ausstrecken – nur daß hier die Aliens zur Gattung Mensch gehören. Die Tradition intellektueller Lichtmetaphorik ist bei H.G. Wells als modernem Erben der Aufklärung unübersehbar. Darüber hinaus ist die menippeische Inversion, die der geschlossenen Eigenwelt der Blinden eine paradoxe Überlegenheit über die Welt der Sehenden zuschreibt, dem aufklärerischen Relativismus von Diderots *Brief über die Blinden zum Nutzen der Sehenden* (1749) verpflichtet.⁹ Dieses skandalöse Frühwerk, das seinem Verfasser eine Festungshaft wegen Verbreitung unmoralischer Schriften eintrug, geht auf dem Weg empirischer Befragung und philosophischer Schlußfolgerung der radikal ‹anderen› Sinneserfahrung, Moral und Metaphysik Blindgeborener nach: ihre Seele sitzt ‹in ihren Fingerspitzen› (40) und sie sehen ‹durch die Haut› (58). Dank ihres überscharfen Gehörs könnten die Blinden in einer Kampfsituation darüber hinaus recht geschickte und gefährliche Gegner sein (31). Ein Sehender – und dies ist schon der Wells'sche Plot *in nuce* –, den es unter ein blindes Volk verschlüge, täte gut daran, zu schweigen, um nicht als Narr zu gelten (*il faudrait qu'il prît le parti de se taire, ou celui de passer pour un fou*; 36). Mit seinem ‹Anderen Blick› fungiert der blinde Gesprächspartner für Diderot gleichsam als menippeische Persona. Er ist ebensowenig bereit, die Überlegenheit der Sehenden anzuerkennen, wie die menippeischen Tiere die des Menschen akzeptieren: ‹Er [der Mensch] hat Arme, sagt vielleicht eine Mücke, aber ich habe Flügel. Wenn er Waffen besitzt, sagt der Löwe, haben wir nicht unsere Krallen? Der Elefant wird uns [Menschen] nur als Insekten ansehen ...› (30).

Als Nunez sich äußerlich mit seiner quasi subhumanen Stellung unter den Blinden, deren hochentwickelter Gehör-, Geruchs- und Tastsinn den Sehenden zum Unterlegenen macht, abgefunden hat, wird er so etwas wie ein minderer Bürger ihrer Gemeinschaft. Fast ist er schon bereit, ihr besonderes Weltbild – mit deutlichen Anklängen an Platons Höhlengleichnis – für sich zu übernehmen: «They told him ... that the end of the rocks where the llamas grazed was indeed the end of the world; thence sprang a cavernous roof of the universe ...» (206). Wie Cyranos Sonnenvögel und Swifts Lilliputaner sind die Blinden keineswegs vom Licht der Vernunft ausgeschlossen; aber auch ihre Vernunft besitzt ausgeprägt unmenschliche Züge (‹ich unterstelle ihnen generell eine gewisse Inhumanität›, sagt Diderot; 35). Sie ist strikt partiell und funktional, und jede Art von Nonkonformismus ist für die Blinden undenkbar. Das eigentliche Licht, das sie verloren haben, ohne es zu vermissen, ist das Licht der Phantasie: «Much of their imagination had shrivelled with their eyes» (202). Nunez' ungeschrumpfte Augen sind für sie schlicht pathologische Geschwülste; das heißt, sowohl Ursache als auch Symptom einer leibseelischen Krankheit, die seiner völligen Eingliederung im Weg steht, da sie von der Gemeinschaft als bedrohliche Differenz empfunden wird. Der Arzt des Tales diagnostiziert seinen Fall so:

> «Those queer things that are called the eyes, and which exist to make an agreeable soft depression in the face, are diseased ... in such a way as to affect his brain. They are greatly distended, he has eyelashes, and his eyelids move, and consequently his brain is in a state of constant irritation and distraction ...» (214)

Als Nunez sich in die Tochter seines ‹Herrn› Yacob verliebt, deren Phantasie weniger verkümmert scheint als die ihrer Landsleute, erweisen sich seine sehenden Augen als Hindernis für eine Eheschließung, die ihm endlich das volle Bürgerrecht des Tales sichern würde. Es gilt nun, den einzig vernünftigen Schritt zu tun, und der Doktor benennt ihn mit der gebotenen Deutlichkeit:

> «All we need do is a simple and easy surgical operation – namely, to remove these irritant bodies.»
> «And then he will be sane?»
> «Then he will be perfectly sane, and a quite admirable citizen.»
> «Thank heaven for science», said old Yacob, and went forth at once to tell Nunez the happy news. (214f.)

Spätestens an dieser Stelle wird der Swift'sche Stammbaum der Geschichte evident. Aus der Sicht beider Autoren bedeutet die radikale Methode verkümmerter Menschenwesen beim Umgang mit dem ‹heilen› Außenseiter eine schneidende Kritik der (allzu) praktischen Vernunft. Doch Wells geht noch einen Schritt weiter. Der grenzüberschreitende Eindringling wird nicht etwa für irgendein Vergehen bestraft – ein derart minderwertiges Geschöpf könnte ohnehin niemals die aufgeklärte und benevolente Gemeinschaft des Tales gegen sich aufbringen; nein, er soll von seiner Krankheit des Andersseins (des ganzen Mensch-Seins) mit Hilfe eines geschickten Chirurgen geheilt werden. Hier, wie an manchen anderen Stellen von Wells' gewagten Phantasien, sind wir der modernen Dystopie à la Samjatin, Huxley und Orwell[10] sehr nahe – oder auch Edward Bonds *Lear*, der in ihrer Nachfolge steht:

> Understand, this isn't an instrument of torture, but a scientific device. See how it clips the lid back to leave it unmarked ... Nice and steady. (*He removes one of* LEAR's *eyes*) ... Note how the eye passes into the lower chamber and is received into a

soothing solution of formaldehyde crystals. One more, please.
(*He removes* LEAR's *other eye*) ... Perfect.¹¹

Die Liebe schlägt sich in «The Country of the Blind» auf die Seite der Dystopie: Nunez' Verlobte fordert das Opfer seiner Augen als endgültigen Liebesbeweis, und er willigt in die Operation ein. Doch als sein letzter Tag mit sehenden Augen beginnt und die Sonne herrlich über den Höhenkämmen aufgeht, während die Talbewohner sich zum Schlafen zurückziehen, ist er außerstande, sein Versprechen zu halten; er muß dem Appell der Sonne an seine Augen folgen. Bei Sonnenuntergang – die Erzählung überspringt den Verlauf des Tages – liegt er hoch oben in den Bergen, blutbefleckt und mit Prellungen übersät, «but he lay as if he were at his ease, and there was a smile on his face» (218). Er hat *the pit*, die Niederung, oder Hölle, des Blinden Tales verlassen und ruht nun von seinem lebensgefährlichen Ausbruch aus – zufrieden, wie Rimbauds «Dormeur du val».¹²

In einem Dankesbrief für die freundliche Besprechung seines ersten Romans durch H. G. Wells preist Joseph Conrad den Rezensenten als *realist of the fantastic*, dessen fiktionale Leistung darin bestehe «to give over humanity into the clutches of the Impossible and yet ... to keep it down (or up) to its humanity.»¹³ In gelegentlichen Randbemerkungen zur Poetik seiner Science Fiction unterstreicht der Angesprochene selbst diesen Aspekt: Das Wesentliche an den Geschichten seien die nichtphantastischen Bestandteile mit ihrem Appell an das Mitgefühl des Lesers; «the fantastic element, the strange property or the strange world, is used only to throw up and intensify our natural reactions of wonder, fear or perplexity ...»¹⁴ Doch die Größe und Ausstrahlung dieses Autors liegt unzweifelhaft vor allem in seiner schöpferischen Fähigkeit, *strange worlds* zu imaginieren. Erst von solchen ‹antipodischen› Standpunkten aus kann die viktorianisierte Gulliver-Figur den Anderen Blick auf eine hinterfragte Normalität richten. (Die romanhafte Vertiefung dieser Augenzeugen des Enormen geht übrigens nie so weit, daß ihr Charakter als menippeische Personae dabei in Frage gestellt würde.)

Der Realismus des Phantastischen ist Wells' Methode, die Tradition der Menippea mit der des viktorianischen Romans zu verschmelzen, wobei sich die deutlich spürbare metaphorische Aussage seiner Erzählungen jeder eindeutigen Entschlüsselung widersetzt. Ist das Land der Blinden ein Angriff auf die Massengesellschaft, auf sozialistische Utopien oder ganz allgemein auf den funktionalen Rationalismus? Seine Phantastik unterscheidet «The Country of the Blind» von der romanhaften, psychologisch beklemmenden, aber gleichfalls stark metaphorischen Behandlung des Außenseiter-Themas in Elias Canettis *Die Blendung* – und verbindet es mit John Wyndhams sensationalistischer Fiktion *The Day of the Triffids* und mit der eindringlicheren apokalyptischen Phantasie von José Saramago, *Die Stadt der Blinden*.

Epidemische Blindheit

Der wackere Nunez wird in die Gesellschaft der Blinden verschlagen, nachdem ihnen die Blindheit eine lang etablierte Bedingung des Lebens und Überlebens geworden ist. Es war nur eine Frage der Zeit, bis der kollektive Prozeß des Blindwerdens und seine Beobachtung durch einen Noch-Sehenden als Außenseiter fiktional inszeniert und in Romanlänge ausgeführt wurde. Obgleich Wells 1933 vom Genre der *scientific romance* aus einsichtigen Gründen Abschied nahm («the world in the presence of cataclysmal realities has no need of fresh cataclysmal fantasies»[15]), gab es andere Autoren, die gerade das Katastrophenpotential der Gegenwart im Sinne einer Konjunktur der Angst fiktional fruchtbar machten; zum Beispiel John Wyndham, erfolgreicher Vermarkter Wells'scher Ideen und Experte im Genre der Weltkatastrophen-Erzählung. In seinem Bestseller *The Day of the Triffids* griff er auf zwei dystopische Motive des Meisters zurück, um sie – erzählerisch nicht allzu stringent – zu synchronisieren. Man schrieb das Jahr 1951, und die Furcht vor der Atombombe und vor einem neuen Weltkrieg war weit verbreitet.

Das erste dieser Leihmotive ist die Invasion von Schreckgeschöpfen mit unheimlich halbmenschlichen Eigenschaften, die aus dem Bereich der Natur in die Menschenwelt eindringen; groteske Zwischenwesen und Grenzüberschreiter, wie sie etwa in Wells' Erzählungen «The Sea-Raiders» oder «The Empire of the Ants» auftauchen, um ihre mörderische Gegenwart als «new competitors for the sovereignty of the globe»[16] spürbar zu machen. Die Triffiden sind hybride, intelligente, höchst mobile, wohlorganisierte, fortpflanzungsfreudige und aggressive Pflanzenwesen. Zu ihrer körperlichen Ausstattung gehören geißelartige Fühler à la Wells, die ein schlimmes Gift verspritzen; ihre unangenehmen fleischfressenden Eigenschaften verdanken sie den Morlocks und Martianern des Vorgängers. Als Ergebnis biologischer Experimente in der Sowjetunion, die außer Kontrolle gerieten, sind sie Monstren aus der Werkstatt des Menschen.[17] Sie beginnen, England zu überfallen und dort massenweise auszuschwärmen, während gerade der zweite, dem Plot als Auslöser dienende Horror über das Land und die Welt kommt: eine Riesenwolke aus grünlichem Kometenstaub, die die Erde auf ihrer Umlaufbahn passieren muß.

Die grüne Farbe, die Idee des Ganzen und teilweise sogar der Titel des Buches sind eine weitere Anleihe bei H. G. Wells – freilich auf dem Weg einer Umkehrung, die die Tendenz des Prä-Textes *In the Days of the Comet* (1906) auf den Kopf stellt und der wunderbar segensreichen Himmelserscheinung der Vorlage eine böse apokalyptische Wendung gibt. Durch das unheimliche Grünlicht des Kometen wird die ganze Welt auf einen Schlag blind (trotz des globalen Rahmens ist freilich die Perspektive, wie meist auch bei Wells, durchgehend insular englisch). Nur eine winzige Minderheit, deren Sicht durch glückliche Zufälle verschont wurde, bleibt übrig, um den folgenden Zusammenbruch der Zivilisation zu beobachten und sich ihm mit ihren schwachen Mitteln entgegenzusetzen.

Der Ich-Erzähler als herzhaft ‹normaler› Augenzeuge der Weltkatastrophe ist in diesem Fall Patient eines Krankenhauses, dessen Kopf nach einer Augenoperation gründlich bandagiert wurde und der so dem blendenden kosmischen Licht nicht ausgesetzt war. Da eine seiner Funktionen darin besteht, die zwei Hälften der Handlung zu verklammern, erfahren wir später, daß er Experte für Triffiden ist; seine Augenverletzung verdankt er einer Attacke dieser Kreaturen. Denn die Triffiden zielen auf die Augen der Menschen:

> «... if you look at the statistics of casualties, just take notice of the proportion that has been stung across the eyes, and blinded. It's remarkable – and significant.»
> «Of what?» I asked.
> «Of the fact that they know what is the surest way to put a man out of action ...» (52)

Die Stärke von Wyndhams Erzählung liegt in ihrer Erlebnisperspektive, in der Augenzeugenschaft eines bestürzend raschen Zerfalls aller Zivilisation unter der Doppelgeißel kollektiver Blindheit und eines Invasionsheeres pflanzenartiger Aliens. Der urbane Alptraum, der auf das fatale Licht des Kometen folgt, wird in einer Serie schockierender szenischer Momente anschaulich: ein blinder Arzt, der sich durch den

Korridor seiner Station tastet, Banden blinder, sturzbetrunkener Hooligans in den Kneipen und auf den Straßen, Gewalt gegen Frauen. Der menippeische Umschlag der Perspektive hat die Metropole in ihre Antithese verwandelt: eine im Dunkeln tappende *City of Dreadful Night*, halb Geisterstadt und halb Hölle: «The place looked – well, you have seen some of Doré's pictures of sinners in Hell. But Doré couldn't include the sounds ...» (22).

Das kleine Häufchen der Verschonten hat unvergleichlich bessere Aussichten, zu überleben, als die blinde Mehrheit, die sich in einen verzweifelten und gefährlichen Mob verwandelt und die wenigen Sehenden in die Rolle von Blindenführern zu zwingen versucht. Der Erzähler rettet ein besonders anziehendes weibliches Opfer aus der Gewalt ihres brutalen Peinigers, und verliebt sich prompt in sie. Die folgende Love Story ist – im Vergleich zu Nunez' unerfüllter Neigung – das reinste spätviktorianische Klischee; doch die Trennung, Suche und Wiedervereinigung des Paares gibt der wenig strukturierten zweiten Hälfte des Romans, die in der ländlichen ‹Wildnis› Südenglands spielt, eine gewisse äußere Klammer. Eine gelegentliche Rückkehr nach London bietet den elegischen Anlaß, die Hauptstadt im Zustand ihrer ‹Nekrose› zu betrachten: «I stood in Piccadilly Circus again, looking round at the desolation, and trying to recreate in my mind's eye the crowds that once swarmed there. I could no longer do it ... Never once did I see a moving thing, except a few sparrows and an occasional triffid ...» (257). Wie in *The War in the Air* ist Piccadilly Circus das tote Herz der Stadt und des Landes, und die Existenz der Überlebenden in gewisser Hinsicht eine posthume.

Die Blinden haben gegen Triffiden, Hunger und Chaos kaum eine Chance, außer in einigen wehrhaften ländlichen Kommunen, wo sie von einem Angehörigen jener raren Spezies, der Sehenden, beschützt werden. Draußen aber herrscht das Chaos. Anders als bei Wells wirkt sich die kollektive Blindheit nicht als menschlich reduzierte, aber zugleich rational kontrollierte Lebensform aus, sondern setzt alle Kräfte des Irrationalismus frei. Die Überlebenden befinden sich im Belagerungszustand. Die Liebesgeschichte des Helden führt zwar zu Heirat und Geburt, aber die Triffiden lauern hinter dem Zaun der prekären Schutzburg. Wehrhafte Vernunft bietet – im Zeichen des Kalten Krieges? – der blinden Brutalität entschlossen die Stirn, doch wird kein Happy End daraus; eher ein offenes Ende nach Menippeerart.

Obwohl José Saramago in seiner Romanphantasie *Die Stadt der Blinden* (1995) offenbar die Plots von Wells und Wyndham miteinander verquickt hat, ist die Zielrichtung seiner Fiktion eine andere, ebenso wie die Natur der kollektiven Blindheit und des Widerstands der Sehenden gegen sie. Paradoxerweise ist bei ihm sowohl der romanhafte Realismus der Alptraumhandlung als auch die moralische Fabel der Erzählung viel ausgeprägter als bei dem zu Sensationsvielfalt und sentimentalen Klischees neigenden Wyndham. Das Ganze ist eine menippeische Mischung aus Geschichte und Essay: Der Originaltitel lautet *Ensaio sobre a cegueira*, ‹Versuch über die Blindheit›. Wieder handelt das Buch von einer epidemischen Erblindung, die eine (ungenannte) Stadt und die von ihr verkörperte Zivilisation befällt und radikal verwandelt. Es ist die wohl beunruhigendste unter Saramagos Fiktionen über den Zusammenbruch einer eben noch intakten zivilisierten Gesellschaft.

Ein Taxifahrer, der an einer Ampel hält, erblindet plötzlich und stört den Verkehrsfluß. Ein Augenarzt, der die ihm unbekannte Form ‹weißer Blindheit› diagnostiziert, steckt sich an, noch ehe er in seinen Lehrbüchern nachschlagen kann. Mit verheerender Schnelligkeit breitet sich die Epidemie in der Stadt aus. Im Zuge ihrer brutalen Quarantäne-Politik sperren die Behörden die Erblindeten in eine ehemalige Irrenanstalt; diese wird für die Insassen zur Hölle, da in der zweifach geschlossenen Gesellschaft die Starken die Schwächeren tyrannisieren. Als ein aus Verzweiflung gelegtes Feuer das Tor zur Außenwelt endlich öffnet, ist die ganze Stadt ein einziges blindes Irrenhaus. Die Wells'sche – und Kafkasche – Versuchsanordnung, nach der absolut normale Menschen ruckartig in fremde und verrückte Lebensbedingungen geworfen werden, um ihre Anpassung an den Zustand der Un-Menschlichkeit aus der Sicht der Erlebenden mitzuteilen, ist hier in ihrer fiktionalen Künstlichkeit zur Schau gestellt. Die Tatsache, daß am Ende die Epidemie ebenso plötzlich vergeht, wie sie ausgebrochen ist, und den Erblindeten ihr Augenlicht wiedergeschenkt wird, unterstreicht den experimentellen Charakter dieser schwarzen Phantasie.[18]

Dank ihrer Tendenz, das Verhältnis von Normalität und Verrücktheit auf den Kopf zu stellen, unterhält die Menippea eine besondere Beziehung zur Heterotopie des Irrenhauses. Bei Swift beispielsweise ist die Akademie der Wissenschaften ein Tollhaus, das Tollhaus eine potentielle Akademie.[19] Saramagos Irrenhaus als Internierungslager stellt eine Enklave des Anderen, der lichtlosen Welt, in einer scheinbar weiter funktionierenden vernunfthellen Zivilisation dar; ein Heterotop des physischen und moralischen Chaos, dessen Grenzen zur Normalität durch unbarmherzige Wachmannschaften gesichert werden. Unter ihrem Schutz dürfen die ‹Stärkeren› innen ihr Gewaltregiment ausüben, vor allem auf sexuellem Gebiet, und in einer Weise, die weit über Wyndhams Ansätze in dieser Richtung hinausgeht. Damit wird der Gegensatz zwischen Draußen und Drinnen durch eine verborgene Analogie unterlaufen, denn die Mächte, die die Quarantäne verhängen, sind selbst mit ‹Blindheit› infiziert. Auch hier kollabiert, im Zeichen der KZ-Erfahrung unserer Geschichte, die beruhigende Antithese von Normalität und Wahnsinn.

Wieder ist der Außenseiter, durch dessen Augen wir die dystopische Welt betrachten, ein Sehender unter Blinden; in Analogie zu Wells und im Unterschied zu Wyndham jedoch kein Ich-Erzähler. Die von der Seuche verschonte Frau des Augenarztes stellt sich blind, um ihrem Mann an den Ort der Internierung zu folgen, in einem Akt der Grenzüberschreitung, der nicht weniger bedeutungsschwer ist als Nunez' halsbrecherische Klettertour in die andere Welt. Als *central intelligence* der Geschichte besitzt sie das grausame Privileg des menippeischen Voyeurismus. Es ist ihr, «als blicke sie durch ein Mikroskop und beobachte das Verhalten von Wesen, die ihre Anwesenheit nicht einmal erahnen konnten, und plötzlich schien ihr dies unwürdig, obszön.»[20]

Sie ist nicht naiv wie Nunez und kein oberflächlicher Aktivist wie Wyndhams Held, sondern eine Sehende, die blind sein möchte; zuerst, um mit ihrem Mann die seltsam strahlende Leere seines inneren Blickes zu teilen, um ein neues Sehvermögen zu gewinnen und «in die sichtbare Haut der Dinge vorzudringen, auf die andere Seite, in sie hinein, in die leuchtende unwiderrufliche Blindheit» (77). Später, noch ehe in der Geschlossenen Anstalt blinde Lust und Gewalt, Erpressung und Sadismus an die Macht kommen, klagt sie ihrem Mann gegenüber, daß ihr der Zwang des Sehens angesichts der verrohenden Gefangenen unerträglich werde: «... die mildtätige pittoreske Welt der lieben Blinden ist vorbei, jetzt haben wir eine harte, grausame und unerbittliche Herrschaft der Blinden. Wenn du sehen könntest, was ich immer sehen muß, dann würdest du gerne blind sein» (166). Nachdem sie den Anführer der Bande, die den weiblichen Teil der Insassen terrorisierte, getötet hat, sagt sie von sich: «Vielleicht bin ich die Blindeste von allen ...» (234).

Doch sie hat der Drohung, oder Lockung, des Blindwerdens widerstanden und ist mit ihren Schützlingen nicht auf den Zustand der barbarischen Horden herabgesunken, die das ursprünglich gerade noch erträgliche Leben der Internierten in eine Hölle verwandelt haben. Während der Übergang von der passiven in die aktive Rolle bei Nunez ein Akt der (selbstmörderischen) individuellen Befreiung war, ist es bei ihr ein Schritt zur gesellschaftlichen Verantwortung; das gleiche gilt für ihre spätere Brandlegung in der Höhle der Gewalt. Durch die Passion ihres Sehens verwirklicht sie, was bei Nunez nur naiver Ehrgeiz war: unter lauter Blinden einäugiger Herrscher zu sein, «eine Art natürlicher Anführer, ein König mit Augen in einem Land der Blinden» (312). Am Ende, als nach der plötzlichen Heilung aller ihr Königtum nicht mehr gebraucht wird, scheint es so, als sei sie daran, blind zu werden (obgleich die Formulierung ebenso zweideutig ist wie am Schluß von Wells' Geschichte): «Dann hob sie den Kopf zum Himmel und sah alles weiß. Jetzt bin ich an der Reihe, dachte sie. Die plötzliche Angst ließ sie den Blick senken. Die Stadt dort unten war noch immer da.» (399)

In der dystopischen Fiktion steht der Leser inner- und außerhalb des kollektiven Alptraums. Er sieht durch die Augen des Außenseiters, der die *central intelligence* der Erzählung ist, und hört zugleich auf die Stimme des ausdrücklich kommentierenden oder auch impliziten Erzählers. Bei Saramago ist diese Stimme, trocken, sarkastisch, von schwarzem Humor gefärbt, ganz unüberhörbar; sie überlagert stark den personalen Erzählmodus. Dieser Sprecher ist eine aus menippeischer Tradition vertraute Instanz: der als Ironiker verkleidete Moralist. Seine Sicht konvergiert mit der des zentralen Bewußtseins und der ‹aufgeklärten› Blinden in dem Bestreben, dem Leser den allegorischen Sinn der Handlung nahezubringen. Die paradoxe ‹weiße Blindheit› enthüllt sich so als willentliche Blindheit der Menschen gegenüber den Bedingungen einer krisenhaften, erschöpften, von ihren natürlichen Wurzeln abgetrennten Welt; oder, wie es die Frau des Arztes mit ihren letzten Worten im Roman sagt: «Ich glaube nicht, daß wir erblindet sind, ich glaube, wir sind blind, Blinde die sehen, Blinde, die sehend nicht sehen». Es ist dies ein Verdikt, dem man zustimmen mag, das aber, so überdeutlich wie es formuliert ist, den seltsam flachen Schluß einer ungemein wirkungsvollen menippeischen Parabel bildet.[21]

Saramagos allegorische Sicht einer Zivilisation, die für ihren wahren Zustand mit Blindheit geschlagen ist, wird in dem späteren Roman *A Caverna* (‹Die Höhle›; 2000; deutscher Titel: *Das Zentrum*) erneut evident. Wieder ist der lebensweltliche Ausgangspunkt für die menippeische Phantastik die ganz ‹normale› Gegenwart: eine namenlose portugiesische Kleinstadt, deren gesamte Lebensenergien vom Fortschritt in Gestalt eines riesigen Supermarkt- und Wohnkomplexes, genannt «Das Zentrum», absorbiert werden. Während einer nächtlichen ‹Unterweltsfahrt› erkundet der Protagonist, ein Außenseiter der neuen Konsumgesellschaft, eine Höhle, die bei Ausschachtungsarbeiten für ein Parkhaus im Untergrund dieses Komplexes entdeckt wurde. Darin findet er eine Reihe von guterhaltenen Toten. Sie sind wie Galeerensklaven an eine Bank angekettet, und ihre erloschenen Augen starren auf eine Steinwand. Der metaphorische Ort, den uns Saramago hier im Rahmen einer menippeischen Hadesfahrt präsentiert, ist nichts anderes als eine Replik von Platons Höhle. Wieder ist die Moral der Geschichte, die von der Persona artikuliert wird, eine Spur zu explizit: «Diese Menschen sind wir ... Was soll das heißen. Daß das wir sind, ich, du, ... das ganze Zentrum, wahrscheinlich die ganze Welt.» Damit nimmt der Schluß der Erzählung das Motto des Ganzen aus Platons *Staat* auf und bestätigt es durch den Augenschein der erlebten Handlung: «Ein gar wunderliches Bild stellst du dar. Und wunderliche Gefangene. – Uns ganz ähnliche.»[22]

8. Spielformen menippeischer Rede (I): Entlarvende Rhetorik

> ‹Daher die vielen gemeinen Hanswurste, im Wissenschaftsdämmer nistende Ignoranten, Klerikermasken, Marktschreier, Vagabunden, Rauschebärte, Schwämme, Dickwänste – lauter Herdenvieh, das sich ungewaschenen Fußes ins Allerheiligste der Theologie drängt.›
>
> Robert Burton, *Anatomy of Melancholy*, «Abschweifung über das Elend der Scholaren»; lateinischer Einschub

Der Andere Blick bedingt, da er die normale Wahrnehmung verrückt, zur Wiedergabe seiner divergenten Weltsicht immer auch eine ‹andere› Sprache. In ihrem Einspruch gegen alles erstarrte Denken treten die Wortführer der Menippea das ironische Erbe der öffentlichen Rhetorik von Gericht und Senat an, wenn sie sich in Anklage- und Verteidigungsreden als Entlarver der Selbstsicheren oder als parodistische Windbeutel betätigen. Das Gegenspiel von ‹Held› und Kyniker in den Totengesprächen ebenso wie die Verhandlungen des Götterrates in der *Apokolokýntosis*, Lukians Lob des Parasiten oder das Eigenlob der Torheit bei Erasmus sind dieser Grundsituation einer öffentlichen Rechtfertigung durch gezielten Einsatz der Redekunst unübersehbar verpflichtet.

Denn dem hellwachen Sprachbewußtsein der Menippea ist die sophistische Komponente der großen Worte wohl vertraut: Sie kennt deren Funktion als Maskerade und Beschönigung von Eigeninteresse im Namen des Gemeinwohls. Damit ist ihre Rede bewußte Antirhetorik, ihre Schaumschlägereien dienen der Deflation, und ihre großen Monologe sind darin dialogisch, daß sie sich selbst in Frage stellen. Doch auch das informelle Gespräch wird in den Dienst menippeischer Sprach- und Denkkritik gestellt. Dies geschieht beispielhaft im Rahmen des satirisch-burlesken Gastmahls. Ein rascher Wechsel der Repliken eines Dialogs über Stock und Stein (der den philosophischen Dialog parodiert) erweist dabei die Gesprächsführer als Diaboliker im etymologischen Sinn, indem sie alle vermeintlichen Gewißheiten durcheinanderwirbeln und über den Haufen werfen.

Wie Michail Bachtin nachdrücklich und glaubhaft versichert, ist die Menippea ihrem Wesen nach eine dialogische Gattung. In seiner ironischen Eigenapologie mit dem Titel *Der doppelt Angeklagte* rühmt sich Lukian unter dem *nom de plume* «Der Syrer», den Dialog aus seinen himmlisch philosophischen und erhaben tragischen Höhen herab auf die Erde geholt und unter die Komödianten gesteckt zu haben. Das Ganze ist, wie üblich, in eine witzige menippeische Fiktion eingekleidet: Unter den Augen der Götter muß sich der Syrer auf dem Athener Areopag gegen zwei formelle Anklagen verteidigen. Die Rhetorik beschuldigt ihn, er habe sie an den Dialog verraten, und dieser wiederum sieht sich von ihm in seiner Würde herabgesetzt, mißbraucht und persifliert:

> Ich hatte bereits den «Gipfel des Himmels» erflogen[1] ..., als dieser Mensch mich zu packen kriegte und herunterzog, mir die Flügel zerbrach und mich in einen Zustand versetzte, wo ich mit allen anderen gemeinen Leuten in einer Linie stehe. Kurz, er zog mir die stattliche tragische Maske, in der ich meine Rolle bisher gespielt habe, ab, steckte mich in eine andere komische und satyrische, um nicht gar bürleske [*gelóion*] zu sagen, und sperrte mich zum Spott, zum Jambus, zum Kynismus, und zum Eupolis und Aristophanes ein, zu ganz entsetzlichen Leuten, sobald es darauf ankommt, die ehrwürdigsten Dinge lächerlich zu machen ...[2]

Er habe dem Dialog doch nur seine metaphysischen Haarspaltereien austreiben wollen, verteidigt sich der Syrer; aber dieser «hätte gern seine Flügel wieder und schaut immer in die Höhe, während er nicht sieht, was ihm vor den Füßen liegt». Doch in diesem Gerichtsverfahren, das die Menippea selbstironisch gegen sich anstrengt, haben Schwulst und wolkige Spekulation keine Chance. Die Klage wird abgewiesen.

Gericht über das Altertum

Im folgenden werden einige – ebenso historisch bedeutsame wie literarisch reizvolle – Metamorphosen menippeischer Staats- und Gerichtsrede mit ihrer jeweiligen fiktionalen Einkleidung analysiert; daran schließt sich im nächsten Kapitel die

Betrachtung ausgewählter Gastmahlsgespräche an. Wo die Menippea parodistisch auf die öffentliche Rhetorik zurückgreift, steht meist die Situation des Totengerichts im Hintergrund, elaboriert zu Reden der Anklage, Verteidigung und Urteilsbegründung. Schon das erste erhaltene Textbeispiel, Senecas *Apokolokýntosis*, führt dazu eine weitere parodistische Dimension ein, wenn es die Götterversammlung, in die der vom römischen Senat voreilig zum Gott erhobene Claudius Einlaß begehrt, nach dem Muster eben dieses Senats modelliert.

Wie oben erwähnt, hat es der zungenlahme Kaiser verstanden, durch plumpe Schmeichelei den nicht allzuschlauen Herkules als Fürsprecher zu gewinnen und mit diesem in den Götterrat einzudringen. Daraufhin gibt es zunächst eine freie Aussprache über sein Ansinnen, danach eine förmliche Meinungsbefragung der Götter mit anschließender Beschlußfassung. Jupiter redet die anwesenden Götter mit dem Senatorentitel als *patres conscripti* an und verweist sie, als die Befragung zu turbulent wird, auf die Geschäftsordnung des Hauses: *volo, ut servetis disciplinam curiae* (26).

Obgleich am Anfang der olympischen Senatssitzung eine Lücke in der Manuskriptüberlieferung klafft, wird deutlich, wie meisterhaft Seneca hier die generische Balance von Scherz und Ernst realisiert. Nachdem der Antragsteller Claudius den Saal verlassen hat (weil in Gegenwart von Privatleuten keine Stimmabgabe in der Kurie zulässig ist), äußert sich Vater Janus so rhetorisch weitschweifig zur Sache, daß der Protokollant der Rede nicht folgen und der Erzähler nur den abschließenden Antrag mitteilen kann. In seinem Plädoyer mischt Janus juristische Formeln mit Homerzitaten und vulgärem Latein und setzt sich dafür ein, die Praxis einer Vergöttlichung von Sterblichen ersatzlos zu streichen.

Als Gegenredner tritt der wenig angesehene altrömische Gott Diespiter auf, der zuvor von Herkules als dem Sachwalter des Antragstellers umschmeichelt wurde, und stellt unter Berufung auf Claudius' Blutsverwandtschaft mit dem zurecht vergöttlichten Augustus den Gegenantrag. Das ist Wasser auf die Mühlen des Herkules, der die Gunst der Stunde nützt und schon fast die Mehrheit auf seiner Seite hat, als sich Augustus erhebt, um seine Jungfernrede im Göttersenat zu halten und der Debatte ihr klimaktisches Moment zu verleihen. Selbst in diesem leidenschaftlichen Schlußplädoyer, der Peroratio des Ganzen, bei der die Persona ganz im Sinne ihres Autors spricht, machen kolloquiale Stilbrüche und schneidende Ironien den menippeischen Duktus unverkennbar:

> Dieser Mensch, Senatoren, der euch so vorkommt, als könne er keine Fliege verjagen, pflegte mit solcher Leichtigkeit Menschen zu ermorden wie eine Hündin sich zum Pissen setzt ... Gaius Caesar [d.h. den Kaiser Caligula] hat er nach dessen Tod unablässig nachgemacht. Jener hatte seinen Schwiegervater ermordet: Dieser hier tat's auch noch mit dem Schwiegersohn. Gaius verbot dem Sohn des Crassus, sich Magnus zu nennen: Dieser gab ihm seinen Ehrennamen wieder, nahm ihm aber dafür den Kopf. Er mordete hin in einer einzigen Familie Crassus, Magnus und Scribonia, zusammen nur drei Pfennige wert, gleichwohl von Adel, Crassus obendrein so vertrottelt, daß er sogar die Herrschaft hätte übernehmen können (*tam fatuum, ut etiam regnare posset*) ... Wer wird denn diesen Typ als Gott verehren? Wer wird an ihn glauben? Solange ihr solche Gestalten zu Göttern macht, wird kein Mensch glauben, daß ihr selber Götter seid! (31/33)

Damit ist der Fall des ‹göttlichen Claudius› entschieden. Aus seiner Himmelfahrt wird ein Höllensturz, und der Götterbote Merkur befördert ihn dahin, wo er hingehört: in den Orkus. Senecas Satire ist wahrscheinlich das Vorbild jener anderen antiken Menippea, die ebenfalls im Rahmen eines Göttersenats Fragen des politischen Ethos verhandelt und die Kaiser Roms vor das olympische Forum lädt. Es ist das in griechischer Sprache verfaßte *Symposion* des spätrömischen Kaisers Julian, bekannt auch unter dem Titel *Die Caesaren*. Seine Gastmahlsunterhaltungen sind zugleich Senats- und Gerichtsreden – wobei freilich die Situation des Totengerichts dominiert.

Zum ‹karnevalesken› Fest der Saturnalien lädt der Gründer Roms, Romulus, auf dem Olymp die Götter zu einem Festmahl und bereitet zugleich in etwas tieferen Regionen einen Tisch für die römischen Kaiser. Der rednerische Wettstreit der Caesaren um den Vorrang sorgt für die Unterhaltung der göttlichen Tafelrunde; dabei punktieren die Sarkasmen des Silen in seiner Rolle als kynischer Kommentator wirkungsvoll das vielfach prahlerische Auftreten der Herrscher. Caligula (‹ein fürchterliches Ungeheuer›) und Nero (mit Leier und Lorbeerkranz) kommen erst gar nicht zu Wort, sondern werden auf Geheiß der Götter gleich in den Orkus hinabgeworfen. Caesar (mit seiner *philoprotía*, ‹dem Drang, immer der erste zu sein›), Augustus (der wie ein Chamäleon die Farbe wechselt) und andere rühmen sich wortreich ihrer Taten; nur der Philosoph Mark Aurel, dem offenbar die Sympathie des Erzählers gehört, verhält sich unkompetitiv, was ein bezeichnendes Licht auf die Rhetorik seiner Mitbewerber wirft.

Das schwarze Schaf in der Runde ist Kaiser Konstantin, der die Christianisierung des Reiches veranlaßt hatte. Dem vergeblichen Versuch, dieses Werk rückgängig zu machen, verdankt Julian selbst seinen Beinamen Apostata, der Abtrünnige. Sein Vorgänger Konstantin erscheint als einer, der sich mehr der Üppigkeit (*Tryphé*) als den männlichen Tugenden verschrieben hat. Nach seiner etwas dürftigen Rede muß er sich von Silen vorhalten lassen, er habe statt eigener Taten nur Adonisgärten, also Gärten der Lüste, zu bieten. Im Anschluß an das von Hermes geführte Verhör der Bewerber vereinigt Mark Aurel die meisten Stimmen auf sich und darf sich zu Zeus gesellen. Konstantin dagegen zieht es zur Tryphé, in deren Gefolge sich auch Jesus aufhält. Der ruft in Parodie einer bekannten Bibelstelle allen Neuankömmlingen zu: ‹Kommet ungesäumt her zu mir alle, die ihr Ehebrecher, Meuchler, fluchbeladen und schamlos seid, denn ich will euch mit diesem Wasser waschen und alsbald rein machen.›[3]

Der Ton dieser Saturnalie ist insgesamt ernster als bei Seneca und Lukian. Hier sitzt ein philosophierender und schriftstellernder Kaiser, der gleich zu Anfang bekennt, ihm fehle das Talent zu Spott und Parodie, über all seine Vorgänger zu Gericht; und damit, wie sein neulateinischer Übersetzer Petrus Cunaeus sagt, ‹gleichsam über das gesamte Altertum› (*de tota antiquitate veluti iudex sedet*).[4] Cunaeus, der uns weiter unten als Autor einer wichtigen Menippea begegnen wird, betreibt in seiner Vorrede Sympathiewerbung für den christlicherseits viel geschmähten Julian Apostata. Als Übersetzer freilich legt er, nach Vorgabe des griechischen Erstdrucks von 1577, die blasphemischen Worte Jesu einem Sohn des Konstantin in den Mund.[5]

Die menippeische Götterversammlung der Antike (*concilium deorum*) befleißigt sich einer Rhetorik, die zugleich die gehobene olympische Stillage in Epos und Tragödie sowie die forensische Redepraxis parodiert. Bei dieser Institution, die als Hoher Rat und oberste Gerichtsinstanz in einem fungiert, sind die Grenzen zwischen Senatsdebatte und juristischer Rede – genau wie im römischen Senat – einigermaßen fließend. Die Heterotopie eines solchen allerhöchsten Gremiums ist auch in mehreren wichtigen neulateinischen Menippeen der Ort, an dem Lebensfragen des Gemeinwesens satirisch debattiert und durch ironische Senatsbeschlüsse ein für allemal entschieden werden. Diese Texte entstanden während des 16. und frühen 17. Jahrhunderts im Umkreis des für Europa so wichtigen niederländischen Humanismus, vor allem in Nachfolge der *Apokolokýntosis*.

Senatsverhandlungen der Gelehrtenrepublik Ihr Senat ist in hohem Maße metaphorisch, denn er vertritt die neue übernationale Literaten- und Gelehrtenrepublik (*respublica litteraria*) mit ihren klassischen Autoritäten und deren neuzeitlichen Herausgebern und Geistesverwandten. Ihre Gegner sind zunächst die verknöcherten Scholastiker, die in Personalunion von Philosophen und Theologen die Universitäten noch fest im Griff haben und den intellektuellen Status quo mit Zähnen und Klauen verteidigen. Mit ihnen trägt der neue Geist eine paradoxe *querelle des anciens et des modernes* aus, bei der die Modernen ihre erneuerte Antike gegen die Anhänger der alten Denkgewohnheiten ins Feld führen. Aber bald schon erstehen den Humanisten in Gestalt selbstgefälliger oder halbgebildeter Editoren und Kommentatoren Gegenspieler aus den eigenen Reihen: eine neue Pedantenbrut, die Schmarotzer der soeben erfundenen Printmedien. Auch Senecas pseudogelehrter Claudius, auch die falschen Philosophen oder der in altertümlichem Wortschwulst schwelgende Lexiphanes des Lukian[6] weisen bereits pedantische Züge auf; doch erst jetzt, im Zeitalter des Humanismus, macht eine wiedergeborene, streitlustige, wortkritische und wortbesessene Menippea die Pedantensatire zu ihrer ureigenen Sache. Die *respublica litteraria* schafft sich ein witziges Forum zur öffentlichen Definition und Verteidigung ihrer Standards. Noch die *scribbler*-Satiren der Aufklärung, die sich menippeischer Strategien bedienen und in Werken wie Swifts *Tale of a Tub* (1704) und Popes *Dunciad* (1728–1743) kulminieren, stehen in dieser Tradition.

Eine Schlüsselstellung bei dieser antipedantischen Ausrichtung der neuzeitlichen Menippea nimmt jener *Traum* ein, den der bedeutende spanische Humanist Juan Luis Vives 1520 seinem Kommentar zu Ciceros *Traum des Scipio* vorausschickte, einem Text, über den er in Löwen – gegen gewisse Widerstände der akademischen Kollegen – Vorlesungen hielt.[7] Die menippeisch lesbare Vision Ciceros hat Vives offensichtlich dazu angeregt, seine eigene in der Senecanachfolge stehende satirische Phantasie durch eine Traumfiktion in den Kontext neuzeitlichen Vernunftdenkens einzubetten – eine außerordentlich folgenreiche Neuerung. Vives berichtet, wie er bei der Vorbereitung seiner Löwener Vorlesung einnickt und durch eine Katabasis in das Reich des Schlafes entrückt wird. Es erscheint als eine Antiwelt ewiger Trägheit und Finsternis, und in dieser Hinsicht als Symbol des geistfeindlichen Dunkelmännertums, das die Satire attackiert, und als Vorwegnahme von Popes Reich des Stumpfsinns aus der *Dunciad*. Zugleich ist es aber auch eine mythische Unterwelt, in der die Rituale römischer Rede gepflegt werden und wo der Entrückte einer veritablen Senatsdebatte beiwohnen darf. Unter Vorsitz eines Konsuls mit dem schönen Namen Somnorinus (‹Schlummerchen›) erörtern antike Träumer und Traumdeuter den Wahrheitsgehalt von Träumen. Gläubige und Skeptiker halten sich die Waage, wobei letztere zum Wohl der Republik an die Götter appellieren, ihre Botschaften doch bitte lieber hellwachen als schnarchenden Menschenkindern zu übermitteln (30). Das offene Ende der Debatte läßt sich als Auftrag an den Leser verstehen, am Traum des Vives das Wahre vom Fiktiven und den ernsten Kern von seiner komischen Einkleidung zu unterscheiden.

An dieser Stelle wird die Sitzung durch die Stimme der Neuzeit aus dem Mund randalierender Störenfriede unterbrochen, die (wie Claudius bei Seneca oder Papst Julius bei Erasmus) den jenseitigen Versammlungsort stürmen wollen, da ihnen jeder zivilisierte Urteilsprozeß gründlich fremd ist. Wie Claudius sprechen sie ‹weder Griechisch noch Latein noch irgendeine bekannte Sprache› (34), sondern nur einen schauerlichen Jargon. Es sind die Pariser Sophisten, die rasch zur bevorzugten Zielgruppe humanistischer Satire aufsteigen werden: Grammatiker, Scholastiker, Sorbonnisten, die Gralshüter geistiger und geistlicher Rechtgläubigkeit. Der erboste Gott des Schlafes schickt sie – Vives versteht nicht genau – entweder auf Griechisch *eis kórakas*, zu den Raben, oder auf Lateinisch *in cloacas*, in die Gosse, wo sie hingehören. Bei ihrem Abzug ins Unbekannte (denn wie Lukians ‹Dialog› kennen sie sich im Himmel bestens aus, sehen aber nicht den Boden vor den eigenen Füßen) folgen ihnen die meisten Träume, die sich unwiderstehlich zu den Nebelhirnen hingezogen fühlen (36).

Die ruckhaften Szenenwechsel des Traumes vertragen sich bestens mit den unbekümmerten Einstellungswechseln menippeischer Fiktion. Als nächstes verschlägt es den Träumer / Erzähler in ein anderes

Gemach (einen Bankettsaal, der zugleich Schlafsaal ist), wo die Ahnherren der modernen Sophisten unter heftigem Wortstreit ihre gedanklichen und verbalen Nebelschwaden spinnen. Der Oberscholastiker Duns Scotus schwingt ein dichtes Traumgespinst wie ein Gorgonenhaupt gegen seine kampflustigen Konkurrenten (42). Man beschimpft sich gegenseitig als ‹Esel› und ‹Ketzer›, und es liegt ein gewisser Brandgeruch in der Luft (*cum minis igneis*). Vives wendet sich von diesem ‹unterhaltsamen Schauspiel› ab und interessanteren Träumern zu, unter denen er endlich die gesuchten Informanten Scipio und Cicero findet. Der Dialog mit ihnen wird jedoch dadurch erschwert, daß beide noch völlig in den politischen Auseinandersetzungen ihrer Epoche befangen sind. Scipio wirkt abweisend, aber Ciceros Empfänglichkeit für Schmeichelei, in der Unterwürfigkeit des Vives ironisch gespiegelt, läßt endlich die ersehnten Auskünfte in greifbare Nähe rücken; doch zuvor werden wir noch Zeugen einer letzten Auseinandersetzung auf höchster Ebene, die die eigentliche *Peroratio* (den Schlußappell) des Textes enthält.

Es ist ein Streit, der sogar die Schicksalsgöttinnen oder Parzen entzweit. Die eine, Clotho, will wie schon seit 600 oder 1000 Jahren, weiter lauter Schicksalsfäden der Durchschnittlichkeit spinnen, während ihre Schwester Atropos den ewigen Langeweilern den Faden kappen und eine große geistige Erneuerung nach dem Vorbild der Antike herbeiführen möchte. Sie wird vom Abscheu gegen jene Jahrhunderte förmlich geschüttelt, ‹in denen es so finster, so verächtlich, eitel, töricht, abgeschmackt, kindisch, ungebildet, ungerecht und elend zuging› (48). Die Obskuranten und Bauerntölpel (*obscuri homines, filii terrae*) unter den Anwesenden schlagen sich auf Clothos Seite, während – in der ursprünglichen Fassung – Cicero und Cato die Wissenden zum Widerstand gegen die Barbarei animieren: Wie schändlich, wenn Rom, das Porsenna, Hannibal und den Galliern standhielt, ‹von ein paar nebulösen Barbaren zur Kapitulation gezwungen würde› (*a pauculis quibusdam fumosis devinci Getis*; 222). Obgleich die Volkstribunen als Interessenvertreter der Plebs hinhaltend taktieren, stehen die Zeichen günstig, und Seneca kann mit seiner – etwas vorschnellen – Prophezeiung eines goldenen Neronischen Zeitalters aus der *Apokolokýntosis* die Renaissance des klassischen Geistes in der Neuzeit begrüßen (226).

Figuren wie Cato, Scipio und Cicero verbinden die alte politische mit der neuen literarischen Republik, während die Sprunghaftigkeit der Vision dem Leser auf die Sprünge hilft und ihm den Witz für die Erkenntnis schärft, daß die träge Dunkelheit des Ortes, die Sophistenbande, die Scholastikermeute und die proletarische Gefolgschaft Clothos auf dasselbe Prinzip des Ungeistes zurückzuführen sind, dem die große Kampfansage der Humanisten gilt. So besehen muß man die Schrift des Vives in eine Reihe mit dem erasmischen *Lob der Torheit* (1511) und den *Briefen der Dunkelmänner* (1515/1517) stellen, die gleichfalls dem erstarrten und dogmatischen Denken der Zeit mit den Mitteln menippeischer Ironie zu Leibe rücken. Durch seine engere Seneca-Nachfolge ist der *Traum* des Vives für die stärker gattungsbewußte neulateinische Menippea, die um die Jahrhundertwende, wiederum in den Niederlanden, entstand, in einem Maße Modell geworden, das selbst die Fachkritik vielfach noch nicht zur Kenntnis genommen hat.

Der Grund dafür liegt in der großen Prominenz der gleich dreifach betitelten *Satyra Menippea. Somnium. Ludus in nostri aevi criticos* (‹Traum: Scherzschrift gegen die Kritiker unserer Zeit›), die der berühmte Gelehrte und Altertumskenner Justus Lipsius 1581 in Leiden veröffentlichte.[8] Sein strenger, an der *Apokolokýntosis* ausgerichteter Gattungsbegriff wurde wegweisend für die neulateinischen Nachfolger. So lobt ihn sein älterer Gelehrtenfreund Ianus Dousa, der in der Satire als Mentorenfigur auftritt, in einem Geleitgedicht dafür, daß er ‹seinen Fuß auf den menippeischen Pfad setzt›, und ruft dem römischen Patron der Gattung aus diesem Anlaß zu: ‹Freue dich, Varro, wenn dir in deiner schwarzen Urne noch irgendeine Empfindung geblieben ist!› (30). Doch der Traum-Rahmen, die Thematik des herandrängenden Ungeistes und die Senatsallegorie sprechen eindeutig für Juan Vives als entscheidenden Vorläufer: Wie immer arbeiten die geistesverwandten menippeischen Autoren Hand in Hand.

Dank seinem Witz, seinem prägnanten Stil (für den der Autor weithin bekannt war), der Fülle seiner intertextuellen Anspielungen und seiner Konzentration des Geschehens konnte der *Traum* des Lipsius für die Zeitgenossen zum menippeischen Modelltext werden. Um Mitternacht – Lipsius sagt es mit einer Formel des Varro: am Mittag der Nacht – fühlt der Erzähler sich im Traum auf das römische Forum versetzt, mitten unter eine ‹bleiche, ausgemergelte, blutlose Menge, vor der sich Caesar zurecht gefürchtet hätte› – halb Hadesschatten, halb blasse Geistesarbeiter. Alle strömen zu einer Krisensitzung des Senats, die Cicero als Konsul einberufen hat; unter den Passanten erkennt der Erzähler überraschenderweise auch seinen Freund Dousa, der sich als Experte in Senatsfragen erweist. Von ihm erfährt Lipsius, die Masse der Senatoren und ihr vielfach recht jugendliches Aussehen sei darauf zurückzuführen, daß man in letzter Zeit die Mitgliedschaft – wie Claudius seinerzeit das römische Bürgerrecht – großzügig auf allerhand ‹Halbbarbaren, Halbgriechen und Halblateiner› ausgeweitet habe (38): Die Barbaren stehen längst nicht mehr nur *ante portas*. Ciceros große Anklagerede, in der Vives' Goldenes Zeitalter der *litterae* nur noch im elegischen Rückblick erscheint, wird dann schon deutlicher und konstatiert eine tiefe Kluft zwischen den Klassikern und ihren modernen Exegeten:

> ‹Ihr erinnert euch, wie groß unser aller Freude war, als wir vor einigen Jahren erleben durften, daß in Europa der Ruhm der Gelehrsamkeit und Literatur (*nomen litterarum*) neu geboren wurde. Man las uns wieder, man verehrte uns, man holte uns aus Moder und Finsternis hervor... Wir hofften, ja wir waren gewiß, unseren einstigen Rang wieder einzunehmen, als mit einem Mal eine dreiste, rastlose, ehrgeizige Sorte von Menschen erschien, die sich Verbesserer (*correctores*) nannten. Es ist nicht zu fassen, ihr Senatoren, welch umfassende Verheerung diese Pest angerichtet hat...› (44)

Als Cicero im Rückgriff auf seine Reden gegen Catilina und Konsorten die Umtriebe der Editoren und Ausleger als Verschwörung gegen die Republik brandmarkt und die ‹Lex Cornelia gegen Meuchelmörder› angewendet wissen will, wird es dem editorisch nicht ganz untätigen Lipsius blümerant, und er flüstert seinem Freund zu: ‹Faß mich an Bruder, ich bin kälter als Schnee aus den gallischen Bergen. Wir sind verloren – in die Höhle des Zyklopen sind wir geraten! Welche Pallas Athene wird uns dem sicheren Tod entreißen?› (48) Doch Dousa sitzt selbst angstschlotternd auf seiner Bank und wartet darauf, daß ihn die Liktoren abführen. Die Gabe der Selbstironie verbindet Lipsius mit Vives und empfiehlt beide einem gleichgesinnten Publikum. Nachdem auch noch Ovid, als Verbannter am Schwarzen Meer Experte im Umgang mit Barbaren, Ciceros Anklage leidenschaftlich unterstützt, steht es schlecht um die Sache der Editoren. Da erhebt sich Marcus Varro (der hier als Grammatiker und Philologe spricht, aber wohl auch als Patron der Menippea) und verteidigt in gemessener Rede die Neuen, die dank des Buchdrucks und ihres Eifers viel für die

Alten getan hätten: nur ihre Exzesse, die einem Übermaß an Eigensinn und Unwissen entsprängen, seien zu bekämpfen. Der Erzähler fühlt sich aus dem Schlund des Orkus gerettet und ruft dem Gefährten zu: ‹Freunde, wir haben gesiegt und einen schweren Kampf gekämpft!› Ein förmlicher Senatsbeschluß bekräftigt den Nutzen, ja die Notwendigkeit der Herausgeber, denen freilich Respekt, umfassende Bildung und ein Mindestalter von 25 Jahren abverlangt wird (72).

Die Theologen im Visier der Satire

Im Jahre 1612 publizierte der Leidener Jurist Petrus Cunaeus seine Satire *Sardi venales*, den wichtigsten Nachfolgetext von Lipsius' *Traum*; eine Vision, die den Fokus des Vorgängers erweitert und seine Struktur kompliziert.[9] Der Titel bezieht sich auf eine Redewendung, die auch in den *Adagia*, der großen Sprichwortsammlung des Erasmus, zu finden ist und die besagt, alle Sarden seien käuflich; und wie Cicero diesem Wort hinzufügt: einer immer nichtswürdiger als der andere. Die Sarden des Textes sind die nun schon vertrauten Proletarier der Gelehrtenrepublik (der Untertitel nennt sie *inepte eruditos*, die läppisch Gebildeten), zumal – das ist die verwegene Besonderheit dieser Satire – eine bestimmte Sorte protestantischer Theologen. Damals schlug die Auseinandersetzung über die Prädestinationslehre in Holland hohe Wellen: Der Standort des Cunaeus ist nicht bei den Intransigenten. Das von ihm ins Lateinische übersetzte und im Anhang veröffentlichte *Gastmahl* des berüchtigten Julian Apostata mußte im Lager der Orthodoxen als Provokation wirken.

Nur Unwahres werde er berichten, kündigt der Autor nach dem Muster von Lukians *Wahren Geschichten* gleich zu Beginn seinem Leser an – ‹keiner soll sagen, ich hätte ihn nicht gewarnt› (96). Der Mentor, der den Erzähler dieses Traumes nach der Insel der Gelehrten begleitet, ist kein anderer als Menipp selber, jener ‹witzigste der Greise› (*salsissimus senex;* 102). Am Ziel angelangt, werden die beiden Zeugen einer großen Debatte des dortigen Senats unter dem Vorsitz von Erasmus; es geht um die Frage, wie die Alteingesessenen der Überfremdung durch plebeische Neuankömmlinge Herr werden können. Angelo Poliziano wettert, gleichsam im Namen der italienischen Renaissance, gegen all die gottserbärmlichen Menschen, ‹die sich von irgendeinem fiebrigen Gekritzel den Lohn der Unsterblichkeit erwarten ... Was früher die Auszeichnung weniger war, wird nun ein massenhaftes Laster und eine allgemeine Krankheit› (126/128). Er plädiert dafür, den elenden Skribenten (wie in Lukians *Fischer*[10]) die Bärte abzuscheren, ein Brandmal auf die Stirn zu drücken und sie davonzujagen. Die Anklagerede gegen die allmächtigen Theologen hält die von Diogenes eigens herbeigeholte Sophia (Weisheit) – sie sind die wahren Pseudogelehrten der Gegenwart: ‹Ihr wißt ja, wie leicht es ist, geneigten Hauptes einherzuschreiten, mit wunderbarer Wortgewandtheit irgendwelche Sprüchlein herzusagen, eine finstere und gestrenge Miene aufzusetzen, und mehr dergleichen, was nach profunder Weisheit aussieht› (154). Ganz besonders geißelt die Sprecherin eine überall grassierende Neigung zum Sektierertum:

> ‹Denn diejenigen, die andauernd von der Wahrheit abweichen, spalten sich in lauter unterschiedliche Parteiungen und liegen miteinander in Streit und Widerspruch; so entstehen aus einem Irrtum unzählige, die alle unter sich verschieden und konträr sind ... Der Grund und Ursprung von alledem liegt bei jenen Autoren, die die abergläubischen Hirne wie mit Furienstacheln aufhetzen. Nichts ist nach dem äußeren Schein trügerischer als die Religion. Denn wer immerzu einen göttlichen Auftrag vorschützt, erreicht sogleich, daß die übrigen lieber glauben als ihren Verstand zu gebrauchen, und für unanfechtbar halten, was der, dem sie nachlaufen, ihnen einmal erzählt hat.› (158)

Nach dem Vorbild des Lipsius wird die Debatte später durch ein ausgleichendes Plädoyer in friedlichere Bahnen gelenkt, wie es die auktoriale Vorsicht im Hinblick auf das *irritabile genus* (die reizbare Rasse) der Theologen gebot. Am Ende freilich droht – dies ein weiteres motivisches Echo der *Wahren Geschichten* – erneut die Invasion des Ungeistes: Eine Horde ‹verruchter Schädlinge› ist aus ihrem Kerker in der Unterwelt ausgebrochen, und rüstet zum Überfall auf die Insel der Gelehrten. Der aus Überzeugung unheldische Menippus und sein Schützling machen sich unverzüglich aus dem Staub; doch den Geistesfeinden entkommt man nicht so leicht. In einer finsteren Höhle an einem Berghang geraten sie in ein ungemütliches Gastmahl. Ein bezechtes, lärmendes, lichtscheues Gesindel (*lucifugae*) bringt sich dort gerade für den Sturm auf die Republik in Stimmung. Ironie wird in diesen Kreisen nicht geschätzt: Auf eine spöttische Bemerkung des Erzählers hebt der Rädelsführer den Arm zum fürchterlichen Schlag –

und der Träumer erwacht, ‹ziemlich ungehalten darüber, daß ich das Ende dieser witzigen Geschichte nicht erleben durfte› (190). Die witzige Geschichte quittierten übrigens die Studenten des Verfassers mit massiven Tumulten – die Satire hatte damit ihren Biß bewiesen.

Der Pedant als Rhetor

Es ist eine Vielzahl Humanismus-feindlicher Tendenzen, die Vives, Lipsius und Cunaeus im Typus des Pedanten anprangern: die alte Scholastik, die Exzesse des Buchgelehrtentums und der sektiererische Dogmatismus der Theologen. Dank der Entsprechung von römischer und literarischer Republik läßt sich im Phantasieraum der Menippea ein Forum errichten, auf dem intellektuelle Notstände debattiert, Anklage- und Verteidigungsreden gehalten und autoritative Beschlüsse gefaßt werden. Der besondere Witz dieser parodistischen Rhetorik liegt in ihrer ‹hohen›, eben römisch-republikanischen Tonlage. Ihre Gegner, für die der zungenlahme, eine Unsprache radebrechende, pseudogelehrte Claudius ein klassisches Modell abgibt, kommen dabei nicht oder kaum zu Wort. Sie verharren nach dem Verständnis humanistischer Sprachkritik in einem Zustand sprachlicher Ohnmacht. Daß sich diese Ohnmacht wunderbar zur Entlarvung verbaler Großmäuligkeit inszenieren läßt, führen der gebildeten europäischen Öffentlichkeit erstmals die *Briefe der Dunkelmänner* (*Epistolae obscurorum virorum*) in großem Stil vor.[11]

Der Prozeß, in dem sie literarisch Partei ergreifen, konfrontierte die deutschen Humanisten mit den Dominikanern zu Köln und ihren Bundesgenossen an der Sorbonne und anderswo. Es ging um einen eifernden Kreuzzug der Kölner Ketzerjäger gegen das jüdische Schrifttum, dem sich der Humanist Reuchlin und seine Freunde entgegenstellten. Die ironische Eloquenz dieser Briefe aus der angeblichen Feder der Kölner Partei liegt freilich – wie bei ihren entfernten Nachfahren, den unsterblichen *Filser-Briefen* Ludwig Thomas – in ihrer Antirhetorik. Sie parodieren die Sammlungen von Humanistenbriefen, die nach dem Vorbild der Episteln Ciceros im Umlauf waren; und ihre Gelehrsamkeit äußert sich in einem gottserbärmlichen Küchenlatein, das leider gerade durch seinen witzig-plumpen Anschluß an die volkssprachliche Wortfolge und Lexik weitgehend unübersetzbar ist. Die Briefschreiber sind *viri obscuri* im Doppelsinn von unberühmt und obskurant; Abneigung gegen alle klassischen Schriftsteller ist ihr gemeinsamer Grundzug. Der prosimetrische Charakter der Satire ist nicht durch klassische Gedichtzitate oder deren Parodie gegeben, sondern durch greuliche Reimereien, die die einander dauernd bekomplimentierenden Magister der Hohen Schulen einmal mehr als vollendete Sprachstümper erweisen. Ihre *copia verborum* ist der geistige Leerlauf:

> ... so schreibt mir wenigstens, warum Ihr mir nicht schreiben wollt, damit ich weiß, warum Ihr mir nicht schreibet, da ich ja doch immer an Euch schreibe, wie ich denn auch jetzt an Euch schreibe, obgleich ich weiß, daß Ihr mein Schreiben nicht beantworten werdet ... (I, xv; 39)

> ... *tunc scribatis mihi tamen, quare non vultis amplius scribere, ut sciam quare non scribitis, cum ego semper scribo vobis, sicut etiam nunc scribo vobis, quamvis scio quod non eritis mihi rescribere* ... (29)

Bei dem horrend ungrammatischen Futur am Ende des Satzes muß sich selbst einem mäßigen Lateiner jedes Haar einzeln sträuben. Da hier, wie überall, in dem schlechten Latein vulgäres Deutsch durchschlägt, zeigt die menippeische Sprachmischung einen ausgeprägt makkaronischen Charakter. Makkaronisch sind auch die meisten Namen der Schreiber, die auf eher unakademische Tätigkeiten der *filii terrae* verweisen, wie Mistladerius, Lignipercussoris (Holzhacker), Genselinus, Scherenschleiferius, auf ihre Narrheit, wie Dollenkopfius, oder auch auf gewisse materielle Neigungen: Mellilambius (Honigschlecker), Mammotrectus (Busenangrapscher). Nach der Lektüre dieser kunstvoll seichten Ergüsse[12] ging ein homerisches Gelächter durch die Humanistenrunde. Die Sache Reuchlins hatte durch das beredte ‹Plädoyer› der Dunkelmänner entscheidend an Rückhalt gewonnen, und die vielbeklagte Unbildung des geistlichen Standes sah sich, zusammen mit der Sophisterei, Autoritätshörigkeit und Intoleranz der späten Scholastik, an den Pranger des menippeischen Witzes gestellt. Doch wo ist die gattungstypische Phantastik geblieben, die bei der neulateinischen Senatsrhetorik Gegenwart und klassische Vergangenheit durcheinanderwirbelte? Man darf vermuten: Sie hat sich in monströsen verbalen Nonsens verwandelt. Die Parodistik der Sprache muß jeder Tatsächlichkeitsillusion von vornherein den Garaus machen – und trotzdem scheint es ironieresistente Leser gegeben zu haben, die diese Episteln als Schützenhilfe für die Partei der Pedanterie und Intoleranz mißverstanden.[13]

Beides, situative Phantastik und phantastische Sprachparodie, ist mehreren jargonkritischen Episoden bei Rabelais eigen, die ohne das Vorbild der *Dunkelmännerbriefe* kaum denkbar wären. Da sind die verbalen Wucherungen jener Reden, mit denen die Hofschranzen die Eroberungsgelüste des Königs Picrochole anstacheln (*Gargantua* I, Kap. 33); die unergründlichen Plädoyers im ausnehmend dunklen Rechtsstreit der Herren Baisecul (Leckarsch) und Humevesne (Saufader), deren pseudojuristischen Nonsens Pantagruel in seiner Urteilsbegründung noch übertrumpft (*Pantagruel*, Buch II, Kap. 10–13); oder – Gipfel der Absurdität – jene wortlose, allein mit Zeichensprache geführte Debatte, in der ein großer Gelehrter aus England dem Schelmen Panurge unterliegt (*Pantagruel*, Buch II, Kap. 18 f.).

Ein Dunkelmann von echtem Schrot und Korn ist auch der Theologe Janotus de Bragmardo, den die Sorbonne zum Gesandten bestellt, um Gargantua zur Rückgabe der Glocken von Notre-Dame zu bewegen. Der menschenfreundliche Riese hatte sie bei einem Paris-Besuch als Schellen für sein Reittier mitgehen lassen, ungeachtet der bekannten Tatsache, daß ihr Klang für das Reifen der Weinreben unverzichtbar ist, und zwar «wegen der substantifikalischen Qualität der elementaren Komplexion ... innerhalb der Terrestrität ihrer quidditativischen Natur».[14] Bragmardos zwingendes Argument für die Rückgabe der Glocken lautet: «Omnis Glocka glockabilis in glockerio glockando, glockans glockativo, glockare facit glockabiliter glockantes. Parisius habet glockas. Ergo Klotz. Ha, ha, das heißt parlirt, das!» (I, 60) Ein schlichtes Gemüt, miserables Latein, sprunghaftes Denken, leeres Wortgeklingel und Sinn für die Tröstungen von Küche und Keller zeichnen auch diesen Vertreter der Alten Schule aus:

> «Schauns, *Domine*, es sind nun schon an die achtzehn Täg her, daß ich an dieser schönen Red spintisir und kau. *Reddite quae sunt Caesaris Caesari, et quae sunt Dei, Deo. Ibi jacet lepus.* [Gebt dem Kaiser, was des Kaisers, und Gott, was Gottes ist. Da liegt der Hase.] Meiner Treu, *Domine*, wann Ihr bei mir zur Nacht wollt essen *in camera*, bei dem Sanct Chrisam *charitatis, nos faciemus bonum cherubin* [dann werden wir ein ordentliches Mahl – *bonne chère* – halten]. *Ego occidi unum porcum, et ego habet bonum vino* [ich hab ein Schwein geschlachtet, und ich haben auch gutes Wein]. Aber von einem guten Wein kann man nit reden bös Latein ...»

Das ist alles sehr lustig, und die Zuhörer wälzen sich vor Lachen. Aber wie bei den *Dunkelmännern* gibt es auch hier ein satirisches Junktim zwischen verluderter Sprache und theologischer Korruption, etwa wenn Janotus seinem Adressaten im schönsten Küchenlatein kostenlose Ablässe anbietet: «*Vultis etiam Ablassios? Per Diem, vos habebitis, et nihil zaletis.*» Auch die Schlußpointe der Ansprache kommt ähnlich digressiv daher. Es ist die Rede von einem lärmempfindlichen armen Poeten, der sich Glocken aus Federn mit einem Fuchsschwanz als Schwengel wünscht, «weil er nur allezeit die Chronik [statt: Kolik] in den Kutteln seines Hirns davon hätt wenn er seine carminiförmlichen Vers macht'. Er ward aber rix rax puff pardauz zum Ketzer proclamirt: wir machen sie wie die Suppenklösel.» Der Brandgeruch dieser Worte stammt nicht aus der Küche.

Pedanten, Prahler und Politiker Die rhetorische Selbstentlarvung im Rahmen einer *harangue* (feierlichen Ansprache) aus der Pedantensatire in den Raum des Politischen überführt zu haben, ist das glänzende Verdienst der *Satyre Ménippée* von 1594. In einer Erschöpfungsphase der Hugenottenkriege plädiert sie für eine friedliche Lösung und prangert mit menippeischer Sprachironie die intransigente, erzkatholische und spanienhörige Heilige Liga als Hort des Fanatismus und der Kriegstreiberei an. Ein Jahr zuvor hatten sich in Paris die Vertreter der Generalstände eingefunden, um – ergebnislos – über die Wahl eines Königs zu beraten; denn seit der Ermordung von Henri III im Jahr 1589 stand der Thron leer, da die katholische Seite die Kandidatur Heinrichs von Navarra, des späteren Henri IV, boykottierte. Die auf dem Forum der Generalstände angeblich gehaltenen Reden bilden das parodistische Zentrum der *Satyre Ménippée*, umgeben von allerhand satirischem Beiwerk, darunter auch zahlreichen Gedichteinlagen. Der Text ist ein Gemeinschaftswerk mehrerer Pariser Bürger und Literaten mit dem Ziel, durch eine witzige Verunglimpfung der Gegenpartei Heinrich von Navarra den Weg zum Thron zu ebnen. In sechs der sieben Ansprachen bedient sich der satirische Kynismus einer Reihe von Personae, die sich als abgebrühte Zyniker aufführen.

Den Auftakt macht der Herzog von Mayenne, ein Hugenottenfresser aus dem Hause Guise und Prahler des Bösen nach Art des erasmischen *Iulius exclusus*, in seiner Eigenschaft als Stellvertreter (*Lieutenant*) des Staates und der Krone von Frankreich. Der Tenor seiner Rede heißt: alles, nur keinen Frieden und keine Aussöhnung der Parteien.

›Ihr alle, meine Herren, könnt es bezeugen: Seitdem ich für die Hl. Liga zu den Waffen griff, lag mir immer die Selbsterhaltung so sehr am Herzen, daß ich guten Gewissens mein eigenes Interesse der Sache Gottes vorangestellt habe, der sich auch ohne meine Hilfe zu wehren und an seinen Feinden zu rächen weiß ... Dank unserer guten Dienste brachten wir es zuwege, daß dieses Königreich – einst bloßer Lustgarten aller Vergnügen und Üppigkeit – sich in einen großen und geräumigen Universalfriedhof verwandelt hat, voll von hübschen buntbemalten Kreuzen, von Särgen, Richtstätten und Galgen ... Jetzt erleben wir, daß die Völker von sich aus darauf verfallen sind, Frieden zu wünschen und zu fordern, etwas, das wir mehr zu fürchten haben als den Tod. Hundertmal lieber wollte ich, mit der gnädigen Erlaubnis unseres Hl. Vaters, zum Türken oder zum Juden werden, als zu erleben, wie diese rückfälligen Ketzer heimkommen und ihre Güter wieder in Besitz nehmen, die wir doch gerechterweise und in gutem Glauben unser eigen nennen ... Sterben, lieber sterben, als daß es soweit kommt! Der Ruin eines so großen Reiches ist ein schönes Grabmal – darunter wollen wir begraben sein, wenn wir schon nicht als Herren an seine Spitze gelangen.‹[15]

Ähnlich offenherzig erklärt der Vertreter des Adels, Sieur de Rieux – mit Umhang und Halskrause nach spanischer Mode ausstaffiert, und die Hand am Hals, der ihn juckt (er sollte bald darauf am Galgen enden) –, den Anwesenden, wie ein Herr seinesgleichen mit dem gemeinen Volk in Gestalt von störrischen Pächtern und anderem zahlungsunwilligen Gesindel umspringt:

›Ich habe da so meine Erfindungen, um sie zur Vernunft zu bringen: ich drehe ihnen einen Knotenstrick über der Stirn zusammen; ich hänge sie an den Achseln auf, wärme ihnen die Füße mit einer rotglühenden Kohlenschaufel, ich schlage sie in Ketten und Krampen; ich sperre sie in einen Ofen oder in eine durchlöcherte Truhe voll Wasser; ich hänge sie wie Kapaunen zum Rösten übers Feuer, ich peitsche sie mit Bügelriemen; ich pökele sie ein, lasse sie ordentlich fasten und ziehe sie auf der Streckbank in die Länge. Kurzum, ich habe tausend hübsche Mittelchen, um aus ihren Börsen die Quintessenz herauszuholen ...‹ (I, 98)

Natürlich sind neben den prahlerischen Haudegen auch die latinisierenden Pedanten, zumal die theologischen, wieder mit von der Partie: Das brutale Machtdenken will auf geistige und geistliche Verbrämung keineswegs verzichten. So ereifert sich der päpstliche Legat, höchst wortreich, doch der Landessprache unkundig, erst auf italienisch, dann in nicht ganz hasenreinem Latein, danach wieder auf italienisch, gegen die Zumutung eines Ausgleichs mit den ‹spitzbübischen und schurkischen Ketzern›. Das bloße Wort Frieden empfindet er, als ob man ihm ein Klistier voller Tinte (*un serviziale d'inchiostro*; I, 52) verabreiche, wobei er sich in blasphemischer Weise auf das Wort Jesu aus *Matthäus* 10, 34 beruft: «Ich bin nicht gekommen, Frieden zu bringen, sondern das Schwert.» Für alle Schandtaten im Dienst der guten Sache verspricht er seinen Hörern ‹volle Absolution und Ablaß, und zwar gratis, *in saecula saeculorum. Amen*› (I, 53).

Auch der Kardinal de Pelvé bedient sich für einen Teil seiner Ansprache eines dürftigen Kirchenlateins oder, in seinen eigenen Worten, des Schwertes der Latinität: ‹Es lohnt sich nämlich für uns, die wir an der hochberühmten Pariser Universität studiert haben und mehr wissen als die Hefe des Volkes (*sapimus magis quam faex populi*), ein paar Geheimnisse unter uns zu wahren, die die Weiber nicht verstehen› (I, 56). Im Mittelpunkt seiner Pseudopredigt steht ein heftig hinkender Vergleich zwischen der Bekehrung des Heiligen Paulus und der sich ankündigenden des Heinrich von Navarra, natürlich sehr zum Nachteil des letzteren – doch der Tadel schlägt ironisch in Lob um: ‹Nehmt dies noch hinzu, daß Paulus sich ängstigte und durch den Blitz des Himmels von großer Furcht ergriffen wurde, wohingegen jener sich nie ängstigt und gar nichts fürchtet, weder Blitz noch Donner noch Regen, weder eisigen Winter noch Hitze, ja nicht einmal unsere Schlachtreihen ...›

Den Pedantenreigen beschließt Monsieur Rozé, Rektor der Sorbonne, der ‹ältesten Tochter› des Königreiches, ein fanatischer Ligist. Er bedankt sich in latinisierendem Französisch bei Mayenne für die erfolgreiche Befriedung der früher so unruhigen Universität: Der Geist ist ihr gründlich ausgetrieben, autodidaktische Senner, Zuhälter, Weinbauern und Pflasterer sind die neuen *magistri artium*, statt Lateingeplapper füllt jetzt das Klingen der Münzen, das Muhen der Kühe und das Grunzen der Schweine die heiligen Hallen (I, 80f.). Als Kandidaten für das Königsamt schlägt er einen Küster vor, der mit seinen

Kühen und seiner Familie schon drei Jahre in der Universität haust und dessen Hirn vom Geist der philosophischen Mauern ganz durchdrungen sei. Der Vorschlag wird leider ausgezischt, worüber der Gelehrte höchst ungehalten ist.

Bei den menippeischen Redeschlachten des Lipsius und Cunaeus kommt dem letzten Plädoyer als dem relativ unironischen Argument des Ausgleichs das entscheidende Gewicht zu; so auch in der *Satyre Ménippée*. Dort ergreift der Vertreter des Dritten Standes, Monsieur d'Aubray, das Wort und führt es länger als all seine Vorredner zusammen. Es ist dies eine programmatische Disproportion: Das ironische Feuerwerk der ligistischen *harangues* dient nur als Vorspiel für den leidenschaftlichen Schlußappell, hinter dessen indignierter Anklage und rückhaltloser Huldigung (an die Adresse Heinrichs von Navarra) die Autoren ebenso stehen wie Seneca hinter seinem Augustus und Julian hinter Mark Aurel. Mit seiner Ankunft auf der politischen Bühne durchbricht der *Dritte Stand* (*Tiers État*) das vorausgegangene Ritual des zynischen Verbalismus und wischt dessen farcenhafte Rhetorik entschlossen vom Tisch. Seiner Stellungnahme folgt statt des üblichen Beifalls nur betroffenes Schweigen.

Die Satire der Bürger von Paris hat die Position der Ligisten dauerhaft diskreditiert und der Sache des künftigen Henri Quatre nachhaltig genützt. Ironie mag die Waffe der Machtlosen sein, aber sie ist kein ohnmächtiger Rückzug in verbale Spielerei. Daß alle Formen der öffentlichen Rede in einem Kräftespiel der Machtausübung stehen und daß die öffentliche Unterwanderung dieser Rhetorik durch Ironie machtschädigend wirkt, indem sie Gegenmacht erzeugt, läßt sich an der neueren Literaturgeschichte in vielen Varianten studieren: Die Eloquenz der Großinquisitoren in der modernen Antiutopie ist eines der schlagendsten Beispiele.

Die hier betrachteten frühneuzeitlichen Texte insistieren in einer Weise auf dem Nexus zwischen Macht und Pedanterie, die über das geschärfte Sprachbewußtsein des Humanismus hinausweist. Pedanterie ist der sprachliche Ausdruck eines wesentlich ungeschmeidigen, rigide systemverhafteten Denkens, dem Alternativen zur eigenen Position undenkbar sind. Ihre monologische Starre kann in den Fanfaronnaden eines brutalen Machtmenschen wie de Rieux persifliert werden, aber auch in der bis zur Perversion menschenfernen Logik eines ökonomischen Großprojektes; etwa in Swifts *Modest Proposal*, dem Bescheidenen Vorschlag, wie man die Not der armen, allzu fruchtbaren irischen Bevölkerung dadurch lindert, daß man ihre Kinder als Sonntagsbraten an die reichen Landlords verkauft (1729). Darin hat bekanntlich der Autor unter der Maske eines menschenfreundlichen Ökonomen und im Duktus eines absolut vernünftigen Arguments die englische Ausbeutung Irlands auf eine Weise gegeißelt, die die Kolonialmacht vor den Augen der Welt in ihrem Zivilisationsanspruch nachhaltig und auf unvergeßliche Weise in Frage stellte. Er ist auf dem Weg menippeischer Ironie einen Schritt über seine Vorgänger hinaus, aber – nach dem Selbstverständnis der Gattung – keineswegs zu weit gegangen.

9. Spielformen menippeischer Rede (II): Der vagabundierende Dialog

ein üppiges Gastmahl aus Worten

Athenaios, *Die Deipnosophisten*, VIII, 354 d

Wenn die Menippea die monologische Rede, wie wir sahen, dialogisch untergräbt, wie verfährt sie dann mit dem Dialog selbst – zumal mit seinem philosophischen Prototyp, dessen vermeintliche Offenheit ja auf ein bestimmtes Lehr- oder Erkenntnisziel ausgerichtet ist? Auch hier kommt, nach dem Bisherigen kaum überraschend, eine parodistische Grundeinstellung ins Spiel. Anstelle des ‹logischen›, linear zielgerichteten Fortschreitens mutet die Gesprächsführung des menippeischen Dialogs provokant ungeordnet an: im Zickzack unter den verschiedensten Themen umherspringend, unschlüssig, labyrinthisch in ihrer zur Schau gestellten Alogik oder komisch im Aneinander-Vorbeireden der Beteiligten.

Nicht zufällig ist die bevorzugte Dialogsituation der Gattung das Gastmahl, in Parodie, aber auch in ironischer Nachbarschaft des philosophischen Symposions. Durch seine materielle Erdung bleibt bei einem Gelage, auch wenn es im Zeichen der Weisheit stattfindet, das Geistige physisch, das Apollinische dionysisch temperiert. Es sei daran erinnert, daß das lateinische Wort für Weisheit, *sapientia*, eigentlich die Fähigkeit und das Ergebnis des ‹Schmeckens› (*sapere*) meint; die Etymologie von Satire ist nicht weniger nahrhaft: Das Wort stammt – nach der gängigsten Annahme – von einer Eßschale bunt gemischten Inhalts (*lanx satura*) ab.

Das große Platonische Modell aller philosophischen Gastmähler weist eine einmalige Mischung von Ernst und Scherz mit vielen Spielformen des Ironischen auf, eine Synthese aus hochfliegender Spekulation und Erdennähe, dazu eine Offenheit des Denkens, die sich mit der klimaktischen Verlaufsstruktur des Ganzen mühelos verträgt. Die Situation einer Siegesfeier für einen Dramendichter trägt zu diesem Eindruck poetischer Vielfalt ebenso bei wie das Thema des Eros, die

Vielstimmigkeit der sieben Preisreden, die die Zecher auf diesen Gott und Dämon halten, die groteske, scherz-ernste Phantastik der Bilder (kugelförmige Urgestalt des Menschen vor seiner Aufspaltung in zwei Geschlechter; Sokrates als äußerlich häßliche, innen Kostbarkeiten bergende Silenfigur – ein Lieblingsbild von Erasmus und Rabelais) und die paradoxe, ebenso übermütige wie hymnische Rede des Alkibiades (der als Trunkener und ‹Störenfried› in die Runde eindringt) auf Sokrates als Verkörperung des Eros. Michail Bachtins allzu generelle Annäherung des sokratischen Dialogs an die Menippea wird von diesem Text her am ehesten einsichtig.[1]

Parodistische Ansätze Xenophons *Gastmahl*, das wohl als bewußter Gegenentwurf zu Platons unüberbietbarem Dialog entstand, läßt im Wechsel von Gespräch und scherzhaften Einlagen das philosophische Interesse am Wesen des Eros deutlich hinter den komödiantischen Charakter der Szene zurücktreten. Das sympotische Gesellschaftsspiel besteht diesmal darin, daß die Teilnehmer in ironischer Rhetorik ihre eigene Kunst ins beste Licht rücken sollen – Sokrates rühmt sich dabei seines Metiers als Kuppler und zeigt auch im burlesken Schönheitsvergleich mit dem anziehenden Kritobulos seinen Witz: «Und weil meine Lippen dick sind, meinst du nicht, daß auch mein Kuß weicher sein werde?»[2] Uneingeladene Gäste sorgen für Abwechslung, gelegentlich auch für Mißstimmung, die Sokrates als Symposiarch, der bei der Festlichkeit den Vorsitz führt, zu entschärfen weiß. Im Gegensatz zu seinem Platonischen *alter ego* verbannt Xenophons Sokrates die Flötenspielerin und ihresgleichen nicht aus der Gastmahlsrunde, sondern erfreut sich am musischen und körperlichen Reiz der Darbietungen einer Schaustellertruppe, deren Höhepunkt die Liebesvereinigung von Dionysos und Ariadne in pantomimischer Form bildet; darauf löst sich der Kreis rasch auf, weil die Ehemänner in die Arme ihrer Gattinnen eilen, während die Ehelosen schwören, demnächst zu heiraten.

Wenn man im Xenophontischen *Gastmahl* eine Replik auf das Platonische sieht, so fällt es schwer, in dieser abschließenden Konkretisierung des Eros, und letztlich in der ganzen Anlage des Dialogs, nicht einen parodistischen Abgesang auf den «sofistisierten und auf Aristophanischen Wolken in übersinnlichen Welten herumschwebenden *Sokratiskus*» (Wieland)³ zu sehen, zumal der Text selbst den Spott des Aristophanes – wiederum ironisch, als Einwurf eines *trouble-fête* – zitiert. Die zwanglose Buntheit der Reden und des Geschehens, die Xenophon vordem manch herben Tadel von seiten der Klassischen Philologen eingetragen haben, lobt bereits Wieland als feinstes «attisches Salz»; ein neuerer Kritiker sieht darin ‹so etwas wie einen Vorgeschmack der menippeischen Satire.›⁴

Das parodistische Gastmahl gehört offensichtlich schon seit den Tagen des Gattungsbegründers zum festen Motivbestand der Menippea. Vom *Symposion* des Menippos selbst wissen wir nur durch einen Hinweis bei Athenaios, daß dort ein Tanz namens *kósmou ekpýresis,* also ‹Weltenbrand›, vorkommt; man kann darin einen ironischen Seitenhieb auf die Weltuntergangs-Szenarien des Heraklit und der Stoiker sehen.⁵ Bei Varro heißen die Gastmahlssatiren *Hydrokyon* (Der Wasser-Kyniker) und *Nescis quid vesper serus vehat* (Du weißt nicht, was der späte Abend bringt). Außer dem Titel wissen wir wenig über diese Texte, aber nach dem generischen Gesamtprofil darf man auf einen pseudophilosophischen Heuchler oder Störenfried im einen Fall, auf ein Gelage mit Überraschungen im anderen schließen.⁶ Außerdem gibt es eine Menippea über den Rausch unter dem schönen Titel *Est modus matulae* (Der Nachttopf hat sein Maß). Die erhaltenen Exemplare des lächerlichen Gastmahls bei Horaz, Petronius und Lukian zeigen dafür mehr als nur die Umrisse des menippeischen Symposions in der Antike und seiner besonderen Dialogführung. Lukians *Gastmahl oder die Lapithen* ist zwar das zeitlich letzte der Reihe, soll aber zuerst betrachtet werden, da es auf seine parodistische Weise besonders deutlich in der griechischen Tradition steht.⁷

Bei Lukian (wie auch bei Horaz) wird der Verlauf des Gastmahls im Anklang an das Platonische Modell von einem der Teilnehmer einem Außenstehenden berichtet; dieser Rahmen dient zusammen mit den beschreibenden Passagen der satirischen Distanzierung und Perspektivierung, wobei der Berichtende mehr in der Rolle eines Beobachters als eines Wortführers an dem Geschehen teilgenommen hat. Schon Lukians Doppeltitel verweist auf burleske Mythenparodie, die hier als Schwundstufe menippeischer Phantastik fungiert. Das Hochzeitsmahl, zu dem der reiche Brautvater, ein Mäzen der Gelehrsamkeit, allerhand Philosophen gegensätzlicher Couleur geladen hat, endet wie das gesellige Beisammensein der Lapithen und Kentauren bei der

Hochzeit des Peirithoos mit blutigen Köpfen. Die Rolle des ungeladenen Gastes spielt ein Kyniker, der sich unter all den philosophischen Zänkern als schlimmster Kläffer hervortut, seine kreatürliche Freß- und Sauflust samt der dazugehörigen Schamlosigkeit zur Schau stellt, in herkulischen Posen mit seinem Knüppel fuchtelt und den berufsmäßigen Possenreißer zum lächerlichen Zweikampf fordert. Lukians Hochschätzung für Diogenes und Menipp hindert ihn nicht, die dekadenten Kyniker seiner Gegenwart genauso harsch abzufertigen wie die übrige Bande der Pseudophilosophen.

Ein echter Dialog als sympotischer Gedankenwettstreit oder auch nur als Verständigung über ein gemeinsames Thema kommt in dieser Runde nicht zustande; es gibt nur dogmatische Revierkämpfe, wechselseitige Demaskierung («Und du, Kleodemus, hast du nicht deines Zuhörers Sostrates Weib zum Ehebruch verführt?»; *WL* I, 201; *L*, I, 444) und eine Serie schaler, zusammenhangsloser Vortragsversuche. Der Streit beginnt gleich mit der Sitzordnung: Einen Stoiker neben einen Epikureer zu setzen, heißt die Saat des Unheils säen. Beim letzten Gang geraten die beiden unverträglichen Tischnachbarn endgültig aneinander, zerren ein Brathuhn hin und her, als sei es der Leichnam des Patroklos, und der erzürnte Stoiker schleudert einen Pokal nach seinem Widerpart (wie übrigens auch schon Petrons Trimalchio nach seiner trauten Gattin). Als das Geschoß sein Ziel verfehlt, wie die Lanze des Agamemnon in einer zitierten Passage der *Ilias*, und statt dessen dem Bräutigam ein Loch in die Stirn schlägt, ist dies das Signal für die Philosophen, ihre dogmatischen Streitigkeiten in einer Riesenrauferei auszutragen. An das Platonische Thema des Eros und sein Echo bei Xenophon erinnert von ferne die allerletzte Kampfhandlung des Kynikers, nachdem sein phallischer Knüppel zersplittert ist: Er macht sich im Schutz der Dunkelheit – denn die Lampe ist erloschen – über die Flötenspielerin her.

Trimalchio oder die Wonnen der Vulgarität   Wo Streitsucht das Miteinander des philosophischen Gesprächs ersetzt und die Logomachia (der ‹Kampf der Worte›: auch ein Varronischer Titel) dank üppiger Tafelgenüsse zum Faustkampf ausartet, wo der Symposiarch selbst ein Kampfhahn ist und der Hausherr nur als vergeblicher Friedensstifter agiert, wird eine besondere Form von Alogik in Szene gesetzt: der

Zusammenbruch jeglicher Kommunikation. Doch menippeische Antirhetorik kann sich auch auf andere Art realisieren, wie uns das berühmte Gastmahl des Trimalchio aus den *Satyrica* des Petronius zeigt; nämlich in der Abfolge behaglich mäandernder Dialogpartien unter eminent geistlosen Gesellen, die sich in maximaler Distanz von der Redekultur des Platonischen *Symposion* ihrer Klatschlust ungeniert hingeben.[8]

In dieser römischen Variante des lächerlichen Gastmahls, zu der auch die Satire II. 8 des Horaz gehört, ist der neureiche Gastgeber die Aufschneider- (oder *alazón*-)Figur, und der Erzähler etabliert als kritischer Teilnehmer eine ironische Sicht der Dinge. Der Hausherr seinerseits kann sich nicht genug daran tun, den eigenen, mit Geschmack verwechselten Reichtum zur Schau zu stellen, die Erlesenheit seiner Speisen und Weine zu preisen und seine Erfolgsgeschichte ins rechte Licht zu rücken. Darin ist der augusteische Parvenu Nasidienus, der immerhin den großen Maecenas in Rom bewirtet, noch ein relativ gesitteter Vorgänger des neronischen Proleten Trimalchio in seiner protzigen Villa an der Küste Campaniens.

Entsprechend unterschiedlich sind auch die Erzähler des konvivialen Geschehens angelegt. Fundanius, der seinem Freund Horaz auf dessen Wunsch vom Gastmahl des ‹glücklichen Nasidien› berichtet, tut dies genau in jener Tonlage urbanen Spottes, den die Person des Angesprochenen und das Thema der ‹reichen Armut› (V. 18) verlangt. Petrons Berichterstatter Encolpius dagegen ist eine weitaus schillerndere Figur, und als solche nicht nur Träger, sondern auch Gegenstand auktorialer Ironie. Ein listenreicher odysseisch Umhergetriebener – auch hier ist die Mythenparodie unübersehbar –, der mit scharfem Blick die verschiedensten Stätten und Sitten der zeitgenössischen Gesellschaft mustert; ein Fachmann für Rhetorik und Poesie, dessen Ohr das unterhaltsam vulgäre Latein an der Tafel des Emporkömmlings in all seinen ‹Feinheiten› registriert; nicht vom Groll des Poseidon verfolgt, wie Odysseus, sondern von der Feindschaft des anrüchigen Priapus, der ihm bei seinen bisexuellen Eskapaden den Spaß kräftig versalzt; und in seinem Listenreichtum nicht von der heroischen, sondern eher von der pikaresken Sorte. Er führt auch nicht, wie sein epischer Vorgänger, das Wort an der großen Tafel, sondern reiht sich ein in die Schmarotzerschar des Trimalchio, lobt im Chor mit ihr die Feinheiten und Vornehmheiten (*elegantias, lautitias*; 60) des

Gastgebers und rächt sich für seine Nivellierung, indem er – die anderen reden läßt.

Wenn sich die Parodie der Odyssee auf die Gesamtstruktur des Romans bezieht, so parodiert die Episode des Gastmahls dazu noch das Genre des philosophischen Symposion. Denn Trimalchio, der es in der Welt so herrlich weit gebracht hat, sieht sich als Quelle von Weltweisheit und Bildung und regt auch seine Tischgenossen zu gedankenschweren Ergüssen an. Unweigerlich kommt dabei unter der kulturellen Maskerade der freigelassene Sklave zum Vorschein, der (wie wir an anderer Stelle erfahren) seine Laufbahn mit sexuellen Gefälligkeiten für Herrn und Herrin begonnen hat (155):

> «Diesen Wein müßt ihr euch wohlbekommen lassen. Fisch muß schwimmen. Bitt schön, meint ihr, daß mir das Gericht genügt, das ihr vorhin auf dem Tablettaufsatz gesehen habt? ‹So schlecht kennt ihr Laertes' Sohn?› (*Sic notus Ulixes?*) Was sagt ihr jetzt? Man muß auch bei Tisch seine Klassiker im Kopf haben (*philologiam nosse*). Meinem früheren Herrn seine Gebeine sollen in Frieden ruhen, er wars, der mich als Mensch unter Menschen sehen wollte. Nämlich mir kann keiner mit etwas Neuem kommen ...» (69)

Mit dem mythologischen Bildungsgut geht dieser Trimalchio höchst freizügig um, wenn er Kassandra (statt Niobe) die eigenen Kinder töten läßt, und dann Niobe nicht nur mit Pasiphae verwechselt, sondern sie auch noch in das trojanische Pferd sperrt (97). *Sophós*: weise gesprochen, rufen seine Gäste, sobald er wieder eine Bravourarie aus Prahlerei und Platitüden beendet. Kaum hat sich der Hausherr für längere Zeit auf den Abtritt zurückgezogen, und sind die Klienten ‹vom Tyrannen befreit› (74), so daß sie frei von der Leber weg reden können, da ergießt sich ein pseudo-tiefsinniger und vulgär-lateinischer Redeschwall durch den Saal, der in seiner Denkungsart und Ausdrucksweise dem des großen Wortführers um nichts nachsteht:

> «Ein Tag ist gleich Null. Im Handumdrehen wird es Nacht. Also gibt es nichts Besseres, als vom Bett geradeaus ins Speisezimmer zu gehen. Und eine saubere Kälte haben wir gehabt (*Et mundum frigus habuimus*). Kaum im Bad bin ich warm geworden. Aber ein warmer Tropfen ist der beste Pelz. Ich habe nach Noten getankt und bin ganz schwiemelig (*plane matus sum*). Der Sprit ist mir ins Hirn davongelaufen.»

> Den Gesprächsfaden nahm Seleucus auf und sagte: «Ich bade nicht alle Tage; das Geplantsche ist nämlich die reinste Walkerei, Wasser hat Zähne, und unser Inwendiges schmilzt alle Tage zusammen ... Übrigens konnte ich mich gar nicht baden; ich war nämlich heute auf den Friedhof (*fui enim hodie in funus*). Ein netter Mann (*homo bellus*), der herzensgute Chrysanthus, hat seinen letzten Schnaufer getan (*animam ebulliit*[9]). Gerade eben hat er mir noch Guten Tag gesagt. Mir ist, als ob ich noch mit ihm spreche. Gott, ach Gott! Luftballons auf Beinen sind wir. Wir taugen weniger als Fliegen ...» (75/77)

Obgleich die Humanisten diesen Text, dessen Manuskript erst um 1650 entdeckt wurde, gar nicht kennen konnten, ist die Art, wie hier die Wonnen geistiger Vulgarität im Spiegel eines vulgären Latein ausgekostet werden, dem Wortwitz der *Dunkelmänner-Briefe* gattungsmäßig eng verwandt, während die banalen Lebensweisheiten Flauberts *Wörterbuch der übernommenen Ideen* (*Dictionnaire des idées reçues*) keine Schande machen würden. Das Geschwätz von der Unbeständigkeit aller irdischen Dinge und der Allgegenwart des Todes dient einmal als Stimulans zum materiellen Lebensgenuß *hic et nunc*, zum anderen drückt es durchaus ein dumpfes Bewußtsein des schwankenden Bodens aus, auf dem die aus dem Nichts hochgeschossenen Potentaten des Geldes und ihre Schmarotzer stehen:[10] Bewußtsein eines zufälligen, weder dem eigenen Verdienst geschuldeten, noch von einer übergeordneten Macht verfügten Schicksals, das im Grund immer reversibel ist und als einzig verläßlichen Kultus die Anbetung des Mammon kennt.

Damit zeichnet sich eine weitere parodistische Dimension dieses Gastmahls ab: seine Stilisierung zum Totenritual. Das beginnt mit dem Spielzeug eines silbernen Skeletts,[11] das Trimalchio zu einem greulichen *carpe-diem*-Gedicht inspiriert (63), setzt sich fort mit dem Auftritt des Beerdigungsunternehmers Habinnas, der lärmend und bezecht wie Alkibiades bei Platon in das Gastmahl hereinplatzt (127), und kulminiert in der Art, wie der Hausherr seine eigene Begräbnisfeier inszeniert, nachdem er bereits unter vielem Geheule sein Testament vorgelesen und Habinnas Anweisungen für eine kitschige Grabskulptur gegeben hat (143): «Stellt euch vor, daß ihr zu meiner Leichenfeier eingeladen seid!» Wie die neuere Kritik mehrfach feststellt,[12] ist die Villa Trimalchios ein Haus des Hades, bewacht von einem Zerberus (51), der den Ausgang verwehrt (145); die Teilnahme am Fest eine Art der Katabasis, und der Sich-Feiernde ein lebender Leichnam, denn sein Gott des Reichtums, Plutus, ist zugleich Pluto, der Gott der Unterwelt. Das gleichsam Letzte Wort und Vermächtnis des Trimalchio lautet: «Hast du was, giltst du was», *habes, habeberis* (157). Auf dieser metaphorischen Ebene wird der reale Schauplatz zur Heterotopie. So tauchen hinter der fulminanten ‹Realistik› der Episode die Umrisse des menippeischen Totengerichts auf, bei dem sich die Angeklagten in posthum ungebrochener materieller Blindheit mit eigenem Mund verdammen. Läßt sich in der unreputierlichen Gestalt des Encolpius am Ende ein pikaresker Nachfahre des alten Menipp ausmachen?

Leibgeistiges Epikureertum der Humanisten Der Charakter des menippeischen Gastmahls als Parodie des philosophischen und als Zerrbild geistiger Geselligkeit erfährt im Zeitalter des Humanismus einen bedeutsamen Wandel. Erasmus, der Übersetzer Lukians, Nachahmer der *Apokolokýntosis,* Autor des berühmtesten paradoxen Enkomions und somit wegweisende Figur der neuzeitlichen Menippea, zeigt in den fünf Gastmahlsdialogen seiner kräftig satirisch eingefärbten *Colloquia* diese Kursänderung deutlich an.[13] Dort besteht die Tafelrunde – nach dem Vorbild der *Tusculaner Gespräche* Ciceros und so mancher gesitteter literarischer Tischgesellschaft der Renaissance – aus kultivierten, witzigen, klassisch belesenen und maßvollen Männern (Frauen sind nach antikem Vorbild von der aktiven Teilnahme ausgeschlossen), die einen gesunden Ausgleich zwischen leiblichen und geistigen Belangen vertreten und eine Balance klassischer und christlicher Lebenshaltung. Die hohe Weisheitssuche ist zur Suche nach dem guten Leben humanisiert, das Vorbild Platons wird gleichsam durch den geliebten Plutarch der *Moralia* temperiert. Das *Convivium profanum* (1518/1522), das als erstes der erasmischen Gastmähler noch viele der Gesprächsformeln aufweist, aus denen die *Colloquia* ursprünglich hervorgingen, bildet in seiner uneinheitlichen Struktur die Entdeckung dieser besonderen Tonlage ab. Mit folgenden Worten lädt der Hausherr Christian seinen Gast und seinen Leser zu Tisch: ‹Ja, zu einem Platonischen Gastmahl will ich dich laden, wo viele gescheite Geschichten serviert werden, aber nur sehr wenige Speisen (*in qua multum sit literatarum fabularum, cibi minimum*), dessen Genuß aber dafür bis zum folgenden Tag anhalten wird.›[14]

Doch das Mahl ist durchaus üppig, und Augustin, einer der Geladenen, bekennt sich denn auch, nach seiner weltanschaulichen Richtung befragt, als Epikureer: *Zenonem laudo, at Epicurum vivo*, ‹ich lobe den Zeno [Begründer der Stoa], aber ich lebe den Epikur›. ‹Was du da im Scherz sagst›, entgegnet der Gastgeber, ‹das tun heutzutage nicht wenige allen Ernstes und gewohnheitsmäßig, die nur ihrem Mantel und Bart nach Philosophen sind› (198; *pallio tantum et barba philosophi*). Dies ist das alte Lukianische Thema der Pseudophilosophen, das die großen Menippeen der Zeit miteinander verbindet: das *Lob der Torheit*, die *Briefe der Dunkelmänner* und den *Traum* des Juan Vives.

Die lockere Gesprächsführung des Dialogs, ein Modell ‹freier Rede› unter Gleichgesinnten, ist von der Entsprechung leiblicher und geistiger Nahrung geprägt. Die Experten der Gastmahlsphilosophie (*coenaticae philosophiae;* 201) berufen sich auf den Geist ihres überaus gelehrten Gaumens (*ingenium palati, palatum eruditissimum*) und erklären, genausoviel mit der Gurgel wie mit dem Geist zu schmecken oder zu wissen; das Verbum heißt *sapere* (202). Sie freuen sich über die vielen Geschmäcker der menschlichen Kehlen, die der bunte, abwechslungsreiche Dialog auf seine Weise spiegelt, und machen sich über die Scheuklappen der philosophischen Sekten lustig, z. B. über die Stoiker mit ihren Fastenregeln. An einer späteren Stelle, die erst 1522 eingefügt wurde, setzen sich die Tafelnden, durchaus in Zecherlaune, mit den Fastenvorschriften der Kirche auseinander. Augustin, ein Fisch-Hasser, empfindet sie geradezu als Tortur, während Christian einen Rückfall in mosaische Gesetzesgläubigkeit beklagt (207). In scherzhafter Manier wird hier der Zusammenhang zwischen der Freiheit des Essens, Denkens und Redens angesprochen – und mit einem Spaß beendet:

> *Aug.:* ‹Doch jetzt reicht es mit der Theologie unter den Schüsseln. Wir sitzen hier schließlich beim Essen, und nicht in der Sorbonne.
> *Chr.:* Warum soll man den Ort nicht Sorbonne nennen, wo man ordentlich pichelt (*ubi bene sorbetur*)?
> *Aug.:* Picheln wir also und lassen das Disputieren, damit unsere Sorbonne nicht, statt vom Picheln, von den bitteren Vogelbeeren (*a sorbis*) ihren Namen herleiten muß.› (208)

Natürlich hat die Sorbonne solch offenherzige Gespräche über das Fasten in einem Gutachten, das sie 1526 im Hinblick auf bedenkliche

Passagen der *Colloquia* erstellte, prompt indiziert. Die offene Denk- und Sprachform der erasmischen Gastmahlsgespräche, die für die Dialogführung des ganzen Bandes beispielhaft ist, besitzt ein systemsprengendes Potential, und das Mischungsverhältnis von Scherz und Ernst bei diesem *Spoudogéloion* führt unmerklich in Situationen, wo für die Hüter der Orthodoxie der Spaß aufhört. Daß der antidogmatische Geist in Häresieverdacht gerät, ist fast so etwas wie ein Gattungsmerkmal der Menippea in der frühen Neuzeit.

In dieser Hinsicht, und nicht nur in dieser, steht Erasmus ein anderer Zeitgenosse nahe, dessen Feier leiblicher Genüsse ebenfalls eine Chiffre für geistige Freiheit ist: Rabelais. Seine phantastischen Personae sind freilich weit stärker saturnalisiert oder karnevalisiert als die erasmischen Weltmänner der Tafelrede und schlagen entsprechend heftiger über die Stränge, wobei der Wortrausch der Zecher in der verbalen Trunkenheit des Erzählers sein Pendant findet. Es folgt ein kleiner Ausschnitt aus dem großen «Trinker-Gespräch» (*Les propos des bien ivres*), das der Geburt des ewig durstigen Riesen Gargantua vorausgeht. Hier werden in typisch menippeischer Sprachmischung sympotische Scherzfragen und Brocken lateinischer Gelehrsamkeit mit ekstatischem Preis des Rebensaftes vermengt:

> Was war eher, Durst oder Trinken? Durst: denn wer hätt im Stand der Unschuld ohn Durst getrunken? Trinken: denn *privatio praesupponit habitum* [Wegnahme setzt Besitz voraus]. Ich bin ein Gelahrter: *Foecundi calices quem non fecere disertum?* [Wen hätten die fruchtbaren Becher nicht beredt gemacht?; Horaz, *Ep.* I,v, V. 19] Wir unschuldigen Kindlein trinken nur allzuviel ohn Durst: hab ich ihn jetzt nicht, so hab ich ihn künftig, muß also fürbaun, seht ihr ein... Netzet ihr daß es trocknet, oder trocknet ihr, daß es naß wird? Ich versteh mich nicht auf die Theorik, aber mit der Praktik, da behelf ich mir ein wenig. Basta. Ich netz, ich feucht, ich trink, und alls aus leidiger Todesfurcht. Trinkt allzeit, so sterbt ihr nimmer. Wenn ich nicht trink, so bin ich im Treuchen [Trocknen]: so bin ich todt; mein Seel wird in einen Froschpfuhl fahren; im Treuchen wohnet nimmer kein Seel... [15]

Im Vergleich zum Erasmischen Gastmahlsdiskurs wirkt die Gelehrsamkeit dieser Zecher parodistisch, die Freiheit der Gesprächsführung schlägt die wildesten Kapriolen, und die maßvolle Freude an Speis und Trank verwandelt sich in ein verbal enthemmtes Besäufnis. Diese zungenlösende Wirkung des Weines führt dazu, daß sich die Sprache mit mehrsprachigen Wortspielen, Reimen, Liedbruchstücken, Zitaten, in alliterierenden und assonierenden Wortkaskaden gleichsam verselbständigt. Doch die so reden, singen, lallen, sind keine materialistischen Scheinphilosophen wie bei Lukian, und keine geldlastigen, vulgärsprachlichen Klischeenachbeter wie an Trimalchios Tafel. Ihre sympotische Enthemmung steht, so sehr sie sich in Sprachkomik zu erschöpfen scheint, im größeren Zusammenhang der Durstmetaphorik des ganzen Werkes, die sich von der Vorrede des *Gargantua* mit ihrem Bezug auf Platons *Symposion* und die Silenen des Alkibiades bis zum Orakel der Göttlichen Flasche und ihrem Imperativ ‹Trink!› am Ende des 5. Buches spannt.[16] Darin sind die ausschweifenden Gastmahlsgespräche ein Reflex der Art, wie der Erzähler selbst mit seinem Leser dialogisiert, immer im Rekurs auf die leiblichen Freuden und Freiheiten des Schmausens und der Erotik: «Sehr treffliche Zecher, und ihr meine kostbaren Venusseuchling (denn euch und sonst niemandem sind meine Bücher zugeschrieben)...», so beginnt gleich «Des Autors Prologus» (3).

Das leibgeistige Epikureertum der Rabelais'schen Tischgespräche ist dem der Gastmähler des Erasmus eng verwandt: Das unvorhersehbare Hakenschlagen der sprachtrunkenen Zecher ist Mimesis eines geistigen Öffnungsprozesses, der die Grenzen bestehender Denksysteme negiert. Dies zeigen nicht zuletzt die Reden, die der wackere und wehrhafte Mönch Frère Jean an der Tafel Gargantuas führt, ehe er als weltfreudiger Abt in das Kloster Thélème oder Zum Freien Willen einzieht:

> Sowahr ich ein Christ bin, sprach Eudämon, ich sinn mich schier zum Narren über die gute Lebensart dieses Mönchs. Denn er macht uns hie all fröhlig und guter Ding. Wie kommts dann aber, daß man die Mönch nur Freudenstörer zu schelten pflegt, und sie aus aller guten Gesellschaft stößt...? Die peremptorische Ursach ist, weil sie den Dreck der Welt essen, das ist ihre Sünden... Aber gleichwohl, sprach Grandgoschier, beten sie doch für uns. – Nichts weniger, antwort Gargantua. Wohl aber molestiren sie mit ihrem Glocken-Gepimpel rings die ganze Nachbarschaft. Freylich, sprach der Mönch, ein Meß, ein Metten, ein Versper gut eingelitten, ist halb gelesen. – Mämmeln Legenden und Psalmen her die schwere Meng, und verstehens nicht; zählen ein Schock Paternoster ab, mit

> Ave Maria's gespickt, und denken nicht daran, und wissens
> nicht ... Bruder Jahn ... ist kein Gleisner, geht nicht zerrissen;
> brav, resolut, lustig ist er, ein guter Kumpan ... – Ich thu wohl
> mehr, versetzt' der Mönch: denn wenn wir im Chor unsre
> Metten und Begängniß abthun, mach ich dazwischen Arm-
> brustschnüren, schnitz Pfeil und Spannwinden, strick Netz
> und Garn zur Kanikel-Jagd. Müssig geh ich nimmer. Aber zu
> Trinken, holla, ho! ... Bey Gott, ich trink aus allen Pfützen,
> wie eines Promotoren Gaul. – Bruder Jahn, sprach Gymnastes
> zu ihm, thut aber doch dieß Tröpflein ab, das euch da an der
> Nas henkt. – Ha, ha, spricht der Mönch, sollt ich darum er-
> saufen, weil mir das Wasser bis an die Nas steht? Nein, nein.
> *Quare? Quia* [warum? weil] es wohl herauslauft, nicht hinein;
> denn ich habs wohl verpicht mit Wein. O mein Freund, wer
> doch Winterstiefel von solchem Leder hätt, der möcht keck
> Austern fischen gehen, denn niemals werden sie Wasser ziehen.
> (*Gargantua*, Kap. 40; 125 ff.)

So wird Ernstes mit Heiterstem vermischt, kräftige Volkssprache mit gelehrtem Latein, und in Parodie der Gastmahlsprobleme aus Plutarchs *Moralia* löst Bruder Jahn souverän so knifflige Fragen wie diese: Warum Jungfernschenkel stets frisch bleiben? Oder warum er selbst so einen stattlichen Nasenerker im Gesicht trage? (Antwort: weil die Brüste seiner Amme besonders weich waren; «Die harten Dütten der Ammen machen den Kindern nur stumpfe Schaafsnasen. Aber lustig, lustig! *Ad formam nasi cognoscitur ad te levavi*»;[17] 128.) Doch die herausfordernde Ungezwungenheit dieser Reden ist nur das Pendant zur Ordensregel der Klosterutopie von Thélème TU WAS DU WILT: «Weil wohl geborene, freye, wohl erzogene Leut in guter Gemeinschaft aufgewachsen, schon von Natur einen Sporn und Anreiz, der sie beständig zum Rechtthun treibt und vom Laster abhält, in sich haben ...» (Kap. 57; 170)

Ein Fest der Un-Ordnung

Daß die schamlose Freiheit der Rede und des Denkens, wie sie an Frère Jeans Tafelrunde herrscht, zumindest verbal noch steigerungsfähig ist, beweist ein um 1610 anonym erschienenes Mammut-Symposion mit dem vieldeutigen Titel *Le Moyen de parvenir* oder *Der Weg zum Erfolg*, das nach Auskunft seines Untertitels ‹den Grund für alles enthält, was da war, ist und sein wird.›[18] Als Verfasser gilt ein Kanonikus aus Tours, Béroalde de Verville, der als etwas weltlich gesinnter Kleriker eine Brücke vom Curé de Meudon, Rabelais, zu seinem geistesverwandten anglikanischen Amtsbruder Laurence Sterne schlägt. Ein gigantisches Gastmahl versammelt da in 111 Kapiteln und auf etwa 500 Seiten im Haus eines gewissen *Bonhomme* (Biedermannes) hunderte von intellektuellen Zechern aus Antike und Neuzeit: «Ja, wir bilden eine Gesamtheit des berühmtesten, gelehrtesten und verehrungswürdigsten Senats, der je war und sein wird» (Kap. 4; 7). Unter den Teilnehmern finden sich Diogenes und Sokrates, Platon und Plutarch, Petron, Lukian und Varro, Erasmus und Vives, Machiavelli und Aretino, Luther und Calvin, und natürlich Rabelais, dessen Geist und Stil das Werk am meisten verpflichtet ist. Andere Personae heißen schlicht *Moi* (Ich) und *L'autre* (Der Andere) oder *Quelqu'un* und *Quidam* (Irgendwer). Schutzherrin und einzige weibliche Anwesende ist eine geheimnisvolle *Madame*, vielleicht eine Verkörperung der Weiheit selbst. Dies könnte sich auch daran zeigen, daß ihre keuschen Ohren durch die äußerst bedenklichen Themen und die unerschöpfliche Fülle von anzüglichen Witzen, derben Wortspielen und obszönen Anekdoten offenbar nicht beleidigt werden. Der Geist belacht und feiert hier die Capricen und Kapriolen des Leibes.

Es ist ein Fest der Un-Ordnung und der Inkonsequenz. Der Autor/Erzähler überläßt den Gästen das Wort, mischt sich allenfalls unter wechselnden Masken in das verbale Treiben. Als Herausgeber entzieht er sich in Kapitelüberschriften, die sich ostentativ beziehungslos zum jeweils Gesagten verhalten, jeder Verantwortung. Bemerkenswert ist auch der ständige Wechsel der Dialogführer, deren Äußerungen meist in keinem erkennbaren Zusammenhang mit ihrer eigenen historischen Bedeutung stehen. Hier konnte Sterne, ein Bewunderer Béroaldes, in unschätzbaren Lektionen für seinen *Tristram Shandy* lernen, wie man die Logik einer Erzählung auf den Kopf stellt. Schon das 11. Kapitel nennt sich «Letzte Pause» und verspricht, alsbald zum Schluß zu kommen: *Or, commençons de conclure*... Das 13. Kapitel heißt dann endgültig *Conclusion*, und das 14. versichert dem Leser am Ende, wenn es wirklich noch etwas zu sagen gebe, solle es als gesagt gelten. Natürlich geht es danach erst richtig los.

Das Sternesche Prinzip der Digression ersetzt die Progression. Selbst die tolerante *Madame* zeigt sich davon ein wenig verwirrt und sagt: «Nimmer habe ich es erlebt, daß man solcherart vom Hundertsten ins Tausendste kommt (*sauter du coq à l'âne*). Weshalb schweift ihr alleweil von eurem Gegenstande ab?» Die Antwort lautet: «Es ist wohl vonnöten, die Prälaten zu unterbrechen» (Kap. 23; 78). Das heißt: Der autoritäre Diskurs des Kanzelpredigers verlangt nach Einwurf, Widerspruch und Fragmentierung seiner selbstgefälligen Geschlossenheit. Der Katalog sympotischer Aktivitäten entwirft dazu ein Gegenbild, in dem sich die programmatische Offenheit des Unternehmens spiegelt: «Man sprach, man ass, man trank, man machte Pst, man schwieg, man machte Lärm, man widersprach, man äusserte gute Einfälle, man lachte, man gähnte, man begriff, man stritt, man spuckte, man schneuzte sich, man geriet bass in Erstaunen, ... man soff sich voll und toll, man beobachtete, man verglich sich, man schrie ganz leise, man schwieg ganz laut ...» (Kap. 11; 33)

Das Prinzip dieses unersättlichen logophagischen (wortgefräßigen) Gastmahls heißt *mélange*, bunteste Mischung. Derjenige, der das Ganze zu Protokoll nahm, habe «alles in einem Zug niedergeschrieben, Text und Glossen unterschiedslos miteinander mischend. So etwa wie ihr, je nachdem, von diesem Fleisch esset und von jenem ... Und ebenso muss dies hier in eurem Hirn durcheinander gehen; man muss euch alles in gemischtem Zustand einflössen ...» (Kap. 10; 26) Dem buntscheckigen thematischen und stilistischen Narrengewand entspricht ein menippeisches Bekenntnis zur produktiven Narrheit: «Und ausserdem sind sie alle von einem so trefflichen Geiste beseelt, dass sie nit lange brauchten, bis sie närrisch wurden. Möge es euch auch so ergehen, Amen» (Kap. 11; 32).

Doch wie im *Lob der Torheit* hat die Narretei auch eine Schutzfunktion für den Autor, der sich im Schlußkapitel unter der Maske des *Irgendwer* dazu folgendermaßen äußert: «ihr Herren, so behauptet ihr ja, dass ich närrisch bin! Ich wollte, ich könnte es werden, dieweil ich, bin ich es erst einmal, des Feuers ledig würde, so man mich zu einem Ketzer stempelte». Und weiter unten: «Lest dieses Buch in der rechten Weise. Es gleicht jenen Malereien, so man von verschiedenen Seiten aus betrachten kann. Man hat gesagt, dass da etliche Trutschel wären, so behauptet haben: ‹Das sind die Streiche eines Atheisten!› Heia, ich weiss davon nichts. Wofern es mir widerfahren ist, einfältige Dinge nach ihrer Art zu sagen, so tat ich es unbewusst. Ich spiele Blindekuh, ich nehme, was ich finde» (Kap. III; 494; 497).

Die Heuchler, Duckmäuser und Pedanten, die Rabelais am Tor der Abtei von Thélème zurückweist, sind auch Vervilles *bêtes noires*, vor allem in ihrer Eigenschaft als Dogmatiker und Ketzerschnüffler (Kap. 12; 40). Erasmus weiß von einem Gelehrten zu berichten, der ihm verkündet hat, er rieche bös nach Ketzerei. Auf die Frage des Sokrates, wie man denn die Ketzerei riechen könne, erwidert Erasmus mit aller Deutlichkeit: «Man muss die Nase in den A... des Ketzers stecken und des den Geschmack und Geruch behalten. Sodann den A... der fürtrefflichen Doktores und Franziskaner beriechen, ob sie ebenso stinken...» Nero, der auch zur Gesprächsrunde gehört, ist pikiert: «Wie sprecht ihr doch unzüchtig (*impudemment*)», und muß sich von Diogenes sagen lassen: «Hier ist alles verstattet. Wir sind hier unter unseresgleichen. Hier darf man füglich alles tun und reden, so man vermag.» Es ist die Grundsatzerklärung der *Parrhesia* oder Freiheit des Wortes, die hier der Kyniker dem Tyrannen entgegenhält. Gelegentlich gibt es in diesem menippeischen Redewirrwarr doch so etwas wie eine Kongruenz von Sprecher und Aussage.

Gastmahl und Neue Wissenschaft

Auf höchst paradoxe Weise verbindet sich die systemsprengende Kraft menippeischer Gastmahlsrede mit einer Rückkehr zur systematischen Philosophie in Giordano Brunos *Aschermittwochsmahl* (*La Cena de le Ceneri*, 1584).[19] Dieser erste im englischen Exil entstandene Dialog des ‹Nolaners›, wie der Autor sich nach seinem Heimatort Nola unweit Neapel nannte, ist unter den philosophischen Schriften der Zeit ebenso wie in der hier betrachteten Textreihe ein absolutes Unikum. Er verschreibt sich nachdrücklich der Verteidigung des Kopernikus gegen dessen immer noch übermächtige Kritiker, doch ohne Buntheit und verbalen Übermut aus der Tradition des humanistischen Zechergesprächs zu opfern. Schon die Widmungsepistel kündigt den figurativen Charakter und die verrückte Vielschichtigkeit an, die dem hier berichteten kopernikanischen Kolloquium auf dem Weg seiner Literarisierung zuwuchsen:

> ... ein Mahl so groß und klein, so meisterhaft und schülerhaft, so gottlos und fromm, so fröhlich und verdrießlich, so herb und mild, so florentinisch-mager und bolognesisch-fett, so zynisch [= kynisch] und sardanapalisch [ausschweifend], so ausgelassen und ernst, so schwer und beschwingt, so tragisch und komisch (55),

daß der Leser es zugleich «hündisch und hochsinnig» (*canino, liberale*) aufnehmen muß, und im Geiste dessen, «der, als er die Zähne zeigte, ein so freundliches Lächeln aufsetzte, daß ihm der Mund bis an beide Ohren reichte». Der Kontext macht deutlich, daß damit der als Humorist verkleidete Satiriker Rabelais gemeint ist. Hier wie an anderer Stelle spielt Bruno explizit den kynischen ‹Hund›, der seine Gegner nicht nur anklafft, sondern auch ins Bein beißt.[20] Den Zusammenstoß mit diesen Gegnern, akademischen Pedanten, dogmatischen Aristotelikern und Feinden eines neuen, freieren und kühneren Denkens (in England gottlob ohne inquisitorische Vollmacht), inszeniert die Schilderung des berühmten Soupers von Westminster in verwirrend digressiver Manier.

Wie bei Platon, Xenophon und Lukian wird der Gastmahlsdialog auf einer zweiten Gesprächsebene berichtet, doch Bruno verschiebt die Proportionen drastisch zuungunsten des eigentlichen Geschehens, um das dort erfolgte Scheitern der geistigen Verständigung zugleich anschaulich zu machen, zu karikieren und zu transzendieren. Ein überlanger Vorspann (er beschreibt den hindernisreichen Weg des Nolaners zum ‹Tagungsort›) sowie die philosophischen Erörterungen der sekundären Gesprächsrunde drängen den eigentlichen Dialog fast in den Hintergrund. Der Kommentar scheint den Haupttext zu überwuchern; und doch warnt uns der Autor in seiner Vorrede, in all dem Durcheinander der Unterhaltungen finde sich kein einziges müßiges Wort: *non v'è parola ociosa* (60; *Dialoghi* 15).

Im Hinblick auf die drastische Reiseschilderung spricht er von einer moralischen Topographie, in die er sich verirrt habe, von Passagen, die eher einen poetischen und allegorischen Eindruck machten als einen historisch getreuen (57). Tatsächlich hat die Expedition, die der Nolaner, sein Freund und Landsmann John Florio (der spätere Übersetzer Montaignes) und sein *alter ego* Teofilo, der Berichterstatter, zum Ort des Geschehens unternehmen, den Charakter einer mockheroischen Hadesfahrt. Zwei charonartige Ruderknechte, die die Gesellschaft in einem lecken Boot nach Westminster bringen sollen, setzen sie irgendwo im Dunkeln ab. Es herrscht Ebbe, und die drei stapfen aufs Geratewohl durch den Uferschlamm der Themse, um sich schließlich genau am selben Ort zu finden, von dem sie aufgebrochen waren. Mit dem Mut der Verzweiflung schlagen sie sich über finstere und schmutzige Gassen, in denen sie von den fremdenfeindlichen

Londonern kräftig angerempelt werden, bis zum noblen Haus ihres Gastgebers durch; dort geht das Mahl mittlerweile schon seinem Ende entgegen. Doch bei alldem verliert der Nolaner weder seinen Humor noch seine Bereitschaft, intellektuell Rede und Antwort zu stehen. Da er die Landessprache nicht versteht – was seine scholastischen Widersacher, die Doktoren Nundidio (von *nundinae*: Handel, Schacher) und Torquato (von *torquis*, der goldenen Halskette, mit der dieser Vertreter des Geistigen beziehungsvoll spielt) mißbilligend zur Kenntnis nehmen –, bedient man sich der europäischen Gelehrtensprache Latein, die der Berichterstatter unter Bewahrung einiger lateinischer Floskeln mit italienischer indirekter Rede wiedergibt. Eine Verständigung kann freilich angesichts des Hochmuts und der Unwissenheit der englischen Akademiker nicht zustande kommen. Die ‹Regieanweisungen› des Erzählers Teofilo sagen bereits alles über diesen hoffnungslosen Dialog. Torquato etwa nimmt eine Positur ein wie Zeus im Götterrat, reckt sich, räuspert sich, rückt den samtenen Doktorhut zurecht, zwirbelt den Schnurrbart, zieht die Augenbrauen hoch, bläht die Nasenlöcher, legt drei Finger seiner rechten Hand zusammen und stößt damit wie beim Fechten auf den Gegner zu (144).

Die Antwort dieser reichen und rechtdenkenden Pedanten auf das bestürzend neue Weltbild des Nolaners lautet: Solche Vorstellungen stammten wohl aus den *Wahren Geschichten* des Lukian (127), oder auch: *Anticiram navigat*, er gehört nach Antikyra (wo der Nieswurz zur Heilung des Wahnsinns wächst; 148). Nur an einer frappanten Stelle, als Bruno, weit über Kopernikus hinausgehend, seine Spekulationen zur Unendlichkeit des Weltraums entwickelt, heißt es über Nundidio: «Er war verdutzt und sprachlos, als sähe er plötzlich ein Gespenst vor sich» (125; *Dialoghi*, 105: *come quello a cui di repente appare nuovo fantasma*). Der philosophische Dialog, der hier auf der ursprünglichen Ebene mit menippeischen Mitteln als ein scheiternder vorgeführt wird, kommt dann sekundär – das ist die Raffinesse der Konstruktion – zwischen Teofilo als Stimme seines Herrn und dessen aufmerksam zurückfragenden Gesprächspartnern doch noch zustande. Von hier aus erschließt sich auch die ironische Allegorie des scheinbar so realistischen Vorspanns. Die Finsternis und das Waten im Schlamm ebenso wie das Kreisen ohne Fortschritt nehmen den Charakter der Debatte mit den umnachteten Dogmatikern vorweg; die Rempeleien auf der Straße sind nur ein physisches Vorspiel ihres geistigen Rüpeltums; und der zufällige Zeitpunkt, Aschermittwoch, bezeichnet mit der Natur dieses Aschenmahls (56) die *mortificatio* des Philosophen im Exil eines denkbar unkongenialen Milieus.

Konturen des absurden Symposions: Von Tristram zu Alice

Das zu nichts führende Gastmahl der Philosophen, im Verein mit der Satire auf jene, die von Amts wegen im Besitz der Wahrheit sind, ist aus begreiflichen Gründen auch in der Epoche der Aufklärung aktuell geblieben; die Erzählungen Voltaires bieten dazu einschlägiges Material.[21] Auch in der neuen Gattung des bürgerlichen Romans englischer Prägung wurde es heimisch, soweit dessen Form offen genug war für seinen skeptischen, antiautoritären Geist. Sternes *Tristram Shandy* ist hier naturgemäß das Paradebeispiel. Denn dieses Werk wird gerade durch die starke Präsenz menippeischer Merkmale – scherzhaft ernste Mélange, parodistische Grundhaltung, Zerstückelung des Plotzusammenhangs, Personen als Wortführer fixer Ideen, Untergrabung von Orthodoxie – zum ersten experimentellen Roman, oder auch Anti-Roman, der europäischen Tradition.[22]

Tristram Shandy ist bekanntlich eine fiktionale Autobiographie, die vor lauter Abschweifungen nirgends hinzuführen scheint: Am Ende steckt der Held und Ich-Erzähler immer noch in den Kinderschuhen. Diesem negierten Plot entspricht der Dialog um seiner selbst willen, ohne jedes schlüssige Ergebnis, in den die Figuren unablässig verstrickt sind (besonders Tristrams Vater, Walter Shandy, und sein Bruder Toby, denen vor lauter Theoriebesessenheit das Leben selbst entgleitet). Kein Wunder, daß sich unter diesen Auspizien Tristrams Geschicke in lauter Mißgeschicke verwandeln. Dies gilt für seine Zeugung ebenso wie für seine Geburt: Während seine Mutter in den Wehen liegt, unterhalten sich Walter, Toby und der zur Geburtshilfe herbeizitierte Arzt Dr. Slop viele Kapitel lang miteinander, ohne sich zu verständigen, da jeder nur seinen fixen Ideen folgt. Die Diskrepanz zwischen Männer- und Frauenperspektive, zwischen Theorie und Praxis des Lebens, nimmt hier groteske Ausmaße an – und der arme Tristram kommt leicht beschädigt auf die Welt (Buch II, Kap. 12–19; III, Kap. 1–13). Ähnliches Pech hat er mit seiner Taufe, als er durch ein Mißverständnis nicht, wie vorgesehen, den Namen Trismegistus, sondern Tristram erhält, der seinem Vater ein Greuel ist. Eine dringend erwünschte Umtaufung wirft kitzlige kirchenrechtliche Fragen auf. Um diese zu klären, lädt der liebenswürdig weltfremde Pfarrer und Freund der Familie, Yorick, die beiden Brüder zu einem ‹kanonischen Gastmahl› ein, auf dem die geistlichen Herren der Diözese skurrile Proben ihrer Berufsweisheit geben (Buch IV, Kap. 26–30).

Schon manche Namen der Anwesenden verraten, ungeachtet ihres gelehrten Klanges, nach Art der *Dunkelmänner-Briefe* die kreatürliche Basis ihrer geistigen Höhenflüge: Phutatorius (von frz. *foutre*), Kysarcius (*kiss-arse*, ein Namensvetter von Rabelais' Monsieur Baisecul), Gastripheres (Fettwanst), und so weiter. Die Szene geht gleich medias in res, mitten in eine angefangene Unterhaltung; zuvor wurde das Kapitel 24, das die Anreise der Shandy-Gesellschaft beschrieb, vom Erzähler entfernt, wobei die Seitenzählung der alten Ausgaben gleich zehn Einheiten weiterrückt: die Passage sei so vorzüglich gelungen gewesen, daß der Rest des Buches dagegen abgefallen wäre!

Die der eigentlichen Diskussion vorausgehenden Ereignisse nehmen (wie bei Bruno) eine spürbar metaphorische Bedeutung an. So verwendet Yorick das Skriptum einer zuvor gehaltenen Predigt, weil sie aus dem Kopf und nicht von Herzen gekommen sei, als Fidibus für seine Pfeife, was die übrigen Gottesgelehrten verärgert, ohne daß sie die Spitze dieser Geste gegen ihre eigenen Kopfgeburten wahrnehmen. Eine heiße Kastanie, die aus der vollen Schüssel kullert und ausgerechnet Phutatorius in den offenen Hosenlatz fällt, erinnert bei diesem hochtheologischen Symposion schmerzhaft an die niederen Belange des Fleisches. Die anschließende Debatte über die fatale Fehltaufe Tristrams verheddert sich sogleich in ebenso subtilen wie hypothetischen grammatischen Spekulationen: Wenn die Taufworte nach römischem Ritus lateinisch gesprochen worden wären, würde ein möglicherweise unkorrektes Latein des Priesters sie ungültig gemacht haben? Schließlich kommen die Experten zu der für juristische Laien verblüffenden, vom Erzähler jedoch durch gelehrte Fußnoten gestützten Erkenntnis, daß die Mutter, und vielleicht sogar der Vater, mit dem Sproß ihrer Lenden gar nicht verwandt seien:

> however true it is, that the child may be of the blood or seed of its parents – that the parents, nevertheless, are not of the blood and seed of it; inasmuch as the parents are not begot by the child, but the child by the parents – For so they write, *Liberi sunt de sanguine patris & matris, sed pater et mater non sunt*

> *de sanguine liberorum.* – But this, *Triptolemus,* cried *Didius,* proves too much – for from this authority cited it would follow, not only what indeed is granted on all sides, that the mother is not of kin to her child – but the father likewise – It is held, said *Triptolemus,* the better opinion; because the father, the mother, and the child, though they be three persons, yet are they but (*una caro*) one flesh; and consequently no degree of kindred – or any method of acquiring one in *nature...* (249f.)

Walter Shandy tut mit unendlichem Behagen einen tiefen Blick in die Abgründe theologisch-juristischer Rabulistik, ist aber nach dem aberwitzigen Ergebnis des Ganzen mit seinem Anliegen so klug wie zuvor; «'twas still like the anointing of a broken bone» – ein Knochenbruch läßt sich schlecht durch das Auflegen von Salbe kurieren. Die Pedanterie der Gelehrten mit ihrer Berufung auf ein – schon sprachlich veraltetes – lateinisches Buchwissen wird bis zur äußersten Absurdität getrieben, als Chiffre für die totale Inkonsequenz des Lebens und Denkens, die der Roman zur Schau stellt und humoristisch feiert. Als Motto trägt er (auf griechisch) ein Wort des Philosophen Epiktet: ‹Was die Menschen verwirrt, sind nicht die Dinge selbst, sondern die Meinungen der Menschen über die Dinge›.

Vom Antiroman Sternes und seiner absurden Lebenswelt führt ein relativ kleiner Schritt ins Reich des viktorianischen Nonsens, sobald der Traum-Rahmen, die Unterweltsfahrt der Heldin, die verrückte Gegenwelt *under ground* und die Vers-Prosa-Mischung von *Alice in Wonderland* bei vergleichender Lektüre ihren menippeischen Charakter zu erkennen geben.[23] Es ist eine Welt, in der die radikal andere Perspektive von sprechenden Tieren, Spielkarten, Figuren aus Kinderreimen und sprichwörtlichen Wendungen (z.B. *mad as a hatter, mad as a march hare*) die Sittsamkeiten der Guten Kinderstube auf schockierende Weise in Frage stellt. Im Dialog zwischen Alice und den Wunderland-Kreaturen setzt eine wortspielerische, fremdbestimmte Logik des Absurden alle anerzogene und natürliche Vernünftigkeit der Heldin außer Kraft und gewinnt ihre – mit Alptraumelementen gewürzte – Komik aus dem Scheitern der Verständigung. Das menippeische Gastmahl ist dabei in einer Parodie der gesittetsten sympotischen Form vertreten, der viktorianischen Teegesellschaft: «A Mad Tea-Party».

Alices Unterhaltung mit dem Verrückten Hutmacher, dem Verrückten Märzhasen und der ewig schläfrigen Haselmaus zeichnet sich durch markante Unhöflichkeit der ‹Gastgeber›, abrupte Themenwechsel und die Ergebnislosigkeit aller Ansätze aus. Der Hutmacher stellt eine Rätselfrage ohne Antwort («Why is a raven like a writing-desk?»), die Haselmaus erzählt eine absurde und langwierige Geschichte ohne Ende, und Alices Sinnfragen werden mit einem gelangweilten «Suppose we change the subject» vertagt. Das philosophische Thema fehlt auch in dieser Runde keineswegs – es geht um das Wesen der Zeit –, aber es wird höchst surreal konkretisiert. Der Hutmacher ist bei der Zeit in Ungnade gefallen, deshalb bleibt es für ihn immerzu *teatime* – er ist in einer Zeitfalle gefangen. Da die Zeit zum Abspülen fehlt, müssen er und seine Gäste an dem großen Tisch ständig um ein Gedeck weiter rücken – auf die Frage, was geschieht, wenn man den Ausgangsort wieder erreicht, bleibt er die Antwort schuldig. Die Uhr des Hutmachers geht zwei Tage nach, weil der Märzhase sie mit Teebutter, in die ein paar Brotkrumen geraten waren, geschmiert hat.

> Alice had been looking over his shoulder with some curiosity. «What a funny watch!» she remarked. «It tells you the day of the month, and doesn't tell what o' clock it is!»
> «Why should it?» murmured the Hatter. «Does *your* watch tell you what year it is?»
> «Of course not», Alice replied very readily: «but that's because it stays the same year for such a long time together.»
> «Which is just the case with *mine*», said the Hatter.
> Alice felt dreadfully puzzled. The Hatter's remark seemed to her to have no sort of meaning in it, and yet it was certainly English. «I don't quite understand you», she said, as politely as she could. (96f.)

Der sinnleere Verbalismus und ewige Widerspruchsgeist der Sterneschen Pedanten wandeln sich hier zu einer Strategie semantischer Demontage, die ganz an der sprachlichen Oberfläche operiert. Der Witz der Wunderland-Figuren versteht sich darauf, der Wortführerin der Vernunft blitzschnell das Wort im Munde umzudrehen und sie sprachlos zu machen. Auf die Einladung des Märzhasen an Alice, der bei diesem Symposion konsequent das Getränk verweigert wird, doch noch etwas Tee zu nehmen, erwidert diese ärgerlich: «I've had nothing yet ... so I can't take more», und der besserwisserische Hutmacher mischt sich sogleich ein: «You mean you can't take *less* ... it's very easy to take *more* than nothing» (101). Alice empfindet den Witz der Unvernunft als Verstoß gegen den guten Ton und räumt das Feld: «she got up in great disgust and walked off». Keiner nimmt Notiz von ihrem Aufbruch.

Menippeische Dekonstruktion der Romanform   Das ironische Gastmahl aus Worten, die zu nichts führen, hat auch in späteren Zeiten noch mancherlei Konjunkturen; zumal in Verbindung mit angelsächsischer Theorieskepsis und dem dazugehörigen *sense of humour,* und ganz besonders in historischen Krisenzeiten. Nach dem Zivilisationsschock des Ersten Weltkriegs trägt die menippeische Gesprächsrunde das ihre dazu bei, die Konventionen des realistischen und plotbestimmten Romans zu dekonstruieren. Der Gelehrte älterer Provenienz wird dabei durch den ‹Gebildeten› ersetzt, dessen Vorstellung und Vorrat von Bildung die Zeitläufe radikal in Frage stellen. Dies geschieht beispielhaft in den sogenannten *country-house-novels* von Aldous Huxley. Dort versammelt der Autor eine Anzahl kultivierter und witziger Angehöriger des Bürgertums im aristokratischen Rahmen einer Landhaus-Gesellschaft. Im ersten dieser Romane, *Crome Yellow* (1921), sind die üblichen Liebesintrigen nur Hintergrund und Vorwand für unterhaltsame Gespräche, durch die die ganze ‹Handlung› im Grunde zu einem einzigen – durch Gedichteinlagen gewürzten – Gastmahl wird. Der geschichtliche Ort dieser endlos kreisenden Gespräche ist genau markiert. Beim Portwein, als die Herren nach einem wohlschmeckenden Dinner unter sich sind, äußert sich der beredte Zyniker Scogan so:

> Since the war we wonder at nothing ... At this moment ... the most frightful horrors are taking place in every corner of the world. People are being crushed, slashed, disembowelled; their dead bodies rot and their eyes decay with the rest. Screams of pain and fear go pulsing through the air at the rate of eleven hundred feet per second. After travelling for three seconds they are perfectly inaudible. These are distressing facts; but do we enjoy life any the less because of them?[24]

Es ist ein Zynismus – dies bezeugt Huxleys kalkulierte Mischung aus Roman und Menippea –, der seine kynischen Wurzeln nicht vergessen hat. Die Glätte der verbalen Umgangsformen einer guten Gesellschaft, die zu ahnen beginnt, daß sie sich selbst überlebt hat, spiegelt die Brüche und Sprünge, die sich durch diese Gesellschaft ziehen.

Huxley war (neben Sterne und Joyce) einer der Lieblingsautoren des Iren Flann O'Brien, eines aberwitzigen Umstürzlers überlebter Romankonventionen. Sein erster Roman mit dem skurrilen Titel *At Swim-Two-Birds,* erschienen in Europas Krisenjahr 1939, läßt auf den verschiedensten Ebenen seiner ingeniös verschachtelten Handlung menippeische Gesprächsrunden wortreich agieren. Wie *Tristram Shandy* trägt auch dieser dem *learned wit* verpflichtete Text ein unübersetztes griechisches Zitat als Motto, das da lautet: ‹Denn alle Dinge wandeln sich und bestehen getrennt voneinander›. Es ist ein Wort aus dem *Herakles* des Euripides (V. 104), das den Wahnsinn des Helden vorwegnimmt. Schon auf der ersten Seite macht der Ich-Erzähler, ein Dubliner Bummelstudent mit literarischen Ambitionen, diese Ankündigung wahr, indem er gleich drei voneinander unabhängige Anfänge seines geplanten Erzählexperiments zu Papier bringt. Die Entstehung dieses Romans über einen heruntergekommenen Autor, Dermot Trellis, und dessen ungebärdige Romanfiguren wird von poetologischen Erörterungen begleitet («a satisfactory novel should be a self-evident sham ... It was undemocratic to compel characters to be uniformly good or bad ... Characters should be interchangeable ... The modern novel should be largely a work of reference ...»[25]), die den Antirealismus der Fiktion herausfordernd unterstreichen.

Trellis – so erfahren wir im Laufe der witzig zerstückelten Geschichte, deren verschiedene Erzählebenen ebenso bunt gemischt werden wie ihre Stilanleihen vom Epos bis zur Zeitungsnotiz – komponiert in dem schäbigen Red Swan Hotel (dem Heterotop der Geschichte), und vorwiegend im Bett, einen etwas merkwürdigen Roman. Darin macht er mit dem Prinzip der austauschbaren Charaktere und der unbegrenzten literarischen Anleihe Ernst und gesellt seiner Hauptfigur, dem wahnsinnigen König Sweeny der irischen Mythologie, den irischen Helden Finn McCool bei, ferner ein sehr aktives Teufelchen (Pooka) und eine gute Fee aus der Folklore, ein Duo Western-Helden, einen *working class poet* sowie mehrere Angehörige der Dubliner Unterschicht. Einige der Figuren, die bei ihrem Autor unter strengem Hausarrest stehen, empören sich gegen sein auktoriales Rollendiktat. Der Proletarier Furriskey, das Produkt einer ästhetischen Autogamie oder Selbstheirat seines Erzeugers, der als fertiges Mannsbild von 25 Jahren auf die Welt kommt, verweigert die ihm zugedachte Rolle des Bösewichts. Er heiratet ein tugendhaftes Dienstmädchen, das er eigentlich vergewaltigen sollte, und verabreicht Trellis ein Schlafmittel, das ihm selbst erlaubt, mit seiner Frau und seinen beiden Freunden Lamont und Shanahan ein von seinem Autor weitgehend ungestörtes spießiges Eigenleben zu führen.

Mehrschichtig wie die Erzählstruktur sind auch die Gastmähler in dieser grandios komischen Romanphantasie angelegt; eine irische Neigung zu Trunk, Geselligkeit und Wortschwelgerei verbindet sich dabei mit menippeischer Polyphonie und Parodistik. Auf der ersten Ebene liegen die Pub-Unterhaltungen des Ich-Erzählers mit seinen Freunden im Dubliner Studentenmilieu; Gelegenheit, die Prinzipien seines experimentellen Romans unter Bierdunst und Kalauern zum besten zu geben und mit anderen poetischen (und prosaischen) Gemütern zu kommunizieren. Die Diskrepanz zwischen hochfliegender Ästhetik und milieubedingter Kaltschnäuzigkeit produziert ironische Stilbrüche am laufenden Band und parodiert die entsprechenden Szenen aus Joyces *Portrait of the Artist*; das Lob der Zuhörer «Bloody good stuff» (39) gilt den literarischen Proben ebenso wie dem dunklen Hopfenbier (*stout*).

Eine irrwitzige Steigerung erfährt die Heteroglossie, das Gegeneinander unvereinbarer Stile, in einer langen geselligen Szene, die die drei Proletarier der dritten Fiktionsebene in einem Nebenraum des Red Swan Hotel vor dem Kaminfeuer vereint, während ihr Autor schläft (62–91). Sie werden aus ihrer geschwätzigen Geselligkeit durch die psalmodierende, altersmüde Stimme des legendären Finn McCool, die aus der Tiefe des Raumes an ihre Ohren dringt, in die heroischtragische Welt des alten Irland entführt. Die drei sind von seiner fremdartigen Beredsamkeit so angetan, daß sie ihn in seiner Heldenprosa, vermischt mit den Versen einer altirischen Ballade, die Geschichte von *Mad King Sweeny* erzählen lassen: «Right enough he is a terrible man for talk. Aren't you now? He'd talk the lot of us into the grave if you gave him his head ...» (63) Natürlich geht die viele Seiten lange Rezitation nicht ohne spontane Unterbrechungen durch die Zuhörer ab, die den Ton der neuen Zeit gegen die mythische Wortmusik des alten Irland ausspielen:

> That thing you were saying reminds me of something bloody good. I beg your pardon for interrupting, Mr. Storybook.
> In the yesterday, said Finn, the man who mixed his utterance with the honeywords of Finn was the first day put naked into

> the tree of Coill Boirche with nothing to his bare hands but a
> stick of hazel. On the morning of the second day thereafter...
> Now listen for a minute till I tell you something, said
> Shanahan, did any man here ever hear of the poet Casey? (72)

Den dreien reicht es allmählich mit dem *real old stuff of the native land* («you can get too much of that stuff»), und Jem Casey, «an ignorant God-fearing upstanding labouring man, a bloody navvy», versorgt sie mit kräftigerer poetischer Kost in Gestalt der spontan vorgetragenen und sachkundig kommentierten Ballade ‹Des Arbeiters Freund›, die ihrerseits den einzig wahren Stoff besingt, eine Halbe Bier (*A pint of plain is your only man*). Wie bei der literarkritischen Runde des Erzählers im Studentenmilieu ist auch bei dieser ebenso verstohlenen wie ausschweifenden Geselligkeit der Kreaturen dritter Ebene die Diskrepanz von Poesie und Banausentum, von Ästhetik und Alkohol, humoristisch fruchtbar. Euphorisiert durch Jem Caseys Bier-Panegyrik fordern die drei in ironischem Schwulststil von Finn als Experten der Poesie die gebührende ästhetische Zustimmung: «Give the company the benefit of your scholarly pertinacious fastidious opinion, Sir Storybook» (78). Doch der Alte, der, ohne auf seine Zuhörer zu achten, ins Leere sprach, ist längst eingeschlafen – ein Taps aufs Knie läßt ihn in erneuter, lang anhaltender, wieder von allerlei Unterbrechungen punktierter Rhapsodik zu den Geschicken des verrückten Sweeny zurückkehren.

Der Höhepunkt sympotischer Geselligkeit in diesem Buch ist ein *social evening* bei den Furriskeys (150–160). Mit Rücksicht auf die tugendhafte Dame des Hauses wird nur Tee getrunken, was der natürlichen Beredsamkeit des Hausherrn und seiner zwei Freunde keinen Abbruch tut. Die Unterhaltung geht über Stock und Stein. In der ersten Hälfte herrschen eher musische Themen vor: Was macht die beste Musik, Singstimme oder Geige?; Anstößige Gesänge des Hausherrn auf dem Klo; Anekdote vom Fiedler und dem Teufel; Nero als Fiedler und Brandstifter Roms; Was ist schlimmer: Tod durch Feuer oder Wasser?; Kugel oder Gift? In der zweiten Hälfte verstärkt sich die makaber-medizinische Richtung: der blinde Homer stirbt an Schierling; blinde Musiker sind die besten; Rezept gegen Mitesser; Furunkel sind schlimmer; doch am schlimmsten ist ein kaputtes Knie; Geschichte eines Mannes, der eine Türklinke ins Knie gerammt bekam [sic] und 20 Jahre lang gelähmt im Bett lag; und eines anderen, der an einem gegen seine Sitzfläche geführten Hammerschlag starb; Warnung vor der Tücke der Hämorrhoiden... (Auf seine Art ist Flann O'Brien ein Nachfolger Flauberts. Unter anderem Namen schrieb er eine Kolumne mit dem Titel «Catechism of Cliché» für die *Irish Times*.) Die assoziativen Übergänge sind ebenso ‹realistisch› wie der spezifische Sprechton dieser fiktiven Dubliner, die – wenn sie nicht gerade ein mörderisches Komplott gegen ihren Autor schmieden – sich als «masters of meaningless conversation» betätigen,[26] Kreatürliches prüde kichernd umschreiben, brav katholisch denken und das klassische Bildungsgut à la Trimalchio verballhornen:

> ... deadly nightshade, you know. It got you at the guts, at the pit of the stomach, here, look. You took it and you felt grand for half an hour. At the end of that time, you felt a bit weak, do you know. At the heel of the hunt, your inside is around you on the floor.
> Lord save us!
> A bloody fact now. Not a word of a lie. At the finish you are just a bag of air. You puke the whole shooting gallery...
> They called the dose a draught of hemlock, Lamont said, they made it from garlic and other things. Homer finished his days on earth with his cup of poison. He drank it alone in his cell.
> That was another ruffian, said Mrs. Furriskey. He persecuted the Christians. (155)

Die physiologische Wendung des Gesprächs enthüllt den latenten Sadismus der – in ihrer zweifachen Fiktionalität nur allzu realen – Spießer, und verleiht damit dem scheinbar Formlosen eine Funktion der Vorwegnahme. Denn unmittelbar danach schreiten die Gesprächsteilnehmer zur ausgeklügelten Rache an ihrem Erfinder Trellis. Sie tun dies mit Hilfe von Trellis' fiktionalem Sohn Orlick, den der bettlägrige Autor in einem Moment der erotischen Unbeherrschtheit mit einer unwiderstehlich schönen Romanfigur gezeugt hat; während Orlicks Mutter in den Wehen lag, gelang es dem Pooka, der Guten Fee seine Seele im Kartenspiel abzuluchsen. (Die Konstellation dieser umwerfend komischen pränatalen Konversationsszene erinnert an die vorgeburtlichen Unterhaltungen in *Tristram Shandy*.) Nachdem Furriskey & Co. eigenmächtig aus ihrem Fiktionskontext herausgetreten sind, drehen sie den Spieß um und wollen ihrerseits ihren Schöpfer in einer eigenen Fiktion verschwinden lassen.

Mit Hilfe des Schriftstellertalents von Orlick entwerfen sie eine Serie von Quälereien für Trellis, die letztlich auf eine Wiederholung von Sweenys Passion hinauslaufen und ihren verhaßten Autor in den Wahnsinn treiben sollen. Sie gipfeln in einer surrealen Gerichtsszene der besten menippeischen Tradition, für die das Finale von *Alice in Wonderland* Pate stand. Todesurteil und Hinrichtung kündigen sich an: «I think the time has come for the black caps» (207), das heißt: für den Henker. Das Verfahren war fair genug, schließlich bekam der Angeklagte «a jury of his own manufacture». Trotzdem ist den Fiktions-Rebellen etwas mulmig, als Orlick vollkommen zu Recht bemerkt: «I don't think the like of this has been done before» (208). Doch der nichtsahnende Trellis wird im letzten Augenblick dadurch gerettet, daß das Stubenmädchen die entscheidenden Seiten seines Manuskripts zum Feueranzünden benützt – womit sie die Verschwörer prompt in die Nichtexistenz zurückbefördert. Der letzte der – wiederum drei – zur Auswahl stehenden Romanschlüsse endet mit dem Hinweis auf einen armen Deutschen, der von der Dreizahl besessen war. Er kam eines Tages nach Hause, trank drei Tassen Tee mit je drei Stück Würfelzucker, schnitt sich dreimal die Halsschlagader mit dem Rasiermesser durch, «and scrawled with a dying hand on a picture of his wife good-bye, good-bye, good-bye»; dies des Autors Abschied von seinem Leser. Der schwarze Humor ist Flann O'Briens Spielart des *spoudogéloion*.

10. Die Unterwelt der ironischen Fußnote

> *a company of foolish note-makers, humble-bees, dors, or beetles*
> Robert Burton, *Anatomy of Melancholy*, Vorrede

> *die auffallende, mit einem Noten-Souterrain
> durchbrochene Gestalt des Werkleins*
> Jean Paul, *Des Feldpredigers Schmelzle Reise nach Flätz*

Gelehrsamkeit und Literatentum sind in der Frühen Neuzeit kein begrifflicher Gegensatz: Beide bezeichnen gleichermaßen ein grundsätzlich ehrenwertes Engagement des Geistes zum Wohl der *litterae*, das jedem halbwegs zivilisierten Gemeinwesen am Herzen liegt. Humanisten wie Erasmus und Lipsius vertreten in selbstverständlicher Personalunion sowohl Autorschaft wie Editorik. Mit ihrer Pflege der klassischen Texte bekennen sie sich zu literarischen Standards, an denen sie ihr eigenes Werk messen und an denen sie selbst gemessen werden wollen. Auch die Kommentare und Kommentarübersichten, mit denen die humanistischen Herausgeber ihren Text unterm Strich und auf den Rändern anreichern *(cum notis variorum)*, sind primär Dienst am Autor und Huldigung an seinen klassischen Rang.

Doch in der oft augenfälligen Disproportion zwischen dem Text und den Glossen, die ihn auf allen Seiten zu überwuchern und zu ersticken drohen, liegt eine Herausforderung für den Anderen Blick, den verborgenen Machtanspruch solchen Dienens und die Anmaßung seiner Demut zu enthüllen. Unweigerlich mußte sich die Menippea der durch den Buchdruck aufgekommenen neuen Spezies des *philosophus gloriosus* auf ihre Weise widmen: dem gelehrten Pedanten und seiner unheiligen Allianz mit den fortschrittshemmenden Mächten der Zeit. Die Pseudophilosophen, gegen die Vives und Lipsius, Rabelais und Bruno witzig zu Felde ziehen, sind Parasiten des – ideologisch so hochbedeutsamen – Buchmarktes, selbstgefällige Windbeutel, und im schlimmsten Fall Verfälscher des Überlieferten, wie sie auch die kritische Linguistik der Reformation auf dem Feld der Theologie dingfest machte. War nicht die Sprachkritik ein Anliegen der Menippea von Anfang an? Angesichts der weltanschaulichen Konflikte Europas in der Ära der Glaubensspaltung wuchs dem (durchaus parteiisch deutbaren) Mißbrauch von Sprache und Literatur ein Moment kultureller Bedrohung zu. Darüber hinaus blieb der Kampf gegen das Heer der Kritzler, gegen den Einbruch der Masse in den Tempel der Gelehrsamkeit und Literatur, eine zivilisatorische Mission, deren Erbe die Epoche der Aufklärung aus der Hand des Humanismus übernahm.

Gegen ihre tumben, aber keineswegs ungefährlichen Gegner im Lager eines sehr breit verstandenen Pedantenheeres setzt die Menippea die bewährte Waffe der Ironie auf neue Weise ein: In diesem Fall schlägt die Ironie zu, indem sie zitiert. Dieses Zitat ist eine Form des subversiven Dialogs, der den herrschenden Diskurs untergräbt. Die phantastische Heterotopie, von der aus dieser Dialog im Zeitalter des Buchdrucks geführt wird, hat sowohl außer- wie unterweltliche Aspekte: ersteres in der neuentdeckten Topographie einer imaginären Bibliothek, letzteres im Unterreich ironischer Fußnoten, die unterm Strich ihren Text zersetzen, statt ihn zu konsolidieren. Es ist eine Unterwelt, die später auch für die Zwecke romantischer Ironie oder moderner Fiktionsexperimente nutzbar gemacht werden kann.

Die imaginäre Bibliothek Im 7. Kapitel von Rabelais' *Zweitem Buch* endeckt der junge, studienhalber in Paris weilende Pantagruel die Bücherschätze der Bibliothek von Saint Victor. In Gestalt eines typisch menippeischen Einschiebsels teilt er uns das Verzeichnis seiner zahlreichen Lieblingsbücher mit, indem er ihre vollen lateinischen, französischen und makkaronischen Titel auflistet. Geduldige Forscher haben herausgefunden, daß mindestens sieben unter den 140 Einträgen dieser monströsen Abschweifung authentisch sind; darunter gleich der erste, *Biga salutis*, ‹Der Zweispänner des Heils›, oder auch der ketzerisch klingende *De auferibilitate Papae ab Ecclesia*, ‹Über die Entfernbarkeit des Papstes aus der Kirche›.[1] Sein pedantisches Scholastikerlatein verbindet den letzten Titel mit den imaginären Buchbeständen, die das Geistige und Geistliche mit Küchenhumor versetzen oder auf die Ebene des Sexuellen und Fäkalischen herabziehen:

> Beda, *De optimitate triparum* («Über die Optimität der Kutteln»)
> *Decretum Universitatis Parisiensis super gorgiositate mulierculаrum ad placitum* («Dekret der Sorbonne über die beliebige Busenfreiheit der Weiblein»)
> Tartaretus, *De modo cacandi* («Von der Methodik des Kackens»)
> Pasquilli, doctoris marmorei, *De capreolis cum chardoneta comedendis, tempore papali ab Ecclesia interdicto* («Des felsenfesten Doktors Pasquill Schrift über die Möglichkeit, in der Fastenzeit Rehbraten mit Artischocken trotz des päpstlichen Verbots zu speisen»)

Einige der Einträge verraten beiläufig, woran sich der Wortwitz dieser Titel inspiriert – an der makkaronisch-scholastischen Latinität der *Dunkelmänner-Briefe*:

> *Ars honeste petandi in societate*, per M. Ortuinum («Die Kunst, in Gesellschaft anständig zu furzen, von Magister Ortvinus»)
> *Callibistratorium caffardiae*, autore M. Jacobo Hocstraten haereticometra («Fotzorium der Heuchelitis, verfaßt von Magister Jakob Hochstraten, seines Zeichens Ketzervermesser»)
> *Tarraballationes doctorum Coloniensium adversus Reuchlin* («Die Drangsaliererеien der Kölner Doktoren gegen Reuchlin»)

Ortvinus Gratus und Jakob van Hochstraten erscheinen an prominenter Stelle in den *Briefen der Dunkelmänner*: Sie waren die Führer der Reaktion im Streit um Reuchlin. In der Unordnung der Einträge liegt ebensoviel satirische Würze wie in ihrer Sprachmischung. So werden dem Leser unter allerhand harmlosem Verbalulk beispielsweise eine ‹Topographie des Purgatoriums› und ein ‹Sorbonniformes Plapperatorium› angeboten; und dann ein so unergründlicher Titel wie *Antipericatametaanaparbeugedamphicribrationes mendicantium* – oder *merdicantium*, wie es in anderen Ausgaben heißt (der ‹Bettelmönche› oder ‹Scheißer›). *Cribrationes* sind Siebereien, der Rest ist griechische Präfixakkumulation. Was hätte ein Fischart, der nur das Erste Buch des *Gargantua* ‹übersetzte›, aus diesem Katalog gemacht? (Die Frage ist nicht ganz hypothetisch, denn 1590 ließ er seinen eigenen *Catalogus catalogorum perpetuo durabilis* erscheinen.[2]) Rabelais' Anti-Bibliographie zum theologisch geprägten Lehrbetrieb seiner Zeit jedenfalls steht nur scheinbar unverbunden im Erzählkontext; denn das Folgekapitel enthält die berühmte Epistel Gargantuas an seinen Sohn, den Studenten Pantagruel, mit der dringenden Aufforderung, die Glücksstunde der neuen humanistischen Wissenschaft nach langer geistiger Finsternis gehörig zu nutzen. Es dürfte dem Leser ebensowenig wie Pantagruel entgehen, daß sich die beiden didaktischen Dokumente antithetisch zueinander verhalten.

Rabelais' imaginäre Bibliothek hat Schule gemacht, wie schon das Beispiel Fischart zeigt. Die pointierteste Nachahmung stammt von John Donne, der nicht nur ein großer Dichter, sondern auch einer der bedeutendsten Satiriker seiner Zeit war, und zwar im Vers ebenso wie in Prosa, auf Englisch wie auf Latein. Seine ‹Bibliothek des Hofmannes, bestehend aus lauter unvergleichlichen und unverkäuflichen Büchern› (*Catalogus librorum aulicorum incomparabilium et non vendibilium*), um 1605 entstanden, aber erst 1650 gedruckt, zielt auf eine andere Form der *docta ignorantia*, der als Bescheidwisserei verkleideten Torheit, als Rabelais. Ihre ebenso kompakte wie brisante Sammlung von nur 34 Titeln will dem ehrgeizigen und mit Nichtigkeiten vielbeschäftigten Höfling ‹die Schande der Unwissenheit und die Plackerei des Lesens ersparen› (27). Wenn er die angeführten Titel studiert und memoriert, wird er mit einem Wissen glänzen können, über das niemand sonst verfügt.

Donnes Pedanten sind die elisabethanischen Esoteriker, die seine gelehrten, keineswegs küchenlateinischen Titel als Verbreiter von Aberglauben verspotten. So schreibt er dem Atomisten Nicholas Hill ein Werk ‹Über die Art und Weise, bei Atomen das Geschlecht oder ein mögliches Zwittertum zu bestimmen› zu, dem Magus John Dee eine Abhandlung über ‹Die Schiffbarkeit der Wasser jenseits des Himmels›. Doch den bloßen Lächerlichkeiten hat Donne bittere kynische Sarkasmen beigemischt und weniger harmlose Botschaften für die Arrivisten im höfischen Ambiente. Den kurzen und scheinbar burlesken Titel *Caput aeneum Fran. Baconi: de Roberto primo Angliae rege* (‹Der eherne Kopf Francis Bacons, mit Bezug auf Robert I., König von England›) wußten die Leser der Manuskriptfassung sehr wohl zu dekodieren. Francis' spätmittelalterlicher Namensvetter Roger Bacon galt als Magier, der von einem ehernen Haupt (*brazen head*) Weissagung empfing. Der brennend ehrgeizige Hofmann Francis Bacon zeigte eine ‹eherne Stirn›, als er 1601 in der Rolle des öffentlichen Anklägers seinen einstigen Gönner, Robert Devereux, Earl of Essex, nach dessen Umsturzversuch aufs Schaffott schickte. Die Titel dieser imaginären Bibliothek sind eine besondere Art von Anmerkungen: Fußnoten zur zeitgenössischen Geschichte.[3]

Eine Spielform der absurden Bücherliste, die zur glanzvollen Literatensatire der klassizistischen Ära überleitet, ist das fiktive Schriftenverzeichnis pedantischer Personae als Vertretern von Pseudogelehrsamkeit und falschen Standards in der Literatur. Meist findet es sich in eine Lebensbeschreibung des betreffenden Pedanten eingebettet, ob diese nun rein fiktiv ist oder einen real existierenden Charakter satirisch fiktionalisiert. Als Prototyp einer solchen Vita, die zur Progression des Ungeistes stilisiert wird, darf ‹Das Leben des Pierre de Montmaur› gelten, eines Pariser Lehrstuhlinhabers für Griechisch, der das Pech hatte, durch seine Besserwisserei und literarische Prätention die Schöngeister der Zeit gegen sich aufzubringen.

Diese verbanden sich, wohl nach dem Vorbild der *Satyre Ménippée*, zu einem ironischen Gemeinschaftswerk, aus dem die *Vita Gargilii Mamurrae Parasitopaedagogi* (‹Leben des Schmarotzerpädagogen Gurgellius Mamurra›, 1636), verfaßt von dem bekannten Literaten Gilles Ménage, besonders hervorragt.[4] Ménages Freund und antipedantischer Kampfgefährte Guez de Balzac stellte diese Vita nach Witz und stilistischer Eleganz ausdrücklich den menippeischen Satiren Varros und Senecas gleich. Montmaurs Berufung zur Gräzistik wird darin so beschrieben: ‹Endlich wurde ein richtiges Griechlein (*Graeculus*) aus ihm. Er begann griechisch zu tafeln, griechisch zu lügen, auf griechische Art [also: pädophil] zu lieben, auf griechisch zu borgen und an den griechischen Kalenden [d.h. am Sankt Nimmerleinstag] zurückzuzahlen› (I, 60). Entsprechend sieht die Bibliographie seiner Werke aus, ‹die, so Gott will, irgendwann einmal gedruckt werden›; als da sind: ‹Eine Abhandlung über die Essentialität des Tafelns und Becherns› (*De menseitate et cyatheitate*); eine ‹Verwünschung der Wirte, die Wein mit Wasser mischen›; eine Übersetzung von Lukians Schrift über den Parasiten, u.a.m. Da Montmaur einer älteren, barocken Stilrichtung der Wortspielereien und Figurengedichte angehört (I, 58f.), gibt es auch Titel wie ‹Über Antiquität und Vortrefflichkeit der Anagrammatismen› (I, 80–90).

Ein knappes Jahrhundert später finden sich die bedeutendsten Satiriker des englischen Klassizismus, Swift, Pope, Gay und Dr. Arbuthnot, in dem legendären Scriblerus Club zusammen, um in den *Memoirs of Martinus Scriblerus*, einem Nachfolgetext der *Vita Mamurrae*, ihrerseits Pedanterie und Vulgarität des zeitgenössischen Wissenschaftsbetriebs unter dem Blickwinkel menippeischer Ironie zu betrachten. Diese fiktive Pedantenbiographie ist schon deshalb literargeschichtlich hochbedeutsam, weil die ersten Ansätze zu *Gulliver's Travels* und *Tristram Shandy* darin enthalten sind. Ihr absurder Universalgelehrter mit dem makkaronisch sprechenden Namen erweist sich in seinem Drang, möglichst alle Wissensbereiche zu beackern, als ein Vorläufer von Flauberts enzyklopädischen Pedanten Bouvard und Pécuchet; freilich erscheinen gerade seine naturkundlichen Studien im nachhinein nicht mehr so völlig abseitig. Denn neben dem Perpetuum Mobile gehört auch die Erfindung von Flugmaschinen zu seinen Projekten, und auf seiner ‹unmöglichen› Werkliste finden sich unter vielen absurden Titeln durchaus solche, die heute nicht ganz unsinnig klingen, wie ‹Eine mechanische Erklärung vom Ursprung des Universums› oder ‹Wie lange ein neuer Stern von seiner Entstehung bis zu seinem irdischen Sichtbarwerden braucht›.[5] Hier schließt eine aristokratisch getönte Verachtung für schlechte Literatur und pedantisches Gelehrtentum in historischer Kurzsicht auch die neueren Ansätze naturwissenschaftlicher Forschung unter dem gemeinsamen Nenner des Plebejisch-Absurden in ihre witzige Polemik ein. Ein Hintergrund dieser Wissenschaftsskepsis ist die auch nach England übergreifende *bataille des anciens et des modernes*, bei der die konservative Partei den Fortschrittsanspruch der Gegenseite auf dem Gebiet von Literatur und Wissenschaft gern als pöbelhaftes Aufsteigergebaren verspottete.

So führt in Swifts kunstvoll zerstückelter Erstlingssatire *A Tale of a Tub* (1705) der Erzähler, ein von allen klassischen Standards emanzipierter Gossenliterat (*Grubstreet scribbler*), als selbstgefälliger Vertreter der *moderns* das große Wort. Sein Hang zu Selbstaufblähung und digressivem Kommentar überwuchert die von ihm erzählte Geschichte der drei Brüder Peter, Jack und Martin (Katholizismus, Puritanertum, Anglikanismus) und ihres Umgangs mit dem väterlichen Testament (der Bibel als Grundlage des Christentums). Indem bei Swift jedoch ein professioneller Sprachverderber die willkürlichen Auslegungskünste von Peter und Jack berichtet – Martin bleibt im Abseits des *juste milieu* –, demonstriert er auf der Erzähler- wie auf der Handlungsebene die gleiche phantastische Diskrepanz von Wort und Sinn. Der Sprecher verklammert in gewagter Weise «Corruptions in Learning and Religion» und macht seine beiden Helden anachronistisch zu echten *moderns* – und zu seinen Brüdern im Ungeist. Was die drei miteinander verbindet, ist die Eigenschaft einer verheerend vernunftfreien

Einbildung – im doppelten Sinn des Wortes; die revolutionäre Bibelauslegung der Puritaner zur Rechtfertigung von Umsturz und Bürgerkrieg bleibt unvergessen. Unter dem umfangreichen Begleitmaterial des *Tale* findet sich auch eine Publikationsliste des Erzählers: Sie umfaßt Schriften wie ‹Eine Abhandlung über die hauptsächlichen Hervorbringungen von Grubstreet›, ‹Eine bescheidene Rechtfertigung der Handlungen des Pöbels zu allen Zeiten›, und schließlich ‹Eine Topographie des Reiches der Absurdität›.[6]

Rabelais' Bibliothek von Saint Victor ist, wie ihr Nachleben und ihre enge Verquickung mit der europäischen Kulturgeschichte zeigt, mehr als nur eine literarische Kuriosität von anno dazumal. Die ihr inhärente Phantastik wird Jorge Luis Borges zur Vorstellung eines labyrinthischen Buchuniversums steigern, zur Heterotopie eines alternativen Weltalls, das aus einer unendlichen Zahl sechseckiger, das heißt wabenförmiger buchbestandener Galerien besteht («Die Bibliothek von Babel», 1941). Ein Leben lang irrt man lesend durch diese zugleich geschlossene und offene Welt, immer auf der vergeblichen Suche nach dem Buch der Bücher. Da diese Welt aus Texten total ist, muß sie alles Verbalisierbare (*todo lo que es dable expresar*) in allen möglichen Kombinationen und Sprachen enthalten, z. B. ‹Die minutiöse Geschichte der Zukunft› oder ‹Die Autobiographien der Erzengel› oder ‹Die wahrheitsgetreue Erzählung deines Todes›. Die Lieblingstitel des Ich-Erzählers in dem winzigen Teil der Bibliothek, den er verwaltet, heißen ‹*Gekämmter Donner*›, ‹*Der Krampf aus Gips*› und *Axaxaxas*.[7] Nur ein ewiger Wanderer, der die Bibliothek in einer Richtung durchquerte und an den Ausgangspunkt zurückkäme, könnte vielleicht das Ordnungsprinzip hinter der augenfälligen Unsystematik der Bücher erahnen. Bibliomanie und Pedantensatire des Humanismus – die Erzählung trägt ein Motto aus Burtons *Anatomy* – werden Teil eines metaphysischen Vexierspiels, mit dem uns der Bibliothekar und Wort-Spieler Borges die Fiktionalität des Realen und die Realität der Fiktionen vor Augen führt.

Literatensatire unter dem Strich

Auch in der Art, wie Borges häufig in seinem Erzählwerk nichtexistente Bücher kommentiert und mit gelehrten Quellenangaben versieht, steht er in der hier verfolgten Tradition parodistischer Gelehrsamkeit, deren satirische Tendenz er freilich zugunsten weiterreichender Ironien aufgibt. Imaginäre Buchtitel und ironische Textglossierung sind als Strategien der Unterwanderung eng verwandt und ihrem Ursprung nach ein Produkt humanistisch-reformatorischer Polemik. Martin Luther selbst hat sich 1521 in der Nachfolge Huttens als Menippeer betätigt, indem er die ‹Gründonnerstag-Bulle› des Papstes in deftiges Deutsch übersetzte und mit sarkastischen Randglossen versehen drucken ließ.[8] Eine enger antipedantische, dem gelehrten Witz verpflichtete Ausrichtung der satirischen Fußnote läßt sich anschaulich in dem erwähnten Gemeinschaftswerk zur Verspottung des Pedanten Pierre de Montmaur studieren; genauer, in jenem Teil, der seine ‹Werke in zwei Bänden› enthält. Zu diesen an Umfang und literarischem Wert gleich dürftigen Opuscula hat der spätere Petron-Gelehrte Adrien de Valois 1643 eine zwanzigmal längere Serie kommentierender Glossen verfaßt, die ihren Text von unten her überwuchern und zersetzen und ihm zugleich eine pseudo-klassische, mock-heroische Würde andichten.[9] An einer schwülstigen Elegie lobt der ‹Herausgeber› die Tautologien als *copia verborum* (sprachlichen Reichtum) und entschuldigt grammatische Schnitzer damit, daß solche Kleinigkeiten für einen großen Geist unerheblich seien (I, 153). Auch die barocke Emphase wird gerechtfertigt:

> ‹Weshalb heißt Montmaur den Leser ständig trauern, seufzen und in Tränen zerfließen? Nichts tut ein so oberschlauer Mensch doch ohne Grund... Er hat uns bei der Lektüre seiner Elegie drei- und vierfache Trauer verordnet, damit wir nicht etwa in Gelächter ausbrechen... Weiß er in seinem Schmerz nicht mehr, was er redet? Keineswegs. Vielmehr redet er so, weil so vor ihm noch keiner geredet hat, und keiner nach ihm jemals so reden wird.› (I, 164; 166)

Hier sind die Rollen zwischen auftrumpfendem Autor und ironischem Annotator klar verteilt, und die Satire bleibt im Bereich des *learned wit*. Ein weit raffinierteres und viel weniger harmloses Spiel treiben Swift und Pope in den brillantesten und hinterlistigsten aller Pedantensatiren, *A Tale of a Tub* und *The Dunciad*. Beide Werke leben aus dem Widerspruch zum neuen Zeitalter des Journalismus und der Unterhaltungsliteratur, das nicht zufällig gerade in England begann. Dort hatte die Glorious Revolution und das Whig-Regime unter den Hannoveraner Königen besonders früh die marktspezifischen Bedingungen für eine solche Entwicklung geschaffen. Die Masse des Gedruckten mit ihrem Parteiengezänk und Konkurrenzneid, ihrer Praxis des Plagiats und der Eigenreklame, ihrem Hang zum Anrüchigen und Sensationellen führte zu einem schwindelnden Wertverlust, den ‹das Buch› – auf höchster Ebene verkörpert durch die Bibel und die Klassiker – in diesen vormodernen Zeiten durchmachen mußte. Für Swift, Pope und andere konservative Satiriker bedeutet dieser Umbruch den Aufstand der Gosse gegen die alte Werthierarchie. Sie verteufeln die *moderns* als Fortsetzer des Bürgerkriegs mit den Mitteln der Druckerschwärze, die als *hacks* (Schreiberlinge, Prostituierte) die Sittenverderbnis der Zeit in die Literatur tragen und durch ihre schiere Masse gleich Heuschreckenschwärmen das Licht der Vernunft verfinstern.[10]

Im *Tale of a Tub* und in der *Dunciad* streifen sich die Autoren als Panegyriker des Ungeistes, den ihre Helden verkörpern, die ironische Maske über; und die üppigen Fußnoten, die erst in einer späteren Ausgabe hinzukommen (*Tale* [5]1710; *Dunciad Variorum* 1729), sind ein weiterer Teil des Maskenspiels. Swift zeichnet die meisten seiner Glossen mit dem Namen jenes Gelehrten, den er – nicht ganz fair – als Wortführer der *moderns* in der ‹Bücherschlacht›, einem seiner Appendices, lächerlich macht: William Wotton. Die Glossen passen bestens zur menippeischen Optik des vielfach zerfaserten, durch angebliche Lücken im Manuskript entstellten Textes (markiert durch viele Pünktchen und den Hinweis *Hiatus valde deflendus in MS.*: ‹eine höchst beklagenswerte Lücke in der Handschrift›; oder, als Schlußpointe der Bücherschlacht: *Desunt caetera* – ‹der Rest fehlt›). Doch fast alle Fußnoten sind getarnte Autorkommentare, die dem Leser helfen, die abenteuerlich ingeniösen Allegorien des Textes zu entschlüsseln.

Gelegentlich macht Swift sich dabei über die eigene ironische Strategie lustig, etwa wenn ‹Wotton› eine angebliche Lücke im Manuskript damit erklärt, daß der Autor nichts Lesenswertes zu sagen habe oder – ein häufiger Fall – den Leser nur amüsieren wolle, oder vielleicht auch aus irgendeiner satirischen Absicht (ed. cit., 281). Der Höhepunkt des Ganzen ist bezeichnenderweise als Abschweifung markiert. Es ist der ‹Exkurs über den Ursprung, den Nutzen und die Vervollkommnung des Wahnsinns im Staate›, in dem alle Teile der Komposition: Digression und Fabel, Figuren und Erzähler, katholische Kleidervergötzung (Peters System des Sartorismus als Kult der Oberfläche) und puritanischer Inspirationswahn (Jacks Äolismus als Windreligion), sarkastisch konvergieren. Darin werden zunächst alle vermeintlichen Großtaten der Menschheit, besonders die der Eroberer und selbsternannten Propheten, auf eine gemeinsame physiologische Störung zurückgeführt, den äolistischen Dunst (*vapour*) der Einbildung und Verrücktheit, der das Gehirn der Betroffenen vernebelt. Die Demonstration, wie eine einzige Ursache so verschiedene Wirkungen zeitigen könne, wird dem Leser zu angestrengtester Aufmerksamkeit empfohlen, geht aber prompt in einer großen Textlücke unter, zu der die Fußnote bemerkt: «it were well if all Metaphysical Cobweb Problems were no otherwise answered» (341).

Die auktoriale Ironie der Aussparung bei diesem skandalösen Argument unterminiert sich durch die Glosse selber; und der digressionsfreudige Erzähler, der aus dem Wahnsinn der Genies folgert, daß alle Verrückten den Keim des Genialen in sich tragen, und der das Irrenhaus Bedlam als Akademie apostrophiert, untergräbt die eigene Glaubwürdigkeit, indem er sich als ehemaliger Insasse dieser Anstalt zu erkennen gibt. Diese dreifache Ironisierung des Abschnitts durch Textlücke, Fußnote und den ‹parteiischen› Status der Persona gibt ihm erst die rechte Swift'sche Würze, ohne die Schärfe seines Kynismus im geringsten zu mindern.

Swifts *Tale* parodiert in seiner bunten Zusammensetzung die verschiedensten Textsorten: das Märchen in der Kernerzählung von den drei Brüdern; den literarischen Essay in den Ergüssen der Erzähler-Persona; die wissenschaftliche Abhandlung im äolistischen «Discourse Concerning the Mechanical Operation of the Spirit» des Anhangs, das Heldenepos im «Battle of the Books», ebenda; und nicht zuletzt, in den Textlücken und Fußnoten, die humanistische Klassikeredition. Popes *Dunciad* (in drei Gesängen: 1728/1729; vierteilig: 1742/1743), die große Abrechnung mit der vielköpfigen Hydra seiner Feinde und Neider, ist dagegen ganz als Mock-Epos angelegt. Ihr Titel, ‹Dummkopfiade› – der in *dunce* etymologisch verborgene Scholastiker Duns Scotus galt aufgeklärten Zeiten als Inbegriff der Pedanterie –, wurde nach dem Vorbild der Ilias, englisch: *Iliad*, gebildet. Ihr vergilsches Thema ist die *translatio imperii,* die Ausbreitung des Reiches der Göttin Dulness (Stumpfsinn) aus der merkantilen City in den höfischen Bereich von Westminster, und schließlich über das ganze Land. Als Epos der Negativität verkehrt sie mit sarkastischer Ironie das Heldengedicht der augusteischen Zivilisation in sein Gegenteil: Nicht um die

Bändigung des *furor impius*, der zivilisationsbedrohenden Kräfte, geht es hier, sondern um ihre Entfesselung.

Den Freunden aus dem Scriblerus Club dürfte der Autor wesentliche Anregungen für die *Variorum Edition* verdanken, die 1729 erschien, und sie haben wohl auch an ihren umfänglichen Nebentexten mitgewirkt, wie einst der Humanistenkreis am editorischen Vorspann von Mores *Utopia*: an der Vielzahl der Vorreden («With the Prolegomena of Martinus Scriblerus»), an den *Notes Variorum* (in denen nicht nur der gelehrte Scriblerus, sondern auch die «Adversaria», d.h. die Stimmen der satirischen Opfer, ausführlich zu Wort kommen) und an dem achtteiligen Anhang einschließlich eines vielfach ironischen «Index of Things (including Authors)». Die wuchernden Fußnoten bilden das Gewimmel der nach oben drängenden *grubs* oder Buchwürmer ab, die, wie Pope an anderer Stelle sagt, der Bernstein der Dichtung für die Nachwelt konserviert:

> Pretty! in Amber to observe the forms
> Of hairs, or straws, or dirt, or grubs, or worms;
> The things, we know, are neither rich nor rare,
> But wonder how the Devil they got there?[11]

Andererseits enthalten die Noten, wie der Haupttext, ein Element der Selbstparodie, denn Pope war nicht nur der große Übersetzer, sondern auch der Editor und ausführliche Kommentator des Ur-Epikers Homer für seine Zeitgenossen.

Nicht zuletzt dienen die Glossen auch der Rechtfertigung des Satirikers. Zuvor schon bitter befehdet, wurde Pope nach Erscheinen der *Dunciad* von seinen Gegnern mit Gift überschüttet. So zitiert die längste Fußnote ausführlich den cholerischen Nestor der englischen Kritik, John Dennis, nachdem sie ihm bescheinigt hat, daß mit dem pathologischen Konzentrat der Zeile «And all the Mighty Mad in Dennis rage» (I, V. 104) beileibe nicht der klinische Wahnsinn, sondern die göttliche Raserei des *furor poeticus* gemeint sei. Dennis' Auseinandersetzungen mit ‹unserem Dichter›, so fährt die Glosse fort, seien von ‹etwas gereizter Art›, und leider kaum mehr auffindbar – daher möchte man ‹den Wißbegierigen eine kleine Probe seines Stils geben›. Es folgen spaltenlange Ausfälle gegen Pope, die ihm unter vielem anderem (mit Anspielung auf seine Körpergestalt) nachsagen, er sei ‹so dumm und giftig wie eine bucklige Kröte› (357 ff.).

Bei dem tollen Sportfest des Aberwitzes, mit dem die *dunces* in Buch II ihre Göttin Dulness ergötzen, gibt es eine Disziplin des Wetturinierens, Metapher für den Aufstieg und Fall der niederen Materie, bei der sich der für Pornographie und Raubdrucke berüchtigte Verleger Edmund Curl besonders hervortut. Durch den Vers «His rapid waters in their passage burn» (II, V. 176) wird er in wahrhaft epenwürdigem Stil als Syphilitiker gekennzeichnet.[12] In einer länglichen Fußnote schlägt ausgerechnet der Kritiker Theobald (dem seine Angriffe auf Popes Shakespeare-Ausgabe in diesem ‹Heldengedicht› die Würde eines *king of the dunces* eingetragen haben) statt «burn» die Lesart «glow» vor, und er bringt dazu eine Fülle von Belegen aus Popes Iliasübertragung. Scriblerus stimmt dem in der gleichen Glosse auf etwas schräge Art zu: Obgleich «burn» das einzig angemessene Wort für Curls Zustand sei, könne er nicht glauben, daß der bekanntermaßen humane Dichter einen Mann so deutlich wegen eines Fehlers bloßstellen wollte, für den man, ‹aufgrund eines unglücklichen Verkehrs mit einer zweiten Person›, doch immer nur zur Hälfte verantwortlich sei (386 f.).

Das großartige Finale der *Dunciad* überträgt die vorangegangene Hadesvision einer kommenden Weltherrschaft des Ungeistes in die englische Gegenwart:

> Lo! the great Anarch's ancient reign restor'd,
> Light dies before her uncreating word ...
> Thy hand, great Dulness! lets the curtain fall,
> And universal darkness covers all. (III, V. 339 ff.)

Eine lange Fußnote kommentiert das Pathos dieser Stelle, die dem Stumpfsinn der unbedarften Schmierer etwas von der Dämonie des Miltonschen Satans verleiht: «Here the Muse, like *Jove's* Eagle, after a sudden stoop at ignoble game, soareth again to the skies» (424). Die Pointe liegt in der scheinbaren Unangemessenheit des poetischen Aufwands. Denn dieser ‹feiert› das diabolische Wesen der *Dulness* als Anti-Kosmos, als Drang zur Auflösung des Geschaffenen und als Anti-Logos, Verkehrung der Licht- und Menschwerdung des Göttlichen Wortes in ihr Gegenteil. Damit münden die an sich komischen und erbärmlichen Possen der *scribblers* folgerichtig in die große Schlußvision des Gedichts. Durch ihre massenhafte Ballung wächst sich die Geistlosigkeit zur alles verheerenden Naturkatastrophe aus, wie uns die Fortsetzung der Fußnote im Rückgriff auf niedere Tiermetaphorik drastisch belehrt:

> Do not, gentle reader, rest too secure in thy contempt of the Instruments for such a revolution in learning, or despise such weak agents as have been described in our poem, but remember what the *Dutch* stories somewhere relate, that a great part of their Provinces was once overflow'd by a small opening made in one of their dykes by a single *Water-Rat* (425).

Fortgehende Noten

Die ironische Strategie der großen Pedantensatiren Swifts und Popes fand in der Literatur des aufgeklärten Deutschland, das sich mehr und mehr englischen Einflüssen öffnete, um der eigenen geistigen Kleinstaaterei mit importierter Urbanität zu begegnen, starken, wenn auch zunächst kaum kongenialen Nachhall. Zu den unterhaltsamsten Beispielen gehören *Hinkmars von Repkow Noten ohne Text* (1743) aus den Satiren Gottlieb Wilhelm Rabeners.[13] Die ironische Persona dieses Autors führt die menippeische Unterwanderung des Textes durch die Fußnote einen entscheidenden Schritt weiter, denn bei ihr bringt die Glosse ihren Text völlig zum Verschwinden. Eine Note zur nicht vorhandenen Abhandlung ist die logische Folge aus der Einsicht, daß in der gelehrten Welt der Annotator mehr gilt als der Autor, und daß die Fußnote ohnehin danach strebt, sich vom Text zu emanzipieren: «Anmerkungen heißen diejenigen Zeilen, welche der Buchdrucker unter den Text setzt. Mit diesem haben sie keine Verbindung weiter...» (76). Nach Art der englischen *scribblers* applaudiert sich Hinkmar permanent selbst für seine wunderbare Erfindung, die ihm geeignet scheint, die deutsche Ebenbürtigkeit mit anderen Kulturnationen zu beweisen: «Nun werden es die übermüthigen Franzosen doch auch glauben, daß es in Deutschland Schöpfer gebe, welche von sich selbst etwas hervorbringen» (71). Er sieht seinen eigenen künftigen Status als Klassiker voraus, zu dessen Noten man dereinst selbst wieder Noten machen wird, und formuliert im Geist schon den passenden Lexikoneintrag, der ihn der Nachwelt empfehlen soll: «Von ihm stammt die berühmte Secte der Autonotisten ab.»

Geistreicher, und bei aller Hochachtung Swifts und Popes mehr dem Sterneschen Modell der sich selbst ironisierenden Fiktion verpflichtet, sind die Fußnoten, die Wieland seinen orientalisierenden Staatsromanen *Der goldene Spiegel* (1772) und *Geschichte des weisen Danischmend* (1775) anfügt. Diese Erzählungen bedienen sich der seit Montesquieus *Lettres Persanes* (1721) in der Aufklärung so beliebten orientalischen Variante des Anderen Blicks auf die europäische Gegenwart, also einer Fiktion, die ständige Illusionsbrechung impliziert, weil dem Leser ihre Anwendung auf die heimischen Verhältnisse aufgetragen ist. Darüber hinaus untergraben die Texte durch ihre aufmüpfigen Fußnoten die eigene Autorität und distanzieren sich sozusagen von sich selbst. In den Noten des *Goldenen Spiegels*, der als chinesisch-lateinisch-deutsche Übersetzung einer indischen Geschichte ausgegeben wird, streiten jeweils die jüngeren Übersetzer mit den älteren, und alle mit ihrer Vorlage. Der Erste Teil endet mit einem Swift/Sterneschen Hiatus, gefolgt von einer langen Darlegung des Herausgebers, die – zur Illustration des Fehlenden – in einen neuen Text mündet. Mit dem *Weisen Danischmend* verstärkt sich, analog zum zunehmenden Verlust utopischer Gewißheiten beim Autor, die Wühlarbeit der Annotatoren, die sich ähnlich vermehren wie die Teilnehmer an Vervilles Gastmahl. Mit von der Partie sind (u. a.) Anonymus, Bonhomme, Diogenes, Onocephalus [Eselskopf], Epiktet, Futatorius, M. Scriblerus jun., Magister Duns, Tristram Shandy, Der Setzer, Der geneigte Leser, Der Schulmeister von Abdera [Demokrit], Ein Kenner und ein gewisser Pantilius Cimex [Wanze].[14]

Das Spiel solcher Fußnoten mit ihrem Text verläßt den Bereich der Satire und nähert sich dem an, was Jean Paul in seiner *Vorschule der Ästhetik* von 1804 «humoristische Poesie», das «romantisch Komische» und das «umgekehrte Erhabene» nennt.[15] Während er Tadelworte für das *Lob der Torheit* und die *Dunciad* findet, stellt er dem begrenzten satirischen Terrain das unendlich große Reich des Lachens gegenüber: «Dort findet man sich sittlich angefesselt, hier poetisch freigelassen» (116). Schon Wieland habe sich «besonders in der Noten-Prose zu seinem Danischmend und Amadis weit hinein in die galenische Akademie der Humoristen verlaufen» (127). In der Nachfolge von Schlegels Konzept romantischer Ironie, und mit Blick auf Cervantes, Shakespeare und Sterne, vertritt Jean Paul eine subjektive Totalität des Komischen, das ihm eine umgekehrte Herabschau, gleichsam eine Anaskopie ist, ein dem Unendlichen zugekehrtes Endliches: «Wenn der Mensch, wie die alte Theologie tat, aus der überirdischen Welt auf die irdische herunterschauet: so zieht diese klein und eitel dahin; wenn er mit der kleinen, wie der Humor tut, die unendliche ausmisset und verknüpft: so entsteht jenes Lachen, worin noch ein Schmerz und eine Größe ist» (129).

Walter Rehm zeigt in seiner exemplarischen Studie zu Jean Pauls ‹Notenleben›, wie sich in der Kontrapunktik von Text und Subtext bei diesem Orgiastiker der Fußnote das Enge und Weite, Kleinstädterei und Weltbürgertum durchdringen und wie der Erzähler seinen Leser immer wieder aus dem «Dampfbad» der Rührung in das «Kühlbad» der Glosse befördert.[16] Der ‹englische› Charakter dieser Fußnoten gehört untrennbar zur digressiven Natur der Jean Paul'schen Erzählung mit ihren ausufernden Einschüben und Appendices. Doch es ist nicht mehr das Kompositionsprinzip des *Tale of a Tub* oder der *Dunciad Variorum,* das hier Pate steht, sondern – nicht zuletzt die vielen Gedankenstrich-Parenthesen verraten es – das des *Tristram Shandy.* Die unablässig denkende, fühlende, assoziierende und metaphorisierende Subjektivität des Erzählers (und des mit diesem dialogisierenden Autors) drängt sich vor das zu Erzählende; gemessen an dieser ideellen Handlung wird der materielle Plot zweitrangig, vielleicht sogar, wie bei Sterne, unerzählbar. Die klassische Definition «The text is a continuous thing ... but the footnote is more or less free»[17] wäre für Jean Paul zu modifizieren: Seine Texte sind diskontinuierlich, und seine Glossen lauern nur darauf, als Aphorismen oder Mikro-Essays ihren Texten die Dienstbarkeit zu kündigen.

Ihren Höhepunkt erreicht dieser Emanzipationsdrang in der ironischen Erzählung *Des Feldpredigers Schmelzle Reise nach Flätz, mit fortgehenden Noten* (1809). Hier laufen die fortgehenden Noten buchstäblich ihrem Text davon, denn sie sind durch ein Kopierversehen des Autors, das der Setzer verewigt hat, in ihrer Reihenfolge hoffnungslos durcheinandergeraten, sodaß sie anscheinend mit dem jeweils Darüberstehenden nichts mehr zu tun haben – ein Zufallsprinzip, das E. T. A. Hoffmann mit seinem *Kater Murr* aus dem Übereinander ins Nebeneinander überführen wird. Jean Paul bedauert in seiner Vorrede lebhaft, diesen (Sterneschen) Zufall nicht rechtzeitig bemerkt und aus scheinbarer Unangemessenheit für gewisse satirische Spitzen Kapital geschlagen zu haben: «wie empfindlich und boshaft wäre nicht in die Höhe und auf die Seite heraus zu hauen gewesen aus den sichern Kasematten und Miniergängen unten ...»[18] Bei ironischer Lesart lädt diese Bemerkung den Leser zu dem anstrengenden Vexierspiel ein, die erratische Verteilung der Noten als geheimen Hintersinn zu entschlüsseln – was ebenso aussichtsreich erscheint wie ein Versuch, den ursprünglichen Ort der Noten zu entdecken.

Die militärische Bildersprache der Vorrede verbindet die fortlaufenden Glossen mit dem ‹Fortlaufen› des antithetisch benannten Feldpredigers Attila Schmelzle aus der Schlacht von Pimpelstadt. Dieser voreilige und eigenmächtige Rückzug hat seine Entlassung und seine von ihm selbst erzählte Reise in die Residenzstadt Flätz zur Folge, wo er seinem General und Minister ein (rüde abgeschlagenes) Gesuch um eine katechetische Professur überreicht. Reisegefährte des ewig sinnierenden, von allzuviel Phantasie geplagten Angsthasen ist sein hünenhafter Dragoner-Schwager, im Verein mit einem Kammerjäger, einer Dirne und einem «rotgemantelten blinden Passagier ... entweder namens Jean Pierre oder Jean Paul ungefähr oder ganz namenlos» (28). So diskutiert also der unheldische Held der Geschichte in der Flätzer Postkutsche mit seinem eigenen Autor! Es geht um den Begriff der Furcht, und Schmelzle verleugnet wortreich die eigene Feigheit, bis ein jäh ausbrechender Gewittersturm seine Prahlerei desavouiert. Ob die zufällig darunterstehende Fußnote 40 «Das Volk ist nur im Erzählen, nicht im Räsonieren weitläufig; der Gelehrte ist nur in jenem, nicht in diesem kurz» (31) damit in irgendeinem Zusammenhang steht?

Wie immer bei Jean Paul dringen auch in die taghelle, erzbürgerliche Flätzer Welt beunruhigende Nachtgedanken ein, denen sich Schmelzle in seiner Katastrophenangst ausgeliefert sieht. Als er am letzten Abend bei der Bettlektüre zufällig auf Lichtenbergs Spekulation eines möglichen Weltuntergangs stößt, den ein Chemiker durch ein luftzersetzendes Ferment auslösen könnte, projiziert seine Phantasie unverzüglich die Apokalypse in die eigene Gegenwart: «in wenig Stunden packt mich und uns in Flätz der ungeheure herschnaubende Weltsturm bei der Gurgel, mein Atemholen und dergleichen ist an der Erstick-Luft vorbei und alles überhaupt – Die Erde ist ein großer Rabenstein mit Galgen geworden, wo sogar das Vieh krepieret –» (65). Von den drei Fußnoten unter dieser Seite scheint Nr. 67 die am wenigsten unpassende: «Einzelne Seelen, ja Staatskörper gleichen organischen Körpern: zieht man aus ihnen die *innere* Luft heraus, so erquetscht sie der Dunstkreis; pumpt man unter der Glocke die *äußere* widerstehende hinweg: so schwellen sie von der inneren über und zerplatzen.» Schmelzles Gedanke an «diesen jüngsten Tag des Ferments» verdüstert seine Heimreise und den Schluß der bei aller Erfolglosigkeit doch ganz unterhaltsamen Expedition. Den Jean Paul'schen Pendelschlag von der Untergangsvision zurück zur kosmischen Harmonie leistet – rein zufällig – die letzte Fußnote (Nr. 104 von 199 – es sind aber, genau gezählt, nur 75):

> Der unendliche Ton- und Feuer- und Bewegungs-Geist wollte, nachdem er ewig lange nichts gesehen als im innern Spiegel sein donnerndes, flammendes, fliegendes Bild, endlich einmal auch ein schönes *Still-Leben* malen und schaffen; sieh da hatt' er auf einmal das *Universum* gemacht, aber noch immer hängt das Still-Leben vor Gott, und er scheint es gern anzusehen, das All. (68)

So spielt Jean Paul in der Nachfolge Sternes mit der Fiktionalität seiner Fiktionen und behindert durch subtextuelle und andere Illusionsbrüche jenes völlige Eintauchen des Lesers in die erzählte Welt, das um die gleiche Zeit der bürgerliche Roman Englands und Frankreichs als höchstes Ziel anstrebt. Menippeische Phantastik und Mischung von Scherz und Ernst verwandeln sich solcherart in eine Taktik zur systematischen Störung von Empathie. Später werden sich manche aus der Krise des Realismus hervorgegangene moderne Romanexperimente an die kontrapunktische Kraft der ironischen Fußnote erinnern und ihr zu neuem, phantastischem Leben verhelfen. In Samuel Becketts *Watt* (gedr. 1953) etwa, einem extremen Zeugnis des schwärzesten irischen Humors, das in vielfach zerstückelter und gnadenlos repetitiver Form die ereignislose Existenz des Titelhelden «from naught come, to naught gone» berichtet, verhöhnen die aufreizend beliebig eingestreuten Fußnoten jeden Anspruch des Lesers auf Realistik. Ein markantes Einschiebsel ist die Chronik der mit allen Gebresten der Welt geschlagenen, doch unvermindert fortpflanzungseifrigen Familie Lynch, in deren Verlauf eine Tochter als «fine girl but a bleeder» erwähnt wird. Dazu notiert die Glosse: «Haemophilia is, like enlargement of the prostate, an exclusively male disorder. But not in this work»; und eine Seite später, zur numerischen Summe der aufgelisteten Lynch-Generationen: «The figures given are incorrect. The consequent calculations are therefore doubly erroneous.»[19] Der Herausgeber ergänzt auf diese Weise, beiläufig und nonchalant, das wesentlich intensivere Werk ironischer Demontage, das der Erzähler ununterbrochen an seinem Helden verrichtet.

Die wohl glanzvollsten Exemplare dieser modernen Noten-Souterrains finden sich – sieht man von dem vielsprachigen, kryptisch-komischen Glossen-Bombardement in *Finnegans Wake* Teil II ab[20] – in Flann O'Briens Meisterwerk *The Third Policeman* und in Nabokovs prosimetrischem ‹Roman› *Pale Fire*. Als ingeniöse Zerrspiegel ihrer Haupttexte sollen deren Noten am Ende eines langen Streifzugs durch die Menippeen der verschiedensten Epochen nochmals den paradoxen Witz, die weltverfremdende Phantastik und die wunderbare Regenerationsfähigkeit der Gattung demonstrieren; und dies auf einer Höhe des fiktionalen Spiels, die (wie bei den meisten der hier betrachteten Texte) über jeden Verdacht des Epigonentums erhaben ist.

The Third Policeman, schon 1940 geschrieben, konnte aufgrund von verlegerischem Desinteresse und einer besonderen Ironie des Schicksals erst 1967, ein Jahr nach dem Tod des Verfassers, erscheinen – wie es einem aus posthumer Sicht erzählten Roman nicht unangemessen ist. Der namenlose Ich-Erzähler, in seiner Weltfremdheit halb *ingénu* und halb Pedant, weiht sein Erkenntnisstreben und seine ganze Existenz dem großen Philosophen und Gelehrten de Selby. Aus der Perspektive von Selbys abstruser Systematik sieht er die Wirklichkeit, und mit dem definitiven De Selby-Index, einer Sammlung und Sichtung aller Kommentare über jeden Aspekt des Meisters und seiner Werke, will er sich selbst im Reich des Geistes verewigen. Da es jedoch an Geld für die Drucklegung mangelt, läßt er sich von seinem falschen Freund John Divney zu einem Raubmord an dem reichen Viehhändler Mathers anstiften. Als ihm Divney nach jahrelangem Hinhalten endlich den Ort verrät, wo angeblich die Beute, eine schwarze Kassette, in Mathers' Haus versteckt ist, und er die Hände nach dem Objekt seiner Begierde ausstreckt, ist dieses auf einmal verschwunden, und gleichzeitig vollzieht sich eine unbeschreibliche Veränderung in ihm, «as if the air had become twice as rare or twice as dense».[21]

Damit wird die Grenze zur Welt des Phantastischen überschritten, denn als nächstes findet sich der Mörder dem Ermordeten gegenüber, und beide beginnen einen surrealen Dialog über die Unfähigkeit des Erzählers, seinen Namen zu erinnern, und über die Farbe der Winde.

Hauptschauplatz der Handlung ist jedoch ein weiteres unheimliches Haus, eine merkwürdig zweidimensional wirkende ländliche Polizeiwache, deren zwei Beamte die Verheißung von Ordnung und Verläßlichkeit ihrer Institution eklatant Lügen strafen. In der zwanghaften Verengung ihres Denkens auf die Welt der Fahrräder kennen die beiden nur ein einziges Delikt, den Fahrraddiebstahl, und so reden sie und der Protagonist, der vorgibt, den Verlust einer – nichtvorhandenen – Uhr anzuzeigen, auf groteske, umwerfend komische Weise aneinander vorbei. Doch mehr und mehr dringt dem Mörder in der Rolle des Harmlosen die abgründige Dimension des Ortes ins Bewußtsein. Er wird unmerklich zum Gefangenen und zum Zeugen schwindelerregender Experimente mit dem Phänomen der unendlichen Regression (man zeigt ihm eine Serie von immer kleiner werdenden, sich in der Unsichtbarkeit verlierenden Kästchen, ritzt ihn mit der nicht mehr wahrnehmbaren Spitze eines winzigen Spießes, dreht vor seinen Augen das Licht durch eine Mangel und führt ihm eine Lupe vor, die die Dinge bis zur Unsichtbarkeit vergrößert); dazu unternimmt er einen Ausflug in das unterirdische, mit merkwürdigen Maschinen bestückte Ganglabyrinth der Ewigkeit und wird beiläufig von seiner bevorstehenden Hinrichtung informiert.

Seine Flucht auf einem erotisch stimulierbaren Fahrrad führt ihn zurück in Mathers' Haus, zu einer sinistren Begegnung mit dem ‹dritten Polizisten›, dem geheimnisvollen Drahtzieher der grausam-komischen Verwicklungen seit dem Mord; und von dort zu seinem Elternhaus, das jetzt sein – in den vermeintlichen drei Tagen der Haupthandlung merkwürdig gealterter – Kumpan Divney mit Familie bewohnt. Diesen trifft beim Anblick des Heimgekehrten vor Schreck der Schlag. Im Sterben verrät er ihm (und uns) die Lösung des glänzend getarnten narrativen Rätsels: daß er den Erzähler vor nunmehr sechzehn Jahren im Mordhaus mit Hilfe einer Bombenfalle in die Luft gejagt hat. Erneut – und mit dem Gefühl schrecklicher Leere im Gehirn – macht sich der Wiedergänger auf Wanderschaft, und wieder, mit denselben Worten wie beim ersten Mal, beschreibt er die Annäherung an die absurde und schreckliche Polizeistation. Doch diesmal betritt er sie nicht allein: John Divney hat sich zu ihm gesellt. Der ursprünglich vorgesehene, aber allzu explizite Titel des Romans lautete *Hell Goes Round and Round*.

Die zunehmend surreale Szenerie des Geschehens ist das zur grotesken Höllenlandschaft verfremdete ländliche Irland, in dem die drei

Polizisten ihre Amtsgewalt in der Nachfolge menippeischer Totenvernehmung und -verspottung ausüben. Die mechanische Demonstration von Unendlichkeit, die technischen Apparaturen in der Unterwelt der Ewigkeit und der grassierende Fahrrad-Tick weisen auf die Absurdität menschlicher Jenseitsvorstellungen und auf die Illusion geistiger Freiheit in einer von physischen Mechanismen bestimmten Existenz. Wie aber verhält sich das Gelehrtenphantasma de Selby zu dieser verrückten Welt? Seine Ideen sind hochgradig paradox und seine Werke, über deren Sinn die englischen, deutschen und französischen Interpreten im mehr und mehr ausufernden Notenapparat des Romans erbittert streiten, sperren sich in ihrer Widersprüchlichkeit gegen jede homogene Darstellung, wie sie die Sisyphusarbeit des De Selby-Index zu unternehmen behauptet. Das Herzstück des De Selbyschen Werkes, ein engbeschriebenes Manuskript von 2000 großformatigen Seiten, zeichnet sich durch völlige Unlesbarkeit aus, was die Sekundärliteraten zu den divergentesten Deutungen animiert; außerdem wetteifern vier Abschriften um die Ehre, das Original zu sein (150f.).

In Selbys Experimenten, die sich der Erzähler zur Klärung der eigenen Situation immer wieder ins Gedächtnis ruft und samt den widersprüchlichen Auslegungen der Kommentatoren in seinen Fußnoten dokumentiert, zeigt sich die Abstammung des Gelehrten aus der Sippe des Martinus Scriblerus und der verrückten Wissenschaftler im 3. Buch von *Gulliver's Travels* (Kap. 5–6). So vermeidet es De Selby mit Hilfe kunstvoll arrangierter Spiegel, irgendeinen Gegenstand direkt anzusehen (66), versucht größere Teile der Erdoberfläche durch ‹barometrische Pumpen› vom unheilvollen Einfluß der Schwerkraft zu befreien (98) oder begrenzte Mengen von Nacht in Flaschen abzufüllen (121), und er scheint mit seinem Projekt, über ein kompliziertes Tank- und Röhrensystem das allzudichte Wasser zu verdünnen, weit vorangekommen zu sein – möglicherweise bis zur Unsichtbarkeit der Materie (151–153).[22] Die Analogie zu den Experimenten in der Polizeistation liegt auf der Hand, ebenso wie es eine sprachliche Entsprechung zwischen der heftig latinisierenden Diktion des Gelehrten («He praises the equilibrium of water, its circumambiency, equiponderance and equitableness») und dem tautologischen, mit halbverstandenen *hard words* gespickten Bürokratenstil der Polizisten gibt, die beispielsweise dem Helden beruhigend versichern, seine bevorstehende Hängung sei nur «a piece of negative nullity neutralized» (105): menippeische Sprachmischung auch hier.

Ohne Zweifel ist die Selbymanie des Helden eine Variante der lebensfernen Verfallenheit an geschlossene Denksysteme, wie sie auf ihre tragikomische Art bereits die Gebrüder Shandy der romanlesenden Menschheit vorlebten. Doch de Selbys absurde Schriften bilden, zusammen mit dem Stimmenbabel seiner Deuter, eine äußerst instabile Textwelt, die alles andere als geschlossen ist und die Wahrheitssuche des Helden zu einem fruchtlosen Unterfangen macht. Andererseits entdeckt der aufmerksame Leser immer mehr Parallelen zwischen dem zunächst nur abstrusen Fremdblick Selbys auf die Phänomene und der unterweltlichen Erfahrung des Erzählers und Helden. So erinnert sich dieser, als er das Haus seines Opfers betritt, um endlich die Mordbeute zu ergreifen, an Selbys Abneigung gegen das Haus per se – der Meister definiert es «as ‹a large coffin›, ‹a warren›, and ‹a box›» (22). Durch die Explosion des schwarzen Kastens, Abbild des finsteren Gebäudes ebenso wie der Geldkassette, wird Mathers' Haus für den Eindringling tatsächlich zum Sarg und zum Zugang eines unterirdischen Labyrinths (*warren*). Später, auf dem Weg zur Polizeistation, sinniert er über Selbys Vorstellung, daß eine Reise wie jede Art von Bewegung pure Halluzination sei: «It is a curious enigma that so great a mind would question the most obvious realities ... while believing in his own fantastic explanations» (54). Dabei ist seine seltsam unwirkliche Wanderung, wie wir am Ende erfahren, nichts anderes als höllische Scheinexistenz und menippeischer (Alp-)Traum. Das Motto der ganzen fantasmagorischen Geschichte stammt von dem imaginären Weisen oder Wahnsinnigen de Selby. Es erklärt die menschliche Existenz zur Illusion und den Tod zur «supreme hallucination».

Der Kommentar als alternative Fiktion

Der ironische Witz der modernen Menippea, mit dessen Hilfe Flann O'Brien seinen Text von innen und unten her dekonstruiert, erzeugt jenes ontologische Schwindelgefühl, das es dem Leser unmöglich macht, festen fiktionalen Boden unter die Füße zu bekommen. Im *Third Policeman* tragen die Umnachtung des Helden, die verrückte Reaktion der Polizisten auf seine Situation, die abstruse Systematik des verstiegenen Gelehrten und die heillose Zerstrittenheit seiner Ausleger gleichermaßen zu diesem

Schwindel bei. In Nabokovs *Pale Fire* (1962) wird er dagegen durch den maximalen Kontrast zwischen poetischem Haupttext und romanhaftem Kommentar ausgelöst. Dabei bemächtigt sich der diskontinuierlich über ausufernde Fußnoten erzählte Roman gleichsam aus dem Untergrund eben jenes Gedichts, dem er als Kommentar zu dienen hätte, um dessen kunstvollen autobiographischen Plauderton durch seinen sensationellen Subtext zu unterwandern. Der Kommentator, ein Egomane wie viele seiner schreibwütigen Vorgänger, erklärt zwar ausdrücklich: «I have no desire to twist and batter an unambiguous *apparatus criticus* into the monstrous semblance of a novel»,[23] aber genau das ist es, was er tut. Ein überaus detailliertes Register, das – wie in der *Dunciad Variorum* – die Ausgabe satirisch abschließt, führt unter seinem Namen einen doppelt so langen Eintrag an wie unter dem des Autors, und auch dort wird der Dichter nur im Zusammenhang mit seinem Notenmacher indiziert; an einer Stelle spricht der Index von «their joint composition» (246). Von der Plattform seines nicht übermäßig sachlichen Vorworts herab verkündet der Herausgeber, daß ihn an seinem Text vor allem die ‹Unterseite des Gewebes› interessiere, und verkehrt die Texthierarchie, indem er dem Leser empfiehlt, auf jeden Fall erst den Kommentar und dann das Werk zur Kenntnis zu nehmen.

In dem Gedicht «Pale Fire», um das es hier geht, behandelt der bekannte Autor John Shade, *poet in residence* am Wordsmith College, New Wye, Apalachia, in ‹realistischer› Manier, meditativ und mit autobiographischen Rückblicken, sein unspektakuläres modernes Dichterleben: die prägenden Kindheitserlebnisse, das wohltemperierte Glück seiner Ehe, eine auf den Bereich der Kunst zurückverwiesene Suche nach Transzendenz und den traumatisch empfundenen Selbstmord seiner Tochter. Das Gedicht, vierteilig und in *heroic couplets* (gereimten Zehnsilbern) verfaßt wie Popes *Essay on Man* und die *Dunciad* letzter Hand, endet mit V. 999; doch der offene letzte Reim mündet wieder in den ersten Vers. Darin vergleicht Shade sich – über ein Wortspiel mit seinem Namen – dem Schatten eines Vogels, der sich in den gespiegelten Himmel einer Fensterscheibe verflogen hat:

> I was the shadow of the waxwing slain
> By the false azure in the windowpane;
> I was the smudge of ashen fluff – and I
> Lived on, flew on, in the reflected sky.

Dr. Kinbote, seit einigen Monaten Nachbar und College-Kollege Shades, und seit langem Bewunderer seiner Dichtkunst, brennt darauf, in dem neuen *major poem* seines eher distanzierten Freundes, dessen Entstehen er aus der Entfernung wie ein Voyeur verfolgt, das eigene, dem Dichter zum poetischen Gebrauch anvertraute Lebensschicksal verewigt zu finden. Es ist eine besonders phantastische Variante von Nabokovs amerikanisch-russischem Thema ‹das Exil und das (verlorene) Reich›. Hinter dem schrulligen Gelehrten Kinbote verbirgt sich Charles the Beloved, der letzte König von Zembla, einem Land irgendwo im fernen Norden Europas. Seine Geschichte handelt von leicht dekadentem höfischen Glanz, proletarischer Revolution, abenteuerlicher Flucht durch einen Geheimgang und über die Berge, und von der anschließenden Tarnexistenz des entthronten Herrschers in der Welt der angelsächsischen *Campus Novel*. Diese Fiktionsform freilich vermischt sich auf gleichfalls parodistische Art mit dem *Spy Thriller*, als der politische Mörder Gradus dem friedlichen Ort des Geschehens naht, um im Auftrag des Revolutionsregimes den Exkönig zu liquidieren. Seine Annäherung verläuft synchron mit der fortschreitenden Komposition von «Pale Fire», und seine Kugel, die versehentlich Shade statt Kinbote trifft, verkürzt den letzten Text des Dichters um seinen letzten Vers.

In einer langen Anmerkung zum fehlenden Vers 1000 beschreibt Kinbote seine grenzenlose Enttäuschung, als er das durch den Mord zufällig in seine Hand geratene heißbegehrte Manuskript erstmals überfliegt: «I sped through it, snarling, as a furious young heir through an old deceiver's testament. Where were the battlements of my sunset castle? Where was Zembla the Fair?» (232) Den «rich streak of magical madness», den der verbannte König dem Gedicht Shades zugedacht hat, glaubt er freilich bei erneuter Lektüre in «wavelets of fire, and pale phosphorescent hints» wenigstens andeutungsweise zu entdecken, und diesen vermeintlichen Bezügen spürt er unablässig in dem Gedicht nach. Besonders wichtig sind ihm dabei die ‹Kellergewölbe der Varianten› (*vaults of the variants*), in denen der Dichter dem königlichen Flüchtling Asyl gewährt habe (67). Seine Annotation will diese versunkene Welt wieder ans Tageslicht bringen.

Zu diesem Zweck werden die gewählten Stichwörter des Textes in den Glossen meist gewaltsam aus ihrem ursprünglichen Zusammenhang gerissen und in die Saga von Zembla eingebettet. So zieht etwa *parents* eine Charakteristik der königlichen Ahnen nach sich, das Allerweltswort *often* die Erinnerung an die Ängste der Gefangenschaft («Often, almost nightly ... I had feared for my life»; 78), *mountain* eine Schilderung der Flucht des Königs über die Berge (mit der abschließenden Bemerkung «I trust the reader has enjoyed this note»; 119) und *conspiracy* die Aussendung des Königsmörders Gradus. Kinbotes subliminale Lektüre bedient sich auch des Wortspiels: In dem unschuldigen Adjektiv *gradual* entdeckt er den Mörder auf seinem heimlichen Weg nach New Wye (64), und aus dem seltenen *stillicide* (Tropfenfall) hört er ein Echo von «regicide» heraus, während der Leser in der gleichzeitig angegebenen Lexikonbedeutung «eavesdrop» (Dachrinnen-Tropfen) den Schatten des spionierenden heimlichen Lauschers (*eavesdropper*) Kinbote wahrnimmt (66).

Wie bei Pope, doch ohne dessen sarkastische Ironie, weiß sich der Fußnotenschreiber als kleines Insekt – hier: als emsige Ameise – im Bernstein der Dichtung für alle Zeit geborgen: «the ant is about to be embalmed in amber» (135). Wenig später teilt er freilich auch die unschmeichelhaften Insektenbilder mit, die die Dichtergattin dem etwas ungeschlachten, misogynen und allzu anhänglichen Freund ihres Mannes zudenkt: «an elephantine tick; a king-sized botfly; a macaco worm; the monstrous parasite of genius» (138). Ob der ‹königliche› Kommentator bei diesem uralten Vorwurf des Schmarotzertums an die Adresse des überheblichen Pedanten die in *king-sized* enthaltene Ironie wahrnimmt?

So scheinen sich Text und Kommentar in unversöhnlicher Antithetik gegenüberzustehen; der dreiteilige, überlange Beitrag des Herausgebers (Vorwort, Kommentar, Register) wirkt als Überwucherung, Usurpation und Inversion seiner schlanken und eleganten Vorlage. Die «magical madness» von Kinbotes Geschichte, die manchen Kritikern reizvoller erscheint als die vergleichsweise farblose Welt der Dichtung Shades, könnte, wie mehrfach angedeutet wird, eher durch die krankhaft überhitzte Einbildungskraft des Schreibers als durch seine königliche Vergangenheit bedingt sein; und der Mörder war möglicherweise eher ein entlaufener Irrenhäusler als ein zemblanischer Geheimagent. Auf der letzten Seite seines Kommentars erwähnt Kinbote, vielleicht werde er irgendwann ein altmodisches Melodram über einen Verrückten verfassen, der einen eingebildeten König tötet, über einen zweiten Verrückten, der sich einbildet, dieser König zu sein, und über einen distinguierten alten Dichter, «who stumbles by chance into the line of fire, and perishes in the clash between the two figments» (236). Bei genauerem Hinsehen löst sich so der Gegensatz zwischen der realistischen Fassade und dem phantastischen Unterbau der Geschichte im Zeichen des Fiktionalen zunehmend auf. Onhava (‹far away›), die Hauptstadt von Zembla, ist ebenso fabulös wie New Wye – in dessen Namen sich Wordsworths Waliser Lieblingsfluß verbirgt – und die übrigen amerikanischen Ortsbezeichnungen. Nicht nur im ironischen Stückwerk der Komposition, zu der ganz wesentlich die Vers-/Prosa-Mischung und die zemblanischen Sprachproben gehören, auch in den sprechenden Namen zeigt sich die menippeische Prägung des Ganzen. Der Name Shade (‹Schatten›, ‹Abbild›) ist nicht weniger metaphorisch transparent als etwa Gradus (‹Schritt›) für die unerbittlich voranrükkende tumbe Todesfigur. Der fiktive Dichter, Schatten seines Autors und Schöpfer von Schatten, ist selbst heimisch in Zembla (aus *semblance*), dem Scheinland unzerstörbarer Phantasie und Erinnerung. Schon die ersten Verse seines Gedichts zeugen von seiner Hingabe an das *crystal land* (V. 12) imaginativer Spiegelung. Shades Kunst ist ein Versuch, die «disjointed notes» des eigenen Lebens (V. 234), das als *commentary to an abstruse/Unfinished poem* definiert wird (V. 940), in ein ‹Sinnwebe› zu übersetzen:

> Yes! It sufficed that I in life could find
> Some kind of link-and-bobolink, some kind
> Of correlated pattern in the game,
> Plexed artistry, and something of the same
> Pleasure in it as they who played it found. (V. 811 ff.)

Der Text, etymologisch verstanden als Sinngeflecht, verwandelt die Zufälligkeiten der Existenz in ein künstliches Muster und gewinnt noch aus dem Spottvogelruf (*bobolink*) ein Bindeglied für das scheinbar Disparate und eine Masche für sein Gewebe. Bei diesem Geschäft ist der Königliche Parasit oder Verrückte Shades Bruder im Geist. Die «pale phosphorescent hints», die Kinbote in dem Gedicht zu entdekken meint, sind ein Reflex jenes Fahlen Feuers, das der Autor als Titel seines Werkes aus Shakespeares *Timon von Athen* (IV, iii, V. 437f.) borgt. Dort steht es für das gestohlene Licht des Mondes und für das Prinzip des allumfassenden Diebstahls in der Natur; Shade-Nabokov überträgt das Bild auf die Intertextualität als universales Borgeprinzip in der Literatur: auf die Literatur als Echoraum von Literatur, und die Entstehung von Texten aus Texten. Dieser Derivationsprozeß wird, zusammen mit dem Verdacht des Epigonen- und Parasitentums, unter dem er steht, im Akt des Notenmachens gleichsam metaphorisiert. So trifft die Ironie des ‹Fahlen Feuers› nicht nur den besessenen Annotator Kinbote und seinen Dichter, sondern auch den Autor Nabokov als Spieler hinter den Spielern. Wie Pope in der *Dunciad Variorum* seinen Homerkommentar, so ironisiert Nabokov via Kinbote den gewaltigen und problematischen Anmerkungsapparat seiner fast gleichzeitig erschienenen Übertragung von Puschkins *Eugen Onjegin*.[24]

Menippeische Ironie, dieses alte Sprachspiel der Befreiung, wendet sich bei Nabokov gleichermaßen gegen ideologische, literarische und hermeneutische *closure*. Seine Helden sind (möglicherweise verrückte) Spieler der Sprache und der Formen – wie ihr Autor, der schon früh in seiner Exilantenlaufbahn Carrolls unübersetzbare *Alice* ins Russische übertrug. Seine zweidimensionalen Schurken sind Sprachverderber, Gedächtnislose und Mörder der Phantasie wie Gradus, der ferngesteuerte Mechanismus in der lebendigen Welt der Kinbotes und Shades. Mit Hilfe menippeischer Strategien befreit sich Nabokov, «a veritable Houdini in slipping out of the bonds of the established genres»,[25] vom Roman, um den Roman zu befreien. Das Gefüge der Wörter, aus denen der europäische Amerikaner sein Petersburger Haus in der Fremde neu erbaut, ist ein ironisches Spiegelkabinett der Fiktionen wie der Sprachen. In seiner selbstbewußten Virtuosität, die auf einen Bruch mit dem Illusionismus des herkömmlichen Romans zielt, in seiner Strategie der literarischen Anspielung und in seiner Vielsprachigkeit trägt Nabokov etwas von jenem europäischen Erbe in die nicht mehr ganz neue Neue Welt, dessen inneren Zusammenhang und literargeschichtliche Bedeutung die vorausgehenden Seiten zu umreißen versuchten, und führt uns vor Augen, wie wandlungs- und zukunftsfähig es noch immer ist. So zeigt das Noten-Souterrain von *Pale Fire* auf Nabokov-spezifische Weise eine epochale Doppelbödigkeit eben der Romanform an, die es in äußerlicher Auflösung präsentiert. Das Exil und das Reich, die neue und die alte Welt werden, aufeinander bezogen, zum Modell für das Verhältnis von Wirklichkeit und Fiktion, und für die Unausdeutbarkeit der Existenz. Aber was ist dabei ‹fiktiv›, was ‹real›? Schatten und Körper sind nicht mehr zu unterscheiden.

Mehrsprachiger Abgesang

Die Sprachräume und Epochen übergreifende Herabschau auf einen intrikaten Gattungskomplex, wie sie hier unternommen wurde, läßt – darin der menippeischen Kataskopie vergleichbar – Einzelphänomene schrumpfen, damit die großflächigen Muster sichtbar werden. Die Bestandteile dieser fiktionalen Muster – wie Phantastik, figurative Tendenz, ironischer Witz, Paradoxie als Ideologiekritik, antilineares Erzählen, Sprach- und Stilmischung als Ausweis von sprachkritischem Bewußtsein, Einsatz von Personae – wurden über motivisch geordnete Textreihen in ihrer historischen Dynamik und Vielfalt literarischer Variation untersucht. Doch bei aller gebotenen Knappheit der Darstellung gehört den Einzeltexten die primäre Aufmerksamkeit und Zuneigung des Betrachters. Ihre menippeische Kontextualisierung hilft, Bekanntes neu und Unbekanntes erstmals sichtbar zu machen. Ihre Analyse möchte Leselust wecken.

So wie Molières Monsieur Jourdain aus dem *Bürger als Edelmann* mit Überraschung erfuhr, daß er zeitlebens Prosa gesprochen hatte, wären nicht wenige der hier behandelten Autoren erstaunt, sich als Menippeer etikettiert zu finden. Ungeachtet der jahrhundertealten Schwierigkeit, Terminologie und Textkorpus der Gattung genau zu definieren, gibt es jedoch so etwas wie einen erkennbaren Familiensinn, ein generisches Bewußtsein ihrer Praktiker, sowie eine Kontinuität der Kunstmittel. Ein Erasmus bekennt sich zum Geist des alten Menipp, wie er ihm bei Seneca und Lukian entgegentritt, und die Aufklärung bekennt sich ihrerseits zum Geist des Erasmus. Die mit der Gestalt des Menippos verbundene Literarisierung philosophischer Kritik an erstarrter Weltanschauung und falschem Bewußtsein, das heißt, den imaginären Fremdblick auf die verrückte Normalität der Welt, nutzen geistesverwandte Autoren der Frühen Neuzeit bis ins 18. Jahrhundert und darüber hinaus als Erkenntnisinstrument aufklärender Skepsis. Die von der antiken Überlieferung her unentscheidbare Frage nach den genauen Bezügen zwischen griechischer und römischer Menippea erscheint aus der Rezeptionsperspektive als zweitrangig, denn die beiden Traditionsstränge begegnen uns in engster Verflechtung.

Mit dem Aufkommen der neuzeitlichen Pikareske und des bürgerlichen Romans erhält die seit der Antike (Petron, Apuleius) zu beobachtende Neigung der Menippea, sich mit anderen Gattungen zu vermischen, eine Aktualität, die weit genauer zu erforschen wäre als dies bisher geschehen ist. In jedem Fall stellt die Aufhebung der satirischen Distanz zu den Charakteren, ihre Dreidimensionalität und das Verschwinden der Plotmetaphorik ein wichtiges Differenzkriterium des Romans dar, das freilich bis in die Moderne erstaunliche Übergangsformen und Mischungsverhältnisse toleriert. In der Fähigkeit, derartige Verbindungen einzugehen, liegt ganz wesentlich das literargeschichtliche Potential der Gattung. Faszinierende Wandlungen der menippeischen Optik beleuchtet beispielsweise die Entwicklung von der barocken zur romantischen Traumsatire, von der Utopie zur Antiutopie und Science Fiction, oder auch vom aufklärerischen Paradox zu modernen Gleichnissen der Absurdität. Die Neigung zum Widerspruch und zur Subversion des Status quo, sprachlich ablesbar an der Antirhetorik und Antipedanterie der Menippea, läßt sich schließlich, dank ihrer illusionsbrechenden Eigenschaft, auch der Fiktionsironie moderner Romanexperimente dienstbar machen. Bei alledem bleibt immer ein grundsätzlich intellektueller *appeal,* der das verbreitete Bedürfnis nach emotionaler Einfühlung in die Welt der Fiktionen durch ätzenden und verfremdenden Witz zurückstößt, das Markenzeichen der Menippea. Sie legt keinen Wert darauf, eine populäre Gattung zu sein.

Dafür ist sie, schon aufgrund ihrer Wurzeln in der – ‹anderen›, unklassischen – Antike und durch ihre humanistische Prägung in der Neuzeit, eine äußerst sprachbewußte, zur Mehrsprachigkeit tendierende, eminent europäische Gattung, einschließlich einiger amerikanischer Ableger (wie gewisser Texte von Nabokov und Borges). Ihre linguistische Spielfreude dient nicht zuletzt dazu, uns das Scheitern des hermeneutischen Verstehens drastisch vorzuführen und dieser Demütigung des Logos befreiende Komik abzugewinnen. Gern treibt sie dieses Spiel bis zum Nonsens, wie in *Alice in Wonderland,* wo die Kinderreim-Figur Humpty Dumpty einen abstrusen Kommentar zu dem verrückten Gedicht «Jabberwocky» abgibt. Humpty Dumpty als Wiedergeburt des hermeneutischen Pedanten im Unterreich des Unsinns ist auch die erste Seite des kuriosen d'Antin-Manuskripts gewidmet, das den geheimnisvollen Titel trägt: *Mots d'Heures: Gousses, Rames.*[26] Es beginnt so:

Un petit d'un petit
S'étonne aux Halles
Un petit d'un petit
Ah! degrés te fallent ...

Die englische Annotation des Herausgebers mit dem mehrsprachigen Namen Luis d'Antin Van Rooten vermerkt hilfreich zum ersten Vers: «The inevitable result of a child marriage», und zum zweiten: «The subject of this epigrammatic poem is obviously from the provinces, since a native Parisian would take this famous old market for granted». Darauf folgt noch eine Fülle scharfsinniger Erläuterungen zu den vierzig extrem schwierigen Kurzgedichten der Sammlung. Doch der Hintersinn des Herausgebers übersieht geflissentlich, was dem interkulturell versierten Leser als probate Lichtquelle dienen könnte, um das Sinndunkel der Texte zu erhellen: die Erkenntnis, daß die abstruse Syntax dieser Kurzverse nichts anderem zu verdanken ist als der phonetischen Verballhornung englischer *Mother Goose Rhymes* durch einen französischen Leser, der in Unkenntnis der englischen Aussprache das Ganze *à la française* liest. Damit würde unser Beispiel als verfremdende Gallisierung des guten alten Versrätsels

Humpty Dumpty sat on a wall,
Humpty Dumpty had a great fall ...

lesbar. Der fremde Blick (und das fremde Ohr) schließt eine Liebeserklärung an die europäische Sprachenvielfalt und Literargemeinschaft keineswegs aus – im Gegenteil.

Anhang

Anmerkungen

1. Paradoxie und Schockperspektive

1 Vgl. J. Hall, *Lucian's Satire* (New York 1981), Kap. 2: «Lucian and Menippean Satire». – R. Helm versucht in *Lucian und Menipp* (Leipzig / Berlin 1906) mit viel Scharfsinn, die Werke des Menippos aus denen seines ‹Epigonen› Lukian zu rekonstruieren; so entsteht ein Monument ebenso ingeniöser wie hypothetischer Altphilologie, das die Erfindungsgabe Lukians vermutlich stark unterschätzt.
2 M. T. Varro, *Saturae Menippaeae*, ed. / übs. W. A. Krenkel (St. Katharinen 2002), 1000 (= Fr. 516).
3 *Lukian*, übs. Ch. M. Wieland, ed. J. Werner, 3 Bde. (Berlin / Weimar 1981) [=*WL*]; hier: III, 337. – Original in: *Lucian*, ed. A. M. Harmon et al., 8 Bde. (London 1913–1967) [=*L*]; hier: III, 146.
4 Vgl. Hall, *Lucian's Satire*, 76.
5 *Two Neo-Latin Menippean Satires*, ed. C. Matheeussen / C. L. Heersakkers (Leiden 1980), 98.
6 Vgl. E. W. Palm, «Diego Velázquez: *Aesop und Menipp*», in: *Lebende Antike*, ed. H. Meller / H.-J. Zimmermann (Berlin 1967), 207–217; hier: 212 f.
7 J. C. Relihan, *Ancient Menippean Satire* (Baltimore 1993), 3; überarbeitete und weiterentwickelte Fassung der PhD-Dissertation *A History of Menippean Satire to A. D. 524* (Madison 1985; gedr. Ann Arbor 1986). Der Autor dieser originellen Studie sieht – mit menippeischer Lust am Paradox – die Gattung allenfalls als Parodie von Satire an: ihr Wesen liege im Scheitern der philosophischen Wahrheitssuche; Lukian gilt ihm als atypisch, die prosimetrische Nachfolge von Boethius' *Trost der Philosophie* bis hinauf ins Hochmittelalter als eigentliche Vollendung des Genres, und seine Erneuerung in der Renaissance eher als ein Mißverständnis (*A History*, 50: «it was misunderstood in its Renaissance revival»). – Zu engeren altphilologischen Konzepten der Menippea vgl. M. Coffey, *Roman Satire* (London 1956), Part III: «Menippean Satire»; H. K. Riikonen, *Menippean Satire as a Literary Genre* (Helsinki 1987); B. Pabst, *Prosimetrum*, 2 Bde. (Köln 1994), hier I, 19–84.
8 Besonders deutlich wird diese Tendenz in einigen neueren Studien zur französischen Renaissance. So sieht C.-A. Mayer in einem Beleg des 16. Jahrhunderts, der eine Figur aus Rabelais in eine Reihe mit Diogenes

und Menipp stellt, nur einen Hinweis auf die Menippos-Figur bei Lukian (*Lucien de Samosate et la Renaissance française*, Genf 1984, 42); Ch. Lauvergnat-Gagnière nennt den *Julius vor der Himmelstür* des Erasmus, der überdeutlich den Einfluß Senecas als Menippeer zeigt, das am meisten in der Lukiannachfolge stehende Werk seines Autors, ohne den Römer auch nur zu erwähnen (*Lucien de Samosate et le Lucianisme en France au XVIe siècle*, Genf 1988, 224). – Vgl. auch C. Robinson, *Lucian and His Influence in Europe* (London 1979); D. Duncan, *Ben Jonson and the Lucianic Tradition* (Cambridge 1979); R. B. Branham, *Unruly Eloquence: Lucian and the Comedy of Traditions* (Cambridge/ Mass. 1989); M. O. Zappala, *Lucian of Samosata in the Two Hesperias* (Potomac/Md. 1990); D. Marsh, *Lucian and the Latins: Humor and Humanism in the Early Renaissance* (Ann Arbor 1998); M. Baumbach, *Lukian in Deutschland* (München 2002).

9 *Der griechische Roman und seine Vorläufer* (Leipzig 1914 [¹1876]), 267, Anm. 1. – Dagegen J. C. Relihan, *A History*, 8: «this criterion [mixing of prose and verse] is sufficient to identify ... the works which belong to the genre»; B. Pabst, *Prosimetrum*, I, 21, nennt die Vers/Prosa-Mischung die «notwendige, wenn auch nicht hinreichende Bedingung» für die Einstufung eines Textes als ‹menippeisch›.

10 N. Frye, *Anatomy of Criticism* (Princeton 1957), 308–312; zur ironischen Vermittlung, 232–234; M. Bachtin, *Probleme der Poetik Dostoevskijs* (München, 1971), 125–136.

11 Zitiert bei E. P. Kirk, *Menippean Satire: An Annotated Catalogue of Texts and Criticism* (New York 1980), xxxi.

12 Vgl. den Titel der ersten umfänglichen Bestandsaufnahme zur Menippea, E. P. Korkowskis *Menippus and His Imitators: A Conspectus of a Misunderstood Genre* (Diss., San Diego 1973). Diese Pionierarbeit ist bis heute nicht im Druck erschienen, und der Autor selbst zitiert sie nicht in seiner unter dem Namen E. P. Kirk veröffentlichten *bibliographie raisonnée* der Gattung (s. o., Anm. 11).

13 Frye, 310. Zur Abneigung der Menippea gegen die geschlossene Form D. Griffin, *Satire* (Lexington 1994), 109–113.

14 Vgl. auch Korkowskis Kritik an Fryes *Anatomy*-Begriff in «The Genre and Satiric Strategy of Burton's *Anatomy of Melancholy*», *Genre* 8 (1975), 74–87.

15 G. S. Morson/C. Emerson, *Mikhail Bakhtin: Creation of a Prosaics* (Stanford 1990), 85. – Selbst in Bachtins Skizze seiner Umarbeitung des Dostojewski-Buches von 1961 (in: *Problems of Dostoevsky's Poetics*, Minneapolis 1984, 283–301) ist von einem menippeischen Kontext noch nicht die Rede. – Zu dem verbreiteten Irrglauben, Bachtin habe sein umfassendes Konzept der Menippea schon Jahrzehnte vor Frye formuliert, bekennt sich etwa P. Dronke, *Verse with Prose From Petronius to Dante* (Cambridge/Mass. 1994), 4: «Bakhtin first felt the need to define and sketch the Menippean tradition in 1929 ... » – Der allzu knappe Abschnitt, den Ch. A. Knight,

The Literature of Satire (Cambridge 2004, 216-224), der Menippea widmet, ist wesentlich auf Bachtin ausgerichtet: Frye bleibt unerwähnt.
16 Vgl. P. Hitchcock, ed., «Bakhtin/‹Bakhtin›: Studies in the Archive and Beyond», *South Atlantic Quarterly* 97 (1998), 511-795; hier besonders 537- 578: B. Poole, «Bakhtin and Cassirer». Erstaunlich ist die geringe Rolle, die sein Begriff der Menippea in der ausufernden Bachtin-Diskussion der Gegenwart spielt: In dem einschlägigen Band *Bakhtin and the Classics*, ed. R. B. Branham (Evanston/Ill. 2002), tritt sie bezeichnenderweise gar nicht in Erscheinung. Zur generellen Vernachlässigung der Menippea in der neueren Satirediskussion vgl. Griffin, *Satire*, 31-34.
17 Die jüngste Publikation zum Thema, H. D. Weinbrot, *Menippean Satire Reconsidered: From Antiquity to the 18th Century* (Baltimore 2005), kann den Anspruch ihres Titels nicht einlösen, da sie für den römischen Bereich die Gattungsdifferenz von Verssatire und Menippea verwischt, die Renaissance - mit Ausnahme der *Satyre Ménippée* - völlig übergeht und im 18. Jahrhundert, ihrem eigentlichen Zentrum, ihre Haupttexte von Swift und Pope in ganz traditioneller Manier interpretiert. Wenig überzeugend ist auch der Versuch, Popes *Essay on Criticism* und einen Abschnitt aus Richardsons *Clarissa* als Menippeen hinzustellen. - Im Gegensatz zu Relihan (s. o., Anm. 7) schließe ich die didaktischen Prosimetren der spätantiken und mittelalterlichen Tradition aus meiner Betrachtung aus, da sie den satirischen Impuls weitgehend verkümmern lassen.
18 Vgl. zum Folgenden Vf., «*Mundus alter et idem*», in: *Bild und Metamorphose* (Darmstadt 1991), 139-190; hier: 145-151.
19 Vgl. dazu H. Niehues-Pröbsting, *Der Kynismus des Diogenes* (München 1979), Kap. 2; und N. Largier, *Diogenes der Kyniker* (Tübingen 1997).
20 Vgl. *Der Fischer*, WL, I, 245; *L*, III, 40 und *Der doppelt Angeklagte*, WL, III, 337; *L*, III, 146; dazu Helm, *Lucian und Menipp*, 343 f.; J. Bompaire, *Lucien écrivain* (Paris 1958), 551-553. Daß Bachtin die Relevanz der Alten Komödie bei seinem Stammbaum der Karnevalesken und der Menippea sträflich vernachlässigt, ist wiederholt bemerkt worden; vgl. W. Rösler, «Michail Bachtin und die Karnevalskultur im antiken Griechenland», *Quaderni Urbinati di cultura classica*, n. s. 23/2 (1986), 25-44, hier 28 f.; 38 f. - Zu den kynischen Ursprüngen der Gattung vgl. J. C. Relihan, «Menippus in Antiquity and the Renaissance», in: *The Cynics*, ed. R. B. Branham/ M.-O. Goulet-Cazé (Berkeley 1996), 265-293. Vgl. auch H. Roberts, *Dogs' Tales: Representation of Ancient Cynicism in French Renaissance Texts* (Amsterdam 2006) - eine Untersuchung, die re Menippea zu dem fragwürdigen Schluß kommt, «that the Cynic origins of Menippean satire are purely the stuff of philological legend» (25). Positiver äußert sich M. Clément, *Le Cynisme à la Renaissance* (Genf 2005), 200-205.
21 Weil der Kentauer weder zu Fuß geht noch reitet (*Der doppelt Angeklagte*, WL, III, 337; *L*, III, 146).
22 E. Courtney führt den Mischstil der Menippea auf «the lavish use of quo-

ted and parodied verses in the diatribe» zurück («Parody and Literary Allusion in Menippean Satire», *Philologus* 106, 1962, 86–100, hier: 87). – Vgl. auch Helm, *Lucian*, 343; Korkowski, *Menippus*, 31–34.
23 Vgl. M. Foucault, «Des espaces autres», in: *Dits et écrits* (Paris 1994), 752–762; deutsche Fassung: «Andere Räume», in: *Aisthesis*, ed. K. Barck et al. (Leipzig 1990), 34–46. Foucault handelt von zugleich realen und imaginären Orten, die aus der gesellschaftlichen Topographie ausgegrenzt sind, weil sie zu ihr in einem symbolischen Spannungsverhältnis stehen (wie Theater, Friedhof, Kaserne, Gefängnis); ich beziehe den handlichen Terminus nach seiner Etymologie des alternativen Raumes allgemein auf Gegen-Orte, die die gängige Realität in Frage stellen, und schließe als Sonderfall auch den utopischen Schauplatz ein. Den Begriff der fiktionalen Phantastik verwende ich im Sinne der weiten Definition von W. R. Irwin (*The Game of the Impossible*, Urbana/Ill. 1976, 4): «a story based on and controlled by an overt violation of what is generally accepted as possibility.»
24 Es versteht sich, daß meine Studie die menippeischen Heterotopien nur selektiv behandeln kann. Nicht berücksichtigt wurde z. B. eine Textreihe zum paradoxen Enkomion nach Art von Erasmus' *Lob der Torheit*, zur satirischen Seelenwanderung oder zur Konstellation des exotischen Beobachters europäischer Zivilisation wie in Montesquieus *Persischen Briefen*.

2. *Katáskopos* oder der Blick von der Höhe

1 Die folgenden Ausführungen basieren auf meinem gleichnamigen Aufsatz in *Antike und Abendland* 47 (2001), 1–20. – Eine Herabschau vom Mond auf die Erde enthalten auch die *Wahren Geschichten* des Lukian, doch tritt hier die Satire irdischer Verhältnisse gegenüber den dick aufgetragenen Unwahrscheinlichkeiten der Münchhauseniade zurück. Zur Motivvariation bei Lukian grundlegend ist G. Anderson, *Lucian: Theme and Variation in the Second Sophistic* (Leiden 1976).
2 In den *Wahren Geschichten* werden die irdischen Details vom Mond aus durch eine Art Spiegelteleskop beobachtet (*WL*, II, 315; *L*, I, 280).
3 Auch unter den Fragmenten des wichtigsten römischen Menippeers Varro lassen mehrere Bruchstücke einen deutlichen Bezug zum Thema der Kataskopie erkennen. In den *Eumenides* beobachten Kataskopoi von einer hohen Warte (*specula*) aus, wie die Menschen von den Furien der Leidenschaft gepeinigt werden; *Marcipor* scheint eine Luftreise zu enthalten, und in *Endymiones* gibt es eine Herabschau auf die Erde, vermutlich vom Mond. Die menippeische Kataskopie ist m.W. noch nicht Gegenstand einer detaillierten und vergleichenden Studie gewesen; zur älteren Forschung vgl. R. Helm, *Lucian und Menipp*, 94; und K. Mras, «Varros menippeische Satiren und die Philosophie», *Neue Jahrbücher* 33 (1914), 408; ein knapper neuerer Hinweis in M. T. Varro, *Saturae Menippaeae*, ed. W. A. Krenkel, 204 f. Die

Tradition der philosophischen Herabschau in der Antike behandelt summarisch K. Büchner in: *Somnium Scipionis* (Wiesbaden 1976), Kap. III b.
4 *Opera Omnia D. Erasmi Roterodami*, Bd. 4.3 (Amsterdam 1979), 138.
5 *Anatomy of Melancholy*, 3 Bde., ed. H. Jackson (London 1964), I, 47.
6 Ein weiteres Vorbild für Guevaras Handlung neben dem *Ikaromenippus* ist Lukians *Hahn*, dessen Schwanzfeder – darin der Adlerschwinge Ikaromenipps verwandt – alle Türen der nächtlichen Stadt öffnet und zugleich die Beobachter, eben den philosophischen Hahn und seinen Herren, den Schuster Micillus, unsichtbar macht wie ein zweiter Ring des Gyges. Zuvor hat der Hahn die verschiedenen Episoden seiner pythagoreischen Seelenwanderung berichtet, die eine quasi pikareske Struktur aufweist. Hinweise auf den generischen Zusammenhang von Pikareske und Menippea bei I. Nolting-Hauff, «Pikaresker Roman und menippeische Satire», in: K. Stierle/W. D. Stempel, ed., *Die Pluralität der Welten* (München 1987), 181–200. – Zur menippeischen Herabschau in der Literatur des Siglo de Oro vgl. M. Cavillac, «Le Regard de l'utopiste: les métamorphoses de l'*atalaya* dans l'imaginaire du Siècle d'Or», in: *Las utopías* (Madrid 1990), 141–156.
7 *Der hinkende Teufel*, übs. H. Köhler (Kilchberg 2005), 15 f.; Original: *El diablo cojuelo* (Madrid 1950; Colección Austral), 20 f.
8 *Gulliver's Travels and Other Writings*, ed. R. Quintana (New York 1958),101 (II, Kap. 6).
9 *Micromégas*, Kap. 7; in: Voltaire, *Romans et contes*, ed. R. Groos (Paris 1938), 120. – [E. A. F. Klingemann] *Nachtwachen. Von Bonaventura*, ed. W. Paulsen (Stuttgart 2003), 80–83.
10 Zum Nachleben dieses Bildkomplexes vgl. H. Blumenberg, *Schiffbruch mit Zuschauer* (Frankfurt/M. 1979). – Enttäuschend in seiner Beliebigkeit ist der historische Rückblick auf die philosophische Herabschau im 1. Kapitel von Th. Ziolkowski, *The View from the Tower* (Princeton 1998).
11 Übs. E. Rösch, ed. N. Holzberg (München 1988), 563; Original ibid., 562.
12 Ciceros Text in: *De re publica*, ed./übs. C. W. Keyes (London 1928), 260–283. – Zur neuzeitlichen Annäherung der philosophischen Herabschau an die Menippea: Der große spanische Humanist Juan Luis Vives schickt seiner Erläuterung des *Somnium Scipionis* an der Universität Löwen eine menippeische Traumsatire im Stil von Senecas *Apokolokyntosis* voraus (gedr. 1520; Text mit englischer Übs. in: *Somnium et Vigilia in Somnium Scipionis*, ed./übs. E. V. George, Greenwood/SC 1989). S. u., 204 ff. – Der 1594 publizierte, äußerst gattungskundige Anhang der französischen *Satyre Ménippée* (*Le Supplément du Catholicon ou nouvelles des régions de la lune*) nennt in seiner Ahnenreihe der Luftreisenden sowohl den aristophanischen Sokrates als auch Ciceros Scipio (*Préface;* Ausg. Regensburg [?] 1720, I, 250). Als die Kataskopoi des *palais lunatique* die geschrumpfte Erde unter sich liegen sehen, zitieren sie die – weiter unten angeführten – Worte Senecas über den ewig umkämpften bloßen Punkt im All und seine Ameisenkrieger im

Original (Kap. 6; I, 276). – Aufschlußreich ist auch die Art, wie Fischart, der ausschweifende ‹Übersetzer› des menippeischen Rabelais, im 1. Kapitel seiner *Geschichtklitterung* die Völkerbewegungen der Erde als Mäuse-, Schnaken- und Hornissenschwärme apostrophiert, «wie ein Haufen voll Beelzebubmucken: also daß es dem Wolffio im Scipionischen Himmel noch ein lust herab zusehen gibt, daß die Mirmidonische zweibeynige Omeysen hie unten noch also durch einander haspeln und graspeln». (Ausgabe letzter Hand, 1590, ed. U. Nyssen, Düsseldorf 1963, 34; ‹Wolffius› ist der Augsburger Humanist Hieronymus Wolf, der 1569 Scholien zum *Somnium Scipionis* veröffentlichte.)

13 «Paradiso», xxii, V. 151; mit der deutschen Version von R. Zoozmann (Darmstadt 1958), 416f. – Ein weiterer bedeutsamer mittelalterlicher Beleg zu dem menippeischen Komplex ‹Erde als Tenne› findet sich im Kontext der ‹Greifenfahrt Alexanders› in verschiedenen Fassungen des *Alexanderromans*: Da der Held die Erde erobert hat, bleiben seinem Tatendrang nur die unbetretbaren Räume, zu denen das irdische Paradies und eben auch das Luftreich gehören. Im lateinischen Prototyp *De preliis* (10. Jh.) sieht Alexander aus seinem von Greifen in schwindelnde Höhe emporgetragenen Sitzgestänge herab den ganzen Erdkreis in Gestalt einer ‹Tenne, auf der Getreide gedroschen wird› (*area in qua tunduntur fruges*), d. h. er begreift die Nichtigkeit seines Eroberertums (*Der altfranzösische Prosa-Alexanderroman ... nebst dem lateinischen Original ...*, ed. A. Hilka, Halle 1920, 299). In einem mittelhochdeutschen *Alexander* sieht der Himmelsreisende, daß «der erde breite» auf den Wassern schwebt «als ein cleiner huot»; das letzte Wort steht wohl für den Helm oder ‹Eisenhut› und bezeichnet eindringlich die Schrumpfung militärischer Größe aus dem Blickwinkel der Kataskopie (vgl. Ulrich von Eschenbach, *Alexander*, ed. W. Toischer, Tübingen 1888, V. 24719 ff., 657). Zum thematischen Komplex der Kriegskritik s. u., 52 ff.

14 *Troilus and Criseyde*, Buch V, V. 1814 ff.; *The Works of G. Chaucer*, ed. F. N. Robinson (London 1957), 479. – F. A. Payne, *Chaucer and Menippean Satire* (Madison 1981), illustriert die Risiken, die ein unkritischer Gebrauch Bachtinscher Kategorien mit sich bringt, wenn sie die zentralen Chaucer-Texte grosso modo der Menippea zuschlägt.

15 Zum Genre der Mondreise vgl. die klassische Darstellung bei M. Nicolson, *Voyages to the Moon* (New York 1960).

16 Die Nachbarschaft von Irdischem Paradies und Mondsphäre hat eine lange mittelalterliche Tradition. Petrus Lombardus lokalisiert es in unzugänglicher Höhe, so hoch, daß es den Mondkreis berühre, weshalb auch die Sintflut ihm nichts anhaben konnte; vgl. K. Flasch, *Eva und Adam* (München 2004), 69. – Astolfos *ippogrifo* steht in der Nachfolge der ‹Pferdegeier› (*hippogýpoi*) und ähnlicher Phantasiegeschöpfe aus den *Wahren Geschichten* (*WL*, II, 306; *L*, I, 258); und in deutlichem Bezug zur ‹Greifenfahrt› aus dem Alexanderroman (s. o., Anm. 13). – Vorbild für Ariosts Sammelsurium

verlorener Eigenschaften auf dem Mond ist der Dialog «Somnium» aus dem 4. Buch von Albertis menippeischen Gastmahlsgesprächen *Intercoenales*; vgl. Marsh, *Lucian and the Latins*, 89–92.
17 *Orlando Furioso*, Buch XXXIV, Str. 71 (ed. D. Provenzal, Mailand 1955, III, 264f.): «e ch'aguzzar conviengli ambe le ciglia, / s' indi la terra e' l mar ch' intorno spande / discerner vuol ...» («und scharf zusammenziehen muß er beide Brauen, / will er von dort oben die Erde und das Meer ringsum / noch schauen ...»). Vgl. Dante, *Inferno*, Canto XV, V. 20f.
18 S. o., Anm. 12.
19 Ed. cit., I, 276f. – Diese Luke stammt in direkter Linie von den mit Dekkeln verschlossenen Öffnungen ab, durch die in *Ikaromenippus* Zeus die närrischen Bitten der Menschen empfängt (*WL*, I, 130; *L*, II, 310).
20 *Somnium, seu opus posthumum de astronomia lunari*, ed. M. List / W. Gerlach (Osnabrück 1969), 30.
21 Vgl. die folgende Äußerung Keplers (aus einem Brief an M. Bernegger vom 4. 12. 1623; deutsche Fassung nach List / Gerlach, Vorwort, xixf.): «Campanella schrieb einen *Sonnenstaat*; wie, wenn ich diese wunderbare und auffällige Wahrnehmung [ringwallähnlicher Muster auf der Mondoberfläche] zum Anlaß nähme, einen ‹Mondstaat› zu schreiben? Wäre es nicht ausgezeichnet, die zyklopischen Sitten unserer Zeit in lebhaften Farben zu schildern, dabei aber der Vorsicht halber die Erde zu verlassen und auf den Mond zu gehen? Doch was wird eine solche Flucht nützen? Waren doch Morus in *Utopia* und Erasmus im *Lob der Narrheit* nicht sicher ...»
22 Gedr. in *Short Fiction of the 17 th Century*, ed. Ch. C. Mish (New York 1963), 235–283; hier 258f.
23 *L'Autre Monde ou les états et empires de la lune / Les États et empires du soleil*, in: *Œuvres complètes*, ed. M. Alcover (Paris 2000), 1–343; hier: 30; 226. – Die deutsche Version der *Reise zum Mond* (1913) von Martha Schimper, noch 1991 ohne Leserwarnung und mit einem miserablen Nachwort in der Insel-Bücherei nachgedruckt, entstellt mit ihren vielen Zusätzen und Auslassungen den Autor mehr, als daß sie ihn übersetzt. Gottlob gibt es inzwischen eine vollständige und vorzügliche Übertragung beider Romane von Wolfgang Tschöke: *Reise zum Mond und zur Sonne* (Frankfurt/M. 2004); hier: 25; 187.
24 «D'un Monde heureux», in *Songes et visions philosophiques* (Paris 1790 ['1788]), I, 125. – Erwähnung der Mondreise Godwins in «Le Ballon Montgolfier», einem Hymnus auf den soeben erfundenen Luftballon, im Anhang von *L'An Deux Mille Quatre Cent Quarante* (London [?] 1785) II, 218f. – Zum Zusammenhang von literarischer Utopie und Menippea s. u., Kap. 5.
25 Das klassische Gegenstück zu Moses Herabschau vom Berge Nebo auf das Gelobte Land (5. *Mose* 34) findet sich im 6. Buch der *Aeneis*, V. 754ff., wo Vater Anchises den Helden auf einen Hügel der Unterwelt führt – *tumulum capit*: eine Anabasis als paradoxer Höhepunkt der Hadesfahrt! –, um ihm die glorreiche Zukunft Roms bis hin zur goldenen Ära des Augustus zu

zeigen. Als menippeische Parodie kehrt diese Konstellation in Popes *Dunciad* wieder; von einem Berg der Unterwelt aus sieht dort der Held mit Freuden, wie die schwarzen Heerscharen der Barbarei über den Erdball ausschwärmen und die Zivilisation überrollen (Buch III, V. 67 ff. der Fassung von 1743; *Poems*, ed. J. Butt, London 1963, 754).

26 *Anatomy of Melancholy*, II, 34–69. – Zu Burton als Menippeer – freilich ohne Einbezug der «Digression on Air» – vgl. W. S. Blanchard, *Scholar's Bedlam: Menippean Satire in the Renaissance* (Lewisburg 1995), Kap. 5.

27 Zitiert nach Jean Paul: *Sämtliche Werke*, ed. N. Miller (München ⁴1988), Bd. I.3, 927–1010; hier: Vorrede, 905. – Vgl. auch die Vorrede zu *Quintus Fixlein* über die drei Wege zum Glücklichsein: «Der erste, der in die Höhe geht, ist: so weit über das Gewölke des Lebens hinauszudringen, daß man die ganze äußere Welt mit ihren Wolfsgruben, Beinhäusern und Gewitterableitern von weitem unter seinen Füßen nur wie ein eingeschrumpftes Kindergärtchen liegen sieht» (Bd. I.4, 10). – Die visionären Höhenflüge Jean Pauls mit ihrem – riskanten – Ausgreifen nach dem Unendlichen, ihrem Blick nach dem grenzenlosen Oben und dem engen Unten, sind Aspekte einer Dialektik des Infiniten und Irdisch-Endlichen, die seinem Schaffen zugrundeliegt. Der zauberhafte nächtige Ballonaufstieg, der *Das Kampaner Tal* (1797) beschließt, ist ganz auf die Befreiung von aller Erdenschwere ausgerichtet und von den schmerzlichen Ekstasen Giannozzos noch weit entfernt (ibid., 624 ff.).

28 Diese Schlachtschilderung erscheint als Reflex von Merciers Vision «De la guerre» aus den *Songes et visions*, I, 53–83, die später Jean Pauls «Traum von einem Schlachtfeld» (1813; ed. cit., II.3, 414–24) inspirieren sollte. Bei Mercier wird der Traum zum Totengericht über Kriegstreiber wie Alexander und Caesar. – Der Flugenthusiasmus Giannozzos könnte von Merciers erwähntem Preis der Montgolfiere (s. o., Anm. 24) angeregt sein. Vgl. A. D. Streckeisen, «Le Romantisme allemand et Mercier», in: H. Hofer, ed., *L. S. Mercier précurseur et sa fortune* (München 1977), 117–130, hier 122: «L'éloge que fait Mercier de l'héroïque ‹navigateur aérien› fait irrésistiblement penser au ‹Luftschiffer› Giannozzo ...»

29 Original: *Essais*, ed. M. Rat (Paris 1958; Classiques Garnier), Bd. 2, 158 ff.; Übersetzung von H. Stilett, *Essais* (Frankfurt 1998), 234. Zum Kontext vgl. Vf., «*Parva componere magnis*», in: *Bild und Metamorphose*, 223–244; hier 230–238.

30 L. B. Alberti, Dialog «Nebulae» aus den *Intercoenales*; englische Fassung in: *Dinner Pieces*, übs. D. Marsh (New York 1987), 172–175; zu Erasmus s. o., 34; Ulrich von Hutten, *Die deutschen Dichtungen*, Nachdruck der Ausgabe 1890 (Darmstadt 1967), 101.

31 Vgl. *Gulliver's Travels*, II, Kap. 7; IV, Kap. 5.

32 Hier zitiert nach der Übersetzung von D. M. Forkel / G. Forster von 1792, ed. G. Mensching (Frankfurt/M. 1977); Original: Ausg. Paris 1821. – Zur Inspiration dieser Kataskopie durch Mercier, s. u., 159.

33 *The Collected Letters*, ed. H. T. Moore (London 1962), Bd. I, 337f.
34 *The Poems*, ed. E. Blunden (London 1966), 59f.
35 *Collected Letters*, ed. H. Owen/J. Bell (London 1967), 429.
36 Eine biblische ‹Parodie› dieser Kataskopien der Verheißung stellt die Versuchung Christi in der Wüste dar, bei der Satan dem Heiland die Herrlichkeit der Welt in einer panoramischen Herabschau zeigt (*Mat.* 4,8; *Luk.* 4,5). Indem Christus diese verwirft, wird sie einer quasi menippeischen Reduktion unterzogen, die Milton bei seiner intensiven Dramatisierung der Episode in *Paradise Regained* nicht entgangen ist. Miltons Satan zeigt seinem Gegenüber – nach dessen 40tägigem Fasten in der Wüste, dem symbolischen Nachvollzug des 40jährigen Zuges der Israeliten durch die Wüste – als *presenter* das kaiserliche Rom, Inbegriff aller irdischen Macht und Pracht, wie durch ein Teleskop (Buch 4, V. 41), das zugleich wie ein ‹luftiges Mikroskop› (*Aerie Microscope*; V. 57) wirkt. Wie im *Hinkenden Teufel* kann der Betrachter das Äußere und Innere der Häuser gleichzeitig sehen (V. 57f.: *thou may'st behold / Outside and inside both*). Mit der folgenden Luftreise entführt der Versucher den Gottessohn in einer Ariost-Reminiszenz «without wing / Of *Hippogrif*» auf die Zinnen des Tempels von Jerusalem (V. 541f.; *Poetical Works*, ed. H. Darbishire, Oxford 1958, 324; 336).
37 W. Höllerer im Nachwort zu Jean Paul, ed. cit., Bd. 1.6., 1340. – Vgl. *Siebenkäs*, «Erstes Blumenstück», ed. cit., Bd. 3.2, 270–275. Die ursprüngliche Fassung mit dem Titel «Des todten Shakespear's Klage ..., daß kein Gott sei» (ed. cit., Bd. 2.2, 589–592) stammt aus der menippeischen Frühzeit des Autors, die dieser in der Vorrede zur 2. Auflage der *Unsichtbaren Loge* die Jahre seiner «satirischen Essigfabrik» nennt (Bd. 1.1, 15). – Ein wichtiges Vorbild ist S. Merciers «Vision première» aus aus den *Songes et visions* (II, 155f.), bereits hier eine Weltuntergangsvision als Alptraum des Nihilismus: Ein Koloß namens *Nécessité*, der über den Himmel ragt und die Erde zertritt, mit stählernem Herzen und bleiernen Augen, löst mit seinem Machtwort das Verlöschen der Sonne und eine Sintflut von Feuer aus und verwandelt die durchbrochenen Himmelskörper (*les corps célestes percés à jour;* vgl. Jean Pauls «durchbrochne[s] Weltgebäude») in ausgeglühte Steinmassen. – Zum epochalen Zusammenhang vgl. Vf., «*Le Coucher du soleil romantique*: Die Imagination des Weltendes aus dem Geist der visionären Romantik», in: *Bild und Metamorphose*, 245–290; hier 251–254.
38 In dem ‹Traum über das All», der den ersten Teil von Jean Pauls letztem Roman *Der Komet* beschließt, wird der Flug «durch die gestirnten Wüsten» des Weltraums und das Erschrecken «vor dem grenzenlosen Nachtkerker der Schöpfung ..., vor dem toten Meer des Nichts» am Ende durch die Rückkehr zur Erde, auf der das Jesuskind den Traumreisenden liebevoll anblickt, aufgehoben (Bd. 1.6, 682–686; hier: 683f.).
39 *Werke*, ed. K. Schlechta (München 1966), II, 126f. – Zu Nietzsche als ‹Zyniker› vgl. Niehues-Pröbsting, *Der Kynismus des Diogenes*, 250–278.
40 V. 2–5; in: *Complete Poetical Works*, ed. J. McGann, IV (Oxford 1986), 40.

41 «Le Goût du néant», in: Œuvres complètes, ed. Y.-G. Le Dantec / C. Pichois (Paris 1961), 72.
42 The Poems of Emily Dickinson, ed. R. W. Franklin (Cambridge / Mass. 1998) Nr. 124 E – mit allen Varianten –; I, 159–164.
43 Ibid., 161; 162f.

3. Tod und Gericht, Himmel und Hölle

1 Totengespräche, übs. H.-H. Henschen (Frankfurt/M. 1991), 9.
2 Zur epischen Hadesfahrt vgl. E. Norden, Aeneis Buch VI (Darmstadt 1976; ¹1904); R. J. Clark, Catabasis: Virgil and the Wisdom Tradition (Amsterdam 1979); I. Platthaus, «Höllenfahrten»: Die epische katábasis und die Unterwelten der Moderne (München 2004).
3 Vgl. Odyssee, Buch XI, V. 164f. – In der ‹menippeischen› Verssatire II, v des Horaz rät ein burlesker Teiresias dem Odysseus, sein angeschlagenes Vermögen durch Erbschleicherei aufzubessern. Erbschleicherthematik begegnet in Lukians Totengesprächen und in den Satyrica des Petronius.
4 Odyssee XI, V. 488–492. übs. J. H. Voß; Aeneis VI, 450–476.
5 Wieland gibt idiotón zu unspezifisch als Leben der «Ungelehrten» wieder; M. Harmon übersetzt richtiger: «The life of the common sort is best» (vgl. WL, I, 455 mit L, IV, 106/107).
6 Zit. nach Gargantua und Pantagruel, übs. G. Regis (Leipzig 1832), hier 314; Original: Œuvres de Rabelais, ed. L. Moland (Paris 1956), I, 270.
7 Der Erzähler Alcofribas Nasier (Anagramm von François Rabelais; die ‹Nase› steht für Witz) leitet an anderer Stelle (Kap. 32) eine weitere unglaubliche Geschichte mit den Worten ein: «je, qui vous fais ces tant veritables contes» (I, 278), mit Anspielung auf Lukians Titel Wahre Geschichten für seine Münchhauseniaden.
8 Mimesis (Bern ²1959), 259; 263.
9 Zit. nach Die Träume, übs. W. Muster (Frankfurt/M. 1966); Original: Obras Completas, ed. F. Buendía (Madrid ⁶1979), I, 135–253.
10 Die menippeische Hölle wird naturgemäß durch die gegnerischen Konfessionen der Zeit unterschiedlich besetzt. In John Donnes Jesuitensatire Conclave Ignati (1611), von der es eine lateinische und eine englische Fassung gibt, erhält Ignatius von Loyola den Ehrenplatz im innersten Bereich der Hölle und im Kreis einer bunten Ansammlung von ‹Neuerern› wie Kopernikus, Paracelsus, Machiavelli, Columbus und Aretino; er vermag jedoch durch seine Dreistigkeit alle Mitbewerber auszustechen und den Teufel selbst das Fürchten zu lehren (Ignatius His Conclave, ed. T. S. Healy, S. J., Oxford 1969). – Zu Quevedo als Satiriker vgl. Vf., «Nachwort» zu: Quevedo, Aus dem Turm (Mainz 2003), hier: 267f.
11 Erstaunlicherweise fehlt für die in Europa so einflußreiche menippeische Untergattung des Totengesprächs nach wie vor eine Untersuchung, die

über die Nationalliteraturen hinausgreift, sieht man von der wenig differenzierten Behandlung des Themas in J. S. Egilsrud, *Le «Dialogue des Morts» dans les littératures française, allemande et anglaise* (Paris 1934) ab. Vgl. den ausführlichen Artikel ‹Totengespräch› im *Reallexikon der Deutschen Literaturwissenschaft,* Bd. 3 (2003). Zu den ‹nationalen› Totendialogen: B. Boyce, «News From Hell», *PMLA* 58 (1943), 402–437; J. Rutledge, *The Dialogue of the Dead in 18th Century Germany* (Bern / Frankfurt/M. 1974); F. M. Keener, *English Dialogues of the Dead* (New York 1973).

12 Der menippeische Charakter der Totengräberszene aus *Hamlet* wird nicht zuletzt an ihrer nihilistischen Umdeutung in Klingemanns *Nachtwachen des Bonaventura* deutlich; vgl. v. a. die 16. Nachtwache; und K. Bartenschlager, «Bonaventuras Shakespeare», in: *Großbritannien und Deutschland,* ed. O. Kuhn (München 1974), 347–371. – Marlowe-Zitat: *Doctor Faustus,* ed. R. Gill (London ²1989), 62 (12. Szene, V. 81 f.).

13 Ein Sonderfall ist Huttens lateinischer Dialog *Phalarismus* (deutsch in: *Die Schule des Tyrannen,* übs. M. Treu, Leipzig 1991, 5–18), angeregt durch Lukians *Die Überfahrt oder Der Tyrann.* Das Hadesgespräch dient hier einem bitteren Angriff auf Herzog Ulrich von Württemberg, der einen Verwandten Huttens ermorden ließ; Ulrich kommt als Lebender in die Unterwelt, um – nach der üblichen demütigenden Behandlung durch Charon – Unterricht bei dem grausamen Tyrannen Phalaris zu nehmen.

14 In *Opera Omnia D. Erasmi Roterodami,* Bd. 1.3 (Amsterdam 1972), 575–584.

15 Ed. R. N. Durán (Barcelona 1991).

16 Zur deutschen Ausgabe s. o., Anm. 1; Orginal in: *Œuvres de Fontenelle* (Paris 1825), III, 389–463; IV, 5–142.

17 Ed. G. Knoll (Berlin ²2000).

18 «New Anecdotes of Alexander the Great», in: *The Writings of Thomas Paine,* ed. M. D. Conway (New York 1894), I, 28.

19 Vgl. die Totengräberszene des *Hamlet:* «Imperious Caesar, dead and turned to clay, / Might stop a hole to keep the wind away ...» (V, i, V. 209 f.).

20 B. Brecht, *Die Stücke* (Frankfurt/M. 1978), 579–591; hier: 585.

21 Ed./übs. G. Binder (Düsseldorf 1999). – Vgl. O. Weinreich, *Senecas Apocolocyntosis* (Berlin 1923); H. K. Riikonen, *Menippean Satire as a Literary Genre, with special reference to Seneca's* Apocolocyntosis (Helsinki 1987).

22 Ed./übs. G. Christian, in: Erasmus, *Ausgewählte Werke,* ed. W. Welzig et al., Bd. 5 (Darmstadt 1968), 6–109. – Vgl. W. K. Ferguson, ed., *Erasmi Opuscula* (Den Haag 1933); zu Luther: 53 f. Vgl. auch *The Julius Exclusus of Erasmus,* übs. P. Pascal / ed. J. K. Sowards (Bloomington 1968), 7–23. – In seiner dialogischen Menippea *Eckius dedolatus* (‹Der zurechtgehauene Eck›, 1520) läßt der (wahrscheinliche) Verfasser, Willibald Pirckheimer, Luthers theologischen Gegenspieler Johann Eck sich auf die gleiche ironische Art im Gespräch mit einem ‹Beichtvater› selbst entlarven, wie dies der Julius des Erasmus gegenüber Petrus tut. Auf die Beichte folgt die Buße: Eck wird für seine Sünden erbärmlich verbleut, geschunden, nach dem Vorbild

von Lukians *Lexiphanes* mit einem Vomitiv traktiert und satirisch kuriert; vgl. *Eckius dedolatus / Der enteckte Eck*, ed./übs. N. Holzberg (Stuttgart 1983); hier: 54–73.
23 Byron, *The Complete Works*, ed. J.J. McGann et al., Bd. 6 (Oxford 1991), 309–345. – Zum menippeischen Charakter des Werkes vgl. E. Jones, «Byron's *Vision of Judgment*», *Modern Language Review* 76 (1981), 1–19.
24 So nennt Lesage den bei Vélez de Guevara noch namenlosen Hinkenden Teufel in seiner freien Bearbeitung von *El Diablo cojuelo*.
25 Vgl. Byron, ed. cit., 672.
26 Beide Texte sind als Reiseberichte im Rahmen eines Gesprächs mit einem Freund konzipiert, und beide enden mit einem ‹metaphysischen› Dekret, das der Reisende den Sterblichen überbringen soll.
27 *WL*, I, 128; *L*, II, 306; vgl. *Apokolokyntosis*, ed. cit., 18: Dort wird der betreffende Vers – *Odyssee* I, V. 170, ein geflügeltes Wort der Antike – im Original zitiert.
28 Die Epikureer beriefen sich auf die kosmische Atomtheorie des Demokrit, wie sie Lukrez in seinem großen Lehrgedicht *De rerum natura* ausführt.
29 Auch die Götter stehen unter dem Gesetz des Schicksals; dies ist das Thema von Lukians *Der überwiesene Jupiter* (*Jupiter confutatus*).
30 Ed./übs. M. Boenke (München 1993).
31 E. Grassi/M. Lorch, *Folly and Insanity in Renaissance Literature* (Binghampton 1986), 68.
32 Alberti (ed. cit. 20f.) zitiert die berühmte Kritik des Momus an der Schöpfung des Menschen, daß man nämlich versäumt habe, diesem ein Glasfenster vor die Brust zu setzen (aus Lukians *Hermotimus*; *WL*, III, 19f.; *L*, VI, 298).
33 *I Mondi e gli Inferni*, ed. P. Pellizzari (Turin 1994).
34 «Spaccio de la bestia trionfante», in: *Dialoghi Italiani*, ed. G. Gentile/ G. Aquilecchia (Florenz ³1958), 549–829. – Zu Bruno als Menippeer s.u., 233–236.
35 Vgl. ed. cit., 387. Zu den Angriffen auf die *finta religione* der Reformation vgl. ed. cit., 622–627; 655–665; 709–711. Die Verächter der Guten Werke, so heißt es in Anlehnung an die *Höllenfahrt des Menippus*, sollen 3000 Jahre lang als Esel wiedergeboren werden (626).
36 Eine besonders einflußreiche olympische Perspektive etabliert Traiano Boccalini in seinen ‹Berichten vom Parnaß› (*Ragguagli di Parnaso*, 1612/13). Er verwandelt die Insellage Venedigs in eine Art journalistischen Hochsitz, um ‹von oben herab› dem übrigen Europa witzig die politischen und kulturellen Leviten zu lesen, indem er eine Gipfel-Gesprächsrunde bedeutender Geister aller Zeiten unter Vorsitz Apolls auf dem Parnaß versammelt; Apoll entscheidet jeweils die aktuellen Debatten seiner *virtuosi* durch allerhöchste Lukianeske Dekrete, häufig im Sinne venezianischer Politik. – Auch Quevedo, der barocke Meister der Menippea, erfindet zusätzlich zu seinen infernalischen Visionen auch noch einen satirischen Olymp: In: *Die*

Fortuna mit Hirn oder die Stunde aller (*La Hora de todos y Fortuna con seso*, posthum 1650 gedruckt; Ausgaben s. o., Anm. 9; deutsch: 169-292; Original: 253-313) beschwert sich Jupiter über die Tyrannei der allmächtigen Fortuna und verfügt, daß zu einer bestimmten Stunde jeder den Lohn erhalten soll, der ihm zusteht. Die Götter sehen dem entlarvenden Chaos, das dadurch entsteht, von oben aus zu, doch am Ende wird Fortuna wieder in ihre alten Rechte eingesetzt, denn die Menschen sind auch durch diese Radikalkur nicht zu bessern.

37 *Fearful Symmetry* (Boston ²1962), 201. – Blakes Text wird zitiert nach *Poetry and Prose of William Blake*, ed. G. Keynes (London 1961), 181-193; eine gute deutsche Fassung findet sich in: *Zwischen Feuer und Eis*, ed./übs. Th. Eichhorn (München 1996), 213-245. – Vgl. L. Tannenbaum, «Blake's News from Hell: *The Marriage of Heaven and Hell* and the Lucianic Tradition», *Journal of English Literary History* 43 (1976), 74-99. – Weit weniger bekannt ist die fragmentarische, reizvoll skurrile, mit Gedichten und Nonsens-Elementen angereicherte Menippea Blakes *An Island in the Moon* (um 1787), die den ironischen Plauderstil der Konversationsromane Peacocks vorwegnimmt; ed. cit., 671-691.

38 Der Stall steht wohl für die Geburt Christi, die Mühle (*mill* bedeutet auch ‹Fabrik›) ist bei Blake häufig Symbol für die leer in sich kreisende Mechanik des bloßen Vernunftdenkens.

39 Vgl. J. Kristéva, *Soleil noir* (Paris 1987).

40 S. o., 61-63.

41 Ed. H. Rollin (Paris 1987); deutsch: *Ein Streit in der Hölle*, übs. H. Leisegang, ed. H. M. Enzensberger (Frankfurt/M. 1990).

4. Tierische Standpunkte

1 *WL* I, 404; *L* VII, 18. – Dieser Text begründet das Genre des menippeischen ‹Hundegesprächs›, zu dem der 4. Dialog aus Bonaventure de Périers' religionskritischem *Cymbalum Mundi* (1537) gehört, ferner das pikareske «Coloquio de los perros» aus den *Exemplarischen Novellen* des Cervantes (1613) und E. T. A. Hoffmanns an Cervantes anschließende «Nachricht von den neuesten Schicksalen des Hundes Berganza» (1814). Eine originelle moderne Version enthält Michail Bulgakows *Hundeherz* (entstanden 1925, gedr. 1968, dt. 1968): Als Bericht eines Straßenköters, dessen Herz einem Proletarier eingepflanzt wird, stellt es eine Satire auf den Neuen Menschen des Sowjetsystems dar.

2 Vgl. V. Link, *Die Tradition der außermenschlichen Erzählperspektive* (Heidelberg 1980), Kap. II.2. – H. Fieldings *Journey from this World to the Next* (1743) kombiniert die menippeische Jenseitsreise mit der Seelenwanderung: In den Kapiteln 10-25 berichtet Kaiser Julian Apostata, selbst ein Autor von Menippeen, über die Stationen seiner Seelenwanderung,

die ihn auf pikareske Art durch alle Höhen und Tiefen der Gesellschaft führte.
3 *Homer's Odyssee*, übs. J. H. Voss; 10. Gesang, V. 395 f.
4 «Gryllos oder Die Vernunft der unvernünftigen Tiere», in: *Moralia*, übs. W. Ax (Leipzig 1942), 279–297; hier: 289. Originaltext in der Loeb. Ed. von *Plutarch's Moralia*, XII, 489–533. Der griechische Titel *Ta áloga lógo chrésthai*, ‹Daß die Tiere [eigentlich: die Unvernünftigen] Vernunft besitzen›, enthält ein Wortspiel. – Zum Kontext: G. Boas, *The Happy Beast* (Baltimore 1933, New York ²1966).
5 Eine Tierperspektive von hohem erzählerischen Reiz und unvergleichlicher Rezeptionswirkung enthält der *Goldene Esel* des Apuleius, der hier nicht eigens betrachtet wird, weil er den Anderen Blick ganz einer pikaresk anmutenden romanhaften Abenteuerserie dienstbar macht. – Was den bisher m. W. nicht reklamierten menippeischen Charakter des *Gryllos* betrifft, so hat ihn die neuzeitliche Aufnahme de facto immer erkannt. Erasmus widmet im *Lob der Torheit* einen Abschnitt dem Glück der Tiere und zitiert dabei das Schwein des Plutarch in einem Atem mit Lukians Hahn (ed. cit., IV.3, 112). Ebenso versetzt das Cristóbal de Villalón zugeschriebene satirische Werk *El Crótalon* [griech. für die Klapper oder Schelle], c. 1550, im 2. Kapitel das Ferkel Plutarchs in den Kontext von Lukians Text. – Fénelon reiht später einen Gryllos-Dialog unter seine *Totengespräche* ein (c. 1695, gedr. 1712): Als Schwein aus der Herde des Epikur liest «Grillus» der korrupten Welt die Leviten, erklärt die Menschen ohne Religion und Philosophie für elender als Tiere und kommt zu dem Schluß, ‹daß es besser ist, ein Schwein als ein Held zu sein›, *qu'il vaut mieux être cochon que héros*. Die Dialoge wurden zur Erziehung eines Thronfolgers verfaßt (*Œuvres*, ed. J. Le Brun, Paris 1982, I, 290–294; hier: 292).
6 Vgl. H. Castrop, «*Noble Savage* und *Happy Beast*», in: M. Pfister, ed., *Alternative Welten* (München 1982), 161–175.
7 «Content de ses chardons, et secouant la tête, / ‹Ma foi, non plus que nous, l'homme n'est qu'une bête›.» (V. 207 f.; *Œuvres*, ed. J. Vercruysse, 2 Bde., Paris 1969, I. 83–90). – In seiner «Satire Against Mankind» verschärft der Earl of Rochester den Ton der Anklage und setzt gegen die metaphysische Anmaßung des Menschen die Selbstbescheidung eines Diogenes (V. 90 f.; *Complete Poems and Plays*, ed. P. Lyons, London 1993, 25–30).
8 *La Circe e I Capricci del Bottaio*, ed. S. Ferrari (Florenz 1957 [¹1897]), 56.
9 Schon im *Gryllos* des Plutarch wird die Gleichwertigkeit des Weibchens in der Tierwelt, «wenn es die Mühen um den Lebensunterhalt oder den Kampf für die Jungen gilt» (284), hervorgehoben.
10 *Circe, Translated from the Italian of John Baptist Gelli*, 166. Das *Dictionary of Anonymous ... English Literature* (I, 356) nennt H. Layng als Autor dieser Übersetzung. – Auch zu einer weiteren Stelle, die unter dem Stichwort ‹Mäßigung› den Menschenweibchen vorhält, während der Schwangerschaft mit ihren Männern zu verkehren, merkt der Übersetzer an: «This

also is translated by Captain Gulliver» (169; vgl. *Gulliver's Travels* IV, Kap. 7). Die Gelli-Verbindung scheint der Swift-Philologie bisher entgangen zu sein.
11 Zu Plutarchs Wortspiel s.o., Anm. 4. – Zum logischen Paradigma vgl. R. S. Crane, «The Houyhnhnms, the Yahoos, and the History of Ideas», in: J. A. Mazzeo, ed., *Reason and the Imagination* (New York 1962), 231–253; hier: 243–253.
12 *Dialogues des animaux, ou Le Bonheur* (Berlin 1763). – Es sei, im Hinblick auf den philosophischen Kontext dieses Dialogs, daran erinnert, daß La Mettrie, der in seinem skandalösen Werk *L'Homme machine* die Tiere dank ihrer ‹kynischen› Unbefangenheit *in naturalibus* über die Menschen erhoben hat, seine letzten Jahre unter dem Schutz Friedrichs II. in Berlin verbringen durfte: «Er stilisiert sich zum Vergnügen des Königs ... als Jünger des Diogenes im Rokoko» (H. Blumenberg, *Höhlenausgänge*, Frankfurt/M. 1989, 385).
13 Zur französischen Ausgabe und zur deutschen Übersetzung s.o., 283, Anm. 23.
14 Vgl. *Gulliver's Travels*, I,i (ed. cit., 5): «... I found my Arms and Legs were strongly fastened on each Side to the Ground ... I likewise felt several slender Ligatures across my Body ...» – Analog präfigurieren die Kentauern von Cyranos Mondstaat, zumindest äußerlich und abgesehen von ihrer Riesengröße, Swifts weise Pferde.
15 Diese Umkehr der Machtverhältnisse wird Christian Morgenstern später so bedichten: «Auf dem Fliegenplaneten / da geht es dem Menschen nicht gut: / Denn was er hier der Fliege, / die Fliege dort ihm tut. // An Bändern voll Honig kleben / die Menschen dort allesamt ...» (*Hundert Gedichte*, Berlin 1985, 42).
16 Die entscheidende Rolle Cyranos als Anreger Swifts wird von der Kritik nach wie vor unterschätzt. Vgl. den wenig erhellenden Artikel von W. E. Yeomans, «The Houyhnhnm as Menippean Horse» (1966), in: R. B. Gravil, ed., *Gulliver's Travels: A Casebook* (London 1974), 202–211, der weder Cyrano noch die menippeische Tradition der Tierparadoxie zur Kenntnis nimmt.
17 Für ein europäisches Publikum auf lateinisch verfaßt: *Nicolai Klimii iter subterraneum*; eine französische Version von Mauvillon und eine anonyme deutsche Übersetzung erschienen gleichzeitig mit der Erstausgabe; die deutsche Fassung zit. nach der Ausg. von H. A. Neunzig (Hamburg 1970). – Zum literarischen Kontext des Werkes S. Peters, *Ludvig Holbergs Menippeische Satire* (Frankfurt/M. 1987).
18 Kipling hat sich an diese Episode erinnert, als er im *Dschungelbuch* Mowgli von einer gesetzlosen Affenbande in die Baumwipfel entführen und nach der Ruinenstadt Cold Lairs verschleppen läßt, in der die Horde menschliches Tun nachäfft: «They would sit in circles on the hall of the king's council chamber, and scratch for fleas and pretend to be men» («Kaa's

Hunting», in: *The Two Jungle Books*, London 1936, 44–84; hier: 67); doch in dieser – vielfach allegorisch gedeuteten – Geschichte verhält sich der Held durchaus heldenhaft und wird von seinen Tier-Brüdern gerettet.
19 G. Beer, *Darwin's Plots* (London 1983), 145.
20 *The Water-Babies* (London / Glasgow o. J.), 180 (Kap. 6).
21 In: *The Short Stories of H. G. Wells* (London 1927), 9–103.
22 «Der Paradiesgarten der Eloi liegt in Ruinen, die Hölle der Morlocks ist aber voll funktionstüchtig» (I. Platthaus, *Höllenfahrten*, 48).
23 *La Planète des singes* (Paris 2001).
24 Das Motiv ‹Mensch als Zootier der Gegenwelt› findet sich zum ersten Mal in Cyranos Mondreich; dort sperrt man Dyrcona zusammen mit seinem astronautischen Vorgänger aus Godwins Mondreise in einen Käfig, in der Hoffnung, daß die beiden sich paaren und so ihre drollige Art fortpflanzen (58). – Daß Menschen-Affen Menschen jagen, führt Conan Doyle auf etwas andere Art in *The Lost World* (1912) im Rahmen einer Forschungsreise seines Helden Professor Challenger vor. Auf einem Felsplateau im tiefsten brasilianischen Dschungel sieht sich dieser Sherlock Holmes der Wissenschaft mit einer furchterregenden prähistorischen Fauna konfrontiert; die mörderischen Gorillas, die hier einen primitiven Indianerstamm und die Reisenden sadistisch terrorisieren, stellen das vielgesuchte *missing link* zwischen Menschen und Affen dar und werden von den Besuchern aus der zivilisierten Welt als ebenso schauerlich empfunden wie die Morlocks aus der Sicht des Zeitreisenden. (*The Complete Professor Challenger Stories*, London 1976, 3–213).
25 Seiner Verlobten Felice Bauer gegenüber äußerte Kafka den Wunsch, «die Menschenwelt in der Rolle des Fremden zu beobachten, um, wenn es zum Jüngsten Gericht komme, als einziger Sünder freigesprochen zu werden» (zit. nach P.-A. Alt, *Franz Kafka*, München 2005, 510; 654; vgl. auch ibid. 653–658, zur «Musik der Tiere»).
26 Kafka-Zitate nach der Schocken/Fischer-Ausgabe der *Gesammelten Werke* durch Max Brod (Frankfurt/M. o. J.). – In einem Brief an M. Brod vom Anfang August 1922 äußert sich Kafka mit bezeichnender Mischung aus Abscheu und Faszination über die sommerlichen Decolletés der Prager Damen und die Hinfälligkeit solchen Fleisches, «das man ... wegen seiner nur für den Augenblick modellierten Rundung (die allerdings, wie Gulliver entdeckt hat – ich kann es aber meistens nicht glauben – durch Schweiß, Fett, Poren und Härchen entstellt ist) kaum anzurühren getraut ...» (*Briefe 1902–1924*, 405; Echo der Stelle im Brief an Brod vom 11.9.1922, 415). – Vgl. *Gulliver's Travels*, II, Kap. 5.
27 W. H. Sokel, *Franz Kafka – Tragik und Ironie* (München 1964), 347.
28 *Sämtliche poetische Werke*, ed. H. Geiger (Augsburg 1998), I, 296–304.
29 Vgl. H. Binder, *Kafka in neuer Sicht* (Stuttgart 1976), 551. – *Kater Murr* ist mit seiner scheinbar zufälligen Montage von Kater- und Künstlerperspektive strukturell durch Swift, Sterne und Jean Paul geprägt. Was die Mi-

schung aus unvereinbaren Tier- und Menschenwesen angeht, so ist hier der Hexensabbat relevant, dessen Zeuge der Hund Berganza aus den *Phantasiestücken* wird: «Da waren es seltsamliche häßliche Tiere, Menschengesichter nachäffend, da waren es Menschen, in gräßlicher Verzerrung mit der Tiergestalt kämpfend ...» Der hündische Sprecher fühlt sich selbst als Opfer einer hexenhaften Verwandlung «in zwei Berganzas ..., die miteinander kämpften» (I, 91; 93).

30 Vgl. die Äußerung von Hoffmanns gebildetem Affen über die «bösen Verwandten in den Wäldern»: «ihre Augen sind trocken, und sie sind gänzlich ohne Tiefe des Gemüts» (I, 298).

31 *Hochzeitsvorbereitungen auf dem Lande*, 160. – Vgl. K.-H. Fingerhut, *Die Funktion der Tierfiguren im Werke Franz Kafkas* (Bonn 1969), 92–94.

32 «L' Héautontimorouménos» [‹Der Sich-selbst-Bestrafende›], in *Œuvres complètes de Baudelaire*, ed. Y.-C. Le Dantec/C. Pichois (Paris 1961), 74.

33 W. Menninghaus, *Ekel* (Frankfurt/M. 2002), 436f. Die Ausführungen zu Kafkas Motivik und Poetik des Schneidens (427–450) sind von grundlegender Bedeutung; nicht behandelt wird freilich ihr Bezug zu Etymologie und Rhetorik des Sarkasmus.

34 Vgl. bei Swift den Plan der Hofschranzen von Lilliput, Gulliver langsam verhungern zu lassen, um so seine Körpermasse zu verringern und die Beseitigung seines Kadavers zu erleichtern (I, Kap. 7).

35 Bei seinem ersten Käferauftritt wurde Gregor mit einer Fotografie aus seiner Dienstzeit als Leutnant konfrontiert, auf der er «sorglos lächelnd, Respekt für seine Haltung und Uniform verlangte» (87).

5. Utopische Gegenwelten

1 S.o., 47–49; 109–120. Vgl. Vf., «*Mundus alter et idem*», 139–190. – Die Zugehörigkeit der Utopie zur menippeischen Gattung deutet sowohl Frye (*Anatomy*, 310) als auch Bachtin (*Probleme*, 132) an; doch erst Korkowski, *Menippus and His Imitators*, behandelt eingehender eine Reihe utopischer Fiktionen.

2 Vgl. R. C. Elliott, *The Shape of Utopia* (Chicago 1970), 22; I. Hantsch, *Semiotik des Erzählens* (München 1975), 54–61.

3 Samuel Butlers *Erewhon* (Anagramm von «Nowhere»), 1872, die witzigste viktorianische Utopie, verbindet die Zerrspiegelung englischer Gebräuche mit den Figuren anagrammatischer und chiastischer Umkehrung: In Erewhon ist beispielsweise Krankheit Verbrechen, Verbrechen Krankheit.

4 *A Modern Utopia* (London 1905), 5.

5 Vgl. *WL*, II, 302; 334. – *L*, I, 250; 322.

6 Darüber hinaus werden andere Phantasiewelten kurz besucht, die in späteren Utopien wiederkehren, wie das Laternenland (Rabelais, 5. Buch, Kap. 33f.) oder die Trauminsel (in Cyranos *Sonnenstaat*). Selbst aus sol-

chen Abstechern bauen die Späteren ganze Romane; so scheint Margaret Cavendishs Idee einer Stadt unter dem Eis in ihrer ‹feministischen› Utopie *The Blazing World* (1666) von Lukians Überwintern in einer Eishöhle des gefrorenen Ozeans angeregt (*WL*, II, 326f.; *L*, I, 305). – B. Appel, *The Fantastic Mirror* (New York 1979), 1–12, behandelt die *Wahren Geschichten* als erste ‹Science Fiction› der Weltliteratur.

7 Die monströsen Riesenvögel oder «Urgs» aus G. de Foignys *Terre Australe connue* (1676) oder die «Bandelis» aus D. de Veiras' *Histoire des Sévarambes* (1677–1679), eine Mischung aus Hirsch, Ziege, Pferd und Maultier, stehen in dieser Tradition der phantastischen Tiergroteske. P. Kuon deutet in seinem Buch *Utopischer Entwurf und fiktionale Vermittlung* (Heidelberg 1986), ohne diesen Kontext zu beachten, die ersteren als Sinnbild der Triebhaftigkeit, die von der Utopie negiert werde (290), die letzteren als Überbietung des Vertrauten in Richtung auf eine «bessere und schönere Wirklichkeit» (327). Analog liest er Veiras' Erklärung, sein Werk enthalte «tous les caractères d'une Histoire véritable», als romanhafte Wahrscheinlichkeitspoetik und übersieht die ironische Anspielung auf Lukian. Kuons allzu gradlinige Progression «von der humanistischen Dialog- und barocken Allegorieutopie zur frühaufklärerischen Romanutopie» (309) ist nicht zuletzt ein Ergebnis umfangreicher Ausblendungen.

8 Vgl. die verharmlosende ‹lukianeske› Deutung Mores bei C. S. Lewis, *English Literature in the 16th Century* (London 1954), 167–170; und die Verfälschung der *Utopia* zur ironischen Dystopie bei T. S. Dorsch, «Sir Thomas More and Lucian», *Archiv* 203 (1967), 345–363. – Überzeugenderes zur Lukian-Nachfolge Mores bei C. R. Thompson, ed., in: Th. More, *Translations of Lucian* (New Haven 1974), xli–xliii; xlviiif.; Korkowski, *Menippus*, 203–206; R.B. Branham, «Utopian Laughter: Lucian and Thomas More», *Moreana* 86 (1985), 23–40; C. Ginzburg, *No Island Is an Island* (New York 2000), 11–25.

9 *Utopia*, ed. E. Surtz/J. H. Hexter (New Haven 1965); hier 100; 244.

10 Brief vom 24. 2. 1516 an William Cop; in: *Opus Epistolarum*, ed. P. S. Allen (Oxford 1906–1963), II, 483.

11 ‹Morus› bezeichnet hier und im folgenden die Persona im Text, die in ironischer Distanz zum Autor More steht. Der *ductus obliquus*, den ‹Morus› als Taktik indirekten Vorgehens empfiehlt, ist ein Fachbegriff der Rhetorik für anspielende, ironische oder figurative Redeweise; vgl. Quintilian, *Institutio oratoria*, IX. ii. 65f.

12 (Bern ³1964), 250–270; hier: 257.

13 In *Wie man die Geschichte schreiben müsse* berichtet Lukian, daß Diogenes während der Kriegsvorbereitungen in Korinth dröhnend sein leeres Faß auf und ab gerollt habe, um seinen Teil zur allgemeinen Geschäftigkeit beizutragen (*WL*, II, 267; *L*, VI, 4). Rabelais amplifiziert diese ironische Vignette im Prolog zu seinem 3. Buch ins Gargantueske, und Ralph Robynson, der erste englische Übersetzer der *Utopia* (1551), nimmt sie in seine Vorrede auf. – Zu Rabelais als Menippeer: C. A. Mayer, «The Genesis of a

Anmerkungen zu S. 130–144   **295**

Rabelaisian Character», *French Studies* 6 (1952), 219–229; M. Bachtins *Rabelais und seine Welt* (Frankfurt/M. 1987) beschreibt unter den Stichworten Lachkultur und Karnevalisierung z.T. menippeische Elemente; D. G. Coleman, *Rabelais* (Cambridge 1971), 84–109; Korkowski, *Menippus*, 233–246. Vgl. auch Clément, *Le Cynisme*, Kap. 6.

14 Die Reisestationen heißen nach *Pantagruel*, Buch II, Kap. 24 unter anderen: Kap der Guten Hoffnung, Meden, Uti, Uden (griechische Wörter für ‹Nichts›), Gelasim (‹Lachland›) und Achorie (‹Landlos›).

15 S. o., 71–73.

16 *No Island*, 17.

17 Ed./übs. R. van Dülmen (Stuttgart 1972), 32f.

18 Vgl. Boccalini, *Ragguagli di Parnaso* (1612), I, lxxvii (Apoll beauftragt eine Kommission antiker Geistesgrößen mit einem Reformprogramm für die korrupte Welt); Quevedo schreibt zur spanischen Übersetzung der *Utopia* (1637) ein preisendes Vorwort, zitiert bei Ausbruch des spanisch-französischen Krieges in seinem Brief an Ludwig XIII. (1635) Mores Szene mit den französischen Kriegshetzern und bringt am Ende seiner radikalsten Traumsatire *La Hora de todos* (gedr. 1650) ein utopisches Plädoyer, das die Handschrift Mores verrät und ironisch als Serie weltfremder und rabiater Forderungen eingeführt wird (*Obras completas*, 537f.; 1007f.; 308–311); Robert Burton schließlich integriert seine Utopie, die More und viele andere Vorläufer zitiert, in die große menippeische Vorrede seiner *Anatomy of Melancholy* (ed. cit., I, 96–107).

19 S. o., 45–48.

20 *Looking Backward: 2000–1887*, ed. E. Fromm (New York 1960), 214.

21 Ed. Ch. Bentley/J. G. Turner (Oxford 1990), 74. – Dazu P. Baines, «‹Able Mechanick›: *The Life … of Peter Wilkins* and the 18th Century Fantastic Voyage», in: D. Seed, ed., *Anticipations* (Liverpool 1995), 1–25. – Zu den philosophischen und literarischen Höhlen-Phantasien vgl. H. Blumenberg, *Höhlenausgänge* (Frankfurt/M. 1989); R. Williams, *Notes on the Underground* (Cambridge/Mass. 1990); I. Platthaus, *Höllenfahrten* (München 2004).

22 Der ‹Frauenstaat› bildet eine markante Untergattung der satirischen Utopie, von Aristophanes' *Weibervolksversammlung* über den «Senatulus» aus den *Colloquia* des Erasmus, das Land «Viraginia» in Halls *Mundus alter*, den *Nouveau Gulliver* des Abbé Desfontaines (1730), Bulwer-Lyttons *Coming Race* (1871) bis hin zum *Science Fiction*-Horror einer planetarischen Gynäkokratie in *Search the Sky* von E. Pohl/C. M. Kornbluth (1954). Den Schritt von der Dystopie zur weiblichen Eutopie tut auf witzige Art Ch. P. Gilman in *Herland* (1915); in eher penetranter Manier G. Brantenberg, *Die Töchter Egalias* (1977; deutsch von E. Radicke, 1979).

23 *The Parisians, vol. II / The Coming Race* [= *Works of the Right Hon. Lord Lytton*, Bd. 21] (London 1897), 459.

24 D. Suvin, *The Metamorphoses of Science Fiction* (New Haven 1979), 7f. – Im Vorwort zur Sammelausgabe seiner *Scientific Romances* (London 1933) cha-

rakterisiert Wells seine *Science Fiction*-Erzählungen als «romances» und «fantasies» und nähert sie u. a. den *Wahren Geschichten* des Lukian an. Sein Mondroman führt ein Motto aus *Ikaromenippus*. – Vgl. auch M. R. Hillegas, *The Future as Nightmare* (New York 1967), 50–55; R. M. Philmus, *Into the Unknown* (Berkeley 1970), 142–154.

25 In: *Scientific Romances*, 455–620; hier: 607.
26 «The Machine Stops», in: *The Collected Tales of E.M. Forster* (New York 1968), 144–197; hier: 176.
27 Vgl. die mörderischen Tentakel der Fremdgeschöpfe in *The Time Machine* und *The War of the Worlds*.
28 *Fragment d'histoire future*, ed. R. Trousson (Paris / Genf 1980).
29 Vgl. Y. Zamyatin, «H. G. Wells» (1922), in: *A Soviet Heretic: Essays*, übs. M. Ginsburg (Chicago 1970), 259–290.
30 *Wir*, übs. G. Drohla (Köln 1958), 218.
31 *Die Brüder Karamasoff*, übs. E. K. Rahsin (München 1992), 407. – Zum menippeischen Charakter der ‹Legende› vgl. Bachtin, *Probleme*, 176. – A. Aldridge zitiert aus Samjatins Essay «Scythians?» von 1918 die Zeile: «Christ victorious in practical terms is the grand inquisitor» (gedr. in: *A Soviet Heretic*, 22) und stellt fest: «Presumably the entire system was created in emulation of the philosophy of Ivan Karamazov's Grand Inquisitor», doch ohne auf den Katechismus des ‹Wohltäters› einzugehen (*The Scientific World View in Dystopia*, Ann Arbor 1984, 35; 38).
32 In seinem nachträglichen Vorwort von 1946 nennt Huxley sich in der Zeit seiner Verfasserschaft von *Brave New World* (1932) einen «amused, Pyrrhonic aesthete» (Harmondsworth 1955), 8.
33 Vgl. Huxleys erste Amerika-Eindrücke am Ende von *Jesting Pilate* (1926), besonders «Los Angeles. A Rhapsody».
34 Vgl. «Review: We by E. I. Zamyatin» [1946] und «Letter to F. J. Warburg» [30. 3. 1949], in: *The Collected Essays, Journalism and Letters of G. Orwell*, ed. S. Orwell/I. Angus (Harmondsworth 1970), IV, 95–99; 546f.
35 *Nineteen Eighty-Four*, ed. B. Crick (Oxford 1984), 373.

6. Die Metropole als Ruinen- und Totenstadt

1 H. G. Wells, *The War of the Worlds*, in: ders., *The Scientific Romances* (London 1933), 307–453; hier: 413. – Vgl. Vf., «Of Ants and Aliens: Wells's *War of the Worlds* as Menippean Satire», in: E. Lehman/B. Lenz, ed., *Telling Stories* (Amsterdam 1992), 147–162; hier: 159ff.
2 *Metamorphosen*, ed. cit., 577; Buch XV, V. 423–428.
3 Vgl. zu diesem Aspekt N. Holzberg, *Ovid* (München, ²1998), 156. – Lukian, der in seinem Epos *Pharsalia* den Bürgerkrieg zwischen Pompejus und Caesar als Selbstmord des Reiches und die Entscheidungsschlacht als Grablegung Roms metaphorisiert, läßt den siegreichen Caesar vom Schlachtfeld zu den Ruinen Trojas eilen – eine Analogie, deren Implikation im Hinblick

auf die anderen Ruinenvisionen des Gedichts nicht zu überlesen ist; vgl. die betreffende Stelle Buch IX, V. 964-969 mit I, V. 24-32 und VII, V. 391-408.

4 Die eingeklammerte Passage fehlt in *WL*, I, 360; vgl. *L*, II, 442.
5 Sonett 13; in: *Les Regrets / Les Antiquités de Rome*, ed. S. de Sacy (Paris 1967), 35.
6 «Canción a las ruinas de Itálica», in: *Epistola moral a Fabio y otras poesías del barroco sevillano*, ed. J. O. de Mendoza (Barcelona 1974), 147-149.
7 Einen prophetischen Unterton erhält dieser Komplex bei Quevedo; vgl. Vf., «*Procesos de mármol:* Thematik und Stilkunst des Lapidaren in der Lyrik Quevedos», in: *Interpretation*, ed. K. W. Hempfer/G. Regn (Wiesbaden 1983), 318-336.
8 *L'An deux mille quatre cent quarante*, ed. cit., 393-395.
9 *Tableau de Paris*, ed. J.-C. Bonnet (Paris 1994), I, 979-985. - Vgl. P. Citron, *La Poésie de Paris* (Paris 1961), I, 123-125. Grundlegende Darstellung bei K. Stierle, «Der Tod der großen Stadt», in: M. Smuda, ed., *Die Großstadt als «Text»* (München 1992), 101-129. - In Kap. 356 seines *Tableau* treibt Mercier sein phantastisches Spiel mit Pariser Zukunftsszenarien noch einen riskanten Schritt weiter: Was würde geschehen, wenn man die *monstrueuse ville* samt ihrem Wurmfortsatz Versailles nach Warnung der Einwohner einfach anzündete und abfackeln ließe? Möglicherweise wäre es eine Heilkur für das ganze Land.
10 *Die Ruinen*, ed. cit.; benützte französische Ausgabe: Paris 1821. - Über die Grundmotive hinaus verbinden deutliche Wortechos die beiden Texte, angefangen beim Begriff *révolution*, den Volney in seinen Untertitel übernimmt, über den selbstverursachten Fall und das ‹Skelett› der toten Stadt (25) bis hin zu dem ‹eklen Gewürm› (*reptiles immondes*), das auch hier in den alten Prachtbauten haust (ibid.).
11 *The Letters of Horace Walpole*, ed. P. Toynbee (Oxford 1904), IX, 100f. Die ‹Ausgaben von Baalbek und Palmyra› beziehen sich auf die von prachtvollen Ruinenansichten illustrierten Folianten Robert Woods, *The Ruins of Palmyra* (London 1753) und *The Ruins of Balbec* (London 1757), die häufig zusammengebunden wurden und aus denen auch Volney sein Bild von Palmyra gewonnen haben dürfte. - Vgl. auch Walpoles Bemerkungen über das ungebremste Wachstum Londons: «Perhaps it will be at last, like Palmyra, in the midst of a vast desert ...» (*Letters* VIII, 450); und: «Babylon and Memphis and Rome probably stared at their own downfall. Empires did not use to philosophize, nor thought much but of themselves. Such revolutions are better known now, and we ought to expect them ...» (IX, 392).
12 «Von Ranke», in: *Critical and Historical Essays* (London 1877), 542.
13 Zur Bedeutung Venedigs als Paradigma der malerischen Ruinenstadt im 19. Jahrhundert vgl. Vf., «Sunset City - City of the Dead: Venice and 19th Century Apocalyptic Imagination», in: M. Pfister/B. Schaff, ed., *Venetian*

Views, Venetian Blinds (Amsterdam 1999), 99–114. – Lange vor Doré war die ‹vorweggenommene Ruine› – im Kontext des Epochenwandels von der Aufklärung zur Romantik und als Reflex der großen historischen Verwerfungen der Zeit – ein beliebtes Sujet der bildenden Kunst. Der von Diderot hochgeschätzte Ruinenmaler Hubert Robert malte 1796 die neuerbaute Große Galerie des Louvre als Ruine, und Sir John Soane, Erbauer der Bank von England, ließ um 1830 durch J. M. Gandy eine Ruinenansicht seines großen Bauwerks anfertigen. Vgl. M. Makarius, *Ruinen* (Paris 2004), 104–111; 184–189. Dazu die gehaltvolle Skizze von G. Metken, «Les ruines anticipées», in: A. und P. Poirier, *Domus aurea* (Paris 1978), 17–24; und Ph. Junod, «Les Ruines anticipées ou L'histoire au futur antérieur», in: *L'Homme face à son histoire* (Lausanne 1983), 23–47.

14 Ed. Ch. Nodier, 2 Bde (Paris 1811; Nachdruck Genf 1976). – Zur apokalyptischen Thematik vgl. *The End of the World*, ed. E. S. Rabkin et al. (Carbondale/Ill. 1985).

15 Während Creuzé de Lesser in seiner Gedichtfassung des *Dernier Homme* (Paris 1831, 162 f.) Napoleon durch Henri IV ersetzt, ist die Vision von Paris als Totenstadt, die Victor Hugo – angeregt von Grainville, und Lamartines «Première Vision» – in seinem großen Gedicht «L'Arc de Triomphe» aus *Les Voix intérieures* von 1837 entwirft, ganz auf den Ton Napoleonischer *grandeur* gestimmt (in: *Œuvres poétiques*, ed. P. Albouy, Paris 1964, I, 936–948). Aus der ‹nachheroischen› Ernüchterung seiner Zeit projiziert der Dichter die angeblich heldenhafte Vergangenheit in seine grandiose Vision einer Ruinenlandschaft, wie sie Paris 3000 Jahre später sein wird; nur die Vendôme-Säule und der Triumphbogen werden neben den Türmen von Notre Dame daraus hervorragen. Die aufklärerische Verklammerung von Stadtruin und Machtmißbrauch, die schon Grainville im Zeichen des Empire aufgekündigt hat, ist bei Hugo weniger logisch als rhetorisch aufgelöst. Obgleich Paris das Erbe Roms angetreten hat, ist sein Triumph von Verbrechen und unschuldigem Blut ganz unbefleckt (V. 315–20) – diese lasten als Fluch der Geschichte allein auf Rom und den anderen antiken Ruinenstädten, die daher zu Recht versumpft und verwüstet sind. Im Gegensatz zu ihnen wird das ruinöse Paris als *tombeau suprême* und *néant immense* (V. 361; 382) mit dem ‹erhabenen Dreieck› seiner überlebenden Monumente einen Triumph des Heroismus über die Zeit darstellen. Am Ende, nachdem der Volneysche Betrachter um Mitternacht seinen Aussichtsplatz geräumt hat, läßt eine *rêverie immense* des Dichters die Figuren auf Säule und Triumphbogen zu geisterhaftem Leben erwachen.

16 Vgl. zu diesem Kontext Vf., «*Le Coucher du soleil romantique:* Die Imagination des Weltendes aus dem Geist der visionären Romantik», in: *Bild und Metamorphose* (Darmstadt 1991), 245–290; hier: 254–265.

17 *The Last Man*, ed. H. J. Luke (Lincoln/Neb. 1965), 241. – Als Herausgeberin der Werke ihres Mannes, des Dichters P. B. Shelley, kannte die Autorin die burleske Variante der ‹Ruinenstadt London› aus dessen Widmung seiner

Verssatire *Peter Bell the Third*, die 1819 entstand. Der Dichter hofft auf den verständnisvollen Kommentar eines Kritikers von jenseits des Atlantik in fernster Zukunft, «when St. Paul's and Westminster Abbey shall stand, shapeless and nameless ruins, in the midst of an unpeopled marsh; and when the piers of Waterloo Bridge shall become the nuclei of islets of reeds and osiers, and cast the jagged shadows of their broken arches on the solitary stream ...» (*The Complete Poetical Works*, ed. Th. Hutchinson, London 1961, 347).

18 Vgl. U. Broich, «Die Weltkatastrophen-Erzählung», in: U. Suerbaum et al., *Science Fiction* (Stuttgart 1981), 102–108; und D. Wessels, *Welt im Chaos* (Frankfurt/M. 1974) – beide ohne Bezug auf die romantischen Wurzeln des Genres.

19 Vgl. Vf., «*Le Coucher du soleil* ...», 269–274.

20 *Vingt mille lieues sous les mers* (Paris 1878), 295–300. (Conan Doyles Professor Challenger wird in *The Maracot Deep*, 1929, auf dem Grund des Atlantik nicht nur dem versunkenen Atlantis, sondern dem Teufel selbst begegnen.) – «The City of Dreadful Night», Teil xxf.; in: *Poems of James Thomson «B. V.»* (New York 1927), 178–182.

21 *La Fin du monde* (Paris 1894), 262–265.

22 *The Last American* ([¹1889] Nachdr. der Ausg. 1902, New York 1970). – Zum Kontext K. M. Roemer, *The Obsolete Necessity: American Utopian Writing, 1888–1900* (Kent State UP 1976).

23 Vgl. H. G. Wells, *In the Days of the Comet* (1906; Drohung des Weltendes, doch die Kometenwolke leitet eine Wendung zur Eutopie ein); A. C. Doyle, *The Poison Belt* (1913; die Gaswolke versetzt die Welt, d.h. Südengland und London, nur in einen totenähnlichen, aber zeitlich begrenzten Tiefschlaf); A. S. Neill, *The Last Man Alive* (1938; dt. *Die grüne Wolke*, übs. H. Rowohlt, Reinbeck 1971; in dieser schwarz-humoristische Phantasie des Gründers von Summerhill wirkt die fatale Wolke auf die Menschen versteinernd); J. Wyndham, *The Day of the Triffids* (1951; s.u. 192–194).

24 *The Purple Cloud* (London 1978), 106.

25 Vgl. Vf., «*Of Ants and Aliens*...», 153–158. Zur zit. Ausgabe s.o., Anm. 1. – Bevorzugter Schauplatz Wells'scher Apokalypsen ist das Themsetal, dank seines landschaftlichen Reizes und seiner Nähe zur Hauptstadt; vgl. P. Parrinder, «From Mary Shelley to *The War of the Worlds*: The Thames Valley Catastrophe», in: *Anticipations*, ed. D. Seed (Liverpool 1995), 58–74.

26 Von Wells nicht in den Sammelband seiner *Scientific Romances* aufgenommen; zit. nach Bd. 20 der *Atlantic Edition of H. G. Wells* (London 1926), 1–379.

27 A. Speer, *Erinnerungen* (Frankfurt/M. 1969), 69. – Vgl. A. Schönberger, «Die Staatsbauten des Tausendjährigen Reiches als vorprogrammierte Ruinen?», *Idea* 6 (1987), 97–107.

28 J. P. Hebel, *Werke*, ed. E. Meckel (Frankfurt/M. 1968), II, 122–126.

29 W. G. Sebald, *Logis in einem Landhaus* (München 1998), 36–41; hier: 39.

7. Blendung und Blindheit in Dystopia

1 *Zur Genealogie der Moral* III, xxvi; *Werke*, ed. cit. II, 895.
2 Part iv, Str. 7; *Poems*, 148. – G. Flaubert, *Madame Bovary*, Buch III, Kap. 5; ed. É. Maynial (Paris 1957), 248.
3 Vgl. H. Blumenberg, «Licht als Metapher der Wahrheit» [1957], in: *Ästhetische und metaphorologische Schriften*, ed. A. Haverkamp (Frankfurt/M. 2001), 139–171; darin 148–153: «Exkurs: Die Höhle». – Das Folgende ist die freie Fassung meines Aufsatzes «*These irritant bodies:* Blinding and Blindness in Dystopia», *Cambridge Quarterly* 33 (2004), 155–172. – In der umfangreichen, aber wenig konturierten Materialsammlung von P. Baumeister, *Die literarische Gestalt des Blinden im 19. und 20. Jahrhundert* (Frankfurt/M. 1991), ist der Zusammenhang von Utopie und Blindheit kein Thema.
4 Vgl. G. Bruno, Ende der Vorrede und nachfolgendes lateinisches Sonett in *De la Causa*; ed. cit., I, 187f.; F. Bacon, *The Advancement of Learning*, ed. Th. Case (London 1951), 8–10; J. Milton, *Areopagitica*, in: *Prose Writings*, ed. K. M. Burton (London 1958), 150.
5 *La Città del sole e Poesie*, ed. A. Seroni (Mailand 1962), 56; 276.
6 Original: *Œuvres*, I, 254. – Vgl. Aristophanes, *Die Vögel*, V. 332–351; in V. 343 rät der dreistere Himmelsreisende seinem ängstlichen Gefährten, mit dem Geflenne zu warten, bis man ihm die Augen ausgehackt hat.
7 *Gulliver's Travels*, 44 (I, Kap. 7).
8 *The Short Stories of H. G. Wells* (London 1927), 190–219, hier: 192.
9 In: *Écrits philosophiques*, ed. H. Falcou (Paris 1964), 23–102. – Vgl. auch M. Barasch, *Blindness. The History of a Mental Image in Western Thought* (London 2001), Kap. 5. – Noch Diderots späte Schrift *Nachtrag zu Bougainvilles Reise* (1796) lebt von der paradoxen Inversion – hier auf den Spuren von Montaignes Kannibalen-Essay und von Rousseaus Erhebung eines glücklichen Naturzustandes über die verderbte Zivilisation der Menschen.
10 Die Therapie für Abweichler in Orwells *1984* ist auf etwas andere Weise einschneidend. Nachdem Winston Smith lange Zeit vergeblich versuchte, dem allsehenden Auge des Großen Bruders zu entkommen, wird er, nach vielen Verhören unter blendend-weißem Licht, im unterirdischen Raum 101 des *Ministry of Love* mit dem äußersten Schrecken seiner Phantasie konfrontiert – Ratten: «‹They will leap onto your face and bore straight into it. Sometimes they attack the eyes first.›» (*Nineteen Eighty-Four*, ed. cit., 406).
11 E. Bond, *Plays: Two* (London 1978), 77 (Akt II, Sz. 6).
12 Bei Rimbaud wird die ironische Situation des im Schoße der Natur ruhenden Schläfers freilich am Ende brutal prosaisch aufgelöst: «Il a deux trous rouges au côté droit» – «Er hat, zur Seite, rechts, zwei Löcher, rot»; *Sämtliche Dichtungen*, übs. W. Küchler (Heidelberg 1955), 63 f.
13 Zit. bei H. Orel, *The Victorian Short Story* (Cambridge 1986), 175.
14 *The Scientific Romances of H. G. Wells*, vii.
15 Ibid., x.

16 *The Short Stories of H. G. Wells*, 122 («The Empire of the Ants»).

17 Gegen Ende der Geschichte äußert einer der Charaktere die Vermutung, auch das zweite apokalyptische Unheil in diesem Roman, die epidemische Blindheit, könne menschlichen Ursprungs sein; hervorgerufen durch den Zusammenstoß eines Kometen mit einem um die Erde kreisenden Arsenal besonders diabolischer Satellitenwaffen: «‹Now suppose that one type happened to have been constructed especially to emit radiations that our eyes would not stand ... One thing I'm quite certain of – that somehow or other we brought this lot down on ourselves.›» (*The Day of the Triffids*, London 1951), 275.

18 In seinem Charakter als Apokalypse auf Probe ähnelt Saramagos Roman A. C. Doyles origineller Phantasie eines Beinahe-Weltendes *The Poison Belt* von 1913 (s. o., 299, Anm. 23). Dort erweist sich die Totenstarre, in die die Welt, einschließlich der Metropole London, verfällt, nachdem die Erde eine giftige Gaswolke passiert hat, am Ende als vielstündiger Dornröschenschlaf. Doch die Tonlagen könnten nicht unterschiedlicher sein: Der Erfinder von Sherlock Holmes gewinnt auch noch dem finstersten aller Themen optimistische, ja sogar humoristische Seiten ab.

19 Vgl. die «Digression on Madness» im *Tale of a Tub*, ix, mit der «Academy of Lagado» in *Gulliver's Travels* III, v-vi (ed. cit., 336–347; 142–154).

20 *Die Stadt der Blinden*, übs. R.-G. Mertin (Reinbek 1999), 85 f.

21 Saramagos moralischer Symbolismus in der *Stadt der Blinden* ist offenbar nicht nur der Wells / Wyndham-Schule der Dystopie verpflichtet, sondern auch Ernesto Sábatos Hades-artiger Vision von Blindheit in dessen ‹menippeischen› Romanen *Sobre héroes y tumbas* (1961; dt. *Über Helden und Gräber*, 1967) und *Abaddón, el exterminador* (1974; dt. *Abaddón*, 1980). Ihre Protagonisten sind von der Vorstellung einer Verschwörung der Blinden – Satans Mächten der Finsternis – besessen, deren Ziel die Machtergreifung auf Erden ist. Bei ihren Nachforschungen dringen sie in eine Heterotopie des Grauens vor, eine labyrinthische Unterwelt, die sich unter der Metropole ausbreitet. Im späteren Roman bekennt die Figur ‹Sábato› diese Transgression der Sehenden ins Reich der Blinden als seine eigene Verfehlung. ‹Sábato› wird dafür durch die Verwandlung in eine geflügelte Ratte und durch allmähliches Erblinden bestraft.

22 *Das Zentrum*, übs. M. Gareis (Reinbek 2002), 379 f.; 7.

8. Spielformen menippeischer Rede (I)

1 Eigentlich: ‹ich war dabei, die Luft hoch über den Wolken zu treten› – so verspottet Aristophanes in den *Wolken* den Sokrates als Pseudophilosophen. – Zur ‹Poetik der kynischen Rede› vgl. Clément, *Le Cynisme*, Kap. 9.

2 *WL*, III, 337; *L*, III, 146. – Eupolis ist wie Aristophanes ein Vertreter der Alten Komödie. – Zum weiteren Kontext immer noch nützlich: R. Hirzel, *Der Dialog* (Leipzig 1895).

3 *Works of the Emperor Julian*, ed. / übs. W. C. Wright (London 1969), II, 344–415; hier: 412.
4 D. Iuliani Imperatoris *Caesares*, in: *Quatuor Clariss. virorum Satyrae* (Leiden 1620), 115–202; hier: 128.
5 Ibid., 200: ‹An dieser Stelle fand er auch seinen Sohn› (*Quo in loco ille etiam filium suum reperit*). Die älteren Herausgeber lasen das MS-Kürzel für *Iesoun*, Jesus, als *hyión*, Sohn.
6 Lexiphanes oder der ‹Wortprotzer› bombardiert seinen Gesprächspartner förmlich mit ausgesucht rarem, geziertem und archaischem Wortmaterial, das er als ‹Spitze des Attizismus› ausgibt; ein vorbeikommender Arzt verabreicht ihm einen Speitrank, worauf der Wortkranke seine harten verbalen Brocken erbricht. – Text in: *L*, V, 292–327. Wieland hat diesen Dialog nicht übersetzt.
7 Zit. nach der Edition von E. V. George (s. o., 281, Anm. 12). Der Hsg. nimmt die Ausgabe letzter Hand von 1544 als Textgrundlage und teilt die umfangreichen Abweichungen der frühen Versionen im Anhang mit.
8 Text in: *Two Neo-Latin Menippean Satires*, ed. C. Matheeussen / C. L. Heersakkers (Leiden 1980), 25–77. Die Herausgeber irren, wenn sie schreiben: «Lipsius' *Somnium* means the reintroduction, the Neolatin revival of the Classical Latin Menippean Satire», und von dem «until then unexploited genre of the Menippean satire» sprechen (2). Die Bedeutung von Vives als wichtigem Vorläufer des Lipsius würdigt dagegen I. A. R. De Smet, *Menippean Satire and the Republic of Letters 1581–1655* (Genf 1996), 94–98.
9 In: *Two Neo-Latin Menippean Satires*, 79–209. Zu Lipsius und Cunaeus vgl. De Smet, passim. – Weniger positiv als bei Cunaeus scheint sich Lipsius' Einfluß in Saavedra Fajardos *República Literaria* von 1655 niedergeschlagen zu haben, vielleicht aus alter spanisch-niederländischer Rivalität. Dort geht man auf gut menippeische Art mit dem Autor des *Somnium* und seinem Freund Julius Caesar Scaliger, dem das Werk gewidmet ist, ins (Toten-)Gericht. Cicero klagt Lipsius an, die lateinische Sprache in einem finsteren Turm gefangenzuhalten (diese Kritik am lakonischen Pointenstil des Lipsius findet sich nur in der Erstfassung; vgl. die Ausg. von V. G. de Diego, Madrid 1973, 127). Danach wird Scaliger geknebelt und in Handschellen vorgeführt, umringt von den klassischen Autoren, die er verstümmelt hat und die nach Rache dürsten (ibid., 128–133). Der Mentor des Erzählers bei seinem Gang durch die Literatenrepublik ist übrigens Varro in Person(a).
10 *WL*, I, 230–260; hier: 257; *L* III, 68. *Der Fischer* gehört, wie *Der doppelt Angeklagte*, zu Lukians Schriften ironischer Selbstrechtfertigung.
11 Übs. W. Binder, ed. P. Amelung (München 1964); Original: ed. H. W. Rotermund (Hannover 1827).
12 *Elaborata barbaries*, einen ‹kunstvollen Barbarismus› nennt sie der Hrsg. der wichtigen Ausgabe London 1710 in seiner Widmung an Richard Steele, die Rotermund mit abdruckt (hier: xxix).

13 Erasmus berichtet in seinen Briefen gleich zweimal von einem belgischen Prior, der in seiner Naivität 20 Exemplare des Buches aufkaufte und als Werbung für die Sache der Kölner unter seine Bekannten verteilte (ed. Amelung, 265, Anm. 1).
14 *Gargantua*, Kap. 19; übs. G. Regis, I, 59; Original: *Œuvres*, I, 51 f. – Vgl. B. C. Bowen, «Janotus de Bragmardo in the Limelight» (1998), in dies., *Humour and Humanism in the Renaissance* (Burlington, VT 2004), XIV [sic], 229–237.
15 Seltsamerweise gibt es von diesem politisch und literarisch gleichermaßen bedeutsamen Text offenbar keine moderne Ausgabe; ich zitiere ihn nach der aufwendigen dreibändigen Edition Regensburg [?] 1726; hier: I, 31; 41 f. (Der ‹Herausgeber› der *Satyre* beruft sich in seinem «Discours de l'imprimeur», I, 226, auf das Vorbild von Varro, Petron, Lukian, Apuleius, *le bon Rabelais* und eines ungenannten «docte Flamand antiquaire», der kein anderer ist als Justus Lipsius). – Zur parodistischen Rhetorik des Werkes vgl. F. Lestringant, «Une topographie satirique», in: ders., ed., *Études sur la «Satyre Ménippée»* (Genf 1987), 55–84; und D. Ménager, «La Crise de l'éloquence», ibid. 121–149.

9. Spielformen menippeischer Rede (II)

1 *Probleme der Poetik Dostoevskijs*, 122–126.
2 *Sokratische Denkwürdigkeiten*, übs. Ch. M. Wieland, ed. J. Ph. Reemtsma / H. Radspieler (Frankfurt/M. 1998); darin 137–224: «Xenofons Gastmahl»; hier: 198. – Die Loeb-Ausgabe, *Xenophon*, IV (London 1979), 529–635, hier: 602/603, weist in ihrer Übersetzung diesen Ausspruch dem Kritobulos zu: «And don't you think that your kiss is also more tender because you have thick lips?» B. Huß in *Xenophons Symposion: Ein Kommentar* (Stuttgart / Leipzig 1999), 326 f., verweist auf die umstrittene Sprecherverteilung dieser Stelle.
3 «Über das Xenofontische Gastmahl», ed. cit., 110–132; Zitate: 111; 132.
4 M. Jeanneret in seiner glänzenden Studie – der dieses Kapitel manche Anregung verdankt – *Des Mets et des mots: Banquets et propos de table à la Renaissance* (Paris 1987), 136. – Zur antiken Tradition des Gastmahls – für das Thema etwas zu trocken: J. Martin, *Symposion* (Paderborn 1931); sehr essayistisch: F. Dupont, *Le Plaisir et la loi: Du Banquet de Platon au Satiricon* (Paris 2002 [¹1977]). – Diese Studien behandeln auch die ‹enzyklopädische› Richtung des spätantiken Gastmahls-Diskurses, die ohne satirische Tendenz ihre eigene anekdotische Buntheit, gewürzt mit mancherlei gelehrten Problemen, genießt. Dazu gehören die *Symposiaka* des Plutarch, die *Deipnosophisten* oder Gastmahls-Gelehrten des Athenaios (3. Jh. n. Ch.; deutsche Teilübs. von U. und K. Treu: *Das Gelehrten-Mahl*, Leipzig 1985) und die *Saturnalien* des Macrobius (5. Jh.).

5 *Deipnosophistes*, XIV. 629e; *Gelehrten-Mahl*, 389.
6 *Saturae Menippaeae*, ed. Krenkel, 190ff.; 601ff.; 1159ff. – Die Satire *Nescis* enthält eine Reihe – ironischer? – Gastmahlsregeln.
7 WL I, 188–210; L I, 412–463.
8 Zit. nach der Tusculum-Ausgabe der *Satyrica*, ed./übs. K. Müller/W. Ehlers (Zürich ⁴1995). – N. Holzberg betrachtet in seinem Nachwort Petrons Text (546f.), unter Verweis auf einen Papyrusfund mit Bruchstücken eines prosimetrischen, pikaresk wirkenden griechischen Romans, als Angehörigen eines komisch-realistischen Genres, das die Abenteuerfolge des idealisierenden antiken Romans parodiert. Nach Umfang, Handlung, Personencharakterisierung und Realistik des Milieus fallen die *Satyrica* zweifellos aus dem Gattungsprofil der antiken Menippea, soweit wir es kennen, heraus. Andrerseits haben Episoden wie das Gastmahl oder die Erbschleicher von Kroton einen deutlichen Bezug zu menippeischen Themen. Es ist nicht undenkbar, daß es schon in der Antike – wie später in der Neuzeit – zu generischen Mischformen von Roman und Menippea kam: der *Goldene Esel* des Apuleius und Petrons Werk sprechen für diese Annahme.
9 ‹Er blubberte seine Seele aus›: mit derselben despektierlichen Wendung beschreibt Seneca den Tod des Claudius.
10 Dazu Erhellendes bei Auerbach, *Mimesis*, 31–33.
11 In Kapitel 5 von T. L. Peacocks menippeischem Gesprächsroman *Headlong Hall* (1816) wird bei einer Gastmahlssituation ein Totenschädel präsentiert (Lord Byron pflegte aus einem solchen zu trinken); gefolgt von dem Hinweis: «The Romans were in the practice of adhibiting skulls at their banquets, and sometimes little skeletons of silver, as a silent admonition to enjoy life while it lasted» (*Headlong Hall and Nightmare Abbey*, ed. P. M. Yarker, London 1966, 45).
12 Vgl. F. Dupont, *Le Plaisir et la loi*, 148–151; R. Herzog, «Fest, Terror und Tod in Petrons *Satyrica*», in: W. Haug/R. Warning, ed., *Das Fest* (München 1989), 120–150; J. Bodel, «Trimalchio's Underworld», in: J. Tatum, ed., *The Search for the Ancient Novel* (Baltimore 1994), 237–259; N. Holzberg, *Der antike Roman* (Darmstadt ³2006), 91–94.
13 Separat zweisprachig ediert von J. Chomarat et al., *Cinq banquets* (Paris 1981); zur vollständigen englischen Übersetzung der *Colloquia* von C. R. Thompson (*The Colloquies of Erasmus*, Chicago 1965) existiert m. W. leider kein deutsches Pendant. – Vgl. auch L. V. Ryan, «*Erasmi Convivia*: The Banquet Colloquies of Erasmus», *Medievalia et Humanistica*, n. s. 8 (1977), 201–215.
14 Ed. cit. der *Opera Omnia*; hier: Bd. 1.3, ed. L.-E. Halkin et al. (1972), 195.
15 *Gargantua*, Kap. 5; übs. Regis, 18f.; Original: *Œuvres*; I, 15f. – In J. Fischarts *Geschichtklitterung* (1590), der wohl wortreichsten ‹Übersetzung› aller Zeiten, schwillt dieses Säufer-Gespräch zu einer Verbalorgie an, die den mehr als zehnfachen Umfang des Originals erreicht. Schon die Kapitelüberschrift mit ihrer parodistischen Anspielung auf das feurige und zungen-

lösende Pfingstwunder spricht Bände: «*Das Truncken Gespräch, oder die gesprächig Trunckenzech, ja die Truncken Litanei, unnd der Säuffer unnd guten Schlucker, Pfingsttag, mit ihrer unfeurigen doch dürstigen Weingengen Zungenlös, schönem gefräß und gethös*» (Kap. 8; ed. Nyssen, 117).
16 S. o., 135-138.
17 ‹An der Form der Nase erkennt man das, was sich zu dir erhebt›; obszöne Anspielung auf den Anfang des 24. Psalms *Ad te, Domine, levavi animam meam* – ‹Zu dir, Herr, erhob ich meine Seele.›
18 Auch von diesem erstaunlichen Text scheint es keine moderne Edition zu geben. Ich benütze die fragwürdig kommentierte Ausgabe von P. L. Jacob (Paris 1841) und zitiere aus der beachtlichen deutschen Version von M. Spiro (Berlin 1914). – Vgl. auch M. Renaud, *Pour une lecture du «Moyen de parvenir»* (Clermont-Ferrand 1984); und Jeanneret, *Des Mets et des mots*, Kap. 9.
19 Original in: *Dialoghi Italiani*, 3-171; übs. F. Fellmann, *Das Aschermittwochsmahl* (Frankfurt/M. 1969). – Vgl. M. Jeanneret, *Des Mets et des mots*, 181-197; und Vf., «Ash Wednesday in Westminster: Giordano Bruno Meets Elizabethan England», in: A. Höfele/W. v. Koppenfels, ed., *Renaissance Go-Betweens* (Berlin/New York 2005), 55-77.
20 S. o., 14; 101. – In seinem Einleitungsgedicht warnt der Autor den böswilligen Leser vor seinem ‹kynischen Zahn›, und am Anfang des Folgedialogs *De la Causa* bekennt sich Brunos Sprecher zur Rolle des ‹rabiaten Kynikers› (*rabbioso cinico*; *Dialoghi*, 199).
21 Vgl. etwa *Zadig*, Kap. 13 («Le Souper»); *Candide*, Kap. 26; *L'Homme aux quarante écus*, Kap. 15.
22 Zit. nach der Ausgabe von I. Watt (Boston 1965). – Vgl. D. W. Jefferson, «*Tristram Shandy* and the Tradition of Learned Wit» (1951; in: J. Traugott, ed., *Laurence Sterne*, Englewood Cliffs, NJ 1968, 148-167); M. New, *Laurence Sterne as Satirist* (Gainesville, Fa 1969); und R. E. Tovey, *Learned Wit in the Novel: Menippean Satire from Sterne to Nabokov* (Diss. Princeton Univ. 1984).
23 L. Carroll, *The Annotated* Alice, ed. M. Gardner (Harmondsworth 1970). – Schon N. Frye stellt fest: «The Alice books are perfect Menippean satires» (*Anatomy of Criticism*, 310).
24 *Crome Yellow*, Kap. 16 (Harmondsworth 1955), 88 f.
25 *At Swim-Two-Birds* (Harmondsworth 1969), 25. – Zum menippeischen Charakter der Romane Flann O'Briens: M. K. Booker, *Flann O'Brien, Bakhtin, and Menippean Satire* (Syracuse, NY 1995); und J. Lanters, *Unauthorized Versions: Irish Menippean Satire, 1919-1952* (Washington, DC 2000), Part 4.
26 A. Clissmann, *Flann O'Brien* (Dublin 1975), 118.

10. Die Unterwelt der ironischen Fußnote

1 Übs. Regis, 208 ff.; Œuvres, I, 180 ff. – Vgl. Bowen, *Humour and Humanism*, XIII [sic], 160 ff.
2 Darin läßt Fischart die Liste des Rabelais auf auf 527 Titel anschwellen und bereichert sie um mancherlei protestantische Konfessionspolemik. Vgl. die vorzüglich kommentierte Ausgabe von M. Schilling (Tübingen 1993).
3 *The Courtier's Library*, ed. E. M. Simpson (London 1930), 72 f. – Donnes Landsmann Sir Thomas Browne gibt in seinem *Musaeum Clausum* (posthum gedr. in *Miscellany Tracts*, 1683) das imaginäre Inventar eines Raritätenkabinetts, dessen erster Teil aus sonst unauffindbaren Büchern besteht. Mit antiquarischem Humor beschreibt er vorwiegend antike Rarissima wie «Seneca's Epistles to S. Paul», «King Solomon de Umbris Idearum» oder *Mazhapha Finok, or, The Prophecy of Enoch*» (*Works*, ed. G. Keynes, London 1964, III, 109–119).
4 In: *Histoire de Pierre de Montmaur*, ed. [A. H.] de Sallengre, 2 Bde. (Den Haag 1715), I, 49–105. Der Name ‹Mamurra›, zu dem Montmaur latinisiert wird, ist von einem Menschen entliehen, den Catull – auch unter dem Spitznamen *Mentula* (‹Schwänzchen›) – in einigen Gedichten bissig angreift. – Zum Komplex der Montmaur-Satire vgl. De Smet, *Menippean Satire*, Kap. 7.
5 *The Memoirs of ... Martinus Scriblerus*, ed. Ch. Kerby-Miller (New York 1988), Kap. 17.
6 Text in *Gulliver's Travels and Other Writings*, ed. cit., 245–410; hier: 248.
7 «La Biblioteca de Babel», in: *Ficciones* (Madrid 1971), 89–100; hier: 94; 98.
8 F. v. Ammon verfolgt, wie Hutten in seiner satirischen ‹Edition› der Bann-Androhungsbulle gegen Luther 1520 den Text durch seine Glossen «an den Pranger des Paratextes» stellt (vgl. *Mitteilungen des SFB 573 «Pluralisierung und Autorität»* 1/2006, 31–38, hier: 32). Luther selbst folgt ein Jahr später dem Vorbild des streitbaren menippeischen Bundesgenossen (vgl. F. v. Ammon, «Quis dubitat de illo? The ‹Staging› of Religious Pluralization through Paratexts», in: A. Höfele et al., *Representing Religious Pluralization in Early Modern Europe* (erscheint Münster 2007).
9 *Histoire de Pierre de Montmaur*, I, 135–160. – Vgl. auch *Le Chef-d'œuvre d'un inconnu* von Chrisostome Mathanasius [Thémiseul de Saint-Hyacinthe] (Den Haag 1716; ed. H. Duranton, Paris 1991) mit seinem gewaltigen editorischen Apparat für ein triviales Schäfergedichtchen, das parodistisch zu Tode kommentiert wird. Dieser harmlose Literatenulk in der Nachfolge der Montmaur-Satiren war offenbar ein Vorbild für die Anlage der *Dunciad Variorum*. Seinem fiktiven Autor widmet der Leipziger Rektor J. B. Mencken sein bekanntes, von Ironie und satirischen Fußnoten strotzendes Werk über die Scharlatanerie der Gelehrten oder ‹Pseudosophen› (*De charlataneria eruditorum*, Leipzig 1717); bei dieser Gelegenheit nennt er den Franzosen den ‹hervorragendsten unter den Kritikern dieses Zeitalters›, *cri-*

ticorum huiusce temporis principem. – Zum (semi-)literarischen Status der Fußnote generell: Sh. Benstock, «At the Margin of Discourse: Footnotes in the Fictional Text», *PMLA* 98 (1983), 204–225; [aus der Sicht des Historikers:] A. Grafton, *The Footnote: A Curious History* (Cambridge / Mass. 1997); [aus germanistischer Perspektive:] E. Eckstein, *Fußnoten* (Münster 2001).

10 Vgl. Vf., «A Deluge of Authors: Popes Dunciad und die Apokalypse der Buchkultur», in: *Lesen und Schreiben im 17. und 18. Jahrhundert*, ed. P. Goetsch (Tübingen 1994), 209–222.

11 «The Dunciad Variorum», in: *The Poems of Alexander Pope*, ed. J. Butt (London 1963), 317–459. – Grubstreet, das Hauptquartier der armseligen Literaten in einer übel beleumdeten Ecke Londons, war eine metaphorisch lesbare Adresse: *grub* = Made, Larve, Raupe. – Zu Swifts und Popes menippeischen Fußnoten vgl. H. D. Weinbrot, *Menippean Satire Reconsidered*, Part IV.

12 Klassischer Bezug dieser Episode sind die heroischen Wettkämpfe in *Aeneis* V; hier die Heldentat eines Bogenschützen, dessen Pfeil sich in seinem rasenden Flug selbst entflammt (V. 525: *volans liquidis in nubibus arsit harundo*).

13 *Satiren* (Leipzig ⁹1766), II, 69–105.

14 *Der goldene Spiegel*, in: C. M. Wieland, *Sämmtliche Werke* (Leipzig 1794 / Nachdr. Hamburg 1984), Bd. 6/7; *Geschichte des Danischmend*, ibid. Bd. 8.

15 *Sämtliche Werke*, I.5, 109–139 (= § 28–34).

16 «Jean Pauls vergnügtes Notenleben», in: *Späte Studien* (Bern / München 1964), 7–96; hier: 44; 63.

17 G. W. Bowersock, «The Art of the Footnote», *The American Scholar*, 53 (1983/84), 54–62; hier: 55.

18 *Sämtliche Werke*, I.6, 8–76; hier: 11.

19 *Watt* (London 1976), 247; 100f.

20 J. Joyce, *Finnegans Wake* (London 1964), 260–308. Es handelt sich um eine burleske historisch-naturkundliche Schullektion mit den aparten Kommentaren der drei unterrichteten Kinder von Anna Livia Plurabelle in drei verschiedenen Drucktypen. Vgl. Benstock, «At the Margin...», 211–220.

21 *The Third Policeman* (London 1993), 24.

22 In *The Dalkey Archives* (1964), der späten Fortschreibung einiger Motive aus *The Third Policeman*, erfindet de Selby die Substanz D. M. P., mit deren Hilfe er den Sauerstoff aus der Luft entfernen und so (in erstaunlicher Übereinstimmung mit Schmelzles apokalyptischer Vision) die überlange Geschichte der Menschheit beenden will. – Zu O'Briens Figur des verrückten Gelehrten vgl. Booker, 49–55; Lanters, 225–230.

23 *Pale Fire* (Harmondsworth 1973), 71. – Vgl. J. O. Lyons, «*Pale Fire* and the Fine Art of Annotation», in: L. S. Dembo, ed., *Nabokov: The Man and his Work* (Madison 1967), 157–164; J. Bader, *Crystal Land* (Berkeley 1972), Kap. 3; und R. E. Tovey, *Learned Wit in the Novel*, Kap. 6.

24 Vgl. die Kritik dieser Übertragung und ihres Apparats bei A. Gerschenkron, «A Manufactured Monument?», *Modern Philology*, 63 (1966), 336–347.

25 T. Tanner, *City of Words* (London 1976), 35.
26 (London 1968). Ich danke Felicity Murdin für den Hinweis auf diesen schönen Text.

Auswahlbibliographie

Der weite zeitliche Rahmen dieser Studie und die Vielzahl der darin betrachteten Literaturen erfordern eine Beschränkung der Bibliographie auf die benützten Texte und auf den Bereich der Kritik, der im Zusammenhang mit den Gattungsproblemen der Menippea steht. Seitenangaben im laufenden Text beziehen sich auf die jeweils benützte Ausgabe.

1. Texte:

L. B. Alberti, Momus oder Vom Fürsten, ed./übs. M. Boenke (München 1993)
J. V. Andreae, Christianopolis, ed./übs. W. Biesterfeld (Stuttgart 1975)
L. Ariosto, Orlando Furioso, ed. D. Provenzal (Mailand 1955)
E. Bellamy, Looking Backward 2000–1887, ed. E. Fromm (New York 1960)
W. Blake, The Marriage of Heaven and Hell, in: Poetry and Prose, ed. G. Keynes (London 1961)
– Die Hochzeit von Himmel und Hölle, in: Zwischen Feuer und Eis, übs. Th. Eichhorn (München 1996)
J. L. Borges, Ficciones (Madrid 1971)
P. Boulle, La Planète des singes (Paris ²2001)
B. Brecht, Das Verhör des Lukullus, in: Die Stücke in einem Band (Frankfurt/M. 1978)
G. Bruno, Dialoghi italiani, ed. G. Gentile/G. Aquilecchia (Florenz ³1958)
– Das Aschermittwochsmahl, übs. F. Fellmann, ed. H. Blumenberg (Frankfurt/M. 1969)
E. Bulwer-Lytton, The Coming Race, in: Works of … Lord Lytton, Bd. 21 (London 1897)
R. Burton, The Anatomy of Melancholy, ed. H. Jackson, 3 Bde (London 1964)
S. Butler, Erewhon (London 1940)
Lord Byron, A Vision of Judgment, in: Complete Works, ed. J. McGann, Bd. 6 (Oxford 1991)
T. Campanella, La Città del Sole e Poesie, ed. A. Seroni (Mailand 1962)
L. Carroll, The Annotated Alice, ed. M. Gardner (Harmondsworth 1970)
Petrus Cunaeus, Sardi venales, in: Two Neo-Latin Satires, ed. C. Matheeussen/C. L. Heersakkers (Leiden 1980)
S. Cyrano de Bergerac, Œuvres complètes, ed. M. Alcover, 3 Bde (Paris 2000)
– Reise zum Mond und zur Sonne, übs. W. Tschöke (Frankfurt/M. 2004)
Dialogues des animaux ou Le bonheur (Berlin 1763)
D. Diderot, Écrits philosophiques, ed. H. Falcou (Paris 1964)
J. Donne, The Courtier's Library, ed. E. M. Simpson (London 1930)
– Ignatius His Conclave, ed. T. S. Healey, S. J. (Oxford 1969)
F. M. Dostojewski, Die Brüder Karamasoff, übs. E. K. Rahsin (München 1992)

A. C. Doyle, The Complete Professor Challenger Stories (London 1976)
Epistolae obscurorum virorum, ed. H. W. Rotermund (Hannover 1827)
- Briefe der Dunkelmänner, übs. W. Binder, ed. P. Amelung (München 1964)
D. Erasmus, Colloquia, ed. L.-E. Halkin et al., in: Opera omnia, Bd 1.3 (Amsterdam 1972)
- Cinq banquets, ed./übs. J. Chomerat et al. (Paris 1981)
- Iulius exclusus e coelis / Julius vor der verschlossenen Himmelstür, ed./übs. G. Christian, in: Ausgewählte Werke, Bd. 5 (Darmstadt 1968)
- Moriae Encomium, ed. C. H. Miller, in: Opera omnia, Bd 4.3 (Amsterdam 1979)
J. Fischart, Geschichtklitterung, ed. U. Nyssen (Düsseldorf 1962)
- Catalogus catalogorum, ed. M. Schilling (Tübingen 1993)
C. Flammarion, La Fin du monde (Paris 1894)
B. de Fontenelle, Œuvres, 4 Bde (Paris 1825)
- Totengespräche, übs. H.-H. Henschen (Frankfurt/M. 1991)
E. M. Forster, The Machine Stops, in: Collected Tales (New York 1968)
Friedrich II., Totengespräch zwischen Madame de Pompadour und der Jungfrau Maria, ed. G. Knoll (Berlin ²2000).
G. B. Gelli, La Circe, ed. S. Ferrari (1897, Nachdr. Florenz 1957)
- Circe [übs. H. Layng] (London 1744)
Ch. P. Gilman, Herland, ed. A. J. Lane (London 1992)
F. Godwin, The Man in the Moon, in: Short Fiction of the 17th Century, ed. Ch. C. Mish (New York 1963)
C. de Grainville, Le dernier homme, ed. Ch. Nodier (Genf 1976)
E. T. A. Hoffmann, Werke, ed. H. Geiger, 3 Bde. (Augsburg 1998)
L. Holberg, Nicolai Klimii iter subterraneum (Kopenhagen 1741)
- Niels Klims unterirdische Reise, ed. H. A. Neunzig (Hamburg 1970)
U. v. Hutten, Die Schule des Tyrannen, übs. M. Treu (Leipzig 1991)
A. Huxley, Crome Yellow, Penguin (Harmondsworth 1955)
- Brave New World, Penguin (Harmondsworth 1955)
Jean Paul, Sämtliche Werke, ed. N. Miller, 10 Bde (München ⁴1988)
M. Joly, Dialogue aux enfers entre Machiavel et Montesquieu, ed. H. Rollin (Paris 1987)
- Ein Streit in der Hölle, übs. H. Leisegang (Frankfurt/M. 1990)
Julian [Apostata], Works, ed./übs. W. C. Wright, 3 Bde (London 1969)
F. Kafka, Gesammelte Werke, ed. M. Brod (Frankfurt/M. o. J.)
J. Kepler, Somnium, ed. M. List / M. Gerlach (Osnabrück 1969)
Ch. Kingsley, The Water Babies (London / Glasgow o. J.)
[E. A. F. Klingemann], Nachtwachen. Von Bonaventura, ed. W. Paulsen (Stuttgart 2003)
J. Lipsius, Satura Menippaea: Somnium, in: Two Neo-Latin Satires, ed. C. Matheusen / C. L. Heersakkers (Leiden 1980)
Lucian, ed./übs. A. M. Harmon et al., 8 Bde (London 1913–1967) [= L]
Lukian, übs. Ch. M. Wieland, ed. J. Werner, 3 Bde (Berlin / Weimar 1981) [= WL]

The Memoirs of Martinus Scriblerus, ed. Ch. Kerby-Miller (New York 1988)
L.-S. Mercier, Songes et visions philosophiques, 2 Bde (Paris 1790)
- L'An deux mille quatre cent quarante, 2 Bde (London [?] 1785)
- Tableau de Paris, ed. J.-C. Bonnet, 2 Bde (Paris 1994)
J. A. Mitchell, The Last American (New York 1970 [Nachdr. v. 1902])
M. de Montaigne, Essais, ed. M. Rat, 3 Bde (Paris 1958)
- Essais, übs. H. Stilett (Frankfurt/M. 1998)
Ch. de Montesquieu, Lettres Persanes, ed. P. Audiat (Paris 1949)
Th. More, Utopia, ed./übs. E. Surtz/J. H. Hexter (New Haven 1965)
Mots d'Heures: Gousses, Rames, ed. L. d'Antin van Rooten (London 1968)
V. Nabokov, Pale Fire (Harmondsworth 1973)
F. Nietzsche, Werke, ed. K. Schlechta, 3 Bde. (München 1966)
F. O'Brien, At Swim-Two-Birds (Harmondsworth 1969)
- The Third Policeman (London 1993)
G. Orwell, Nineteen Eighty-Four, ed. B. Crick (London 1984)
R. Paltock, The Life and Adventures of Peter Wilkins, ed. Ch. Bentley/ J. G. Turner (Oxford 1990)
Petronius, Satyrica, übs. K. Müller/W. Ehlers, ed. N. Holzberg, Tusculum (Zürich ^{4}1995)
W. Pirckheimer, Eckius dedolatus / Der enteckte Eck, ed./übs. N. Holzberg (Stuttgart 1983)
Plutarch, Gryllos, in: Moralia, übs. W. Ax (Leipzig 1942)
A. Pope, The Dunciad Variorum, in: The Poems, ed. J. Butt (London 1963)
F. de Quevedo, Obras completas, ed. F. Buendía (Madrid ^{6}1979)
- Die Träume, übs. W. Muster (Frankfurt/M. 1966)
F. Rabelais, Œuvres, ed. L. Moland, 2 Bde (Paris 1956)
- Gargantua und Pantagruel, übs. G. Regis (Leipzig 1832)
G. W. Rabener, Satiren (Leipzig ^{9}1766)
D. Saavedra Fajardo, República Literaria, ed. V. G. de Diego (Madrid 1973)
A. H. de Sallengre, ed., Histoire de Pierre de Montmaur (Den Haag 1715)
J. Samjatin, Wir, übs. G. Drohla (Köln 1958)
J. Saramago, Die Stadt der Blinden, übs. R.-G. Mertin (Reinbek 1999)
Satyre Ménippée, 3 Bde (Regensburg [?] 1726)
Seneca, Apokolokyntosis, ed./übs. G. Binder (Düsseldorf/Zürich 1999)
M. Shelley, The Last Man, ed. H. J. Luke (Lincoln, Neb. 1965)
M. P. Shiel, The Purple Cloud (London 1978)
L. Sterne, Tristram Shandy, ed. I. Watt (Boston 1965)
J. Swift, Gulliver's Travels and Other Writings, ed. R. Quintana (New York 1958)
G. Tarde, Fragment d'histoire future, ed. R. Trousson (Paris / Genf 1980)
A. de Valdés, Diálogo de Mercurio y Carón, ed. R. N. Durán (Barcelona 1991)
M. T. Varro, Saturae Menippaeae, ed./übs. W. A. Krenkel, 4 Bde (St. Katharinen 2002)

L. Vélez de Guevara, El diablo cojuelo (Madrid 1950)
– Der hinkende Teufel, übs. H. Köhler (Kilchberg 2005)
B. de Verville, Le moyen de parvenir, ed. P. L. Jacob, 2 Bde (Paris 1841)
– Der Weg zum Erfolg, übs. M. Spiro (Berlin 1914)
J. L. Vives, Somnium et vigilia in Somnium Scipionis, ed./übs. E. V. George (Greenwood, SC 1989)
F. de Volney, Les ruines (Paris 1820)
– Die Ruinen, übs. D. M. Forkel/G. Forster, ed. G. Mensching (Frankfurt/M. 1977)
Voltaire, Romans et contes, ed. R. Groos (Paris 1938)
H. G. Wells, The Short Stories (London 1927)
– The Scientific Romances (London 1933)
– The War in the Air (London 1926)
J. Wyndham, The Day of the Triffids (London 1951)
Xenophon, Sokratische Denkwürdigkeiten, übs. Ch. M. Wieland (Frankfurt/M. 1998)

2. Sekundärliteratur:

B. Appel, The Fantastic Mirror: Science Fiction Across the Ages (New York 1969)
E. Auerbach, Mimesis (Bern ²1959)
M. Bachtin, Probleme der Poetik Dostoevskijs (München 1971)
M. Baumbach, Lukian in Deutschland (München 2002)
W. S. Blanchard, Scholar's Bedlam: Menippean Satire in the Renaissance (Lewisburg 1995)
H. Blumenberg, Höhlenausgänge (Frankfurt/M. 1989)
G. Boas, The Happy Beast (Baltimore 1933, Nachdr. New York 1966)
J. Bompaire, Lucien écrivain (Paris 1958)
M. K. Booker, Flann O'Brien, Bakhtin, and Menippean Satire (Syracuse 1995)
R. B. Branham, Unruly Eloquence: Lucian and the Comedy of Traditions (Cambridge, Mass. 1989)
H. Castrop, Die varronische Satire in England 1660–1690 (Heidelberg 1983)
– Noble Savage und Happy Beast, in: M. Pfister, ed., Alternative Welten (München 1982), 161–175
M. Cavillac, Le regard de l'utopiste: Les métamorphoses de l'atalaya dans l'imaginaire du Siècle d'Or, in: Las utopías (Madrid 1990), 141–156
Clément, M., Le Cynisme à la Renaissance (Genf 2005)
M. Coffey, Roman Satire (London 1956)
D. G. Coleman, Rabelais: A Critical Study in Prose Fiction (Cambridge 1971)
E. Courtney, Parody and Literary Allusion in Menippean Satire, in: Philologus 106 (1962), 86–100
I. A. R. De Smet, Menippean Satire and the Republic of Letters 1581–1655 (Genf 1996)

P. Dronke, Verse with Prose from Petronius to Dante (Cambridge/Mass. 1994)
F. Dupont, Le Plaisir et la loi: Du Banquet de Platon au Satyricon (Paris, ²2002)
E. Eckstein, Fußnoten (Münster 2001)
S. Egilsrud, Le ‹Dialogue des Morts› dans les littératures française, allemande et anglaise (Paris 1934)
M. Foucault, Des espaces autres, in: Dits et écrits (Paris 1994), 752–762
– Andere Räume, in: Aisthesis, ed./übs. K. Barck et al. (Leipzig 1990), 34–46
N. Frye, Anatomy of Criticism (Princeton 1957)
D. Fuchs, Joyce und Menippos (Würzburg 2006)
C. Ginzburg, No Island is an Island (New York 2000)
A. Grafton, The Footnote: A Curious History (Cambridge, Mass. 1997)
D. Griffin, Satire (Lexington 1994)
J. Hall, Lucian's Satire (New York 1981)
R. Helm, Lucian und Menipp (Leipzig / Berlin 1906)
M. Jeanneret, Des mets et des mots: Banquets et propos de table à la Renaissance (Paris 1987)
F. M. Keener, English Dialogues of the Dead (New York 1973)
E. P. Kirk [auch: Korkowski], Menippean Satire: An Annotated List of Texts and Criticism (New York 1980)
Ch. A. Knight, The Literatur of Satire (Cambridge 2004)
W. v. Koppenfels, *Mundus alter et idem:* Utopiebildlichkeit und menippeische Satire, in: Bild und Metamorphose (Darmstadt 1991), 139–190
– Of Ants and Aliens: Wells's *War of the Worlds* as Menippean Satire, in: Telling Stories, ed. E. Lehmann/B. Lenz (Amsterdam / Philadelphia 1992), 147–162
E. P. Korkowski [auch: Kirk], Menippus and his Imitators (Diss., San Diego 1973)
P. Kuon, Utopischer Entwurf und fiktionale Vermittlung (Heidelberg 1986)
J. Lanters, Unauthorized Versions: Irish Menippean Satire 1919–1952 (Washington, DC 2000)
N. Largier, Diogenes der Kyniker (Tübingen 1997)
V. Link, Die Tradition der außermenschlichen Erzählperspektive (Heidelberg 1980)
D. Marsh, Lucian and the Latins (Ann Arbor 1998)
J. Martin, Symposion: Geschichte einer literarischen Form (Paderborn 1931)
C.-A. Mayer, Lucien de Samosate et la Renaissance française (Genf 1984)
M. Nicolson, Voyages to the Moon (New York 1960)
Niehues-Pröbsting, Der Kynismus des Diogenes (München 1979)
I. Nolting-Hauff, Pikaresker Roman und menippeische Satire, in: Die Pluralität der Welten, ed. K. Stierle/W. D. Stempel (München 1987), 181–200
B. Pabst, Prosimetrum, 2 Bde (Köln 1994)
A. F. Payne, Chaucer and Menippean Satire (Madison 1981)
S. Peters, Ludvig Holbergs menippeische Satire (Frankfurt/M. 1987)
I. Platthaus, Höllenfahrten (München 2004)

E. S. Rabkin et al., ed., The End of the World (Carbondale, Ill. 1983)
W. Rehm, Jean Pauls vergnügtes Notenleben, in: Späte Studien (Bern / München 1964), 7–96
J. C. Relihan, A History of Menippean Satire to A. D. 524 (Diss., Madison 1985) – Ancient Menippean Satire (Baltimore 1993)
H. K. Riikonen, Menippean Satire as a Literary Genre (Helsinki 1987)
H. Roberts, Dogs' Tales: Representations of Ancient Cynicism in French Renaissance Texts (Amsterdam 2006)
C. Robinson, Lucian and his Influence in Europe (London 1979)
K. Stierle, Der Tod der großen Stadt, in: Die Großstadt als «Text», ed. M. Smuda (München 1992), 101–129
D. Suvin, The Metamorphoses of Science Fiction (New Haven 1979)
R. E. Tovey, Learned Wit in the Novel: Menippean Satire from Sterne to Nabokov (Diss, Princeton 1984)
S. Trappen, Grimmelshausen und die menippeische Satire (Tübingen 1994)
H. D. Weinbrot, Menippean Satire Reconsidered: From Antiquity to the 18th Century (Baltimore 2005)
R. Williams, Notes on the Underground (Cambridge, Mass. 1990)
M. O. Zappala, Lucian of Samosata in the Two Hesperias (Potomac, Md. 1990)

Autorenregister

Äsop 16, 101
Alberti, L. B. 43, 56, 89–92, 282 A16, 284 A30, 288 A30 u. 32
Aldridge, A. 296 A31
Ammon, F. v. 306 A8
Anderson, G. 280 A1
Andreae, J. V. 139, 295 A17
Anonymi
  Alexanderroman: 282 A13, 282f. A16
  Briefe der Dunkelmänner: 207, 211–13, 225, 227, 237, 249, 302f. A11–13
  Dialogues des animaux: 108f., 291 A12
  Memoirs of Martinus Scriblerus: 251f., 306 A5
  Satyre Ménippée: 44, 54, 214–17, 251, 279 A17, 281 A12, 283 A19, 303 A15
Appel, B. 293f. A6
Apuleius 273, 290 A5, 303 A15, 304 A8
Ariosto, L. 43–45, 47f., 85, 282f. A16f., 285 A36
Aristophanes 23, 40, 68f., 72, 109f., 128, 182f., 200, 220f., 281 A12, 295 A22, 300 A6, 301 A1f.
Athenaios 219, 221, 303f. A4f.
Auerbach, E. 72, 135, 286 A8, 294 A12, 304 A10
Bachtin, M. 13, 18, 20–22, 24, 149, 199, 220, 278f. A10 u. A15, 279 A16 u. A20, 282 A14, 293 A1, 294f. A13, 296 A31, 303 A1
Bacon, F. 129, 135, 139, 180, 185, 250, 300 A4
Baines, P. 295 A21
Balzac, G. de 251

Barasch, M. 300 A9
Bartenschlager, K. 297 A12
Baudelaire, Ch. 63f., 124, 286 A41, 293 A32
Baumbach, M. 277f. A8
Baumeister, P. 300 A3
Beckett, S. 31, 263f., 307 A19
Beer, G. 292 A19
Bellamy, E. 141f., 295 A20
Benstock, Sh. 306f. A9 u. A20
Binder, H. 292f. A29
Blake, W. 94–98, 289 A37f.
Blanchard, W.S. 284 A26
Blumenberg, H. 281 A10, 291 A12, 295 A21, 300 A3
Boas, G. 290 A4
Boccalini, T. 139, 288f. A36, 295 A18
Bodel, J. 304 A12
Boenke, M. 288 A30
Boethius 41f., 277 A7
Boileau, N. 105, 290 A7
Bompaire, J. 279 A20
Bonaventure des Périers 289 A1
Bond, E. 190f., 300 A11
Booker, M. K. 305 A25, 307 A22
Borges, J. L. 253f., 274, 306 A7
Boulle, P. 118–21, 292 A23
Bowen, B. C. 303 A14, 306 A1
Bowersock, G. W. 261, 307 A17
Boyce, B. 286f. A11
Branham, R. B. 277 A8, 279 A16 u. A20, 294 A8
Brantenberg, G. 295 A22
Brecht, B. 80f., 299 A20
Broich, U. 299 A18
Browne, Th. 306 A3

Autorenregister

Bruno, G. 50, 91–94, 98, 180, 233–37, 247, 288 A34f., 300 A4, 305 A19f.
Büchner, K. 280f. A3
Bulgakow, M. 27, 289 A1
Bulwer-Lytton, E. 143–45, 147, 295 A22f.
Burton, R. 19, 26, 34f., 49–52, 139, 199, 247, 253, 278 A14, 281 A5, 284 A26, 295 A18
Butler, S. 127, 293 A3
Byron, Lord 63, 84–87, 164f., 285 A40, 288 A23 u. A25
Campanella, T. 50, 135, 139, 181f., 283 A21, 300 A5
Caro, R. 157, 297 A6
Carroll, L. 238–40, 245, 274, 305 A23
Castrop, H. 290 A6
Cavaillac, M. 281 A6
Cavendish, M. 293f. A6
Cervantes, M. de 28, 260, 289 A1
Chaucer, G. 42f., 282 A14
Cicero, M. T. 40f., 204, 206–209, 211, 226, 280f. A3 u. A12
Citron, P. 297 A9
Clark, R. J. 286 A2
Clément, M. 279 A20, 294f. A13, 301 A1
Clissman, A. 305 A26
Coffey, M. 277 A7
Coleman, D. G. 294 A13
Conrad, J. 191
Courtney, E. 279f. A22
Crane, R. S. 291 A11
Creuzé de Lesser, A. 298 A15
Cunaeus, P. 15, 203, 209–11, 217, 277 A5, 302 A4
Cyrano de Bergerac, S. 27, 47, 110f., 113f., 129, 133, 140, 143, 182–86, 188, 283 A23, 291 A13 u. A16, 300 A6
Dante Alighieri 42, 44, 95, 282 A13, 283 A17

D'Antin, L. 274f., 308 A26
Darwin, Ch. 112, 115
Demokrit 26, 50, 53, 260, 288 A28
De Smet, I. A. R. 302 A8f., 306 A4
Dickinson, E. 7, 64f., 286 A42f.
Diderot, D. 153, 189, 297f. A13, 300 A9
Diogenes 13f., 15, 22f., 26, 63, 75, 101, 105, 210, 222, 231, 233, 260, 277f. A8, 279 A19, 291 A12
Diogenes Laertios 14f., 23
Doni, A. F. 91, 288 A33
Donne, J. 179, 250, 286 A10, 306 A3
Doré, G. 161f., 168, 194, 297f. A13
Dornavius, C. 138
Dostojewski, F. M. 18, 20–22, 149f., 296 A31
Doyle, A. C. 292 A24, 299 A20 u. A23, 301 A18
Dronke, P. 278f. A15
DuBellay, J. 156f., 159, 297 A5
Duncan, D. 277f. A8
Dupont, F. 303 A4, 304 A12
Eckstein, E. 306f. A9
Egilsrud, J. S. 286f. A11
Elliott, R. C. 293 A2
Emerson, C. 20, 278f. A15
Erasmus, D. 18, 26, 128, 136, 209, 220, 231, 233, 247, 273, 294 A10, 303 A13
  Gespräche: 76f., 226–29, 287 A14, 295 A22, 304 A13f.
  Lob der Torheit: 34, 56, 131, 138, 199, 207, 227, 260, 280 A24, 283 A21, 284 A30, 290 A5
  Julius vor der Himmelstür: 83f., 86f., 205, 214, 277f. A8, 287f. A22
Fénelon, F. S. de la Mothe 79, 290 A5
Fielding, H. 85, 289f. A2
Fingerhut, K.-H. 293 A 31
Fischart, J. 249f., 281 A12, 304f. A15, 306 A2

Autorenregister

Flammarion, C. 167f., 299 A21
Flasch, K. 282f. A16
Flaubert, G. 179, 225, 244, 252, 300 A2
Foigny, G. de 139, 294 A7
Fontenelle, B. de 67, 78f., 287 A16
Forster, E. M. 145–47, 296 A26
Foucault, M. 27, 280 A23
Friedrich II. 79f., 108, 287 A17
Frye, N. 18–22, 94, 278f. A10 u. A13–A15, 289 A37, 293 A1, 305 A23
Galilei, G. 44f., 50, 110
Gelli, G. 104–109, 126, 290 A8, 290f. A10 u. A12
George, E. V. 281f. A12, 302 A7
Gerschenkron, A. 307 A 24
Gilman, Ch. P. 295 A22
Ginzburg, C. 138, 294 A 8, 295 A16
Godwin, F. 45f., 48, 129f., 140, 283 A22f., 292 A24
Goya, F. de 2, 16
Grafton, A. 306f. A9
Grainville, C. de 163f., 168, 298 A15
Grassi, E. 90, 288 A31
Graves, Ph. 99
Griffin, D. 278 A 13, 279 A16
Hall, J. 139, 277 A1 u. A4, 295 A22
Hebel, J. P. 176f., 299 A28f.
Helm, R. 277 A1, 279 A20, 280 A2
Herzog, R. 304 A12
Hillegas, M. R. 295f. A24
Hirzel, R. 301 A2
Hitchcock, C.P. 279 A16
Höllerer, W. 285 A37
Hoffmann, E. T. A. 121f., 261, 289 A1, 292f. A28–30
Holberg, L. 112–14, 129, 143, 291 A17
Holzberg, N. 11, 281 A11, 287f. A22, 296f. A3, 304 A8 u. 12
Homer 67f., 87, 103, 130f., 156, 201, 222–24, 243f., 256, 258, 288 A27, 290 A3

Horaz 221, 223, 286 A3
Hugo, V. 163, 298 A15
Hutten, U. v. 56, 254, 284 A30, 287 A13, 306 A8
Huxley, A. 147f., 150, 240f., 296 A32f.
Irwin, W. R. 280 A23
Jeanneret, M. 221, 303 A4, 305 A18f.
Jean Paul 29, 122, 285 A38, 307 A16
 Kampaner Tal: 284 A27
 Luftschiffer Giannozzo: 51–53, 284 A27f.
 Quintus Fixlein: 284 A27
 Rede des toten Christus: 61–64, 96, 179f., 285 A37
 Schmelzles Reise: 247, 261–63, 292f. A29, 307 A18 u. A22
 Vorschule der Ästhetik: 260f., 307 A15
Jefferies, R. 167f., 173
Jefferson, D.W. 305 A22
Joly, M. 98f., 289 A41
Jones, E. 288 A23
Joyce, J. 241f., 264, 307 A20
Julian (Apostata) 28, 80, 202f., 209, 217, 289 A2, 302 A3–5
Junaud, Ph. 297f. A13
Kafka, F. 17, 195, 292 A25f., 292f. A29 u. A31–33
 Bericht an eine Akademie: 120–23, 125
 Verwandlung: 123–26, 293 A34f.
Keener, F. M. 286f. A11
Kepler, J. 43–45, 140, 144, 283 A20f.
Kingsley, Ch. 116, 291f. A20
Kipling, R. 291f. A18
Kirk, E. P. [s. Korkowski] 278 A11
Klingemann, E.A.F. 27, 38f., 62, 281 A9, 287 A12
Knight, Ch. A. 278f. A 15
Köhler, H. 281 A7
Kopernikus 24, 44f., 50f., 233, 235, 286 A10, 294 A8, 294f. A13
Korkowski, E. P. [s. Kirk] 278 A12, 279f. A22, 293 A1

Autorenregister

Krenkel, W. A. 7, 277 A2, 280 f. A3
Kuon, P. 294 A7
La Mettrie, J. O. de 291 A12
Lanters, J. 305 A25, 307 A22
Largier, N. 279 A19
Lauvergnat-Gagnière, Ch. 277 f. A8
Lawrence, D. H. 58, 285 A33
Lesage, A. R. 35, 37, 288 A24
Lestringant, F. 303 A15
Lewis, C. S. 294 A8
Link, V. 289 f. A2
Lipsius, J. 207–11, 217, 247, 277 A5, 302 A8 f., 303 A1
Lukian 15–18, 36, 54, 80, 128, 131, 135, 138 f., 203, 226 f., 229, 231, 273, 277 A3–A7, 277 f. A8, 287 A13, 294 f. A13
  Charon: 31–34, 43, 51, 53, 155 f, 297 A4
  Doppelt Angeklagter: 14, 24, 200, 205, 279 A20 f., 288 A29, 301 A2, 302 A10
  Fischer: 25, 122, 210, 302 A10
  Gastmahl: 221 f., 234, 304 A7
  Hahn: 28, 102 f., 281 A6
  Hermotimus: 40, 288 A32
  Hetärengespräche: 78–80
  Höllenfahrt des Menipp: 68–71, 81, 87, 91 f., 131, 137, 288 A26 f. u. A35
  Ikaromenippus: 25, 27, 31–35, 43, 46 f., 49–53, 57, 87 f. 110, 129, 140, 281 A6, 283 A19, 288 A26, 295 f. A24
  Jupiter Tragödus: 88 f., 91
  Lexiphanes: 204, 287 f. A22, 302 A6
  Lob des Parasiten: 28, 90, 131, 199, 251
  Preis der Mücke: 28, 131
  Totengespräche: 15, 23, 75 f., 78 f., 101, 131, 199, 286
  Wahre Geschichten: 26, 45 f., 85, 128–31, 134, 137, 140, 143, 209 f., 235, 280 A1 f., 282 f. A16, 293 f. A5 f., 295 f. A24

Lukrez 39, 288 A28
Luther, M. 93, 231, 254, 306 A8
Lyons, J. O. 307 A23
Lyttleton, Lord 79
Macaulay, J. B. 161 f., 298 A12
Macrobius 40, 304 A4
Makarius, M. 297 f. A13
Marlowe, Ch. 76, 287 A12
Marsh, D. 277 A8, 282 f. A16, 284 A30
Martin, J. 303 A4
Mathanasius, Ch. 306 f. A9
Mayer, C. A. 277 f. A8, 294 f. A13
Ménage, G. 251
Mencken, J. B. 306 f. A9
Menippos 13–16, 18, 23, 209 f., 221 f., 226, 273, 277 f. A8
Menninghaus, W. 124, 293 A33
Mercier, L.-S. 157, 284 A32
  Das Jahr 2440: 48, 140 f., 157 f., 297 A8
  Tableau de Paris: 158 f., 162, 297 A9 f.
  Träume: 48 f., 283 A24, 284 A28, 285 A37
Metken, G. 297 f. A13
Milton, J. 95, 180, 258, 285 A36, 300 A4
Mitchell, J. 168 f., 174, 300 A2
Montaigne, M. de 50, 54, 56, 101, 104 f. 110, 234, 284 A29, 300 A9
Montesquieu 168, 260, 280 A24
Montmaur, P. de 251, 254, 306 A4
More, Th. 25–27, 127–40, 145, 257, 283 A21, 294 A9–11
Morson, G. S. 20, 278 f. A15
Moscherosch, J. M. 73
Mumford, L. 153
Nabokov, V. 17, 268–72, 274, 307 A23 f.
Neill, A. S. 299 A23
New, M. 305 A22
Nicolson, M. 282 A15
Niehues-Pröbsting, H. 279 A19, 285 A39

Autorenregister

Nietzsche, F. 63, 95, 101, 179, 285 A39, 300 A1
Nolting-Hauff, I. 281 A6
Norden, E. 286 A2
O'Brien, F. 25, 241–45, 264–68, 306 A25f., 307 A21f.
Orwell, G. 17, 147f., 150f., 190, 296 A34f., 300 A10
Ovid 39, 124, 154–56, 158, 208, 280 A11, 296f. A2f.
Owen, W. 58–60, 285 A34
Pabst, B. 277 A 7, 278 A9
Paine, Th. 80, 287 A18
Palm, E. W. 277 A6
Paltock, R. 142, 295 A21
Parrinder, P. 299 A 26
Payne, F. A. 282 A14
Peacock, Th. L. 289 A37, 304 A11
Peters, S. 291 A17
Petronius 17, 25, 28, 221, 223–26, 229, 231, 244, 273, 286 A3, 304 A8–A10
Philmus, R. M. 295f. A24
Pirckheimer, W. 287f. A22
Platon 14, 23, 27, 40, 128, 131, 180, 189, 198, 219–23, 225f., 229, 231, 234
Platthaus, I. 286 A 2, 292 A 22, 295 A21
Plutarch 45, 47, 103–109, 126, 137, 226, 230f., 290 A4f. u. A9, 291 A11, 303 A4
Pohl, E. 295 A22
Pope, A. 25, 27, 107, 204f., 251, 254–61, 268, 272, 283f. A25, 306f. A9, 307 A10f.
Puschkin, A. 272, 307 A24
Quevedo, F. de 35, 73f., 76, 85, 139, 286 A9, 288f. A36, 295 A18, 297 A7
Quintilian 16, 294 A11
Rabelais, F. 18, 20, 25, 28, 44, 71–73, 76, 127, 129f., 135–38, 213f., 220, 228–31, 234, 247–50, 253, 277f. A8,

286 A6f., 293f. A6, 294f. A13f., 303 A14f., 304f. A15 u. 17, 306 A1f.
Rabener, G. W. 259, 307 A13
Rabkin, E. S. 298 A14
Regis, G. 286 A6
Rehm, W. 261, 307 A16
Relihan, J. C. 277 A7, 278 A9, 279 A20
Renaud, M. 305 A18
Reuchlin, J. 211f., 249
Riikonen, H. K. 277 A7, 287 A21
Robert, H. 297f. A13
Roberts, H. 279 A20
Robinson, C. 277f. A8
Rochester, Earl of 290 A7
Roemer, K. M. 299 A22
Rösler, W. 279 A20
Rohde, E. 18, 278 A9
Rutledge, J. 286f. A11
Ryan, L. V. 304 A13
Saavedra Fajardo, D. 302 A9
Sábato, E. 301 A21
Samjatin, J. 127, 147–50, 190, 296 A29f. u. A34
Saramago, J. 27, 192, 195–98, 301 A18 u. 20
Scheffner, F. J. 174f.
Schmidt, A. 170
Schönberger, A. 299 A27
Sebald, W. G. 176, 299 A29
Seneca 41, 54, 273, 281f. A12
Apokolokyntosis: 17, 41, 81–85, 87f., 199, 201–208, 211, 217, 226, 287 A21
Shaftesbury, Earl of 25
Shakespeare, W. 53f., 70, 76, 183, 260, 271, 287 A12 u. A19
Shelley, M. 164f., 168f., 298f. A17
Shelley, P. B. 164f., 298f. A17
Shiel, M. P. 168–70, 299 A24
Southey, R. 84–87
Speer, A. 174f., 299 A27
Spiro, M. 305 A18
Staël, G. de 61

Autorenregister

Steele, R. 302 A12
Sterne, L. 17, 25, 29, 122, 231, 236–38, 241, 244, 251, 260f., 263, 267, 292f. A29, 305 A22
Stierle, K.-H. 297 A9
Streckeisen, A. D. 284 A28
Suvin, D. 144, 295f. A24
Swift, J. 18, 24, 26, 116, 122, 127, 129, 135, 143, 190, 195, 251, 260
 Gulliver's Travels: 18, 36, 38, 47, 56, 107f., 110–18, 120f., 124, 129, 131, 137, 145, 183–88, 251, 266, 281 A8, 284 A31, 290f. A10, 291 A14 u. A16, 292 A26, 293 A34, 300 A7, 301 A19
 Modest Proposal: 124, 186, 217f.
 Tale of a Tub: 25, 27, 85, 204, 252f., 254–56, 259, 261, 301 A19, 306 A6
Tannenbaum, L. 289 A37
Tanner, T. 272, 308 A25
Tarde, G. 146, 296 A28
Thoma, L. 211
Thomson, B. V. 166f., 179, 194, 299 A20, 300 A2
Thompson, C. R. 294 A8, 304 A13
Tovey, R. E. 305 A22, 307 A23
Tschöke, W. 283 A23
Valdés, A. de 77f., 287 A15
Varro, M. T. 7, 14, 16, 18, 207f., 221, 231, 277 A2, 280f. A3, 302 A9, 303 A15, 304 A6
Veiras, D. de 139, 294 A7
Vélez de Guevara, L. 35–37, 281 A6 u. A7, 285 A36, 288 A24
Vergil 54, 68, 256f., 283f. A25, 307 A12
Verne, J. 45, 144, 166f., 299 A20

Verville, B. de 28, 230–233, 305 A18
Villalón, Ch. de 290 A5
Vives, J. L. 204–208, 211, 227, 231, 247, 281f. A12, 302 A7f.
Volney, F. de 55–57, 159f., 162f., 285 A32, 297 A10f., 298 A15
Voltaire 24, 38, 47, 79, 95, 111, 135, 142, 236, 281 A9, 305 A21
Walpole, H. 160–62, 297 A11
Weinbrot, H. D. 279 A17, 307 A11
Weinreich, O. 287 A21
Wells, H. G. 45, 128, 146f., 187, 192f., 195, 293 A4, 295f. A24f. u. 29, 299 A23, 300 A14, 301 A16
 Country of the Blind: 187–92, 194–97, 300 A 8
 First Men in the Moon: 45, 130, 144f.
 Time Machine: 116–18, 148, 292 A21f., 296 A27
 War in the Air: 171–73, 194, 299 A26
 War of the Worlds: 153, 170f., 296 A27 u. A1, 299 A25
Wessels, D. 299 A18
Wieland, Ch. M. 15, 26, 79, 101, 220f., 260, 277 A3, 286 A5, 302 A6, 303 A2f., 307 A14
Williams, R. 295 A21
Wolf, H. 281f. A12
Wood, R. 297 A11
Wyndham, J. 192–96, 299 A23, 301 A17
Xenophon 220f., 234, 303 A2
Yeomans, W. E. 291 A16
Zappala, M. O. 277f. A8
Ziolkowski, Th. 281 A10